KB135711

한국의 산림 소유제도와 정책의 역사, 1600~1987

한국의 산림 소유제도와 정책의 역사, 1600~1987

이우연 지음

일조각

이 저서는 2007년 정부(교육인적자원부)의 재원으로
한국학술진흥재단의 지원을 받아 출판되었음(KRF-2007-814-B00011).

머리말

이 책은 조선후기부터 현대에 이르는 산림 소유제도의 형성·발전, 정책의 전개양상, 그에 따른 산림 모습의 변화에 관한 연구이다. 이 연구가 한 권의 책으로 만들어지기까지의 과정에 대해 밝혀둔다.

1999년, 성균관대학교 경제학과 박사과정에 재학하던 저자는 경상도 예천의 한 양반가에서 4대에 걸쳐 작성된 생활일기를 분석하는 낙성대경제연구소의 공동연구에 참여하는 귀중한 기회를 얻었다. 만 3년에 걸친 공동연구의 성과는 2001년에 출간되었고(『맛질의 농민들』, 일조각), 조선후기의 생활수준에 관심을 갖고 있던 저자는 수량數量 자료에 근거하여 19세기 후반에 농업임금이 크게 하락하였다는 요지의 논문을 발표하였다. 임금은 노동생산성을 반영한다. 전근대 사회의 생활수준의 변화를 알려주는 또 하나의 경제지표는 지대地代, 예를 들어 한 마지기의 논에서 지주가 소작료로 거두어들이는 쌀의 양이며, 이는 토지생산성을 반영한다. 당시 10여 개 지주가地主家의 사례연구를 통해 18세기 이후, 특히 19세기에 지대가 꾸준히 하락하였다는 결과가 이미 보고되어 있었고, 위 연구서에도 이에 대한 새로운 사례가 포함되어 있다.

임금의 동향에 대한 연구가 전혀 없던 상황에서 임금이 하락하는 실례를 확인한 후, 저자는 농업생산성의 하락을 나타내는 이러한 사례들이 국지적인 현상이 아니라 주요 농업지대의 일반적인 동향이라는 데 대해 확신을 갖게 되었다. 또 조선후기의 경제변동에 관한 새로운 역사상歷史像이 필요하며, 이를 위해 농업생산성의 추이와 그 원인을 해명하는 일이 중요한 연구과제가 된다고 생각하였다. 임금과 지대의 하락은 농업생산성의 하락을 의미하며, 이로 인해 조선인의 생활수준은 조선후기 언제부터인가 악화되었고, 이는 조선의 경제가 장기적으로 꾸준히 발전하였다는 널리 알려져 있는 종래의 역사상과 판이한 것이었다.

때마침 저자는 박사학위 논문의 주제를 결정해야 할 시점에 있었고, 자연스럽게 '왜 조선에서 농업생산성이 하락하였는가'라는 문제를 떠올렸다. 학위논문으로 삼기에는 너무 포괄적이고 복잡한 주제였지만, 과욕을 가진 데는 나름대로 이유가 있었다. 당시 북한에서는 대규모 기아 사태를 겪고 있었는데, 석유를 지원해주던 소비에트연방이 붕괴된 후 연료가 부족해지자 산에서 나무를 모조리 베어내 땔감으로 쓰다 보니 홍수와 가뭄이 빈발하게 되어 기아사태가 벌어졌다는 한 지인의 설명을 들었다. 이것이 실마리가 되었다. 우선 예천의 땔감 가격과 다른 상품의 가격을 비교하였고, 땔감 가격이 다른 상품보다 빠르게 상승하였음을 발견하였다. 이를 근거로 전술한 연구서를 발간할 때는 농업생산성 하락이 산림황폐에 기인한 것일 수 있다는 가설을 추가하였다.

공동연구가 종료된 후 성균관대학교 경제학과 BK21사업단의 지원을 받아 하버드 대학 경제학과의 객원연구원으로 1년간 체류하였다. 귀국을 몇 달 앞둔 2002년에 맞은 봄방학은 지금 생각하면 큰 행운이었다. 수업과 워크숍 등 학사일정이 중단되고 도서관도 휴관하였지만 동아시아 자료를 열람할 수 있는 옌칭 연구소 도서관은 우연히도 열려 있었다. 이곳에서 그간 계속 미뤄두었던 『조선왕조실록』을 검토하는 작업을 하였는데, 18~19세기에 남벌이나 화전으로 인해 산림이 황폐해진다며 걱정하는 기사가 놀랄 정도로 많았다. 홍수나 가뭄이 날씨 탓이 아니라 산에 나무가 없기 때문인데, 누구도 나무를 심지 않는다며 정조正祖가 한탄하는 기사는 아직도 그 기억이 생생하다. 그 결과 몇 쪽의 연구계획서를 작성하였다.

낙성대경제연구소는 2002년 9월부터 학술진흥재단(현 한국연구재단)의 지원을 받아 '한국의 장기경제통계: 17~20세기'라는 3개년 공동연구를 수행하고 있었고, 저자도 같은 해 10월부터 참가하였다. 이 공동연구는 17세기 이후 현대에 이르기까지 각종 경제통계를 정비하는 것이 목적이었고, 제1차 연도에는 조선후기의 통계를 정비, 분석하였다. 워크숍을 통해 공동연구자들이 발표한 결과는 누구에게나 새롭고 흥미로운 것이었지만, 특히 저자에게는 그 의미가 각별하였다. 여러 경제지표들이 조선후기에 농업생산성이 하락하였음을 직·간접적으로 보여주었기 때문이다. 저자는 몇 달 전에 작성한 연구계획서를 바탕으로 농업생산성 하락의 원인이 산림황폐라는 견해를 제시하였고, 공동연구자들의 격려와 조언에 힘입어 1차 연도의 성과를 발표하는 심포지엄에서 한 편의 논문을 발표하였다.

산림황폐화가 입증되자 새로운 과제가 제기되었다. 왜 조선에서 산림이 황폐해졌는가? 그 직접적인 원인은 화전 개간과 임산물의 남획이었고, 이는 인구증가의 결과였다. 그렇다면 전근대사회에서 인구증가는 필연적으로 산림황폐라는 생태학적 위기를 초래하는 것일까? 저자는 한 나라의 경제적 성취도가 소유권 등 제도 여하에 따라 결정된다는 신제도학파 경제학이 이러한 차이를 설명할 수 있다고 생각하였다. 인구와 산림자원의 생태학적 관계를 소유권제도가 매개하며, 이 제도 여하에 따라 생태학적 결과와 경제적 성취가 상이해진다는 생각이었다.

우선 조선의 산림 소유제도에 대한 선행연구를 검토하였지만 이 주제를 본격적으로 다룬 연구는 손꼽을 정도였다. 그 대부분은 조선왕조가 『경국대전』 이래 산림의 사적소유를 법률로 금지한 까닭에 일부 세도가가 가진 대규모 산림을 제외하면 대부분 무주공산無主空山이라고 하였다. 그런데 식민지기에 조선총독부가 임야의 소유권을 근대적 형태로 정비하기 위해 실시한 조선임야조사사업 결과를 보면, 전국 산림의 41%가 민유림이었고 1필지당 평균면적은 불과 3.1정보로 소규모 산림소유가 지배적이었다. 널리 알려진 바와 같이, 근대 이전에는 부동산 소유권의 내용이 사회마다 달랐다. 따라서 조선후기 산림소유의 특질을 파악하려면 사용使用, 수익收益 및 처분處分의 실태를 알아야 했지만 마땅한 자료가 없었다.

토지조사사업과 마찬가지로 임야조사사업에서도 소유권 분쟁이 발생하면 현지에서 관계 사실을 조사하고 그에 근거하여 소유자를 결정하였다. 그 조사내용을 담은 문서를 분쟁지조서紛爭地調書라고 하는데, 경상남도 김해의 분쟁지조서가 국가기록원에 보존되어 있다는 사실을 전해 듣고 저자는 크게 고무되었다. 산림소유의 특질을 파악하는 데 가장 풍부한 정보를 담고 있으리라고 생각하였기 때문이다. 당시 비공개로 분류되어 있던 이 문서는 2003년에 공개되었다. 저자는 이 문서를 처음으로 이용하는 행운을 누렸다. 그 내용은 흥미로웠다. 0.5정보 미만의 소규모 산림소유자가 다수일 만큼 사적소유가 발전하였지만, 소나무를 제외한 낙엽, 풀, 나뭇가지 등은 무주공산과 마찬가지로 특정할 수 없는 주변 사람들이 자유롭게 채취하였다. 매매 · 상속 등 처분은 아무런 제약 없이 이루어지지만 사용 · 수익에서는 주산물과 부산물에 대해 상이한 권리가 성립하였던 것이다. 인구가 증가하고 산림이 상대적으로 희소해지면 사적소유권이 형성되는 세계적으로 보편적인 발전경로를 밟았지만, 모든 땅은 왕의 것이고 산림의 이익은 백성과 함께 누린다는 조선왕조의 유교적 치국이념이 깊숙이 스며든 결과였다.

근대적 소유권과 상이한 성격을 가진 조선후기 산림 소유제도가 근대적인 형식과 내용을 갖추게 된 것은 식민지기의 일이다. 이 과정을 살펴보는 것을 식민지기 연구의 첫 번째 과제로 삼았다. 선행연구에서는 '식민지 수탈론'이 역시 지배적이었다. 국사편찬위원회에서 발행한 『한국사』 시리즈나 한국학중앙연구원의 『한국민족문화대백과사전』에는 임야조사사업을 통해 160만 정보의 조선인의 산림이 수탈되었다고 적혀 있었다. 그런데 이 160만 정보라는 수치가 한 연구자가 자료를 읽는 과정에서 범한 사소한 계산 착오에 불과함을 알게 되었을 때, 그 황당함이란!

두 번째는 식민지기에 산림의 모습은 어떻게 변화하였는가라는 문제였다. 학계의 통설은 '일제에 의한 산림자원 수탈'이었고 이는 오늘날 일반인에게 상식으로 통하고 있지만, 이 또한 사실이 아니었다. 식민지기에 약 100억 본의 묘목이 전체 산림면적의 19%에 해당하는 300만 정보에 심어졌다. 세계에서 유례가 없는 성공 사례로 꼽히는 해방 이후 치산녹화사업을 통해 식재된 것이 48억 본, 196만 정보였다. 역사학계는 차치하고 임학계조차 이러한 사실을 간과해온 것은 관심이 없어서였을까, 아니면 애써 외면해왔던 것일까? 저자는 식민지기 경제사에 대한 여러 통설이 그렇듯이 산림자원 수탈론 또한 해방 이후에 만들어진 하나의 신화에 불과하다고 판단하였다.

해방 이후 정치적 · 사회적 혼란 속에서 무주공산의 전통이 부활하였다. 산림은 급격히 헐벗게 되었고, 한 우익 지식인은 식민지기의 녹화綠化와 대조되는 "적화赤化"를 한탄하였다. 5 · 16 쿠데타 직후 박정희는 도벌을 5대 사회악의 하나로 규탄하였고, 그 이듬해 식민지기에 제정된 삼림령을 대체하는 산림법이 공포되었다. 이에 근거하여 산주山主의 동의 없이 동리민이 나무를 심고 그 80%를 수취하게 하는 '대집행代執行'이나 '입산금지'로 대표되는 박정희 정부의 산림정책이 실시됨으로써 오늘날과 같은 푸른 산림이 뿌리내리기 시작하였다. 조선총독부 도 산림과장을 지낸 한 일본인은 1911년의 삼림령에 근거한 민유림 단속을 사유재산을 구속하는, 일본 헌법하에서라면 헌법위반이라고 회고하였지만, 그런 점에서 보면 역설적이게도 박정희 정부의 산림법은 삼림령을 극단적인 형태로 계승하였던 것이다. 오늘의 푸르른 산림을 보면서, 해방 이후 전개된 급속한 산림황폐와 '세계적으로 유례가 없는' 성공 사례로 꼽히고 있는 산림녹화, 이 극적인 변화의 과정을 추적하는 일도 놓칠 수 없는 과제가 되었다.

이 책은 저자가 성균관대학교 대학원 경제학과에 제출한 박사학위논문(「朝鮮時代—植民地期 山林所有制度와 林相變化에 關한 硏究」, 2005)을 보완한 것이다. 이 책을 내면서 해방 이후 시기를 다루는 제7장을 새로 썼고, 다른 나라, 특히 중국의 환경사 연구를 개관하면서 알게 된 사실로써 산림황폐와 농업생산성에 대한 내용을 보완하였다. 그리고 일본 가쿠슈인學習院대학 동양문화연구소에 소장된 우방문고의 『미공개자료 조선총독부 관계자 녹음기록』 중 산림정책을 제10호로 간행할 때 그 「해설」을 집필하면서 조선총독부 산림관료들의 생생한 육성기록을 접하게 되어 그 내용을 추가하였다.

이 책을 내기까지 저자를 지도 편달해주신 이영훈 선생님을 비롯한 여러 선생님께 감사드린다. 이영훈 선생님은 대학원 이래 논문지도부터 생활 자세에 이르기까지 이루 말할 수 없는 가르침을 주셨지만, 저자가 여러모로 부족하여 선생님의 가르침에 답하지 못해 항상 죄송한 마음이다. 저자의 연구공간인 낙성대경제연구소를 설립하신 안병직, 이대근 두 선생님은 저자를 늘 따뜻하게 보살펴주셨다. 이헌창, 차명수, 김낙년, 박기주 선생님은 공동연구과정에서 경제사 연구의 안목을 높여주셨고, 저자의 개인적인 문제에 대해서도 조언을 아끼지 않으셨다. 이훈상 선생님은 이 책의 출판을 꾸준히 권유하며 저자를 격려해주셨다. 박환무 선생님은 이 책의 주제를 정치사의 관점에서 바라볼 수 있는 가능성을 가르쳐주셨고, 출판사를 주선해주셨다.

끝으로 일조각 편집부에 감사드린다. 게으른 저자를 만나 무척이나 고생하면서도 번거로운 작업을 끝까지 세심하게 처리해주셨다.

2010년 6월

이우연

차례

표 차례

그림 차례

서론

제1절 | 왜 산림인가

최근 역사학과 경제사 연구의 관심영역이 확대되면서 새로이 등장한 분야의 하나로 환경사environmental history를 들 수 있다. 지구온난화를 비롯하여 현대사회에서 심각성을 더해가는 환경문제나 제3세계 국가들이 겪고 있는 빈곤과 환경파괴가 이러한 관심의 주된 배경이라고 할 수 있다. 전근대사회에서는 대기오염이나 해양자원의 고갈과 같은 문제는 아직 심각한 것이 아니었다. 중요한 것은 산림이었다. 화학비료가 아직 도입되지 않은 단계에서 산림은 비료의 공급원으로서 중요하였고 가축의 사료 또한 그에 의존하였다. 중요 농산원료를 산림에 의지하였던 것인데, 특히 아시아 사회에서 그러하였다. 화석연료가 새로운 에너지원으로 등장하기 전에는 연료도 대부분 산림에서 얻었다. 또한 산림은 목재를 공급하였고, 목재는 금속이 널리 보급되기 전까지 건축, 조선 등 산업용 소재의 대부분을 차지하였다. 따라서 환경사 연구에서 자주 논의되는 주제는 인구증가와 산림의 상태, 즉 임상林相의 변화에 대한 것이다(Marks 1998; Pomeranz 2000; Bruggemeier 2000; 脇村孝平 2002; 上田信 2002; 鬼頭宏 2003; 田北廣道 2003; Radkau 2003; Li 2007).

조선의 인구는 양란에 의한 일시적인 감소를 제외하면 18세기까지 증가하는 추세였고, 19세기에 이르러 정체 또는 감소하는 것으로 보고되었다(권태환 · 신용하 1977; 미첼 1989). 따라서 조선의 인구추이를 염두에 두고 산림이 어떻게 변화하였는지 살펴보고자 하는 문제의식은 자연스러운 것이라고 하겠다. 하지만 한국에서 이러한 문제의식하에 수행된 선행연구는 아직 찾아볼 수 없다. 이와 관련하여 한 가지 흥미로운 사실은, 인구증가 추세의 중단과 어떤 종류의 관련이 있는지 아직 분명하지 않지만, 단위면적당 지대량地代量이 19세기에 하락하는 현상이 여러 지방에서 확인된다는 점이다(이영훈 · 전성호 2000). 이러한 현상의 원인을 구명하는 연구가 아직 없으므로 이 또한 하나의 흥미로운 과제가 될 터인데, 이때 다음 몇 가지 상식적인 사실을 고려할 만하다. 우선, 조선의 농업은 수도작이 근간을 이룬다는 점, 이때 관개와 배수를 위한 수리시설의 기능은 농업생산성에 결정적인 영향을 미친다는 점, 그리고 동일한 수리시설이라도 산림의 상태에 따라 그 기능 여하가 달라진다는 점이다. 예를 들어 17~18세기 중국 동남부 지역에서는 인구의 증가와 함께 산림이 황폐해졌고 그로 인해 배수시설이 제 기능을 발휘하지 못하여 농업생산성이 하락하였다(Marks 1998:309~332). 따라서 인구증가와 함께 조선의 산림이 어떻게 변화하였는가 하는 문제는 19세기 농업생산의 변화원인과 관련을 맺으면서 더욱 구체적인 의미를 갖게 된다. 조선후기 산림은 어떻게 변화하였으며, 그 원인과 결과는 무엇인가? 본 연구의 첫 번째 문제의식은 이에 답하고자 하는 것이다.

17세기 초 막번체제幕藩體制의 성립 이후 일본은 정치적 안정과 상업의 발전을 배경으로 인구가 크게 증가하였고, 이와 함께 농산원료와 연료 및 목재에 대한 수요가 증가하면서 임산물에 대한 초과수요가 발생하고 그에 관련된 분쟁이 빈번히 발생하였다. 하지만 이는 과도기적인 일시적 곤란에 불과하였고, 이를 계기로 산림을 관리하는 새로운 체제가 성립하여 18세기 초에는 전근대적 채취임업appropriative forestry에서 근대적 육성임업regenerative forestry으로 전환하는 데 성공하였다(Totman 1989:171~190; McKean 1992; Diamond 2005:294~306). 독일을 제외하면 전근대 사회에서 유례를 발견할 수 없는 체제전환regime shift을 이루었으며, 이로써 근세 일본의 경제적 발전을 위한 생태학적 기초가 마련되었다. 일본의 체제전환은 산림에 대한 새로운 소유제도, 즉 사용 · 수익 · 처분에 대한 사회적 규칙을 새로이 창출함으로써 실현되었다.

1600년경 일본 산림의 절반은 촌락공유림이었고, 13세기 이래 장기간 발전한 촌락공유림의 공동경영체제는 17세기에는 전국적인 범위에서 '입회入會'라는 정교한 제도로 확립되었다. 입회제도하에서 일본의 농촌사회는 19세기 후반까지 산림파괴 없이 지속적으로 발전하였다. 산림의 용익用益에 대한 다양한 거래계약 방법의 출현도 체제전환을 위한 제도적 기초가 되었다. 촌락민들이 영주의 산림에서 농산원료와 연료를 채취하고 그 대가로 수목을 식재 · 육림하는 수목보호樹木保護(留め山) 계약, 산림소유자가 묘목을 식재하고 목재로 사용할 수 있을 만큼 성장한 뒤에 수목을 매수자에게 인도하는 조건으로 미리 대금을 받고 수목을 육성하는 수목선매樹木先賣(年季山) 계약, 또 전문적인 임업가林業家가 타인 소유의 산림을 육림한 후 그 수입을 산림소유자와 분할하는 조림수입분할造林收入分割(部分林) 계약이 그것이다(Totman 1989:158~165).

앞서 제기한 첫 번째 문제에 미리 답하자면, 조선은 일본이 아니라 중국 북동부와 동남부 지방이나 현재 극도의 산림 황폐화를 겪고 있는 북한에 가까운 상황이었고 문제는 더욱 심각하였다. 19세기 말 20세기 초 조선의 산림은 극도로 황폐하였다. 일본에서 입회제도가 확립되고 근대적 육성임업으로 전환할 당시, 조선에서는 산림의 사적소유권이 발전하고 산림은 황폐해졌다. 조선왕조는 법적으로 산림의 사적소유를 금지하였지만 사실상의 소유로서 사적소유가 발전하였으며, 조림 없는 채취임업은 가히 약탈 수준에 이르렀다. 조선은 왜 일본과 달리 산림 황폐화를 피할 수 없었는가? 이 문제에 대한 해답을 모색하는 데 있어서 조선에서는 산림의 사용·수익·처분을 둘러싼 권리관계, 즉 소유제도에서 새로운 상황에 대응할 수 있는 제도적 혁신을 이루지 못했다는 가설을 제기할 수 있다. 인구증가로 인해 임산물에 대한 수요가 증가하는 것은 피할 수 없지만, 그 귀결이 산림 황폐화인가 아니면 육성임업으로의 체제전환인가 하는 문제는 생태학이 아니라 그 사회의 고유한 제도에 달려 있다고 할 수 있다. 인구와 환경자원 간의 생태학적 관계를 소유권을 중심으로 제도가 매개하며 그 매개방식에 따라 각 사회가 상이한 경제적 성취도를 얻게 되는 것이다. 이러한 시각에서, 조선의 산림소유제도의 발전과 20세기 초 산림소유권의 실태를 구명하는 것을 두 번째 과제로 삼고자 한다. 본 연구에서 조선의 산림소유제도의 발전과 특질에 대하여 먼저 서술하고, 그 뒤에 산림의 변화를 다루는 것도 위와 같은 시각에서 문제에 접근하고자 하였기 때문이다.

세 번째 문제는 세기의 전환기에 조선의 산림이 극도로 황폐하였다면, 조선의 산림은 식민지기에 어떠한 변화를 겪었는가 하는 점이다. 또한 식민지기 거의 전 시기에 걸쳐 일련의 산림소유권 정리 사업이 진행되었는데, 소유권은 이 과정에서 어떻게 변화하였으며, 식민지기 소유권 정리의 역사적 의의는 무엇인가 하는 점이다. 이에 대해서는 연구가 상대적으로 풍부한 편인데, 일본제국주의에 의한 대규모 '산림수탈山林收奪', 즉 대대적인 산림자원의 수탈과 함께 사유림의 수탈=국유림의 창출이 진행되었다는 것이다. 이는 오늘날 하나의 상식이 되었다. 하지만 극도로 황폐한 산림에서 임산물의 대량수탈이 과연 가능한 일인지 우선 의심스럽다.

19세기 말, 제정 러시아 정부가 발간한 『한국지韓國誌』에 따르면 "한때 이곳에 산림이 자라고 있었던가 할 정도"로 조선은 "완전히 벌거숭이"였다(1984:470). 또한 1933년, 제주도에서 백두산까지 총연장 15,000킬로미터를 여행한 독일인 지리학자는 조선의 인공조림人工造林과 그로 인한 산림복구가 "놀랄 만하다"며 그 증거를 제시하였다(라우텐자흐 1998:737~746). 1942년 현재 전국 임야 1,630만 정보 중에서 국유림은 533만 정보이며, 함경도와 평안남도 및 강원도에 속한 것이 461만 정보였다. 이들의 과반은 자본의 부족과 기술적 한계로 인해 구한말까지 인간이 접근할 수 없었던 오지 원시림이었다. 이는 대규모 사유림 수탈과 국유림 창출(조선총독부의 임야)이라는 주장과 부합하지 않는다. 해방과 함께 귀속재산이 된 식민지기 일본인 소유의 임야도 47만 정보에 불과하였다(호을영 1976).

해방 이후 또다시 급속히 황폐해진 한국의 산림은 1960년대부터 본격적으로 복구되었다. 선행연구는 1973년에 시작된 치산녹화사업에 집중되어 있지만, 1960년대의 산림복구 사업 또한 큰 성과를 거두었다. 해방 이후 촌락 단위로 조직된 산림계가 이 과정에서 중추적인 역할을 하였는데, 그 활동과 조직의 기원도 아직 분명하지 않다. 이상과 같은 논점을 중심으로 해방 이후 산림황폐와 녹화사업의 경과를 살펴보는 것을 마지막 과제로 삼고자 한다.

제2절 | 기존 연구의 검토

조선의 산림소유권에 대한 연구는 1960년대부터 시작되었다고 할 수 있다. 하지만 오늘에 이르기까지 산림소유권 자체를 추구한 연구는 손꼽을 수 있을 정도로 수가 적고, 기타 참고할 만한 선행연구는 대부분 조선왕조와 식민지기의 임정林政이나 일본의 산림수탈에 대한 관심에서 출발하여 그 전사나 배경으로서 간략하게 소유권 문제를 다루는 정도이다. 조선의 산림소유에 대한 본격적인 최초의 연구는 조응혁(1966)이다. 그는 조선왕조가 개국과 함께 산림을 사사로이 독차지하는 '사점私占' 행위를 금지하였다는 사실에 주목하였다. 사점이 금지된 '무주공산無主公山'의 소유자는 국가 = 최고 봉건지주이며, 조선후기에 사점이 확산되었지만 이는 분묘의 설치를 목적으로 한 것으로서 임산물에 대한 절대적 권리는 아직 형성되지 않았다고 주장하였다. 근래의 연구로서 사점금지에 주목한 연구는 김선경(1993, 1999)이다. 그에 따르면, 조선왕조에서 민간의 산림소유에 대한 국가적 규정성은 사점금지의 법률적 규정과 '산림천택여민공지山林川澤與民共之'(산림과 천택의 이익은 민과 함께 나눈다) 이념으로 표현되며, 이와 같은 국가적 제약은 조선시대를 통해 변함없이 관철되었고, 이로 인해 산림을 사점한 자의 사적소유권은 불완전할 수밖에 없었으며, 그 권리의 행사는 국가에 의해 공적으로 보장되는 것이 아니라 사적인 실력에 의존하여야 했다.

사점금지에 의하여 부산물의 채취는 소유권과 관계없이 무제한적으로 개방되었다는 지용하(1964:35), 사점금지에 의하여 소유권의 구분이 불명확하였다고 서술한 현신규(1978)도 김선경과 같은 맥락이다. 이와 달리 이만우(1974), 권태원(1975) 및 산림청 편(1997:94~96)은 조선 중·후기에 국왕이 왕자나 공주 등 여러 궁방이나 관서에 산림을 떼어주거나 양반들이 분묘 설치를 계기로 하여 산림을 차지하는 등, 사점이 널리 진행됨에 따라 사점금지의 법제는 실체 없이 단지 의제擬制로서 존속하였다고 주장하였다. 따라서 『경국대전』 이래 『대전회통』까지 변함없이 존속한 사점금지 규정의 역사적 배경과 성격이 어떠한지, 그리고 사점이 확산되면서 사점금지의 규정이 의제에 불과하게 되었는지 아니면 인민의 생활을 규율하는 실질적 내용을 여전히 갖고 있었는지 검토할 필요가 있다. 사점금지라는 법률이 사적소유권에 대한 실질적 제약을 행사하였다면 그 제약의 내용 또한 확인되어야 할 것이다.

사점이 금지된 무주공산의 소유권의 성격에 대해서는 '인민의 공동이용지' 또는 '인민의 공동소유지'라는 이해가 연구사의 대체적인 흐름이었다(權寧旭 1965; 조응혁 1966; 신용하 1982; 이경식 1993; 이경식 1999). 이 연구들은 조선의 산림소유권 실태에 대한 본격적인 연구가 아니기에, '공동소유'나 '공동이용'의 구체적인 내용에 대해서는 거의 언급하지 않는다. 조선의 무주공산은 일반인민의 것이 아니라 촌락공유림이었다는 주장이 근래에 새로이 등장하여 주목된다. 조선 개국 당시에도 무주공산은 이미 촌락공유림이었다거나(한국농촌경제연구원 편 1990:14~15), 조선후기에 동계洞契 등 기타 촌락공동체가 발전함에 따라 촌락공유림이 확대되어 19세기 말에는 전국적으로 일반적인 소유형태가 되었다는 주장이다(심희기 1991a; 심희기 1991b; 배재수 1997; 산림청 편 1997:99~100; 심희기 1997:292; 배재수 외 2001).

선행연구에서 대체로 의견을 함께한다고 볼 수 있는 인민의 '공동소유지' 또는 '공동이용지'라는 이해는 소유권의 구체적 실태라는 관점에서 볼 때 매우 추상적이고 포괄적이며, 따라서 독자에 따라 다양한 이해방법이 있을 수 있다. 촌락공유림이 광범하였다는 주장도 같은 배경에서 나온 것이다. 따라서 소유권이라는 관점에서 무주공산의 실질적인 내용이 어떠한지 먼저 검토하여야 한다. 무주공산이나 조선후기의 사점의 소유권적 실태와 양자의 관계에 대한 이해를 높이려면 산림의 사용, 수익 및 처분의 수준에서 실증적으로 접근하여야 한다. 이것이 제1장과 제2장의 과제이다. 제1장에서는 조선왕조의 관찬사료를 이용하여 산림소유권의 구조와 발전을 통시적으로 검토한다. 제2장에서는 식민지기 산림소유권 정리의 일환으로 실시된 조선임야조사사업朝鮮林野調査事業의 자료를 이용하여 사례연구로써 20세기 초 산림소유의 특질을 분석한다. 이 자료를 이용하는 이유는, 20세기 초의 것이지만 현재 이용할 수 있는 자료로서는 조선후기의 상황에 가장 가깝고, 수량 정보를 포함하고 있기 때문이다. 또한 「분쟁지조서紛爭地調書」와 같이 동시대인들의 산림소유에 대한 인식을 엿볼 수 있는 자료가 포함되어 있으므로 소유권의 실태에 미시적으로 접근하는 데 유용하다.

본 연구의 주제와 관련하여 선행연구가 가장 적은 분야는 조선시대 산림의 상태나 그 변화에 관한 연구이다. 임상林相의 변화를 다룬 것은 아니지만 조선의 산림정책에 대한 한국사와 임학의 연구를 참고할 수 있다. 관련 연구들은 조선의 임정이 엄벌주의, 즉 산림관리의 소극적 체제negative regime로 일관하여 파식播植과 육림育林을 장려하는 적극적인positive 정책수단을 결여하였고, 따라서 유효한 결과를 얻지 못하였다는 인식을 공유하고 있다(萩野敏雄 2001:32~34; 이숭녕 1981; 현신규 1981; 강건우 외 1994:96~101; 산림청 편 1997:89~94; 오영석 · 최병옥 2000: 배재수 2002b · 2002c). 또한 조선의 임정은 오로지 소나무에 대한 것이며, 다른 수종樹種이나 지피물地被物 등 산림 전반의 보호 · 육성을 지향하는 정책은 전혀 없었다는 연구도 있다(강건우 외 1994:102~107; 김호종 1999; 전영우 1999: 50~60).

조선의 임정에 대한 이상의 연구들 중에서 임정이 불비不備하여 조선후기 산림이 황폐해졌다는 지적도 발견되는데, 대체로 임학계의 연구이다. 조선의 산림이 "구한말에 이르기까지 대단히 울창"하였으나 식민지기의 약탈 때문에 헐벗게 되었다는 주장도 있지만 증거는 제시하지 않았다(김광임 1996:111; 이경식 1999). 조선후기 산림의 변화에 대해서는 제3장에서 논하는데, 여기에서는 물가사나 건축사, 임산물 수급 등 임상의 변화에 대하여 간접적이나마 정보를 얻을 수 있는 각종 연구를 참고할 것이다.

식민지기 산림소유권의 정리에 대해서는 상대적으로 연구가 많다. 20세기 전반 산림소유권 정리는 1908년 「삼림법森林法」 공포를 시작으로 1910년 임적조사林籍調査, 1911년 「삼림령森林令」, 1911~1924년 국유림구분조사사업國有林區分調査事業, 1918~1935년 조선임야조사사업朝鮮林野調査事業을 거쳐, 1927~1934년의 특별연고삼림양여사업特別緣故森林讓與事業에 이르러 기본적으로 완료되었다. 최초의 연구로는 지용하(1964: 155~161)를 들 수 있지만 매우 소략하다. 소유권 정리의 전체 과정에 대한 체계적인 연구로서는 권영욱(1965)이 처음이라고 할 수 있다. 산림청 편(1997:134~164)과 배재수 외(2001:20~131)도 소유권정리의 전체 과정을 대상으로 하였으며, 신용하(1982:277~283) 또한 참고할 수 있다.

식민지기 일련의 소유권 정리과정에서 가장 중요한 것은 조선임야조사사업이었고, 선행연구도 이에 집중되어 있다(강영심 1983 · 1984; 배재수 1997; 강영심 1998; 배재수 1998). 조선임야조사사업에서 '입회권入會權'과 '촌락공유림村落共有林'의 처리에 주목한 연구로는 안동섭(1960), 심희기(1991a)가 있고, 신용하(1982) 또한 입회권에 주목하였다. 기타 소유권 정리에 대한 연구로는 배재수의 연구가 선구적이다. 배재수는 「삼림법」, 임적조사, 조선임야조사사업 및 특별연고삼림양여사업에 대하여 각각 검토하여 결과를 보고하였다(1997 · 1998 · 2000 · 2001).

기존 연구들은 식민지기 소유권의 정리가 조선총독부에 의한 민유림의 수탈＝국유림의 창출 과정이라는 인식을 공유하고 있으며, 크게 보아 4개의 논점으로 간추릴 수 있다. 논점에 따라 선행연구를 간략히 소개한다. 자세한 내용은 제4장과 제5장의 과제가 된다. 우선 조선임야조사사업의 '신고주의申告主義'가 문제가 되었다. 산림의 소유자나 연고자가 제출하는 「신고서申告書」가 친일적인 산림지주인 지주총대地主總代의 임의에 맡겨졌고, 조선 인민들은 조선임야조사사업의 취지를 이해하지 못하여 신고하지 않거나 신고기간을 경과함으로써 소유권을 상실하였다는 것이다(권영욱 1965; 강영심 1983 · 1984; 배재수 1997). 하지만 조선토지조사사업을 이미 경험한 조선인들이 사적소유권을 법인하는 조선임야조사사업을 이해하지 못하였다는 추론은 매우 비현실적이다.

두 번째로 일찍이 박문규가 주장한 입회권의 소멸 · 박탈이다. 그는 "무주한광지無主閑曠地는……채초방목採草放牧은 완전히 자유였던 바의 광대한 산림, 초원, 황무지가 사적으로 분할되거나, 혹은 국가에 의해 영득領得되었다는 것이다. 이에 의해 농민은 신탄薪炭, 비료의 채취장으로, 가축의 사양장飼養場으로 사용해온 것을 완전히 상실"하였다고 서술하였다(1933:26). 박문규의 소략한 서술은 이후 권영욱(1965)을 비롯하여 이경식(1999)에 이르기까지 변함없이 반복되었다(권영욱 1965; 신용하 1982 277~283; 심희기 1991a; 이경식 1999). 입회권을 언급한 연구들은 박문규의 서술에서 보는 바와 같이 입회권의 개념을 정의하지 않고 단지 전통적인 '농민의 공동이용共同利用 관행'이라고 서술할 뿐이다. 하지만 공동이용지의 성격을 소유권이라는 시각에서 고찰하면 그 종류가 다양하며, 일본 근세에 발전한 입회권 또한 그중 하나에 해당하는 매우 역사적이며 특수한 제도이다. 따라서 공동이용이라는 사실에 근거해 바로 입회권이 존재한다고 주장하는 데는 논리의 비약이 있다. 전국적인 관행으로서 전국적으로 소멸·박탈될 만한 입회권은 당초 존재하지도 않았거나 그저 점존하였을 뿐이라는 것이 본 연구의 결과이다.

최근에 제기된 '촌락공유림의 해체 또는 국유화'라는 주장은 새로운 형태의 입회권 소멸론이다. 조선후기 이래 20세기 초까지 전국에 광범하게 존재하던 촌락공유림이 총독부의 강요에 의하여 개인(들)의 명의로 신고되어 분할·해체되거나, 아예 신고를 하지 않아 국유림이 되었다는 주장이다(한국농촌경제연구원 편 1990:29~38; 심희기 1991a; 배재수 1997; 산림청 편 1997:154~164; 배재수 1998). 이때 촌락공유림은 동계洞契나 송계松契의 공유림과 같이 명시적인 규약을 갖고 있는 것은 물론이고 묵시적인 용익用益의 규율만 존재하는 경우도 포함한다. '촌락공유림 해체론'이라고 할 수 있는 이 주장은 총독부가 악의적으로 조선의 공동체를 붕괴시키기 위하여 촌락공유림을 분할함으로써 오늘날과 같은 산림의 영세한 소유구조가 발생하였고, 그로 인해 임업의 근대화가 저지되었다는 주장으로 이어진다. 이들 연구의 공통점 또한 '입회권 소멸론'과 마찬가지로 이후 소멸될 존재의 실존을 먼저 증명하지 않고 그 존재를 당연한 것으로 선험적으로 전제한 후, 식민지 통치에 의하여 소멸되었다고 주장한다는 점이다. 촌락공유림의 일반적 존재는 사실史實이 아니라 추론일 뿐이며, 아직 실증된 바 없다.

끝으로 신고주의, 입회관행의 부정, 촌락공유림의 부정 등을 통해 총독부가 민유림을 수탈하고 그만큼 국유림을 창출하였다는 주장이다(강영심 1983·1984; 신용하 1997; 강영심 1998; 배재수 2000). 구체적인 수탈의 규모를 처음으로 제시한 연구자는 강영심(1983·1984)으로, 조선임야조사사업의 사정査定 단계에서 전체 산림의 1할에 해당하는 160만 정보라고 주장하였고, 이는 국사편찬위원회의 『한국사』에 인용되었고(정재정 2001) 한국정신문화연구원(현 한국학중앙연구원)의 『한국민족문화대백과사전』

에도 그대로 게재되었다. 신용하(1997)는 338만 정보라는 수치를 제시하였다. 그러나 이 같은 수치는 식민지기 일련의 소유권 정리과정에 대한 면밀한 검토가 결여된 결과이다. 예컨대 강영심은 1910년의 임적조사에 기초하여 '민유림'과 '이후 민유로 처분될 연고림'을 합하면 818만 정보인데, 조선임야조사사업에서 '민유림'으로 사정된 면적이 661만 정보이므로 157만 정보가 수탈면적에 해당한다고 산정하였다. 그런데 조선임야조사사업 결과, 338만 정보가 민유림과 별개로 '이후 민유로 처분될 연고림'으로 사정되었다. 따라서 임적조사의 818만 정보와 비교해야 할 대상은 661만 정보가 아니라 999만 정보이다. 조선임야조사사업에서 오히려 181만 정보가 사유림에 추가되었다고 보아야 할 자료인 것이다. 제4장과 제5장에서 이에 대하여 서술하겠다.

식민지기 임정은 소유권의 정리와 함께 국유림의 경영과 민유림의 조림이라는 세 가지 방향으로 전개되었다. 식민지기 산림관리에 대한 기존 연구는 대부분 국유림을 대상으로 하였다. 임정의 중심은 국유림의 경영이었고, 두만강과 압록강 유역의 원시림이 포함된 북부 국유림이 총독부 재정에서 중요하였다(권영욱 1965; 배재수 1997; 산림청 편 1997:134~173). 특히 배재수(1997)는 1930년대 후반 이후 북부 국유림에서 계획량을 초과하는 남벌이 진행되고, 벌채지역의 산림갱신은 많은 비용이 필요한 인공갱신이 아니라 천연갱신을 통해 실시한다는 명목으로 사실상 방치되었고, 그 결과 북부지역 국유림이 황폐해졌다고 주장하였다. 따라서 총독부의 임정은 지속가능한 개발의 원칙을 무시한 "수탈임정收奪林政"이었다는 결론이다(배재수 1997; 최인화 1998; 임경빈 외 2002:42~43). 국유림은 소유권 정리과정에서 민유림을 '수탈'하여 '창출'한 것이고, 총독부의 산림경영 또한 그 연장에 있었던 셈이다. '민유림수탈론'에 대응하는 '산림자원수탈론'이라고 하겠다. 이 연구들에서는 두만강과 압록강, 양 강 유역 국유림의 남벌과 방치를 주장하였으나, 실제 양 강 유역의 산림이 황폐하였다는 증거는 제시된 바 없다. 본래의 계획량보다 많다고 해서 바로 남벌이라고 단언할 수 있는지도 의문스럽다.

국유림은 국가가 계속 관리·경영할 요존국유림要存國有林과 민간에 개방할 불요존국유림不要存國有林으로 나뉘는데, 상기 연구는 전자에 관한 것이다. 불요존국유림을 민간에 처분하면서 총독부가 취한 가장 중요한 방법은 조림대부제도造林貸付制度였다. 가장 임상林相이 열악한 산림을 대상으로 조림을 원하는 자에게 유료로 대부한 뒤, 대부자가 조림에 성공하면 산림을 무상으로 양여하는 제도인데, 이를 통해 대규모 일본인 산림지주가 형성되었다는 것이 선행연구들의 주장이다(배재수 1997; 산림청 편 1997:147~151; 배재수 2002a). 산림을 매입하는 것보다 훨씬 낮은 비용으로 소유권을 획득할 수 있기 때문이다(배재수 1997; 강영심 1998).

일본인뿐만 아니라 조선인에 의한 조림대부 또한 광범하게 이루어졌다. 조선인의 평균 대부면적은 일본인에 비할 바가 아니지만, 전체 규모는 일본인의 대부면적을 상회하였다. 또한 대부지의 총면적을 고려할 때 대부자들이 실제로 인공조림을 시행하였는가, 시행하였다면 성과는 어느 정도인가 하는 문제가 임상의 변화에서 매우 중요하다. 하지만 이를 다룬 연구가 아직 없다. 선행연구들은 조림대부제도를 통해 일본인들이 큰 투자비용을 부담하지 않고 대면적의 산림을 쉽게 소유하게 되었다는 인상을 주지만, 이는 실증을 요구하는 문제이다.

민유림에 대해서는 「삼림령」에 의거하여 조림명령을 내리거나 영림營林방법을 지정하는 강제정책과 묘목의 무상공급이나 보조금 지급과 같은 조림장려정책이 실시되었다. 선행연구들은 총독부의 조림정책이 산림자원의 증식을 위한 것이라기보다 농업생산성의 증대를 위한 농업지원 정책이었고, 총독부 통치의 성과를 선전하기 위한 전시적·정치적 수단에 불과하다고 주장하였다(지용하 1964:164~183; 산림청 편 1997:134~135). 임업기술의 진전이 없지 않았으나 산림자원의 감소로 귀결되었으므로 임업의 발전으로 볼 수 없고, 결국 남북한은 해방과 함께 치산녹화가 시급한 황폐한 산림을 떠안게 되었다는 것이다(지용하 1964:122~137; 산림청 편 1997:170~173; 허경태 2000).

그러나 필자는 식민지기 인공조림의 실적은 '세계적으로 유례가 없는' 해방 이후 한국의 치산녹화사업의 실적에 비견할 만한 것이었음을 본 연구에서 보일 것이다. 식민지기 임정이 북부 국유림을 중심으로 한 것이었고, 육림이 아니라 벌채 중심이었다거나, 그 결과 식민지기를 통해 산림이 황폐해졌다는 선행연구는 남부지방의 민유림을 중심으로 치산녹화사업이 꾸준히 대규모로 진행되었다는 사실을 고려하지 않은 것으로 보인다. 북부지역과 남부지역, 국유림과 민유림, 벌채와 조림, 이를 종합적으로 검토할 시점이라고 하겠다. 본 연구의 제6장에서 이 문제를 다루고자 한다.

해방 이후 1950년대까지 산림은 급격히 황폐해졌고, 이후 30여 년간 산림녹화사업이 전개되었다. 그 성과는 FAO(세계식량기구)가 인정하는 "2차 대전 후 조림에 성공한 유일한" 사례로 평가되고 있다(임경빈 외 2002). 특히 1973~1987년의 제1·2차 치산녹화사업을 통해 "세계적으로 유례가 드물게" "단시일 내에 녹화사업을 완성"하였다는 평가는 정부기관에 그치지 않는 국내외 학계의 통설이자 국민적 상식이라고 할 수 있다(산림청 편 1997; 김광임 1996; 허경태 2000; FAO 1987). 해방 이후 산림녹화에 대한 국내외의 관심은 제1·2차 치산녹화사업에 집중되어 있다. 이 책 제7장에서는 1960년대부터 산림복구를 위한 노력이 지속적으로 전개되었고 그 성과 또한 주목할 만한 것이었음을 보일 것이다.

제3절 | 이 책에 쓰인 자료들

제1장과 제3장에서 조선의 산림소유권의 발전과 임상의 변화를 고찰하기 위하여 이용한 자료는 대부분 조선왕조의 관찬사료들이다. 『조선왕조실록』, 『승정원일기』, 『비변사등록』이 주로 이용되었으며, 이는 다른 연구와 다르지 않다. 조선후기 산송山訟에 대한 자료 또한 일부 이용하였는데, 이는 1차 자료가 아니라 선행연구로부터 얻은 정보들이다. 앞에서 선행연구를 소개하면서 이에 대하여 기술하지 않은 것은 산송 연구자들과 필자의 연구 초점이 달랐기 때문이다. 20세기 초 일본인들이 실시한 토지소유 관련 조사가 다수 있으므로 그 결과 또한 제1장에서 이용할 것이다. 토지에 대한 관습을 조사한 결과들인데, 일본인들의 주요관심사는 경지의 소유권이었으므로 산림에 대해서는 자료가 많지 않지만 최대한의 정보를 얻고자 하였다. 제3장에서 이용한 추가적인 자료로서 개항기에 조선을 방문한 외국인들이 남긴 기록도 유익하였다.

제4장과 제5장은 1908년의 「삼림법」 이후 식민지기 말기까지 진행된 산림소유 정리과정에 대한 연구이며, 제6장은 식민지기 인공조림을 중심으로 산림정책을 검토하고 임상의 변화를 살펴본 것이다. 여기에서 이용한 자료로서 가장 중요한 것은 각종 법령과 관계문서, 『조선총독부통계연보朝鮮總督府統計年報』, 『조선의 임업朝鮮の林業』, 『임야통계林野統計』, 『조선총독부조사월보朝鮮總督府調査月報』 등 식민지기에 발행된 각종 정기간행물이다. 소유권 정리과정에서 가장 중요한 단계라고 할 수 있는 조선임야조사사업에 대한 보고로서 1938년에 뒤늦게 간행된 『조선임야조사사업보고朝鮮林野調査事業報告』는 조선임야조사사업뿐만 아니라 그 전후과정에 대해서도 유용한 정보를 제공한다. 최근 유일본唯一本이 발굴되어 임경빈 등이 번역하고 산림청에서 출간한 오카 에이지岡衛治의 『조선임

업사朝鮮林業史』는 2천 면에 달하는 방대한 분량인데, 그 대부분은 사료 자체를 옮겨놓은 것이며 그만큼 자료로서 유용하였다.

제2장에서는 조선임야조사사업 과정에서 작성된 1차 자료들을 이용하여 20세기 초 산림소유의 실태를 고찰할 것이다. 여기에서 이용한 가장 중요한 자료는 경상남도 김해군金海郡의 「분쟁지조서紛爭地調書」이다. 이는 현재까지 발굴된 유일한 분쟁지조서로서, 약 190책이 남아 있다. 「분쟁지조서」는, 예를 들어 두 사람 이상이 동일한 토지에 대하여 소유권을 주장하여 신고서를 제출해 분쟁이 발생한 경우 당사자들이 다투는 내용과 주변의 증언이나 객관적 증거, 그리고 조사의 결과를 현지조사원들이 정리하여 도 임야심사위원회에서 소유권을 사정할 때 이용할 근거자료로 제공된 문서이다. 이 자료는 현재 국가기록원에 소장되어 있으며 최근 비공개문서에서 해제되어 본 연구에서 최초로 이용하였다.

「분쟁지조서」는 임야조사감독원이 작성한 조서, 현지조사 결과인 야장野帳의 사본, 분쟁지도, 현지조사원의 사실취조서, 분쟁당사자인 갑과 을의 신고서와 진술서, 그들에 대한 질의응답을 기록한 청취서, 당사자의 각종 증거서류 사본, 제3자에 대한 질의응답을 담은 참고인 청취서 등으로 구성되어 있다. 본 연구에서는 김해군 장유면長有面의 10여 책을 포함하여 총 54책 85필지에 대한 「분쟁지조서」를 이용하였다. 분쟁의 한 당사자가 복수의 필지에 대하여 복수의 상대방과 분쟁하게 될 때는 이 모두가 1책으로 묶여 있다. 따라서 「분쟁지조서」 1책은 복수의 필지를 포함할 수 있다. 본 연구에서 이용한 것 중에는 최대 140장에 달하는 것도 있지만, 1책은 대체로 40장가량이다. 제2장에서 이 자료에 대하여 자세히 설명할 것이며, 1책의 전문과 그 번역문을 부록으로 첨부하였다.

분쟁과 관계없이 조선임야조사사업 과정에서 반드시 작성되는 몇 가지 문서가 있다. 이 문서들은 각 분쟁사건을 이해하는 데 도움이 되며, 그 자체로서 중요한 정보를 제공한다. 우선, 임야소유자가 해당 임야의 취득경위, 위치, 면적 등을 기록하여 자신의 소유임을 밝힌 신고서의 묶음인 임야신고서, 임야조사원이 지주총대와 신고자를 동반하여 실지조사한 결과를 기록한 임야조사야장, 이상의 조사에 의하여 확정된 소유자를 임야가 소재하는 리별로 지번에 따라 정리한 임야조사서林野調査書가 그것이다. 김해군의 관련 자료는 모두 국가기록원에 소장되어 있다.

임야신고서에는 가지번假地番, 소유자 또는 연고자의 주소와 성명, 임야 소재지의 주소, 사표四標 및 면적, 1908년 「삼림법」에 의한 지적地籍의 신고 여부와 신고 일시, 「토지가옥증명규칙土地家屋證明規則」 또는 「토지가옥소유권증명규칙土地家屋所有權證明規則」에 의한 증명의 유무와 일시, '기타 사유私有 또는 연고緣故의 증거가 될 만한 서류 및 그 요지'가 기재되고, 그를 수령한 지주총대는 신고서를 인정한다는 뜻으로 임야신고서에 날인하였다. 이 '요지'에는 증거서류 외에 원시취득 또는 승계취득의 권원權原을 기재한 경우가 많다. 예컨대 "본인의 선조 묘지로서 수십 년 금양禁養함"과 같다. 본 연구에서는 임야신고서와 함께 임야조사야장과 '분쟁지조서'가 모두 보존되어 있는 김해군 장유면 4개리, 526 필지의 신고서를 참고하였다. 이하 임야조사야장과 '임야조사서'도 마찬가지다.

임야조사야장林野調査野帳에는 지번地番, 가지번假地番, 지목地目, 임야 소재지의 교통상의 편부便否와 토질을 고려하여 상중하로 분류한 임야의 등급, 입목도立木度, 평균수령, 지적 신고의 여부, 소유권 등기 또는 증명의 종류와 일시, '사유 또는 연고 이유', 국·공·사유의 구분, 신고서의 유무, 소유자 또는 연고자의 주소와 성명, 연고자가 있는 임야의 경우에는 이후 처분의 방법을 기재하고, 대부 또는 양여 사실이 있거나 '공동묘지' 등의 특기할 만한 내용을 적는 비고란이 있다. 특히 '사유 또는 연고 이유'에 기재된 정보가 유용하다. '이유'란에는 예컨대 "私有標準 三號" 같은 방법으로 기재한다. 사유표준 3호란「토지가옥증명규칙」또는「토지가옥소유권증명규칙」의 증명이 있는 토지를 말한다. 임야조사야장은 가지번에 의해 신고서와 연결된다.

김해군의「임야조사서」에는 장유면 1,328필과 김해군 하동면 약 1,000필, 합계 약 2,300필에 대한 정보가 담겨 있다. 지번, 지목, 면적, 신고 일시, 국유림일 경우에는 통지通知 일시, 사정査定된 소유자나 연고자의 주소와 성명을 기재한다. 비고란에는 사유로 사정된 임야 중 과거에 지적地籍을 제출하지 않은 것일 때는 "地積 신고 없음"이라고 쓰고, "宗中財産", "貸付中", "保存證明 某年某月某日 第O號", "紛爭 第O號" 등 특기사항을 기입한다. 임야조사서는 지번에 의해 임야조사야장과 연결된다.

본 연구에서는 김해군 장유면「임야조사서」와 함께 경기도 진위군振威郡 11개 리 1,399필의 정보를 담고 있는 송탄면松炭面「임야조사부林野調査簿」도 함께 이용하였다. 이것도 국가기록원에 소장된 자료이다. 조선임야조사사업에서 임야조사서 또는 임야조사부를 작성한 후, 임야대장林野臺帳을 제작한다. 조선임야조사사업에 의한 소유권 확정의 결과를 보여주는 임야대장으로서 504필의 경상남도 창원군昌原郡 진북면鎭北面 3개 리의 자료(국가기록원 소장)와 177필의 경상북도 예천군醴泉郡 용문면龍門面 2개 동의 자료(동면 면사무소 소장)를 아울러 이용하였다. 예천의 자료를 이용한 것은 해당 2개 동에 대한 근세촌락사연구가 있다는 점을 고려한 것이다(안병직 · 이영훈 편 2001).

끝으로 제7장에서 해방 이후 시기를 다루면서 이용한 통계는 농림부, 산림청 등 정부 발행물이다.『한국임정 50년사』(1997) 등 산림청에서 약 10년마다 한 번씩 발간하는 산림복구사山林復舊史와 농촌 산림계를 전국적으로 통할하는 대한산림조합연합회 간행물도 아울러 이용할 것이다.

제1장

조선시대의 산림소유제도

산림을 비롯하여 목초지, 어장, 지하수, 공유수면, 기타 각종 환경자원을 '공용자원common-pool resources'이라고 한다. 사유재나 공공재와 구별되는 공통의 특성을 갖고 있기 때문이다. 잘 알려진 바와 같이 공공재는 비경합적이며 배제불가능하다. 공용자원은 공공재와 마찬가지로 (준準) 배제불가능성을 가지며, 사유재와 동일하게 경합성을 갖는다. 어떤 산림을 농부들이 함께 이용하고 있다고 하자. 한 농부가 채취하는 양이 많을수록 다른 농부들이 사용할 수 있는 양은 감소한다(경합성).[1] 어떤 농부가 산림으로부터 얻은 이득에 대하여 대가를 지불하지 않을 때, 그를 산림의 이용에서 배제하는 것은 다른 사유재에 비하여 훨씬 높은 비용을 필요로

1 財貨는 經濟財와 自由財로 구분한다. 자유재는 희소성이 없고 따라서 경제적으로 가치가 없는 것이다. 공용자원은 경제학의 대상이 될 만큼 희소성과 경제적 가치가 있고, 따라서 경합성이 있다는 점에서 그 개념이 자유재와 다르다. 과거에 자유재를 대표하던 공기는 대기오염 문제가 대두됨에 따라 경제재로 바뀌었다. 경제재로서의 공기는 공용자원으로 분류된다.

한다〔(준)배제불가능성〕. 공용자원의 경합성은 해당 자원이 고갈될 수 있음을 말하며, (준)배제불가능성은 대가를 지불하지 않는 자를 배제할 수 있는 방법을 고안하지 못하면 다른 사람들은 산림의 유지나 보호에 투자하지 않을 것임을 의미한다(McKean 2000:28~29; Ostrom 2001:132~133).

공용자원을 사용 · 수익 · 처분하는 몇 가지 상이한 방법이 있는데, 이를 소유권체제라고 하며, 소유권체제의 성격은 공용자원의 지속가능한 개발 여부와 밀접한 관계가 있다. 따라서 소유권체제를 유형별로 소개하여 조선시대 산림소유의 구조와 발전을 검토하는 이 장의 분석도구로 삼고자 한다(제1절). 주요 자료는 『조선왕조실록』(이하 『실록』으로 줄임) 등 관찬사료이다. 먼저 산림소유의 기본제도로서 산림의 사적소유를 법률로 금지한 '사점私占' 금지의 규정과 그에 의한 '무주공산無主空山'의 성립에 대하여 서술한다(제2절). 조선에서도 인구증가와 함께 산림자원을 배타적으로 용익하고자 하는 동기가 발생하고 소유권이 발전하였다. 국가는 인민의 접근을 차단하고 독점할 수 있는 특정구역을 설치하고 인민에 대한 규제를 강화하였으며(제3절), 다른 한편에서는 인민의 사실상의 소유로서 사적소유가 발전하였다(제4절). 조선의 사적소유는 이를 법률로써 금지하는 국가적 제약 아래 성립하였고 무주공산의 전통 위에서 발전하였다. 그 결과 조선후기 산림의 사적소유는 근대적 일물일권적一物一權的 소유와 상이한 독특한 특질을 갖게 되었다(제5절). 이에 대한 서술에서는 20세기 초의 사료도 일부 이용하였다.

제1절 | 산림자원의 소유권체제

1. 소유권체제의 유형

공용자원을 사용 · 수익 · 처분하는 형태, 즉 타인을 배제하고 소유권을 실현하는 몇 가지 상이한 방법이 있다. 이를 '소유권체제property regime'라고 한다. 공용자원의 소유권체제는 보통 네 가지로 분류된다(Richards 2002). 첫째는 사유재산체제private property regime이며 둘째는 국유재산체제national property regime인데, 한 사람이 산림을 소유하고 다른 모든 사람을 배제하는 경우와 국유로 운영되어 무료 혹은 유료로 모든 국민이 용익用益할 수 있는 국립공원을 생각할 수 있다. 셋째는 자유접근체제 open-access regime, 넷째는 공유재산체제common property regime이다. 공용자원 연구자들이 각별히 강조하는 것이 이 두 체제의 구별이다(오스트럼 1999:190～191; Bromley 1992:12～13; Ostrom 2001:131～134; Perdue 2002:21). 후술하는 조선의 무주공산은 이 둘 중 하나로 분류할 수 있다.

네 가지 소유권체제의 분류가 이념형의 분류라면, 현실에서는 이들 체제가 조합을 이루는 다양한 중첩적 소유권체제가 있을 수 있다. 사유림 소유자가 타인을 배제하기를 포기하거나 배제할 수 없어 누구든 용익한다면, 이는 사유재산체제 위에 자유접근체제가 성립하는 중첩적 체제가 된다. 국유림이더라도 국가가 관리를 포기하거나 관리할 수 없는 상태는 국유재산체제 위에 자유접근체제가 성립하는 또 다른 중첩적 체제가 된다. 물론 국유림 위에 공유재산체제나 사유재산체제가 성립하는 조합도 가능하다. 이러한 중첩적 소유권체제의 예를 이 장에서 보게 될 것이다.

이념형으로서의 자유접근체제와 공유재산체제에 대하여 살펴보자. 자유접근체제하에서는 "모든 개인, 단체가 자유롭게 사용할 수 있다. 사용할 수 있는 권리는 배타적이지 않고, 양여할 수도 없다. 사용권은 공유이지만 모든 개인에게 접근이 개방되어 있다. (따라서 누구의 재산도 아니다). Non property라고도 한다." 공유재산체제에서는 "자원의 이용은 특정할 수 있는 그룹에 의하여 관리되고, 사유도 아니고 정부의 소유도 아니다. 누가 그 자원을 이용하는지, 누가 그 자원을 이용할 수 없는지, 또는 어떻게 그 자원을 이용하는지에 대한 규칙rule이 존재한다. Common property라고도 하고 또 시스템으로서는 community-based resource management system이라고도 한다"(淺子和美 · 國則守生 1994:76).[2]

자유접근체제에서는 자원을 누구나 이용할 수 있고, 그에 대한 규칙은 존재하지 않는다. 이러한 규칙의 부재는 먼저 캐가는 사람이 주인이라는 무주물선점無主物先占, occupancy 또는 선착순first-come first-served의 규칙만 존재하는 상태라고 할 수 있다. 특히 이 체제에 의해 지배되는 자원은 "non property" 상태로서 '모두의 일은 아무의 일도 아니다'라는 격언처럼, 모두의 것이기에 누구의 것도 아니다. 자유접근체제의 "non property"는 "no property rights"나 "no one's property"로 표현되기도 한다(Bromley 1992:4).

아사코 가즈미淺子和美 · 구니노리 모리오國則守生(1994)는 공유재산체제에 존재하는 규칙rule을 설명하면서 사용 · 수익의 주체와 사용 · 수익의 방법만을 서술하였지만, 이 체제에는 용익의 객체에 대한 규칙도 존재한다(오스트럼 1999:188). 전근대사회의 공유재산체제로서 널리 알려진 예는 일본 근세의 '입회入會' 제도이다. 입회제도하에서 산림자원은 지속

2 두 체제에 대한 설명은 다음에 근거하여 아사코 가즈미 · 구니노리 모리오가 정리한 것이다. F. Berkes, and M. T. Farvar, "Introduction and Overview," *In* Fikret Berkes ed., *Common Property Resources: Ecology and Community-Based Sustainable Development*, London: Belhaven Press, 1989. Danial W. Bromley, *Environment and Economy: Property Rights and Public Policy*, Cambridge: Basil Blackwell, 1991.

가능한sustainable 형태로 장기간 성공적으로 관리되었다. 입회 산림의 이용규칙은 지방마다 관습이 다르지만, 구성원, 임산물의 채취도구, 채취의 시기와 기간, 채취자원의 종류와 수량 등에 대하여 명확한 규칙이 있다는 점은 공통이다. 각 촌에서 사용 · 수익하는 행위의 종류와 정도는 평등을 지향하였고, 각 가에서 사용 · 수익하는 산림의 범위는 경작면적, 가축의 수, 가족의 수 등에 따라 결정되었다. 전국 대부분의 입회 규칙은 다음과 같은 규정을 포함하였다. 먼저 입회자의 용익에 관한 규칙이다.

1. 입산하는 사람에 대한 제한(예컨대 1호戶에서 1인人에 한한다).
2. 몇 개의 촌이 입회하는 산림일 때는 입회자의 자격을 나타내는 표식으로서 산찰山札=감찰鑑札을 소지(아래의 내용을 이 표식에 직접 기입하는 경우도 있다).
3. 채취와 운반에 이용하는 도구에 대한 제한.
4. 입산의 시기 · 기간에 대한 제한('구개口開'라고 하여 산림을 개방함을 뜻한다).
5. 채취할 수 있는 임산물에 대한 제한(예컨대 영주 소유의 '유목留木', 원목原木 등은 벌채할 수 없다).
6. 채취할 수 있는 양에 대한 제한(예컨대 풀의 채취량은 1인이 등에 짊어질 수 있는 만큼으로 정한다).
7. 채취한 물건의 사용에 대한 제한(예컨대 자가용自家用에 한하며 판매를 목적으로 채취할 수 없다).
8. 출입 산림의 범위(도구와 기간에 따라 다르다) 등등. (杉原弘恭 1994:112~113)

입회자의 의무에 대한 규정 내용은 다음과 같다.

1. 산림의 유지관리(나무 심기, 밑깎기, 가지치기, 조림지 정리, 임도林道나 목

도牧道의 건설 등).

2. 산림의 보호감시(도벌, 남획, 남벌, 기타 규칙위반 행위의 감시와 수호, 화재나 해충 발생의 예방과 대처 등).
3. 이상에 관하여 필요한 집회 출석 등등. (杉原弘恭 1994:113)

조선 산림의 공유재산체제의 예로는 송계松契를 들 수 있다. 다음은 현재까지 발견된 송계 규칙 중에서 가장 조목이 상세하다고 알려진 것이다. 전라남도 영암군 구림리鳩林里 대동계大同契의 동헌洞憲 중 '사산금벌四山禁伐' 항목으로서 18세기 초에 동헌에 추가되었다고 한다.

순산유사巡山有司는 중서인中庶人이 돌아가며 담당한다. 순산유사는 매월 말일에는 하유사下有司 및 각 리의 좌상座上들과 함께 사산四山을 순산한다. 만약 작벌斫伐한 곳이 있으면 나무를 크고 작은 것으로 나누어 일일이 장부에 기록하고 순산기巡山記를 작성하여 본유사本有司에게 보고한다. 본유사가 이를 보고받으면 다음 달에 각 리의 좌상들을 통해 범금犯禁한 자를 찾아내 고하게 한다. 고하지 않은 죄는 범한 소나무의 다소에 따라 벌수杖數를 가감하여 다스리며, 범금한 자를 고하면 대송大松은 태笞 삼십, 중송中松은 태 이십, 치송稚松은 태 십으로 징치懲治한다. 알고도 고하지 않은 자는 범금한 자와 같은 죄로 다스린다.

본유사는 순산유사의 근만勤慢이 모두 같지 않을 것이니 석 달에 한 번씩 특별히 순산하여 순산유사의 근만을 살펴 대동계에 알려 논죄한다.

계원의 사환노使喚奴가 범금하여 발각되면 노는 태 이십, 그 상전은 주벌酒罰에 처한다. 또 사산이 퇴락하고 치송이 자라지 않는 것은 모두 띠(茅)를 기르기 때문이니, 그 벌은 모두 소나무를 범한 것과 같은 죄로 다스린다. (『朝鮮時代社會史研究史料叢書』 II, pp. 439~440)

다른 송계의 규약에 비하여 도벌의 조사, 범인의 색출 및 관리자의 의무에 대한 항목이 각별히 상세하다.[3] 조선의 송계 규약은 도벌에 대한 처벌규정이 중심 내용이며, 일본과 달리 용익用益이나 파식播植·육림育林에 대한 규정은 찾아보기 어렵다. 주산물인 소나무 외에 활엽수, 낙엽, 풀 등 시초柴草에 대한 규정이 전혀 없다는 점도 주목된다. 송계의 규약 위반자에 대한 처벌은 대단히 엄격하였다. 처벌규정은 위반자의 지위나 나무의 크기에 따라 획일적으로 정해지며, 일본의 입회제도에서 보이는 가중처벌, 즉 최초의 규칙위반에 대해서는 경미한 처벌을 부과하되 규칙위반이 반복되면 엄중히 처벌하는 내용은 보이지 않는다.[4]

2. 자유접근체제와 '공유지의 비극'

공용자원의 장기적 보존가능성 여부, 공용자원 저량貯量, stock으로부터 흘러나오는 유량流量, flow의 규모, 따라서 공용자원을 이용하는 자들의 후생수준에 있어서는 소유권체제의 성격, 특히 공유재산인가 아니면 자유접근 자원인가라는 문제가 결정적으로 중요하다. 오스트럼E. Ostrom은 시간적·공간적으로 다양한 사례의 공용자원 경영에 대한 분석을 종합하여

3 송계 규약은 대체로 다음과 같다.
- 3개 마을 모든 사람들이 禁松契를 조직한다.
- 계를 조직하는 데는 재물이 없어서는 안 되므로 각자 벼 한 말씩을 내놓는다.
- 모든 계원은 봄, 가을에 모여서 禁松에 대한 일을 상의한다.
- 계원 중 有司를 정해서 산을 둘러보며 소나무를 보호하도록 한다.
- 계원이 나무를 베면 매 30대를 치고 그 뒤 중벌에 처한다.
- 계원 이외의 사람이 범하여 나무를 베었을 때는 관에 고발하여 엄중히 다스린다.
- 해마다 봄, 가을에 회합을 할 때 탈 없이 참가하지 않는 사람은 次罰을 준다.
- 계 모임에서 여러 사람의 결정에 따르지 않고 고집을 피우는 자에게는 중벌을 내린다.
- 중벌은 벼 1말 5되, 차벌은 벼 1말이다.

「松明洞禁松契帖」, 1763년 立議, 산림청 편(1997:97~98)에서 인용. 다른 송계의 규약에 대해서는 박종채(2000) 참조.

4 비슷한 시기 중국의 상황도 조선과 비슷하였다. '山會'와 같은 공유재산체제의 사례가 없지 않으나 매우 드물고, 그 규약도 외부인의 접근을 금지하는 규정을 두는 정도에 불과하였다는 것이다(Menzies 1988).

장기간 존속하면서 성공적으로 경영된 공용자원제도common-pool resources institution로부터 발견되는 여덟 가지 공통원리를 제시하였다. 첫째는 "명확하게 정의된 경계boundaries"로, 공용자원으로부터 자원을 인출할 수 있는 권리를 가진 개인이나 가계household와 그들이 이용할 수 있는 공용자원의 경계가 명확하게 정의되어야 한다는 것이다(1999:188~210).[5] 경계가 명확하지 못하면 사용자들은 규칙을 만들기가 어렵고, 투자의 외부경제에 대한 기대expectation로 인해 과소투자가 발생한다.

> 자원의 경계나 자원을 사용할 수 있는 구성원의 확정이 불확실하면 어느 누구도 누구를 위하여 무엇을 관리해야 하는지 알 수 없다. 공용자원의 경계를 규정하여 '외부인'이 접근하지 못하도록 폐쇄하지 않는다면, 현지의 사용자私用者들은 그들의 노력으로 생산된 편익을 전혀 노력하지 않은 사람들에게 편취騙取당할 위험에 놓인다. 적어도 공용자원에 투자한 사람들은 자신이 기대하는 만큼의 보상을 받을 수 없게 된다(1999:190).

---

5 나머지 7개 원리는 다음과 같다.

둘째, 자원 유량단위의 시간, 공간, 기술, 수량 등을 제한하는 사용규칙appropriation principle이 현지 조건과 연계되어야 하며, 노동력과 물자, 금전 등을 요구하는 제공규칙provision principle과도 맞아야 한다.

셋째, 규칙의 영향을 받는 사람들 대부분이 그 규칙을 수정하는 과정에 참여할 수 있어야 한다.

넷째, 공용자원체계의 현황과 사용활동을 적극적으로 감시하는 단속요원은 그 자원의 私用者들에 대하여 책임을 지는 사람이거나, 그 사용자들이 선발한 사람이어야 한다.

다섯째, 규칙을 위반한 사용자에게는 다른 사용자들이나 책임자, 또는 양자에 의하여 누진적인 제재조치(위반행위의 경중과 배경에 따라 상이한)에 따라 범칙금을 책정한다.

여섯째, 사용자들과 이들을 위하여 일하는 책임자들은 사용자들 사이의 분쟁이나 사용자와 책임자 사이의 분쟁을 해결하기 위하여 저렴한 비용으로 신속하게 현지 심판기구에 접근할 수 있어야 한다.

일곱째, 스스로 제도를 고안할 수 있는 사용자들의 권리를 외부 정부당국이 침해하지 않아야 한다.

여덟째, 공용자원체계가 대규모 체계의 한 부분인 경우 사용, 제공, 감시, 집행, 분쟁조정 그리고 규율활동은 중층적인 정합적 사업단위multiple layers of nested enterprise로 조직된다.

이와 함께 자신의 소비증대에 따르는 비용을 타인에게 전가할 수 있는 소비의 외부불경제外部不經濟로 인하여 과대소비가 나타나며, 과대소비와 과소투자에 의하여 자원체계가 파괴될 것이라는 기대가 형성됨으로써 미래소비의 현재가치에 적용되는 할인율은 100퍼센트에 근접하게 되고, 따라서 공용자원의 남용이 사용자의 합리적 선택이 된다.

주체와 객체에 경계에 대한 규칙이 없는 자유접근체제에서 과대소비와 과소투자로 인하여 공용자원이 고갈되는 것은 필연적이다. 자유접근체제하에서 공용자원의 고갈과 파괴가 가장 심각하다는 사실은 경험적으로도 입증된 바이다(Brander and Taylor 1998; Mckean 2000; Bromley 2002). 자유접근체제와 공유재산체제의 구분이 중요한 것은 이러한 이유 때문이다. 따라서 주체와 객체의 명확한 경계의 존재는 공유재산체제를 자유접근체제와 구분하는 "단적으로 특징짓는 구성요소"이며(오스트럼 1999:191), 공용자원을 성공적으로 경영하는 데 가장 중요한 필요조건이다.

후술하는 바와 같이 자유접근체제하의 조선의 산림에서도 임산물에 대한 초과수요가 증가하였고, 그 결과 다른 종류의 재산권체제가 성립, 발전하였다. 근래 산림 등 공용자원에 대한 연구가 활발한데, 오스트럼의 연구 또한 대표적 성과에 속한다. 1970년대 이후 새로이 나타난 이러한 연구동향을 촉발한 것은 하딘G. Hardin이 1968년 『사이언스*Science*』 지에 발표한 「공유지의 비극The Tragedy of the Commons」이었다. 앞서 언급한 여러 연구 또한 이 '공유지의 비극'이 어떤 경우에 어떠한 과정을 통해 발생하며, 또 어떻게 위기를 피하고 지속가능한 발전을 이룰 수 있는지에 관심을 둔 것이다. 하딘의 논지는 다음과 같다.

모든 농민이 자유롭게 이용할 수 있는 일정한 면적의 공유 목초지가 있다고 하자. 각 농민은 이 공유지를 이용하여 자기 소를 키우면서 그로부터 최대의 이득을 얻고자 할 것이다. 농민 갑은 생각한다. '내가 만약 소한 마리를 더 키운다면 이득이 있을까?' 갑은 목초지를 이용하여 소 한 마리를 더 키움으로써 얻게 되는 수입과 비용을 비교하고, 만약 수입이 비용보다 크다면 방목하는 소를 늘릴 것이다. 갑이 공유지에서 추가로 사육하는 소 한 마리, 즉 공유지를 이용하여 얻는 수입은 온전히 갑의 것이 된다. 그러나 소 한 마리를 추가로 방목함으로써 발생하는 비용은 갑 혼자가 아니라 다른 모든 농민들과 함께 분담하게 된다. 따라서 갑은 가능한 한 많은 소를 공유지에서 방목하려고 한다. 다른 농민들도 갑과 동일한 논리로 행동한다. 농민과 가축의 수에 비하여 아직 공유지가 충분히 넓다면 문제될 것이 없다. 시간이 흐름에 따라 인구가 증가할 때, 그들은 결국 비극적 상황, 즉 공유지의 황폐화에 봉착하게 된다.

하딘의 목초지에서 농민은 자신이 원하는 수만큼 소를 방목할 수 있으므로, 인구증가에 따라 공유지를 이용하는 소의 수는 계속 증가한다. 이는 하딘의 공유지가 자유접근체제하의 'non property' 임을 뜻한다. 공유지의 비극은 자유접근체제하에서 발생하며, 공유지의 비극을 막으려면 우선 자유접근체제의 해체, 즉 소유권의 주체와 객체 및 용익에 대한 규칙부터 만들어야 한다. 이것은 그간 축적된 연구로부터 얻을 수 있는 가장 중요한 성과의 하나라고 할 수 있다.[6]

6 공용자원의 소유권체제에 대한 최근의 연구로는 다음을 참조할 수 있다. Bromley(1991), Seabright(1993), 宇擇弘文 · 茂木愛一郎 編(1994), de Janvry, Gordillo, Platteau, and Sadoulet, eds.(2001), Gibson, Mckean and Ostrom, eds.(2000), Richards, ed.(2002), Dolšak and Ostrom, eds.(2003).

제2절 | 산림 '사점'의 금지와 '무주공산'

조선왕조의 산림소유에 대한 기본 원칙은 사점私占의 금지라고 할 수 있다. 이는 조선왕조의 국제國制로서 『경국대전』에 "사점시초장자장팔십私占柴草場者杖八十"으로 표현되었다. "『경국대전』의 '시장柴場이나 초장草場을 사사로이 점유하는 자는 장杖 팔십에 처한다'는 율律"(『명종실록』 명종 9년 12월 10일, 이하에서는 "『명종실록』 9/12/10"와 같은 형식으로 줄임)이라고 하였듯이, 시초장柴草場이란 시장柴場과 초장草場을 말한다. 시장과 초장은 '시柴'와 '초草', 즉 '시초'가 나는 곳을 말한다. "춘초추시春草秋柴"라는 말이 있는데, 봄에 풀을 베어내고 가을에 땔감을 취한다는 뜻으로, 산림을 이용하는 올바른 방법을 설명하고 있다. 수목의 성장이 시작되는 봄에 하초下草를 베어냄으로써 발육을 돕고, 수목이 성장을 멈추는 가을에 비로소 땔감을 마련하는 것이다.

1. 사점금지의 법제화

풀은 농업원료, 즉 녹비, 퇴비원료 및 사료로 쓰이는데, 화학비료는 물론 어묵이나 깻묵도 아직 도입되지 않은 조선에서 풀은 비료의 공급원으로서 특히 중요하였다. 전근대 조선사회에서 유일한 연료인 땔감의 공급원은 산림뿐이었다. 사점금지는 일반 인민의 생활필수품인 시초와 산업용·건축용 소재인 목재 및 그를 생산하는 지반地盤을 포함하는 산림의 사적소유를 금지한 것이다. 다음은 『고려사』에 실린 산림사점에 대한 고려 말의 기사를 옮긴 것이다.

"산림과 천택은 백성들과 이익을 함께하는 것인데 근래에 권세가들이 그것을 사사로이 차지하여 나무하고 꼴 베는 것을 함부로 금하여 백성들에게 폐를 끼치니(山林川澤與民共利 近來權勢之家自占爲私 擅禁樵牧以爲民弊), 사헌부에 지시하여 이를 금지하게 하고 위반하는 자는 그 죄를 다스릴 것이다"라는 교서를 내렸다〔刑法, 禁令, 忠肅王 3년(1325)〕.

왕이 명령하기를 "적신의 무리들이 제멋대로 산림과 천택을 차지하고 그 세를 많이 받기 때문에 국가의 비용은 날로 모자라게 되고 백성들의 생활은 갈수록 궁핍해졌다(賊臣之黨擅占山澤重收其稅 國用日乏民生益凋). 지금부터 산림은 선공사繕工寺의 관할하에 두고, 천택은 사재사司宰寺의 관할하에 두어 금령禁令을 없애고 세의 징수를 가벼이 할 것이다"라고 하였다〔食貨, 田制, 恭愍王 5년(1356)〕.

사점이란 사사로이 차지하여 다른 사람의 접근을 막는 행위, 즉 사적·배타적으로 사용·수익하는 행위를 뜻하는 것임을 알 수 있다. 고려의 전시과田柴科하에서 토지는 국가가 직접 조세를 수취하는 공전公田과 왕족·관료·군인 등 지배층에게 그 수조권收租權을 위임한 사전私田으로 나누어졌다. 이때 사전의 지급 규모는 품계에 따라 상이하였고, 전지田地와 함께 시지柴地도 분급되었다.[7]

전시과가 확립되고 숙종·예종 연간의 신정新政 개혁에 의한 왕권 강화에 힘입어 12세기 초엽 국전제國田制라고 불릴 만한 토지국유제가 한국사에서 최초로 전국적으로 성립하였다. 국전제의 이념적 기초는 "넓은 하

7 柴地가 주어졌다는 것은 분명하지만, 私田主가 시지를 어떻게 지배하였는지는 자세히 알 수 없다. 홍순권(1987)은 『고려사』에 시지로부터 시초를 수취했다는 언급이 없으며 시지가 未墾地의 의미로 사용되기도 하였다는 점을 근거로 시지는 주로 개간에 이용되었을 것이라고 주장하였다. 반면 이경식(1988)은 시지를 직접 이용한 자는 일반 인민이었고, 사전주는 전지와 동일하게 시지 1결당 일정량의 땔감, 풀 및 목탄을 수취하는 방식으로 지배하였을 것이라고 주장하였다. 당시의 인구와 토지의 비율을 고려하면 후자의 추측이 보다 현실적이라고 판단된다. 앞서 인용한 『고려사』의 기록도 그 근거가 될 수 있다.

늘 아래 왕의 땅이 아닌 것이 없고, 바닷가 온 땅 위에 왕의 신하가 아닌 자가 없다(普天之下莫非王土 率土之濱莫非王臣)는 왕토사상이었다(이영훈 1999; 장시원 · 이영훈 2002). 왕토사상은 산림에서는 그 이익을 "백성과 함께하는 것"으로 표현되었다. 이자겸의 난 이듬해(1127)에 인종이 "지난날의 허물을 깊이 뉘우치고 새로운 정책을 실시"한다는 뜻으로 「유신지교 10개조維新之敎十個條」를 포고하였고 10개조의 마지막은 "산림과 천택의 이익을 백성과 함께하되 침해하지 않는다(山澤之利與民共之 毋得侵牟)"라는 조항이었다(刑法 2, 禁令).

무신정권과 몽고의 침략을 거치면서 사전의 지급과 환수라는 전시과 본래의 체제가 해이해지고 국왕의 사패賜牌가 남발되면서, 사전주私田主들이 사전을 사적 수조지로 파악 · 지배하는 경향이 발생하였고 국전제는 차츰 위축되었다. 앞의 『고려사』의 기술은 환수체제가 무너짐에 따라 사전주가 시지를 사적 수조지로 간주하고 인민에게 중세를 부과한 폐단을 말하고 있다. 전지에서 국전제가 무너지는 상황에서, 그에 비하여 인민의 노동과 자본의 투입이 훨씬 적은 산림에서 국가적 토지소유제는 더욱 심각하게 훼손되었을 것이다. 토지를 지배하는 사전주들의 탐학은 인민의 생계를 위협하였다.

1391년 이성계를 비롯한 개혁파가 권귀權貴들의 사전을 일거에 몰수하여 모두 국전에 편입하는 과전법科田法 개혁을 단행한 것도 이러한 폐단을 고치고자 함이었다. 과전법 개혁에 의하여 왕토사상에 기초한 토지국유제가 조선왕조에서 다시 국제國制로 확립되었다(김태영 1982; 이영훈 1999). 과전법의 실시와 함께 시지의 지급은 중단되었고, 새로운 법제로서 산림사점의 금지가 모습을 드러내게 되었다. 1395년, 고관들이 "기내畿內의 초목이 무성한 땅을 차지하여 백성들의 채초採樵를 금하는 것은 타당하지 못하다(各占畿內草木茂盛之地 禁民樵採甚爲未便)" 하여 태조는 사헌부에 이를 엄히 다스리라고 명령하였다(『태조실록』 4/11/7). 1397년에는 간관諫官이 서정쇄신책庶政刷新策 10개조를 건의하였고, 그중 하나로 "산장山場과 수량水梁은 온 나라 인민이 함께 이득을 취하는 것인데, 혹 권세 있는 자가 제멋대로 차지하여 이익을 독점하는 일이 있으니 심히 공의公義가 아니므로(山場水梁一國人民所共利者也 或爲權勢擅輯執權利者有焉 其非公義)" 그들을 엄벌하여야 한다고 하였고, 태조는 이를 허락하였다(『태조실록』 6/4/25). 사점금지가 보다 분명하게 표현된 예는 정종의 즉위 교서이다. 이른바 삼금三禁의 하나인 우금牛禁을 말한 후 산림에 대하여 "산장山場과 초지草枝는 선공감繕工監이 관장하는 바이니, 사점을 하지 말게 하라(山場草枝繕工監所掌 勿令私占)"라고 명한 것이다(『태조실록』 7/9/12).

산림의 사점금지가 조선왕조의 법전에 규정된 것은 적어도 1413년에 공포된 『경제육전속전經濟六典續典』으로 소급되며, 『실록』에 의하면 그 조문은 "산장시초물령사점山場柴草勿令私占"이었던 것으로 보인다(『세종실록』 4/11/10). 이후 『경국대전經國大典』 형전刑典 금제禁制 조에는 "사점시초장자장팔십私占柴草場者杖八十"으로 규정되었고, 이는 조선의 마지막 법전인 『대전회통大典會通』에 이르기까지 불변하였다.

2. 토지국유제와 사점금지

왕토사상에 기초한 토지국유제의 확립이 전지에서 과전법개혁에 의한 사전의 철저한 통제를 통해 실현되었듯이, 산림에서는 시지 지급의 중단과 사점의 금지를 통해 실현되었다고 할 수 있다. 조선 개국 초 개혁사상의 대표자인 정도전鄭道傳이 1397년에 태조에게 올린 사찬법전私撰法典인 『조선경국전朝鮮經國典』에서, 산림사점의 금지는 사전의 철폐와 함께 그들이 추구한 토지국유제의 구현이었음을 확인할 수 있다.

전조前朝(고려—필자)에서는 산장山場과 수량水梁이 모두 호강豪强에게 점탈占奪되어 공가公家에서는 그 이득을 얻지 못하였다. 전하께서는 즉위하자 폐법弊法을 개혁하여 산장과 수량을 몰수하여 공가의 쓰임으로 삼게 하였다(『三峰集』 권13, 「朝鮮經國典」, 賦典總序, 山場水梁).[8]

조선왕조의 출발과 함께 사전과 마찬가지로 산림 또한 '공가公家'에 귀속시켰다는 사실, 이 과정이 왕토사상에 기초를 둔 토지국유제의 실현을 위한 개혁으로서 전개되었다는 점, 그리고 산림의 사점금지가 『경국대전』 이래 『대전회통』에 이르기까지 일관하였다는 사실들을 통해 조선왕조에서 산림은 법률적으로 국유였음을 알 수 있다. 따라서 권세가가 산림을 널리 독점하여 인민의 생존을 위협하는 상황에 이른다면, 조선 국가는 토지국유제의 국제와 왕토사상에 기초하고 법전의 사점금지를 근거로 하여 그 산림을 몰수할 수 있었다. 먼저 조선전기인 16세기 중엽의 예를 들어보자.

헌부가 아뢰기를, "산림이나 천택을 백성과 함께 사용하는 것은 이익을 함께 누리고 혜택이 널리 미치게 하기 위한 것입니다. 국가의 어전漁箭과 시장柴場은 각각 금법禁法을 마련하여 사사로이 점유하지 못하도록 했는데도 요사이 인심은 이득만 숭상하고 세도가는 법을 무시하여 어전에 관한 금법이 이미 이전에 무너지더니, 다음에는 시장을 점유하는 짓이 크게 일어났습니다. 서울 둘레의 30리 안의 시초柴草가 나는 곳들은 모두 세도가의 입안立案 속에 들어가

8 이에 대응하는 전지에 대한 정도전의 서술은 다음과 같다. "전하(태조—필자)께서 나라를 세우기 전에 친히 그 弊를 보시고 분개하여 사전의 혁파를 그 임무로 삼고, 나라 안의 모든 경지를 공가에 귀속시키고 민에게 경지를 주어 옛 전제의 바름을 다시 세우고자 하시었다"(『三峰集』 권13, 「朝鮮經國典」 賦典 經理).

베어내는 것을 금지합니다. …… 『경국대전』에 '시장柴場이나 초장草場을 사사로이 점유하는 자는 장 팔십에 처한다'는 율을 거듭 밝혀 경기관찰사로 하여금 특별히 금지하도록 하되, 만일 그만두지 않는 자가 있다면 적발하여 죄를 다스리게 하소서" 하니, 아뢴 대로 하라고 답하였다(『명종실록』 9/12/10).

입안立案이란 개인의 청원을 받아 관부官府에서 발급하는 문서로서, 매매, 양도, 결송決訟 등을 관에서 확인해주는 문서이다. 산림의 입안이란 무주공산無主空山의 개간에 앞서 그 허가를 받고 이후 소유권을 인정받기 위하여 관에 신청하는 것인데, 입안을 받고도 개간에 착수하지 않는 일이 매우 빈번하였다. 조선후기에는 개간과 무관하게 입안을 발급받는 경우도 많았으며, 신청자는 궁방宮房이나 권세가가 대부분이었다. 위 인용문에서 사헌부는 사점금지의 율을 적용하여 백성들을 고생스럽게 하는 자들을 처벌하여야 한다고 주장한다. 위에서 문제가 된 지역은 서울 근교인데, 당시 인구밀도가 가장 높은 곳이기에 사점의 확산과 폐단 또한 경기도에서부터 시작되었다.[9] 다음은 17세기 초의 기사인데, 강원도 감사監司의 상소로서 이제 문제가 경기도 바깥으로 확산되는 양상이었음을 알 수 있다.

근년 이래 국가의 기강이 해이해져서 산림과 천택 가운데 조종祖宗祖에서 백성들로 하여금 마음대로 고기를 잡고 채벌하게 맡기고 세금을 거두지 않았던 것들을 모두 호족豪族과 세가勢家가 점유하여 이익을 독점하고 있다. …… 전례에 따라 겉치레로만 하지 말고 충분하고 착실히 조사하여 입안을 취소시

9 다음은 1501년, 領事 李克均이 연산군의 '違法'을 지적한 기사이다. "이극균이 아뢰기를, "산지와 호수를 영지로 봉하는 것은 그 폐단이 매우 큽니다. 軍器寺의 柴場을 王子君에게 나누어 가지게 하여 그 근방의 백성들이 땔나무와 꼴을 벨 수가 없으니, 사사로이 시장을 점유하는 것은 법률에 따르면 마땅히 할 수 없는 일입니다"(『연산군일기』 7/8/11). 이 군기시의 시장도 경기도에 설치된 것이었다.

키되, 여러 궁가宮家와 사대부, 호족, 세가의 어장漁場, 시장柴場, 해택海澤, 제언堤堰 중에서 거짓으로 입안하여 이익을 독점하고 백성을 해롭게 하는 것은 일일이 적발하여 금단하고 공가에 귀속시킨 다음 그 상황을 날짜별로 적어서 계문하여야 한다(『선조실록』 40/4/11).

궁방뿐만 아니라 사대부 등 권세가들도 산림을 독점하여 인민에게 해독이 됨을 말하고 있다. 특히 재야의 선비도 아닌 감사가 저들이 독점한 산림을 "공가에 귀속" 시킬 것을 주장하는데, 마치 조선 초 과전법 개혁의 기세와 같다. 산림사점의 금지가 토지국유제 = 왕토사상에 기초하고 있음이 거듭 확인된다. 후술하는 바와 같이 조선후기에는 산림에 대한 사실상의 소유로서 사적소유권이 발전하였지만, 산림사점을 금지하는 법규는 조선 말까지 변함없이 존속하였다. 그렇다면 사점금지의 법률이 사문화되었거나 그저 의제擬制로서 존속한 것일까? 다음 기사는 사점금지가 통치이념, 특히 인정仁政의 구현에 필요하다면 다시 불러내어 휘두를 수 있는 살아 있는 규정임을 보여준다. 18세기의 기사이다.

충청감사 이종백李宗白이 장계를 올렸으니, 이는 사대부가 산림천택의 입안을 받는 폐단을 금할 것을 청하는 내용이었다. …… 부승지副承旨 김상성이 아뢰기를, "근래 사대부와 향족들이 입안을 받아내어 산림천택을 사사로이 점하는 폐단이 진실로 한심합니다. …… 삼남의 모든 연해지역은 이 폐단이 더욱 심하여 소민小民이 살 수가 없으니, 이와 같은 일은 마땅히 엄히 바로잡고 헤아려 처분하여야 할 것입니다" 하였다. 부승지 김응복이 아뢰기를, "『경국대전』 형전 금제 조에 '사점시초장자私占柴草場者'는 그 다스림이 장 팔십이며, 공전工典 시장柴場 조에 시장을 사용하는 각사各司는 강변의 시장을 지급하는 한계가 있는데, 근래 세력가와 지방의 호강豪强한 무리들이 공한지空閒地를 광점廣占하고 관에서 입안을 받아내고, 풀 한 포기 나무 하나라도 소민이 손을 대지 못하게 하고, 소민이 개간하면 세를 받아내니, 이 어찌 『경국대전』의 본의이겠습니까? …… 공조工曹에서 제사諸司에 지급한 시장 이외에 사점하여 시장에서 세를 받는 자는 『경국대전』의 장 팔십으로 바로잡아야 합니다. 그렇게 하면 전과 같이 제멋대로 점유하는 폐단이 없을 것입니다" 하였다. 왕이 말하기를, "곳에 따라 경중을 따져 바로잡음이 가하다" 하였다(『승정원일기』, 영조 12/7/1).

산림을 광점하고 빈궁한 인민의 생활을 위협하는 폐단을 제거하기 위하여 실제 취하여진 조치가 무엇인지, 또한 그 조치가 과연 유효하였는지는 알 수 없다. 하지만 지금 논의하고 있는 것은 산림소유의 법률적 성격이다. 위의 기사를 통해 18세기에도 산림의 사점금지=토지국유제가 국제國制로서 여전히 유효하였음을 알 수 있다. 당시 위정자들의 인식에서는 '시장이나 초장을 사사로이 점유하는 자는 장 팔십에 처한다'라는 규정에 따라 국가가 사점자私占者를 처벌하고 해당 산림에 성립한 배타적 권리를 제거하는 것은 합법적이며 본래의 법률정신에 부합하기 때문이다. 그러한 조치의 합법성과 실현 가능성은 물론 구별하여야 한다. 조선후기 인민생활의 수준에서 사적소유권은 사실상의 소유로서 이미 국가가 부정할 수 없을 만큼 발전하였기 때문이다.

사점금지의 다른 표현은 유교적 인정仁政의 이념을 내포한 "산림천택여민공지山林川澤與民共之"(이하 '여민공지'로 줄임)라고 할 수 있다. 산림천택을 사용使用·수익收益하는 일은 백성과 함께한다는 주자朱子의 말이다. 맹자孟子가 양혜왕梁惠王에게 "도끼를 제때에 산림에 넣는다면 재목을 이루 다 써낼 수 없다(斧斤以時入山林 材木不可勝用也)"고 말한 데 대하여, 주자가 "산림과 천택을 백성과 함께 이용하되, 엄중한 금지가 있어서 초목의 잎이 떨어진 뒤에야 자귀와 도끼를 가지고 산림에 들어가게 하였다(山林川澤與民共之而有厲禁 草木零落然後斧斤入焉)"라고 풀이한 것이다(『孟子集註』 券1 梁惠王章句上 第3章).

'여민공지'라는 말은 『고려사』에서도 발견된다. 그 첫 번째와 두 번째는 전술한 인종 5년(1127), "산림과 천택의 이익을 백성들과 함께한다(山澤之利與民共之)"는 것과 충숙왕 3년(1316)의 "산림과 천택은 백성들과 이익을 함께하는 것(山林川澤與民共利)"이라는 기사이다. 두 번째의 "여민공리"도 의미는 같다. 조선왕조에서는 "산장과 수량은 온 나라 인민이 함께 이득을 취하는 것(山場水梁一國人民所共利者也)"(『태조실록』 6/4/25)이 최초였다. 세 용례의 공통점은 산림사점에 따른 인민의 피해를 지적하면서 그 옳지 못함을 탓하는 전거로 이용된다는 점이다. 다음에서도 마찬가지다. 영의정을 지낸 윤형원의 죄를 열거하면서, 그중 하나로 수락산을 독점한 죄를 논한 것이다.

> 산림과 천택은 백성과 함께하는 것이므로, 왕자王者로서 땅을 가진 임금 또한 오히려 그렇게 합니다(山林川澤與民共之 王者有土尙猶然也). 수락산水落山은 서울과 아주 가까이 있어서 나무꾼도 가고 꿩과 토끼를 사냥하는 사람도 가는 곳인데, 온 산을 절수折受하여 시장柴場으로 만들어 그곳에 거주하는 백성을 내쫓고 그곳에 있는 무덤을 파헤치는데도 인근에 사는 사람들은 호소할 길조차 없었습니다(『명종실록』 20/8/9).

'여민공지'는 산림사점을 규탄하는 경전經典의 논거였다. 여기에서 주목할 것은 하물며 땅을 가진 임금도 산림의 이익을 백성과 함께 나누는데 일개 신하가 산림을 독점할 수 있느냐는 태도이다. '여민공지'가 신민臣民을 제약하는 살아 있는 규범이 될 수 있는 것은 온 나라 땅의 주인은 왕이기 때문이다. '여민공지'의 이념은 왕토사상=토지국유제의 이념을 전제로 하였던 것이다. 다음은 '여민공지'가 조선후기까지 인정의 통치이념으로 작동하였음을 보여준다.

경내 양반과 무단향곡武斷鄕曲의 무리가 계契를 만들었다 칭하고 거처하는 근처 산록을 금농禁農할 것을 관에 정소呈訴하고 절초折草할 때에 매번 소민小民으로 하여금 발을 대지 못하게 한다. 만약 이런 정소가 있거든 '산림천택여민공지山林川澤與民共之라고 경전經典에 씌어 있으니 절대로 금단하지 말라' 고 엄히 제題(관결 — 필자)를 발급함이 가하다(『朝鮮民政資料』, 「先覺追錄」, p.226).

이는 지방관의 사무교범事務敎範의 기술로서 산림을 둘러싼 소송을 처결할 때 고려할 바를 말한 것으로, '여민공지' 의 이념이 조선후기 판결의 규범이며 그 속에 온정주의가 배어 있음을 알 수 있다. '여민공지' 의 이념이 실체로서 조선후기까지 존속하였다는 사실은 사점의 금지가 『경국대전』 이래 『대전회통』에 이르기까지 불변이었다는 사실과 조응한다.

김선경(1993)은 산림의 사적소유권이 발전하였지만 조선왕조가 끝내 산림의 사점을 인정하지 않았다는 점에 주목하였다. 다른 연구와 달리 인민의 산림소유에 대한 조선왕조의 국가적 제약이 조선말까지 존속하였다는 주장이다. 우선, 조선후기까지 사점금지와 '여민공지' 의 원칙이 존속하여 사점자의 사적소유권은 불완전하였다. 또한 『대전회통』에 이르기까지 전답, 가옥, 노비의 매매에 대한 규정은 있었지만(戶典 賣買 條), 산림의 매매에 대한 규정은 존재하지 않았다는 사실을 지적하였다.[10] 이는 법적으로 산림은 국유이며, 민의 사적소유를 인정하지 않았다는 사실을 반영한다. 1908년에 마지막으로 개수改修, 편찬된 『증보문헌비고增補文獻備考』에 실려 있는 역대 「양전사목量田事目」에서 드러나듯이 산림은 양전의

10 田宅, 노비 등의 매매에 대한 규정은 『경국대전』에서는 "전지 · 가옥의 매매는 15일을 기한으로 하여 기한을 변경하지 못하며 모두 100일 내에 관에 보고하고 입안을 받는다. 노비의 매매도 이와 한가지다. 우마의 매매는 5일을 기한하고 5일이 지나면 변경할 수 없다" 는 규정뿐이었다(戶典, 買賣限 條). 이후 새로운 규정이 추가되고 더욱 상세해지며 『대전회통』에 이르면 『경국대전』의 내용을 포함하여 모두 7개 조항이 된다. 하지만 산림에 대한 언급은 없다.

대상이 된 적이 없으며, 이경식(1989)은 1720년 「경자양전사목庚子量田事目」에서 "화전火田……불서주자不書主字"라고 하여 산림 내에 있는 경지의 소유권을 인정하지 않았다는 점을 지적하였다.[11]

3. '무주공산'이 불러온 자유접근체제의 확립

조선에서 산림의 사점은 법률에 의하여 금지되었고, 그러한 의미에서 모든 산림은 법적으로는 국유였다. 하지만 조선왕조가 실제로 관리·경영한 산림은 후술하는 특수국유림뿐이었다. 그렇다면 사점이 금지된 일반 산림의 사실상의 소유관계는 어떻게 규정하여야 할까? 1990년대 이전의 연구자들은 이러한 산림을 '무주공산無主空山'이라고 불렀다(지용하 1964: 31~32; 권영욱 1965; 호을영 1976; 신용하 1982:278).[12] 사점금지하의 무주공산에서는 무주물 선점=선착순 이외에는 어떠한 규칙도 존재하지 않는다. 따라서 무주공산의 소유권체제는 자유접근체제로 분류된다.

조선의 산림에서 인민들이 "타인의 이용을 방해하지 않는 한도 내에서 그리고 자원고갈을 초래하지 않는 범위 내에서" 임산물을 용익하였다는 주장이 있으나(심희기 1991c:169), 이러한 추측을 입증하는 자료는 제시되

11 농민의 사실상의 사유를 인정하면서도 백성이 王土를 借耕한다는 國田制의 원리를 '佃'이라는 글자로 표현하면서 국전제의 이념을 포기하지 않는 조선왕조의 기본자세를 나타내는 것이 『경국대전』의 '佃夫' 규정이었다면, 일반 백성이 토지의 주인임을 사실상 공인함을 표현한 것이 '起主'였고, 이 표현이 三南에 널리 보급된 것이 바로 이 庚子量田이었다(이영훈 1999). 따라서 「경자양전사목」의 "火田……不書主字"는 사적소유권의 발전 수준에 있어서 산림과 경지의 차이를 드러낸 것이라 할 수 있다.

12 조응혁(1966)은 "이 산림의 소유자는 최고 봉건지주인 국가이므로 無主라는 개념을 없애기 위하여" 共同利用林이라고 칭하였다. 이경식(1993, 1999)은 "民人의 공동소유지"라고 하였는데, 민인 전체가 소유주이므로 무주공산이라는 표현을 쓸 수 없다는 것이다. 두 연구자의 명칭은 비슷하지만 무주공산이라는 표현을 사용하지 않는 이유는 상반된다. 이러한 혼란이 발생하는 것은 사점이 금지된 산림에 대한 법률적·이념적 지배의 차원과 사실상의 지배의 차원을 구분하지 않았기 때문이다.

지 않았다. 또한 조선 인민들의 경제적 합리성에 비추어, 자신의 이익을 추구하는 행위를 스스로 제약하는 자신만의 규칙을 형성하고 그에 따라 행동하였다고는 보기 어렵다. 자원의 보호와 육성을 위한 활동에 참가하지 않는 개인들을 그 편익의 수취로부터 배제할 수 없다면, 개인은 집단이익의 창조에 자발적으로 기여할 어떠한 유인誘因도 갖지 않는다는 올슨 M. Olson의 지적은 시사하는 바가 크다.[13] 무주공산에서 편익을 수취하는 것을 배제할 어떠한 방법도 없었고, 사점금지라는 법규가 존재하여 타인의 접근을 차단하는 어떤 종류의 진입장벽을 만드는 것은 더욱 곤란하였기 때문이다.

무주공산을 입회지入會地나 촌락공유림村落共有林으로 파악하는 연구들이 있다(한국농촌경제연구원 편 1990:14~15; 심희기 1991c; 배재수 1998). 무주공산이 공유재산체제로 관리되었다는 셈인데, 우선 증거가 없다. 또한 그와 같은 주장이 함의하는 소유권체제에 대한 문제의식이 드러나지 않으며, 공용자원의 소유권체제와 관련하여 지금까지 축적된 이론적·실증적 성과가 아직 반영되지 않은 주장으로 보인다.

조선의 발전경로를 일본과 비교하면 흥미롭다. 산림에 대한 법제는 입회권이 전국적으로 발전하기 전에는 "산야하해山野河海에 대한 방침의 표명은 당령唐令의 동문同文인 '산천수택지리공사공지山川藪澤之利公私共之'(『養老律令』, 718년)였고, 산천수택에 대한 선점주의先占主義, open access에 의한 이용"을 인정하였다는 점이다(杉原弘恭 1994:106). 조선에서 국전제國田制의 이념을 기초로 무주공산이 열린 것과 같은 맥락이다.

13 "개별 구성원의 숫자가 아주 적지 않은 한, 혹은 개별 구성원들로 하여금 공익에 따라 행동하도록 강제할 수 있거나 그 밖에 다른 특별한 장치가 없는 한, 합리적이며 사익을 추구하는 개인은 공익이나 집단의 이익을 성취하기 위한 행동을 하지 않을 것이다"〔오스트럼(1999:30)에서 재인용〕.

그 후 13~16세기에 걸쳐 입회관행이 발전하고, 16세기에 최초로 '입회入會'라는 말이 확인된다. 1600년경 "산림과 미경작 산림평지는 약 2,500만 정보, 1867년경 이들의 절반은 농촌촌락에 의해 공동으로 보유되고 경영되고 있었다. 이후 대부분이 공유 또는 사유가 되었지만 오늘날에도 250만 헥타르의 공유지가 남아 있다." "일본의 전통 촌락에서 수세기 동안 존속한 공유지는 공유재산이라고 정의할 수 있다. 모든 사람이 이용하는, 사실상 누구도 소유하지 않는 규모가 큰 자유접근형 공유지가 아니라 공동소유자를 확인할 수 있는 공동체의 공유재산"이었고, "수천의 일본 촌락들이 수세기 동안 '공유지의 비극'을 겪지 않고 그들의 공유지를 보호"하여, "생태계의 파괴 없이 집단적으로 경영"해왔던 것이다(McKean 1992:63~65).

조선과 일본 모두 아직 인구가 많지 않고 산림이 풍부한 상황에서는 자유접근형 소유권체제로 출발하였다. 그러나 이후 인구의 증가와 함께 조선이 사적소유권의 발전과 자유접근형 무주공산의 존속이라는 경로를 밟았다면 일본은 입회권, 즉 공유재산체제의 발전이라는 경로를 밟았다. 그로 인해 일본은 독일을 제외하면 전근대사회로서 유일하게 산림보호와 채취임업에서 육성임업으로의 체제전환regime shift에 성공한 국가가 되었다(Totman 1989; Diamond 2005).

조선개국 이래 발전한 사실상의 사유림과 특수국유림을 제외하면, 나머지 무주공산은 자유접근 소유권체제하에 놓여 있었다. 자유접근체제는 인구증가와 함께 산림의 황폐화를 초래하였고, 그로 인하여 발생하는 임산물에 대한 초과수요는 국가와 인민 각자가 특정 산림에 대하여 배타적인 권리를 형성하려는 동기를 부여하였다. 조선후기 산림사점이 확산되고, 조선왕조가 특수국유림을 설치·확대하고 그에 대한 규제를 강화한 것은 그 결과라고 할 수 있다.

제3절 | 특수국유림의 설치와 규제의 강화

1. '송금' : 소나무 보호 정책

소유권이 성립 · 발전하는 것은 희소성의 법칙 때문이다. 어떤 재화에 대한 초과수요가 발생할 때 경제주체들은 자신의 배타적 권리를 확보하고자 하며, 이렇게 형성된 일련의 배타적 권리의 묶음이 소유권이다. 조선왕조는 인민의 접근을 차단하고 배타적으로 용익用益할 수 있는 산림영역을 구획하였고, 무주공산의 황폐화와 함께 초과수요가 확대됨에 따라 그 범위를 확대하였으며, 인민의 용익을 더욱 강력하게 규제하였다. 이미 15세기부터 국가는 주산물인 소나무를 놓고 민과 경합하여야 했다.

> 박숙달이 말하기를, "신이 전에 강원도에 가서 보니, 이 도는 토지가 메말라서 백성들이 농사짓기에 힘쓰지 아니하고 모두 목재를 팔아서 생활하는데 이제 금하여 나무를 베지 못하게 합니다. 하오나 예전에는 산림천택을 백성들과 더불어 이용하였습니다(山林川澤與民共之). 국가에는 이미 금산禁山이 있으니 그 외의 산은 청컨대 금하지 마소서" 하니 임금이 말하기를, "그렇지 않다. 금산 이외에 어찌 금함이 있겠는가?" (『성종실록』 9/4/7)

법에 의하여 사점이 금지되었으니 모든 산림이 곧 국유이지만, 국가가 실제로 관리한 것은 "금산禁山" 이라고 말한 특정 영역의 산림이다. 따라서 이들 산림을 '특수국유림'이라고 명명하겠다. 특수국유림의 설치 · 보호와 함께 조선의 임정林政으로서 '송금松禁'이 있다. 송금이란 '송목금벌松木禁伐'을 뜻하며, 우금牛禁, 주금酒禁과 함께 삼금三禁의 하나이다. 조선왕조의 송금은 개국 이래로 국가수용國家需用의 목재를 확보하는 것이 그 목적이었다. 『실록』에서 송금에 대한 최초의 기사는 1407년에 발견된다. 충청도 경차관敬差官 한옹韓雍이 상언上言하기를, "근래에 병선兵船을 만드는 일로 인하여 소나무가 거의 다되었으니, 비옵건대 각 도의 각 관으로 하여금 소나무가 성장할 수 있는 산에는 불을 금하고 벌채를 금하며, 매양 정월 맹춘孟春에는 수령이 친히 감독하여 소나무를 심게 하소서" 하니, 그대로 따랐다는 것이다(『태종실록』 7/4/7). 여기에서 주목되는 점은 병선에 쓸 목재의 확보가 송금의 목적이라는 점이다. 이후의 기사도 대체로 병선을 언급한다. "소나무를 금벌禁伐하는 법이 『육전六典』에 실려 있다"(『문종실록』 1/7/16)는 말로 보아 1397년에 편찬된 『경제육전經濟六典』에도 송금 규정이 있었으며, 후술하는 세종 30년의 기록에 비추어 볼 때, 이 또한 병선 건조를 위한 것이었다. 고려시대에도 송금에 대한 기사를 찾아볼 수 있다.

현종 4년 3월에 다음과 같은 교서를 내렸다. "예기禮記에는 '한 그루의 나무라도 때를 가리지 않고 함부로 찍는 것은 효도가 아니다'라고 하였으며, 사기史記에는 '소나무, 잣나무는 모든 나무의 으뜸'이라고 하였는데, 근자에 듣건대 백성들이 흔히 시기를 가리지 않고 소나무, 잣나무를 찍는다고 하니 앞으로는 국가 수요 이외에 때를 어기고 소나무를 베는 것을 일체 금지하라(自今除公家所用 違時伐松者一切嚴禁)"(『高麗史』 禁制).

1013년의 일인데, 이때만 해도 송금은 '부근이시斧斤以時'의 실천이었던 것으로 보인다.[14] "금산禁山 이외에 어찌 금함이 있겠는가" 하던 성종의 말과 달리, 조선후기에는 사양산私養山에 대한 송금의 강제가 빈번하게 나타난다. "소나무를 함부로 벤 가장(犯松家長)은 사사로이 소를 잡은

14 다음도 마찬가지다. "경종 6년 정월에 교서를 내려 2월부터 10월까지는 만물이 생장하는 시기이므로 산과 들에 불을 놓지 못하게 하였으며 위반하는 자에게는 죄를 주되 이것을 정상적인 규정으로 삼게 하였다"(『高麗史』 禁制).

가장(私屠家長)과 한가지로 정배定配한다"는 숙종 39년의 전교傳敎(『新補受教輯錄』 刑典 禁制)나, 1788년의 「제도송금사목諸道松禁事目」의 다음 항목이 그것이다. "금송禁松 시에 간사한 백성들이 금양禁養한 소나무를 벌채하여 반출하다가 사양산私養山에서 작벌한 양 꾸며 죄를 모면하려 하거나 적간摘奸하는 사람이 사송私松을 작벌하는 것을 포착하고는 금양처禁養處에서 작벌한 양 꾸며 고발하니, 허실虛實이 서로 가려서 진위 역시 뒤섞인다. 사양산이 봉산封山에 비하여 경중이 비록 다르나 삼금三禁의 안에 있다"(임업연구회 편 2002:215). 이로부터 사실상의 사유림인 사양산의 송금 또한 특수국유림을 보호하기 위한 조치임을 알 수 있다.[15] 19세기 초 다산의 말도 그와 다르지 않다.

> 우리나라의 산림정책은 오직 송금 한 가지 조목만 있을 뿐(我邦山林之政唯有松禁), 전나무 · 잣나무 · 단풍나무 · 비자나무 들에 대해서는 하나도 문제 삼지 않았다. 송금에 대해서는 법례가 특별히 엄중하고 조목도 지극히 치밀하다. 그러나 산 사람을 양육하고 죽은 사람을 장사 지내는 백성들의 일용물자를 한 구멍도 터놓지 않고 사방을 꽉 막아놓으니 그 형세가 결국 둑이 터지고 물이 제멋대로 내닫는 듯하지 않을 수 없다. 명령이 이미 문란해지매 백성이 따를 바를 몰라 혹 빈말로 금령禁令을 내리고 혹 법조문을 내세워 죄를 다스려도 산림은 날로 벌거숭이가 되고 재용財用은 날로 결핍하여 위로는 국가재정에 도움이 되지 못하고 아래로는 백성의 수요를 충족시키지 못한다(『譯註 牧民心書』 工典六條 山林, p.171).

사양산에까지 송금을 적용하여 백성들을 범법자로 만들고 국가의 재정에도 이득이 없다는 비판이다. 공사를 막론하고 송금을 강제하였던 것은 인구증가와 함께 임산물 수요도 증가하여 특수국유림을 보호하기 어려워

15 이보다 104년 앞선 「諸道沿海松禁事目」에서도 내용이 동일하다.

졌기 때문일 것이다. 후술하는 '연해삼십리송금沿海三十里松禁' 또한 조선후기에 나타난 조치이다.

2. 특수국유림의 설치와 확대

제1항의 서술에서 성종이 "금산禁山"이라고 한 것은 세종 30년(1448)에 지정된 "소나무가 잘되는 땅(宜松之地)"을 가리킨다.[16]

금산은 15세기에는 평안북도, 황해도, 경기도, 충청남도, 전라북도, 전라남도의 서해안 지역과 전라남도와 경상남도의 남해안 지역에 집중되어 있었다(그림 1-1).[17] "지방에는 금산을 정하여 벌목과 방화를 금한다"는 『경국대전』 공전工典 재식栽植 조의 "금산" 또한 이를 말하는 것으로 보인다. 재식 조에는 금산의 소나무 파식, 파식량의 보고, 관리책임자와 그에 대한 처벌이 규정되었고, 아울러 한양 내외 산림의 관리책임자, 경작과 목석채취 금지 및 처벌규정이 포함되었다.

숙종 연간에는 특수국유림 정책이 크게 변화하였다. 숙종 1년, 삼남순무사三南巡撫使의 응행절목應行節木은 총 22개 항목인데 이 중 6개가 금산에 관한 것이다. 개간과 농장의 설치나 자염煮鹽으로 금산을 훼손하는 행위를 낱낱이 적간摘奸하라는 내용이다(『國譯 備邊司謄錄』 숙종 1년 2월 4일,

16 의정부에서 병조의 牒呈에 의거하여 상신하기를, "兵船은 국가의 도둑을 막는 기구이므로 배를 짓는 소나무를 사사로이 베지 못하도록 이미 일찍이 입법을 하였는데, 무식한 무리들이 가만히 서로 작벌斫伐하여 혹은 사사로이 배를 짓고 혹은 집 재목을 만들어 소나무가 거의 없어졌으니 실로 염려됩니다. 지금 연해 州縣의 여러 섬과 각 곶의 소나무가 잘되는 땅(宜松之地)을 방문하여 장부에 기록하였는데, 경기 南陽府의 仙甘彌……梁山郡의 大渚島 등 上項 주현의 섬과 곶에 전부터 소나무가 있는 곳에서는 나무하는 것을 엄금하고, 나무가 없는 곳에서는 그 도 감사로 하여금 관원을 보내어 심게 하고서, 옆 근처에 있는 수령과 萬戶로 하여금 감독 관리하고 배양하여 용도가 있을 때에 대비하게 하소서" 하니, 그대로 따랐다(『세종실록』 30/8/27).

17 그림 1-1과 1-2는 서울대학교 규장각의 이기봉 박사가 제공한 것이다. 이에 감사드린다.

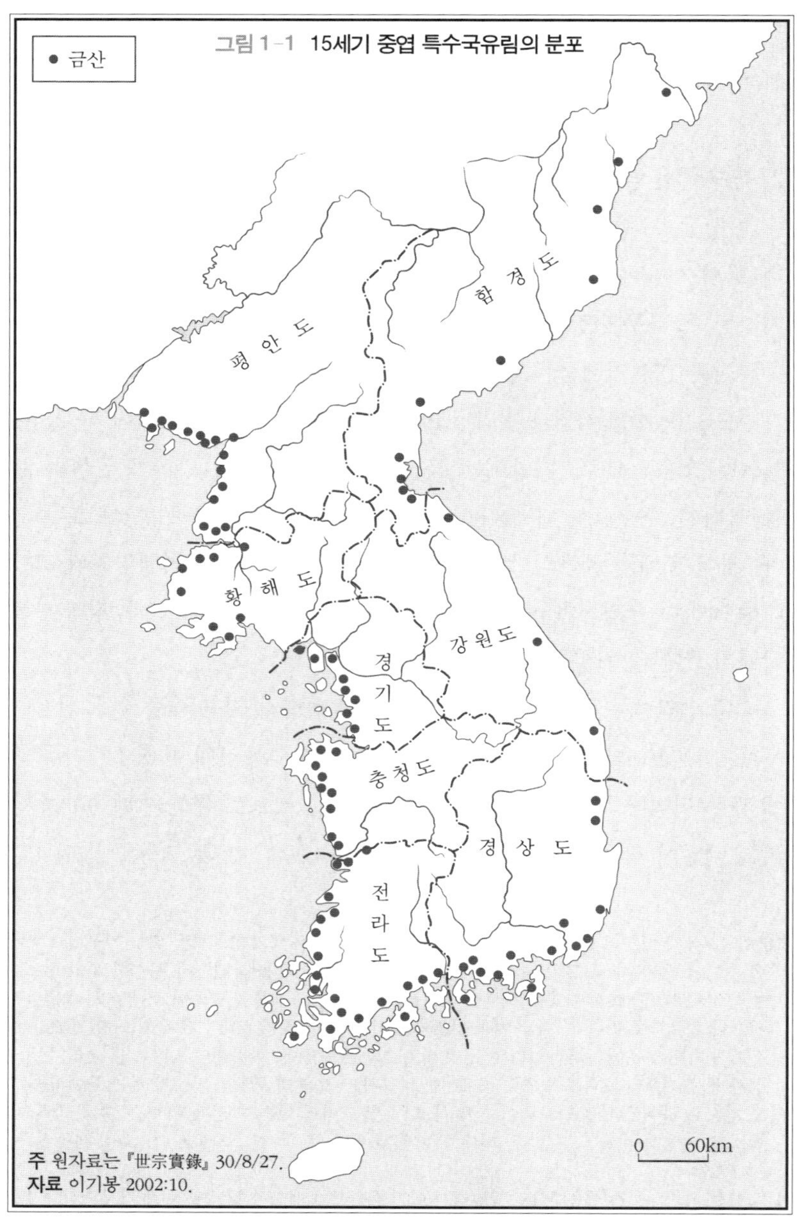

그림 1-1 15세기 중엽 특수국유림의 분포

주 원자료는『世宗實錄』30/8/27.
자료 이기봉 2002:10.

이하에서는 "『비변사등록』 숙종 1/2/4"와 같은 형식으로 줄임). 9년 후 1684년에는 「제도연해송금사목諸道沿海松禁事目」이 반포되었다. 특수국유림의 보호를 목적으로 작성된 조선 최초의 사목으로서, 총 19개 항목으로 이루어져 『경국대전』 재식 조보다 훨씬 상세하다. 갑자년에 반포되어 「갑자사목甲子事目」이라고도 부른다. 이 사목에 "초봉의송처抄封宜松處"라는 말이 나오는데, 이후 『속대전續大典』 금제禁制 조 등에서 보이는 "봉산封山"이라는 말의 기원으로 보인다.

사목의 내용은 대략 다섯 가지로 구분할 수 있다. 먼저 관리대상과 담당관아에 대한 규정으로, 육지는 지방관이, 연해와 도서는 변장邊將이 금양하며, "금송을 도벌한 백성이 적발되면 의송산宜松山 바깥에서 벌채하였다고 간교奸巧"하므로 "송재松材가 있으면 공산空山도 감영監營에서 금단하고" 민간인이 작벌하려면 먼저 감영에 신청하여 허가를 받게 하였다. 두 번째로 초봉의송처抄封宜松處의 송재는 오직 전선戰船의 제조에만 사용하며, 말라 죽거나 불타 죽은 소나무도 중송中松 이상은 썩었더라도 작벌할 수 없고 작벌하면 생송生松을 도벌한 죄와 동일하게 처벌한다고 하였다. 세 번째는 백성의 입장入葬, 방화 및 화전 모경冒耕에 대한 처벌, 넷째는 산직山直과 감관監官의 배치, 끝으로 산직, 감관, 변장邊將 및 수령守令의 사무와 근무태만에 대한 처벌규정이 있다(『비변사등록』 숙종 10/2/30).

그림 1-2는 「갑자사목」에서 말하는 초봉의송처, 즉 봉산封山의 분포이다. 19세기 초의 상황이니 「갑자사목」 당시와 다를 수 있겠지만 조선전기와 비교하는 데는 유용하다. 황장봉산黃腸封山이란 소나무 중 재질이 특별히 우수하여 관곽棺槨을 만드는 데 사용되는 나무를 기르는 곳이다. 그림에서 봉산으로 표시한 곳 중에는 참나무나 밤나무를 마련하기 위해 설치한 곳도 있지만 일반 선재船材를 배양하는 곳이 대부분이다.

그림 1-1과 비교하면 평안남도, 황해도, 경기도, 충청남도의 서해안의

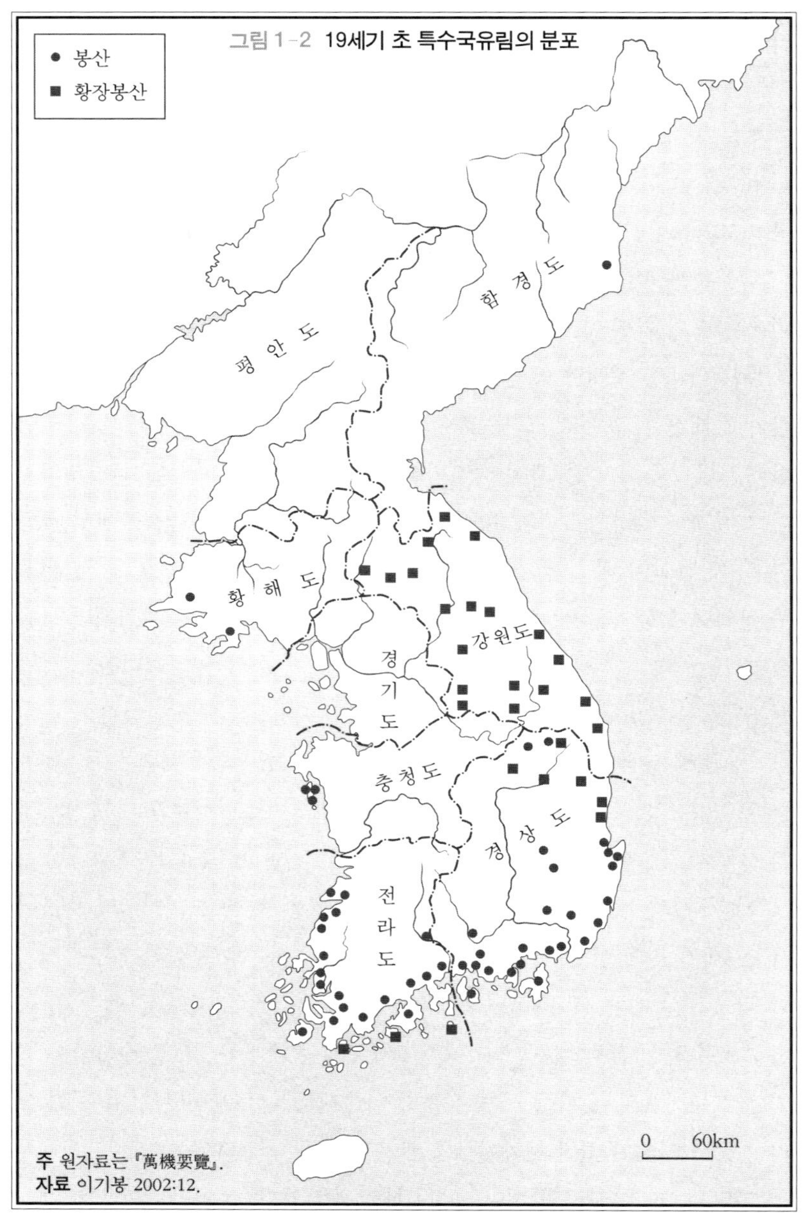

그림 1-2 19세기 초 특수국유림의 분포

주 원자료는 『萬機要覽』.
자료 이기봉 2002:12.

의송지지宜松之地가 대부분 사라졌음을 알 수 있다. 목재수요의 증가로 인해 인구밀도가 상대적으로 높은 평야지역과 교통이 편리한 서해안 지역의 산림이 고갈되었음을 시사한다. 강원도와 경상북도의 태백산맥 지역에서는 내륙으로의 확장이 현저하며, 전라도와 경상도 연해지역에서는 봉산의 수가 증가하였다. 태백산맥 내륙지역과 남해안 연해지역의 산림이 서해안 지역을 대체하게 된 것이다.[18]

3. 규제의 강화

「갑자사목」 반포 이후 104년이 지난 정조 12년(1788), 특수국유림에 대한 사목이 재차 반포되었다. 「제도송금사목諸道松禁事目」으로, 「무신사목戊申事目」이라고도 부른다. 「갑자사목」과 달리 그 이름에 '연해沿海'라는 말이 없다. 그림 1-2에서 나타나는 특수국유림의 내륙 침투를 반영한다고 하겠다. 항목의 수는 8개가 늘어 27개이며, 「갑자사목」과 달리 서문序文을 포함하고 있다. 다음은 서문의 요약이다.

1. 송정松政은 국가비상시를 대비하여 전선을 만들고 조선漕船을 만드는 자재를 공급하며 궁궐의 건축용재와 백성의 생활물자를 제공하므로 나라의 대정大政의 하나이다.
2. 이를 위해 마땅한 곳을 봉산으로 명명하여(錫號封山) 관리책임자를 정하고, 모경冒耕, 입장入葬 및 도벌盜伐에 대한 중형重刑을 규정한 바 있다.
3. 근래 법의 기강이 해이해져 백성들이 경작, 입장 및 벌채를 일삼아 산이 헐벗었는데도 식수植樹·파종播種은 하지 않는다.
4. 관리들은 봉산의 금송禁松을 빌미로 부자에게서 뇌물을 받고 빈자에게는 부

18 이기봉이 『大東地志』(1864년)에 기초하여 작성한 분포도를 그림 1-2와 비교하면 경상도 내륙지역의 봉산이 재차 10여 개 이상 증가함을 확인할 수 있다(2002:12).

당한 법률을 적용하여 민폐가 심해지고 벌채가 끊이지 않는다.
5. 이에 재차 사목을 제정한다.

「갑자사목」에 비하여 「무신사목」의 규제는 더욱 강화되었고 내용도 더욱 상세해졌다. 중요한 변화를 살펴보자. 관리대상과 담당관아에 대한 조항에서는 강원도는 "사양산도 임금께 아뢰어 허가 공문이 내려오지 않거나 조정에서 허제許題한 일이 없다면 금단하여 오로지 장양長養할 것"이라는 조항이 추가되었다. 봉산 송재의 용도에서는 고송枯松이나 불타 죽은 나무가 중송中松 이상이 아니라 소송小松 이하일지라도 전선의 제조를 위하여 작벌한 것이 아니라면 작벌한 이를 모두 처벌한다고 변경하였다. 인민에 대한 제반 금제禁制와 처벌에 있어서는 생송生松을 도벌한 경우 대송大松 1그루 장杖 60부터 대송 10그루 이상이면 사형으로 형량을 세분하는 조항을 두었고, 도벌을 발각하지 못하면 해당 관리를 범인과 동일하게 처벌한다는 조항도 추가하였다. 산직과 감관의 배치에 대해서는 그들의 자격요건을 마련하였고, 산직, 감관, 변장 및 수령의 사무와 처벌규정에는 도신道臣을 처벌하는 규정을 신설하고 감찰의 횟수를 늘렸다. 추가된 내용 중 눈에 띄는 것은 '송정을 열심히 한 관리'에 대한 포상 조항과 각 도 봉산에 대한 최종 관리책임을 비변사가 맡는다는 조항이다. 「무신사목」의 주요 내용은 그대로 『대전회통』에 게재되었다.

조선의 특수국유림은 조선 전·후기를 거치면서 확대되었고, 서쪽에서 동쪽으로, 연해에서 내륙으로 이동하였다. 관리규칙을 위반한 인민이나 담당 관리에 대한 처벌은 강화되었고 단속의 대상도 상세하게 규정되었다. 엄벌주의로 일관하는 소극적 성격이 더욱 짙어진 것이다. 민간인에 대한 규제와 처벌에 의존하여 국유림을 보호하려는 정책이 실패하는 일은 오늘날에도 적지 않다.

다른 많은 개발도상국과 마찬가지로 우간다의 산림정책은 중앙정부가 관리하는 산림에 대한 강력한 권력 집중과 산림관리에 대한 지역의 참여 결여가 특징이다. 집권적 국가정책은 그 규칙을 집행하기에 충분한 자원을 결여하였으므로 우간다의 산림이 사실상 자유접근(선착순 원리에 기초하여 이용된다) 상황에 놓이는 결과를 초래한다(Banana and Gombya-Ssembajjwe 2000:93).

19세기 초 정약전은 말하였다. "공산公山(특수국유림-필자)의 경계는 광활하다고 이를 만하다. 황장목黃腸木이 잘 자라는 산이 깊은 산골짜기에 자리 잡고 있을 뿐만 아니라, 소나무에 알맞은 밭이 바닷가에 널려 있다. …… 그 위에다 바닷가로부터 30리 이내의 산은 공산公山과 사산私山을 막론하고 일체 소나무 벌목을 금지하는 법까지 있다." 그런데도 "현재 겨우 명색이라도 남아 있는 봉산은 오직 큰 산과 큰 진鎭밖에 없고……그것들도 모두 벌써 민둥산이 되었다." 따라서 "나무가 있어서 금지한다면 그래도 이로운 것이 있겠지만, 나무도 없으면서 금지한다면 백성들은 나무를 심지 않을 것이다. 그렇다면 금지하는 것이 무슨 도움이 되겠는가?" 규제 일변도의 특수국유림 정책은 산림 보호에 실패하였고, 산림은 황폐화를 피하지 못하였다.

정약전이 제시한 처방은 간단하면서도 유인체계를 내포하는 제도적 변화를 요구하는 것이었다. "소나무 벌목을 금지해서는 안 된다." "봉산으로서 나무심기를 그만두어 버려진 것은 백성들이 스스로 나무를 길러서 사용하게 허락한다." "개인 소유의 산으로서 묵혀두어 황폐해진 것은 소유자 스스로 나무를 길러서 사용하게 한다." "현재 공산을 제외하고는 한 뼘의 땅도 더 늘리지 않으면서 백성들이 차지하는 이익에 대해서 국가가 간섭하지 않는다면 …… 온 나라의 산이 숲을 이루게 될 것이다"(『송정사의』, pp.208~219).

송금松禁을 중단하고 특수국유림에 대한 국가의 배타적 권리를 포기하여 백성들이 길러 쓰게 하고 간섭하지 않으면 그 속에서 나라에서 쓸 재목이 자연히 나오게 될 것이라는 주장이다. 이러한 제도적 개혁은 시도된 바 없다. 지역주민들이 국유림의 임산물에 생계를 의존하는 한, 그리고 국유림을 유효하게 관리하는 데 충분한 노동과 자본이 없는 한, 국유림은 법적으로는 국유재산이지만 실제로는 자유접근체제에 의하여 지배된다(Ostrom 2001; Dolšak and Ostrom 2003).[19] 국유재산체제 위에 자유접근체제가 중첩되어 국유재산을 지배하고, 그 결과 국유림에서 공유지의 비극이 발생하는 것이다. 조선왕조의 엄벌주의는 특수국유림을 관리할 자원과 제도를 결여하였을 뿐만 아니라 '지역적 참여' 또한 철저히 배제하였고, 오히려 사유림까지 간섭하였다. "수사水使의 좌우에 있는 자부터 감관監官, 산지기 및 연해의 주민들이 모두 도둑"(『송정사의』, p.215)이 되고 특수국유림이 황폐해진 것은 당연한 결과라고 할 수 있다.

19 1970년대 이후 제3세계에서는 국유림을 지역사회와 국가기관이 공동으로 경영하는 조직과 제도가 도입·확산되었다. 지역주민들이 국유림의 임산물에 의존하는 한, 국가기관의 힘만으로는 국유림을 성공적으로 관리할 수 없다는 인식이 이러한 정책전환의 배경이 되었다고 한다(Arnold 2001).

제4절 | **사적소유의 발전**

1. 분묘의 설치와 소유권

경지에 대하여 국전제 이념을 천명한 과전법 개혁과 함께 산림의 사점도 금지되었지만, 일정한 면적의 산림에 대하여 제한적이나마 배타적 권리를 행사할 수 있는 합법적 단서가 인정되었다. 분묘의 설치가 그것이다. 조선 개국 10여 년 후 태종은 예조로 하여금 사족士族의 품계에 따라 분묘의 면적을 상정詳定하게 하였다. 1품品 사방四方 90보步를 시작으로 품수에 따라 10보씩 차감하여 6품 사방 30보에 이르렀고, 벼슬 없는 서인은 5보로 규정되었다. 이렇게 한정된 면적 내에서는 "경작하거나 나무하거나 불을 놓는 것은 일체 금지(標內田柴火焚一皆禁止)" 되었고, 이는 고려 "문왕 37년에 정한 제도를 쓴 것" 이라고 하였다(『태종실록』 4/3/29).

『고려사』의 문왕 37년(1083)의 기사에서 이에 해당하는 내용을 찾을 수 없으나, 976년에 이미 이 제도가 마련되었음을 확인할 수 있다(禁令, 경종 원년). 1418년에는 이 면적이 너무 좁다 하여 10보씩 늘리고, 인가人家로부터 100보 이내에는 분묘를 쓸 수 없게 하는 내용이 추가되었다(『태종실록』 18/5/21). 이는 『경국대전』에 그대로 실렸고, 『대전회통』에 이르기까지 불변이었다. 이를 '보수규정步數規定' 이라고 하자.

> 분묘에는 한계를 정하여 경작하거나 목축하는 것을 금한다(墳墓定限禁耕牧). 종친은 1품은 4방 각 100보, 2품은 90보, 3품은 80보, 4품은 70보, 5품은 60보, 6품은 50보로 하고, 문무관은 종친보다 10보씩을 체감遞減하며, 7품 이하 및 생원, 진사, 유음자제有蔭子弟는 6품과 같이 하고 여자는 남편의 관직을 따른다.
>
> 장사지내기 전부터 경작하고 있는 것은 금지하지 못한다.

서울의 성저城底 10리 및 인가로부터 100보 내에는 매장하지 못한다(禮典 喪葬 條).[20]

태종 4년의 규정과 달리 땔감 채취나 불을 놓는 일을 금지한다고 명시하지 않았지만, 보수 내에서는 소나무의 벌채를 금지하고 있다는 기사(『세종실록』 2/11/5; 『비변사등록』 효종 1/2/12)로 보아 이러한 행위도 당연히 금지되었다고 보아야 한다. 이 조문은 상례에 대한 규정이며, 분묘구역 내에서 경작이나 목축을 금지하는 이유는 분묘의 숭엄崇嚴을 보존함에 있다. 따라서 불을 놓거나 수목樹木, 하초下草를 채취하여 분묘 주위를 어지럽히는 행위는 당연히 금지되었을 것이다.

분묘의 설치는 위의 금지구역이나 특수국유림을 제외한 무주공산이라면 어디에서나 가능하였다. 입장入葬 또한 선착순이었던 것이다. 분묘를 설치한 묘주墓主는 '보수규정'에 의거하여 일정한 권리를 가졌다. 타인이 분묘의 존엄을 훼손하는 행위에 대항할 수 있는 권리이며, 원칙적으로 국가권력에 의하여 군현 차원에서 권리를 보장받았다. 물론 이 권리는 해당구역의 지반과 그 위의 임산물, 즉 산림에 대한 물적 소유권을 규정한 것이 아니라, 선조의 분묘의 존엄을 유지할 수 있는 권리로서 규정된 것이다.

분묘의 존재를 조건으로 하여 타인의 일정한 행위를 금지할 수 있는 권리에 그친다는 점에서 분묘 소유자의 권리는 소극적이며 제한적이었다. 하지만 사점을 인정하지 않는다는 금제하에서 '보수규정'에는 간과할 수 없는 중요한 의미가 있었다. 특정한 산림의 사용·수익을 위한 조건으로서 분묘의 존재를 제시하고, 그에 해당하는 권리의 공간범위를 획정하였기 때문이다. 이후 상황의 변화에 따라 분묘 설치자의 권리가 보다 적극

20 1품의 구역면적은 약 4,360평, 6품은 1,157평이라고 한다(김선경 2002:9).

적이며 포괄적인 성격의 권리, 나아가 산림의 사적소유권으로 발전할 수 있는 계기가 '보수규정'에 내재되어 있었다. 실제 전개 또한 그러하였다.

> 정부와 육조에서 여러 도의 수령과 한산인閑散人으로부터 올라온 여러 가지 편의사항을 함께 의논하여 올리게 하니, …… 양양군襄陽郡 도호부사都護府使 변처후邊處厚가 말하기를, "지금 국가에서 대소 관리부터 서민에 이르기까지 분묘에 대한 보수步數는 다 일정한 규례가 정해져 있어서 남이 그 산에서 수목을 벌채하는 것을 금하고 있는 것인데, 무식한 무리들이 그 땅의 이익을 탐내어(貪其地利) 고총古塚을 파서 없애고 백골이 드러나게 갈아엎으니, 지금부터는 엄중히 금지하여야 한다" 하였다. …… 이상 19가지 조목을 모두 그대로 따랐다(『세종실록』 2/11/5).

분묘의 훼손을 막고자 '보수규정'을 마련하였는데, 이익을 좇는 자들이 백골이 드러나는 것도 아랑곳하지 않고 수목을 베어내는 일이 15세기에도 적지 않았던 모양이다. 이러한 상황에서 값나가는 수목이 있는 구역의 소유자라면 '보수규정'에 근거하여 수목에 대한 권리관념을 갖게 되고, 조상을 모시는 예에 대한 관념과 관계없이 조상의 분묘를 근거로 산림에 대한 자신의 배타적 권리를 주장하게 되는 것은 자연스러운 결과라고 할 것이다.

2. 소유권의 또 다른 기준: '용호금양규정'과 사양산

『경국대전』의 '보수규정' 이후 조선왕조의 법령에서 산림의 사적소유권과 관련하여 중요한 변화가 나타나는 것은 18세기 중엽의 『속대전續大典』이다. 형전刑典 청리聽理 조의 '용호龍虎'에 대한 것인데, "보수步數가 없는 자일지라도 용호 내의 양산처養山處는 입장入葬을 허락하지 않는다.

용호 밖은 비록 양산이라고 할지라도 광점廣占을 허락하지 않는다(雖無步數之人 龍虎內養山勿許入葬 龍虎外則雖或養山勿許廣占)"고 하였다. '용호'란 풍수지리설의 좌청룡 우백호를 말한다. 이를 '용호금양규정龍虎禁養規定'이라고 하자.

"보수가 없는 자"란 『경국대전』의 '보수규정'에 적용되지 않는 자를 말한다. 하지만 이는 일반 인민을 가리키는 것은 아니다. 『대전통편』에서는 보수가 없는 자란 "유음사인有蔭士人"이라고 주석을 붙였고, 정약용은 『속대전』의 형전 청리 조라고 소개한 뒤, "유음사인은 비록 보수를 정한 바 없으나, 청룡·백호와 양산이 되는 곳에는 다른 사람이 묘 쓰는 것을 허락하지 않는다"라고 하였다(『역주 목민심서』 제4권 刑典 聽訟). 일반 인민의 분묘에 대한 조문은 『속대전』 형전 청리 조의 "상천인常賤人이 부모의 묘가 있는 산에 계속 장사 지내는 곳을 사대부가 점거하여 빼앗는 경우에도 같이 처벌하며 기한을 정하여 강제로 이장하도록 한다(常賤父母山繼葬處 士大夫占奪者 同律勒限移葬)"라는 규정이었다.

18세기 『속대전』의 '용호금양규정'은 1676년 숙종의 수교受敎에 말미암은 것이다. 관찬사료에서는 이를 '병진수교丙辰受敎'라고 부른다. 『속대전』에서는 다만 한 구절로 표현되어 있어 자세한 내력을 알 수 없지만, 『승정원일기承政院日記』를 참고하면 이 새로운 규정의 배경과 내력을 알 수 있다.

> 지사知事 민희閔熙가 말하기를 "무릇 장사 지내는 산은 법전法典에 보수步數가 실려 있습니다. 그러므로 선조대宣祖代에 산송山訟은 하나같이 법전 보수에 따라야 할 일이라고 수교하였습니다. 인조仁祖 때 금양위錦陽尉 박미朴瀰라는 자가 서얼의 묘산墓山을 탈점奪占한 일이 있어 그 서얼의 소원訴冤에 따라 양산養山 국내局內는 타인의 입장을 허락하지 않는다고 수교하였습니다. 효종대孝宗代에 이르러 탑전에서 '사람이 죽는 것은 한이 없고 장사 지낼 산은

유한한데, 양산이라고 칭하고 모두 광점하므로 이후 사람들이 복지卜地가 없을 것이니 이 폐를 근심하지 않을 수 없습니다. 마땅히 선조의 수교를 준행遵行하도록 수교함이 마땅할 듯합니다'라고 하였으나 거행할 조건을 내지 않아서 지금 쟁송爭訟이 분연紛然합니다. 송관訟官 또한 따를 바가 없으니 법식을 정하여 준행할 일입니다" 하였다. 왕이 말하기를 "마땅히 법전의 보수에 따라야 할 것이나, 다만 그와 같으면 벼슬이 낮은 자들은 단지 40보이며 사인士人으로서 무음자無陰者는 원래 보수가 없어, 강약이 상탈相奪하고 형세가 없는 집은 반드시 그 선산先山을 얻지 못하리니, 이는 근심하지 않을 수 없다. 금후에는 보수가 없는 자라도 묘산 내 용호 내 양산처는 타인의 입장을 금하고 용호 밖은 비록 양산이라고 해도 임의로 광점함을 허락하지 말 일이니(雖無步數之人 墓山內龍虎內養山處 則勿許他人入葬 自外龍虎以外 則雖或養山 亦勿許任意廣占), 정식定式에 따라 준행하며 영원히 고치지 말 것이다" 하였다(『승정원일기』 숙종 2/3/4).[21]

민희에 따르면 선조 연간부터 이미 분묘의 설치를 둘러싼 산송山訟이 발생하기 시작하였고, 선조는 판결의 기준이 『경국대전』 예전의 '보수규정'임을 확인하였다. 『수교집록受教輯錄』에서 그 기록을 찾아볼 수 있다. "사대부의 분묘는 그 품계에 따라 각각 보수步數가 있다"(禮典 喪葬, 선조 6년)가 그것이며, 이는 『속대전』 이후 형전 청리 조에 실리게 되었다. 다산은 『경국대전』의 '보수규정'을 옮긴 후 "이 보수는 원래 경작과 목축을 금하는 한계를 말하는 것이었는데, 지금은 남이 장사 지내는 것을 금하는 한계가 되었다"라고 썼는데(『역주 목민심서』 제4권, 刑典 聽訟), 민희의 말을 보건대 이러한 변화는 이미 조선중기부터 있었던 모양이다.

인조 대에는 사족이 서얼의 분묘 구역을 빼앗으려 한 일이 있었고, 해

21 숙종의 수교에는 『대전통편』의 주석이나 정약용의 서술과 다른 바가 있다. 숙종은 "士人으로서 無陰者"를 "근심"하여 수교를 내린 것이기 때문이다. 지금은 자세한 것을 알 수 없다.

당 구역이 서얼의 '양산국내養山局內'라는 이유로 '타인입장他人入葬'을 허락하지 않았다고 한다. 『경국대전』의 '보수규정' 외에 '양산'이라는 새로운 규정이 17세기 전반에 수교의 형식으로 처음으로 나타난 것이다. 17세기 중엽 효종 대부터 이미 '양산'이라는 이유로 '광점'하는 폐단을 초래하였고 분쟁을 조장하여 숙종 대에는 쟁송이 분분하게 되었다. 민희는 선조의 수교, 즉 『경국대전』의 '보수규정'의 기준으로 되돌아갈 것을 주장하였지만 숙종은 '보수규정'과 '용호내양산처' 모두를 인정하고 이를 영원히 고치지 말라고 수교함으로써 '용호금양규정'은 뒷날 『속대전』을 거쳐 『대전회통』에 이르게 되었다.

'용호'를 규정한 것이 풍수설의 영향임은 잘 알려진 바이다. '양산'이라는 규정 또한 소유제도의 역사에서 그 의의가 각별하지만, 아직 연구자들의 관심을 끌지 못하고 있다. '병진수교'가 있기 26년 전인 효종 원년 『비변사등록』의 기사는 이 점에서 주목할 만하다. 비변사에서는 지방의 군영이나 관아가 '송금松禁'을 내세워 소나무 벌채를 '적간摘奸'하고, 백성들이 베어 쓴 소나무를 찾아내 한 그루당 얼마씩 속전贖錢을 징수하는 폐단이 지극하므로 소나무의 벌채를 금지하는 일을 폐하여야 한다고 주장하였다. 민간인들은 소나무를 집 뒤의 산이나 묘산에 심어 기르고(栽植長養) 타인의 벌채를 허용하지 않고(不許他人刈取), 그것으로 집을 짓고 울타리를 만들고 있는데, "금산의 나무를 도벌하였다면 벌을 주는 것이 옳으나, 자기가 기른 나무로 자기 집을 지은 것이 무슨 죄가 되겠느냐(若偸取禁山之木 則罪之可也 以自己所養之木 造作自己家舍 有何罪乎)"는 논지이다(『비변사등록』 효종 1/2/12). 백성이 타인의 벌채를 금지하고(禁伐) 기른 소나무(養松)는 마땅히 그들의 처분에 맡겨야 한다는 것이다.

조선후기 각종 관찬사료에서 쉽게 찾아볼 수 있는 '금양禁養'이라는 말은 이처럼 금벌禁伐하고 양송養松함을 의미한다. 금양이란 수목을 파식播

植하고 그것을 숲으로 육성하기 위하여 노동과 자본을 투하하는 적극적인 투자활동뿐만 아니라, 타인의 벌채를 금지하거나 미래의 소비를 위하여 현재의 소비를 포기하는 소극적인 활동도 포함한다. 조선후기의 실정에 비추어 후자가 지배적이었겠으나, 이 모두가 투자활동이라는 사실이 중요하다. '병진수교'의 '양산養山'에서 '양養'이란 투자활동으로서의 금양禁養을 뜻하는 것이다.[22] 토지에 대한 소유권은 투자를 통해 형성된다. 개간을 통해 경지의 소유권이 발생하듯이 식수食數나 임산물 보호와 같은 투자로써 산림의 소유권이 형성된다. 이는 세계사적으로 보편적인 현상이다. 소극적이나마 투자활동으로써 산림의 소유권이 발생하였다는 점에서 조선 또한 예외가 아니었던 것이다.

금양의 대상은 특수국유림일 수도 있고 인민의 산림일 수도 있다. 1676년 '병진수교'의 '양산'이란 『승정원일기』의 문맥에 비추어 볼 때 '인민이 금양하는 산림'이 확실하다. 즉 인민이 그들의 이익을 위하여 투자를 하는 산림을 '양산'이라고 표현한 것이다. 금양의 어의에 비추어 볼 때 '양산'은 불확실한 표현이다. '양산'보다 훨씬 빈번하게 사용되는 표현은 금양의 주체를 명시한 '사양산私養山'이며, '병진수교'나 이를 그대로 옮긴 『속대전』과 후속 법전의 '양산' 또한 사양산을 가리킨다.

비변사에서 백성이 금벌양송禁伐養松한 나무를 '적간'하는 폐단을 지적하고 그를 금지할 것을 청한 그날, 효종이 대사헌大司憲 남선南銑을 인견引見하여 나눈 대화에서 '사양산私養山'의 용례를 찾아볼 수 있다. 이는 『조선왕조실록』, 『비변사등록』 및 『승정원일기』에서 "사양산"이라는 표현이 처음으로 나타나는 기사이기도 하다. 대사헌은 '금송'이라고 해도

22 다음은 1760년 충청도의 山訟 수령이 감영에 회신한 내용의 일부이다. "李哥 족속이 선산의 禁養을 칭하여 사산四山을 광점하여 …… 근래 豪强한 무리들이 養山을 칭하여 광점하고 發賣하며"(밑줄은 필자, 「烏山文牒」, 김선경 1999:172에서 인용).

특수국유림인 금산과 '사양지산私養之山'에 대한 금제禁制는 서로 다르다고 하였고, 효종은 '사양산'의 송목松木을 이용하는 것을 금지하지 말라고 명하였다. 금산과 사양산의 대조가 선명하다.

> 대사헌 남선이 아뢰기를 "금송禁松은 그만둘 수 없는 일입니다. 만약 금지하지 않으면 수년이 못 되어 산은 모두 붉어질 것입니다. 금산의 경우는 금지하지 않을 수 없으나, 사사로이 기른 산(私養之山)은 금지할 수 없습니다. 만약 사사로이 기른 재목(私養之材)을 금산의 나무(禁山之木)라고 지목하고, 또 금산의 재목(禁山之材)을 사사로이 기른 나무(私養之木)라고 지목하면, 민간의 폐단은 끝내 없앨 수 없습니다.……" 하니, 상上이 말하기를 "……사사로이 기른 산(私養山)의 소나무를 벌채하여 집을 지은 경우는 일체 금지하지 말고 금산에 한해서는 금지해야 한다" 하였다(『비변사등록』 효종 1/2/12).[23]

1676년, 숙종에 의하여 '병진수교'가 내려지고 1684년에는 전술한 「갑자사목」이 시행되었다. 「갑자사목」에서도 금송을 시행함에 있어 특수국유림과 인민의 산림이 뒤섞이는 폐단에 대한 조처를 마련하였는데, 그 언설言說은 35년 전 효종 대의 기술과 취지가 사뭇 다르다. 백성의 보호가 아니라 그들에 대한 단속을 요구하고 있다.

> 간사한 백성들이 금송을 도벌하여 적발된 뒤에는 작벌을 금지하지 않은 곳(不禁斫伐之處)에서 벌채한 양으로 꾸며 속이려 하는데, 소나무가 잘 자랄 만한 산을 선정한(宜松抄封) 뒤에는 공산空山에도 송재松材가 있는 곳은 감영에서 주관하여 금단禁斷케 하였다(『비변사등록』 숙종 10/2/30).

「갑자사목」의 다른 항목에서는 "의송초봉宜松抄封" 한 곳은 "의송산宜

23 같은 날 『승정원일기』에도 같은 기록이 있다.

松山"으로 칭하고 있는데, '의송초봉'이란 소나무를 기르기에 마땅하여 '봉'하였다는 뜻이므로 이후 봉산封山이라고 부르게 되는 특수국유림을 말한다. 그런데 「갑자사목」에서는 금송의 시행에 있어서 특수국유림과 대비되는 것을 그저 "공산空山"으로 표현하였다. 백여 년 후 「무신사목」의 해당 조항도 그 취지는 「갑자사목」과 다르지 않다.

> 一 금송할 때에 간사한 백성들이 금양한 소나무를 벌채하여 반출하다가 적발되면 사양산私養山에서 작벌한 양 꾸며 죄를 모면하려 하거나, 적간摘奸하는 사람이 사송私松을 작벌하는 것을 포착하고는 금양처禁養處에서 작벌한 양 꾸며 고발한다. 이로써 허실이 서로 가려지고 진위 또한 뒤섞인다(임업연구회 편 2002:215).

「갑자사목」과 달리 「무신사목」에서는 특수국유림과 '사양산'의 대비가 확연하다. 두 사목을 비교하면, 18세기 이후 '사양산'이라는 말이 일반화된 것으로 생각된다. 『실록』에서 처음으로 '사양산'이 나타나는 것도 1798년이다.[24] 『비변사등록』에서는 나라에서 쓸 목재를 사양산에서 매입하는 기사도 발견된다(영조 32/4/14).[25] 사양산과 비슷한 표현으로 '사산私山'이라는 말이 있다. '사산'의 용례는 숙종 20년(1694) 『승정원일기』의 기사가 최초이며,[26] 1718~1757년 사이에 10건이 확인되었다.

24 延日 현감이 사양산 중 봉산에 편입한 것이 있는데 금양의 득이 없으므로 봉산으로부터 해제할 것을 상소한 내용이다(『정조실록』 22/10/12).

25 사도세자의 능을 화성으로 옮기는 역사와 관련하여 정조가 내린 명도 그와 같다. "도감 및 고을의 관아에서 사용하기 위해 사유지의 재목을 베어내 가져오는 것은 모두 값을 지급해주도록 하라"(『정조실록』 13/8/2).

26 7월 13일, 공조판서가 "沿海三十里" 내에서는 "公·私山"을 막론하고 금송하여야 한다고 주장한 내용이다.

3. 사양산과 사점금지의 법제

'병진수교' 이후, 금벌양송禁伐養松을 조건으로 하여 용호 내에 타인이 입장入葬할 수 없다는 『속대전』의 '용호금양규정'을 『경국대전』 이래의 '보수규정'과 비교해보자. 다산이 지적한 바와 같이, '보수규정'에서는 다만 '경목耕牧'을 금지하였는데, '용호금양규정'에서는 금양을 조건으로 하여 용호국 내에서 타인의 분묘 설치를 금지할 수 있게 되었다. 금양을 조건으로 타인의 입장을 금지한 '용호금양규정'은 분묘 설치에 대한 배타적 권리뿐만 아니라, 임산물에 대한 배타적 권리까지도 인정한 것이다. 용호국 내를 금양하여 타인의 입장을 금지한다면 묘주 자신만 금양하게 되기 때문이다. 분묘 설치와 금벌양송에 의해 분묘 설치에 대한 배타적 권리와 함께 임산물에 대한 배타적 권리도 인정된다는 논리인데, 이것이 곧 현실이었음을 다음에서 알 수 있다.

> 내 선산이 둔덕屯德의 방축防築 내에 있는데, 그 청룡青龍의 남쪽은 이태수李泰秀가 금양하고 북쪽은 내가 금양하여, 경계를 나누어 오랫동안 수호금양守護禁養하여 왔습니다. 그런데 이태수가 몰래 허욕을 품고 북쪽을 홀로 독식할 마음으로 감히 남이 금양한 곳에 들어와 생송生松을 작벌斫伐하니, 이는 법외法外의 일입니다. …… 명백히 처결하여 선산을 잃는 탈이 없도록 해주십시오(南原 屯德坊 海州 吳氏 古文書, 전경목 1996:94에서 인용).

1850년, 남원부南原府에서 발생한 산송山訟의 소지所志인데, 선산 송추松楸를 도벌한 자를 처벌해달라는 정소呈訴이다. 임산물의 도벌로 인해 산송이 발생할 경우, 원고의 주장은 이처럼 '선산으로서 금양하여 왔는데' 모모가 소나무를 작벌하였으니 처벌해달라는 형식이었다(전경목 1996:93~96, 125~128). 이는 금양이라는 투자활동의 주체가 곧 임산물의 주인이라는 사회적 규범이 형성되었음을 뜻한다.

'용호금양규정'에서 묘주의 권리는 분묘설치와 임산물에 대한 배타적 권리로 확대되었고, 그 권원權原으로서 금양이라는 투자행위가 추가되었다. '보수규정'은 분묘의 존엄을 유지하기 위하여 경목 등 특정한 행동을 금지하는 소극적 · 제한적 권리를 규정한 것이지만, '용호금양규정'은 금양이라는 조건을 추가하여 경목뿐만 아니라 분묘설치와 임산물에 있어서도 타인을 배제할 수 있는 보다 적극적이며 포괄적인 권리를 규정한 것이다. 사점私占의 확대와 사실상의 소유의 발전이 '용호금양규정'이 출현하는 배경이 되었을 것이다.

사실상의 소유의 발전은 산림 매매의 증가를 동반하였다. 산지山地 매매의 예를 찾아보고자 규장각에 소장된 토지문기土地文記를 서울대학교 동아문화연구소에서 카드로 정리한 자료 중 2천 건(4001~4500면)을 검토하였다. 산지 매매문기는 30장이었는데, 네 번의 잇단 매매 내용을 담고 있는 점련문기粘連文記도 하나 있다(카드번호 195748~195751번). "교정삼리交井三里"에 있는 산지로서 "시장일처柴場一處" 또는 "산판일처山坂一處"로 표기되어 있고, 1801년, 1815년, 1833년, 1843년에 각각 13냥, 12냥, 20냥, 7냥에 판매되었음을 알 수 있다.

산림의 매매가 토지거래의 하나로 자리 잡음에 따라 분묘와 관계없이 산림을 점유하는 경우도 증가하였을 것이다. 소유권이 발전하면서 권리의 추상적 성격이 강화되므로, 분묘라는 구체적인 실체가 없더라도 매매에 의하여 소유권이 확보되는 것이다. 매매 등 설묘設墓의 틀을 벗어난 소유권의 확보와 그 추상화는 분묘 없는 투자활동, 즉 금양에 의한 소유권의 형성 또한 자극하였을 것이다. 경상감사 이탄李坦의 말에서 이를 확인할 수 있다.

우리나라의 경우를 말하면 국초에는 역시 쟁산爭山하는 일이 없었으므로 '산송山訟' 두 글자는 법전에 실려 있지 않았고 수교受敎는 대전大典 후의 일입니다. 전토田土의 경우 삼대三代 때 우虞나라와 예芮나라의 다툼이 있었으나 산롱山隴에 있어서는 어찌 주인인 자가 있었겠습니까? 그런데 지금은 사부士夫가 혹 빈 무덤을 설치하거나, 나무를 기르려고 등성이와 기슭을 연달아 차지하여 자기 소유로 만들고, 타인이 여기에 발을 붙이지 못하게 합니다(『비변사등록』 숙종 38/6/3).[27]

용호와 금양을 조건으로 분묘의 설치, 나아가 임산물에 대한 배타적 권리를 인정함은 산림사점의 묵인이라고 할 수 있다. 산림사점에 대한 조선왕조의 태도가 17세기 숙종의 '병진수교' 이후 사점의 묵인으로 바뀐 것이며, 사실상의 소유의 발전이 이러한 변화를 불러온 것이다. '병진수교' 이후의 이와 같은 변화에도 불구하고 "사점시초장자장팔십私占柴草場者杖八十"의 사점금지 규정은 19세기 조선왕조의 마지막 법전인 『대전회통』에 이르기까지 변함없이 존속하였다. 사점을 명시적으로 금지하는 규정과 사점을 묵인하는 규정이 『속대전』 이래 공존하였다. '병진수교'의 경위에서 나타나는 인조 대를 기점으로 하면 조선후기 전 시기를 통해 두 규정이 공존한 셈이다. 일견 모순되어 보이는 두 규정이 공존하였던 이유는 무엇일까?

사점금지=산림국유는 과전법 개혁 당시의 토지국유의 이념=왕토사상王土思想의 법적 표현이었다. 법적으로 모든 경지와 산림의 소유자는

27 정약용의 서술 또한 이와 같다. 분묘의 설치에 앞서 표식을 산에 묻고(埋標) 이를 근거로 타인의 분묘설치를 막는 행위는 없애야 할 폐습이라고 하면서, 산림의 매매나 금양도 소유의 權原으로 간주하였다. "무릇 이런 송사를 만났을 때, 그 埋標가 그 자의 先塋 안에 있거나 금양한 땅 또는 收買한 땅에 있는 경우라면 의당 법대로 禁葬할 일이지만, 만일 그 매표가 주인 없는 빈 땅에 있는 경우라면 당연히 장사 지낸 자를 주인으로 삼아야 한다"(『譯註 牧民心書』 제4권 刑典 聽訟).

국가=왕이다. 사점금지는 산림의 소유와 관련하여 국과 인민의 관계만을 유일하게 합법적인 관계로 인정하고, 경지와 산림을 광점廣占하여 인민을 수탈함으로써 그 관계를 붕괴시키는 고려말기 권귀權貴와 같은 존재를 부정하는 규정이었다. 사점금지가 금제 조에 실려 있는 것도 그 때문일 것이다. '병진수교'에서 '광점을 허락하지 않는다'는 것도 과전법 개혁의 이념=국전제의 이념을 확인한 것이라고 할 수 있다. 사점금지는 이러한 의미에서 산림을 둘러싼 국과 인민의 관계에 대한 규정, 즉 국제를 표명한 규정이었다.

17세기 이래 19세기까지 폭발적으로 증가한 산송山訟 또한 사적소유의 발전의 표현이며 그 자체가 소유권 성립의 과정이라고 할 수 있다. 조선왕조는 토지국유제=왕토사상을 포기할 수 없었고 끝내 사점을 법인하지 않았지만, 민과 민의 관계를 규율하는 차원에서는 사점을 용인하지 않을 수 없었다. 사점의 묵인을 표현한 숙종의 수교는 『속대전』 이후 형전刑典 청리聽理 조에 실려 있다. 청리 조는 대체로 인민 사이의 분쟁을 처리하는 법규라고 할 수 있는데, 전택田宅 소송과 노비 소송에 뒤이어 산송에 대한 규정이 마련된 것이다. 다시 말해 '용호금양규정'은 산림을 둘러싼 소송, 민과 민의 분쟁을 처결하는 기준으로 규정된 것이며, 국가=왕의 법률적 소유가 아니라 사실상의 소유를 둘러싼 민과 민의 관계를 규율하였다. 사실상의 소유가 사점을 묵인하는 형태로 허용되는 것은 어디까지나 민과 민의 관계에서였다. 이렇게 상이한 차원의 소유관계에 대한 규정이기에 양 규정이 공존할 수 있었다고 생각된다.

제5절 | 조선후기 산림소유제도의 특질

1. 사적소유에 대한 국가적 제약

'부근이시斧斤以時'에 기초한 고려의 송금松禁은 조선왕조에서는 특수국유림을 보호하기 위하여 사유림에 대한 인민의 권리를 제한하는 수단으로 변질되었다. 다음은 1650년의 기사로서 소나무 보호를 빌미로 한 작폐가 극심하다는 내용이다.

> 신臣 조익趙翼이 엊그제 호서湖西에 갔을 때 사람이 말하기를 "수령이 행정에 임할 때마다 『대전』에 따라 집행한다고 하여 아전들을 민간에 내보내 소나무의 벌채를 적발하였는데, 어떤 백성이 벽을 만들기 위하여 잔솔 15개를 벤 것을 적발하고 고운 무명 15필을 징수했다"고 하였습니다. …… 이를 듣고 마음이 안타까워 돌아올 때에 수령을 보고 말하였더니, "수사水使의 통보를 받고 과거에는 해변 각 고을만 적발하였는데, 지금은 조정의 명령이 소나무 벌채를 엄금하도록 하여 육지의 각 고을도 모두 금하고 있으며, 각 고을에서는 소나무를 벌채한 곳을 일일이 살펴보고 신속히 보고한다"고 하니, 놀라움을 금할 수 없었습니다(『비변사등록』 효종 1/2/12).

좌의정 조익은 이 금령이 비록 『대전통편』에 실려 있으나 선조조 이후로 사실상 시행한 적이 없고 탐관오리에게나 이득이 될 일이라며 벌채단속을 중단할 것을 청하였고, 임금은 금산禁山의 소나무만 금벌하고 사양산私養山은 단속하지 말라고 하였다. 사양산까지 단속하게 된 것은 17세기 후반의 일인데, 17세기 전반에도 이미 금산 주위의 사양산에 대한 송금이 있었음을 알 수 있다. 임진왜란 이후 병선을 마련하는 일로 연해의 목재수요가 증가한 까닭일 것이다.

사양산을 단속하는 민폐는 숙종조에 다시 거론되었는데, 이로부터 '연해삼십리송금沿海三十里松禁'이라는 새로운 금제가 시행되고 있음을 알 수 있다. 해변으로부터 30리 이내는 작벌을 일체 금지한다는 것이다. 연해지역의 백성들은 이로 인해 생활에 큰 곤란을 겪게 되었고 군관들이 소나무를 적간摘奸하면서 발생하는 폐단이 심각하였다. 조정에서는 우선 지방의 수사水使와 통제사統制使 및 감사監司의 의견을 묻기로 하였고, 수사와 통제사는 대부분 연해 30리의 송금을 주장한 반면, 감사들은 하나같이 소나무를 기르기에 적절한 곳을 별도로 지정해야 한다고 답하였다. 감사들은 통영統營이나 수영水營의 군사들의 작폐를 알고 있었고, 송금을 이유로 병영兵營으로부터 간섭을 받는 것을 원하지 않았을 것이다. 이 논의도 재차 "여러 도에 다시 물어서 절목節目과 규례規例"를 만드는 것으로 끝이 났다(『비변사등록』 숙종 9/3/15).

최종 결론을 알 수 있는 다른 사료를 찾아볼 수 없지만, 바로 그 다음해인 1684년에 반포된 「갑자사목」에는 연해 30리에 대한 언급이 없고 "의송초봉宜松抄封"이라 하여 '소나무가 잘 자랄 만한 산을 선정'하는 것으로 결정되었음을 알 수 있다. 그런데 일반인이 목재가 필요하여 나무를 베고자 할 때는 나라에서 금양하는 산이 아닌 공산空山일지라도 먼저 감영에 신청하여 허가를 받고, 다음으로 지역 수령이 향소를 보내 나무에 낙인하여야 한다고 규정하였다. 일반인의 이용을 금지한 것이나 다름없는 이러한 규정을 둔 것은 금송을 도벌한 후 공산에서 베었다고 속이는 일을 방지하기 위해서였다. 산림소유자들의 권리를 침해할 뿐만 아니라 군관들의 작폐도 계속되었을 것이다. 「갑자사목」 반포 후 불과 11년이 지난 1695년, 연해 30리의 산림에 대한 단속규정이 마련되었다. 비변사에서 작성하여 숙종의 재가裁可를 받은 삼남三南 순무사巡撫使의 「응행절목應行節目」의 한 항목이다.

해변의 30리 이내에서 송금하는 것이 전부터 내려온 국법이었는데, 얼마 전부터는 조정에서 별도로 의송산宜松山을 정하여 봉표封標하는 법을 두어 시행해온 지 몇 년 동안 폐해가 무궁하였다. …… 이제는 봉표한 의송산 외에도 근해 30리 되는 곳은 옛 법령대로 모조리 금단하고, 당초에 의송산으로 봉표하였다가 중간에 뽑아버린 것은 모두 다시 봉표하여 엄히 금단한다(『비변사등록』 숙종 21/1/13).

의송산을 설치할 것인가 혹은 연해 30리에 송금을 시행할 것인가를 두고 조정에서 논의한 것이 1683년이었는데, 그로부터 12년이 지난 1695년에는 의송산은 의송산대로 두고, 연해 30리까지 모두 송금한다고 결정한 것이다. 세력 있는 양반들이 자신의 산림이나 그 주변이 의송산으로 지정됨을 꺼리어 그 흔적을 없애고 나무를 베었다는 것이 이유였다. 의송산을 설치하고 연해 30리를 아울러 송금하는 규정은 1710년에 재차 확인된다. 비변사에서 작성한 「양서양호순무사응행절목兩西兩湖巡撫使應行節目」이다.

一 양서兩西의 송산松山은 비록 삼남三南과는 차이가 있으나, 조정에서 역시 경계를 정하여 금단할 뿐만 아니라, 의송산宜松山과 사양산私養山을 막론하고 모두 금단하라는 조정의 명령이 있으니, 지금 이 순무사 때에 일일이 살펴서 일절 베지 못하게 할 것을 각별히 신칙申飭하라(『비변사등록』 숙종 36/11/13).

"의송산과 사양산을 막론하고 모두 금단"한다고 하였으니 산림소유자들의 권리는 크게 제약되었고, 사양산에 송금을 적용한 것이 "부근이시斧斤以時"의 생태학적 규범에 의거한 것도 아니었다. 다음은 강원도 암행어사 조홍진趙弘鎭의 별단別單에 대하여 비변사에서 복계覆啓하고 정조가 답한 것이다.

"송산松山에서 몰래 벌목하는 일은 개인이 관리하는 산은 비록 나라의 봉산封山과 다르지만 모두 목재에 관계되므로, 개인이 관리하는 산이라고 해서 이를 소홀히 하면 나라의 봉산에서도 실제로 겨를 핥다가 쌀까지 핥게 되는 걱정이 있게 될 것입니다.……" 하니, 하교하기를 "……이 뒤로는 비록 한 그루의 나무를 찍는 작은 일이라도 만일 관문官文으로 조정에 보고하지 않고서는 함부로 벌목을 할 수 없도록 법식을 정하여 시행하도록 하라" 하였다(『정조실록』 9/2/1).

비변사에서는 봉산의 소나무가 쌀이라면 개인의 소나무는 겨라고 할 수 있으니, 겨를 핥는 것을 감독하지 않으면 쌀까지 핥게 된다고 하였다. 19세기 초 정약용은 사양산의 사소한 벌채에 대한 규제가 봉산과 동일하여, 「금송절목禁松節目」에는 연해 30리 내에서는 비록 사양산이라고 하더라도 일체 벌채를 금지하도록 규정했다고 하였다. 여전히 연해 30리에 송금을 시행하였음을 알 수 있다. "산림을 사사로이 기르는 까닭은 그것을 사사로이 사용하고자 함이다. 그 벌채를 금하기를 봉산과 같이 한다면 어느 누가 산림을 가꾸겠는가." "그렇기 때문에 바닷가 모든 산이 벌거숭이 아닌 게 없다." 연해 30리의 송금으로 인하여 사람들은 산림을 가꾸지 않고 그래서 모두 헐벗게 되었으므로, 사양산에서는 산주가 길러 쓸 수 있게 하여야 한다는 것이다(『역주 목민심서』 5권, 工典).

전경목이 사례를 보고한 1840년대 전라남도 영광靈光에서 발생한 한 산송山訟을 보아도 연해 30리의 송금은 19세기까지 지속된 것으로 보인다. 그 산이 사산私山인가 종산宗山인가 하는 점이 쟁점이었는데, 영광군수는 피고는 군현을 거치지 않고 전라우수영에 월소越訴한 죄가 있고, 원고는 30리 내 금송을 위반한 죄가 있다고 판단하였다. 하지만 전라우수사는 30리 내 금송을 어긴 것은 명백한 범죄행위로서 월소와 같은 차원의 문제가 아니라며 금송을 위반한 자를 엄히 처벌하도록 영광군수에게 지시하였다(1998:79).

17세기 이래 조선왕조는 특수국유림의 수목을 보호하기 위하여 '진위가 뒤섞이지 않도록' "의송산과 사양산을 막론하고 모두 금단"함으로써 산림소유자들의 권리를 제한하였다. 이는 산림에 대한 배타적 권리가 성립한 상황에서도 산림사점을 금지하는 법제가 존속하였다는 사실과 배경이 같다. 민과 민 사이의 소유관계가 발전하였지만 인민 일반과 국가=왕의 관계에서는 오직 왕이 최종적·합법적 소유자이므로 왕은 필요하다면 민의 권리를 제약할 수 있는 것이다. 한편으로, 국가에 의한 이와 같은 제약의 존재는 산림의 사적소유권이 국가에 저항할 수 있을 만큼 발전하지 못하였음을 의미한다.

조선왕조가 특수국유림 근처의 공산이나 사양산까지도 그 이용을 제한하였지만, 그 제한은 '소나무'에 한정된다는 점이 주목된다. 시초柴草는 농민의 생존에 불가결하였다. 따라서 국가가 용익을 제한한 대상은 주산물인 '소나무'에 한정되었으며, 그 외에 땔감과 농산원료로 사용될 수 있는 풀이나 낙엽, 관목과 같은 부산물의 이용은 허용되었던 것이다. 이는 조선왕조의 금제禁制가 산림의 주산물과 부산물에 상이하게 적용되었음을 의미하며, 임산물의 사용·수익의 규범이나 권리가 주산물과 부산물에 있어서, 또는 생계 목적과 영리 목적에 있어서 상이할 수 있음을 시사한다. 이는 사양산의 임산물에 대한 권리관계에서 선명하게 드러난다.

2. 자유접근체제 지배하의 사적소유

조선은 개국과 함께 권세가와 귀족들이 차지하고 있던 산림을 몰수하고, 시장柴場이 필요한 관사官司에 한하여 일정 면적을 지급하였다. 시장 주변의 백성들도 이들 관청과 함께 그 산림을 이용하였다. 병기와 기타 집물의 제작을 맡은 군기시軍器寺도 시장을 가진 관사의 하나였다.

> 이극균李克均이 아뢰기를, "산지와 호수를 영지로 봉하는 것은 그 폐단이 매우 큽니다. 군기시의 시장을 왕자군王子君에게 나누어 가지게 하여, 그 근방의 백성들이 땔나무와 꼴을 벨 수가 없으니, 사사로이 시장을 점유하는 것은 법률로서는 마땅히 할 수 없는 것입니다" 하였다(『연산군일기』 7/8/11).

이극균은 산림의 절수折受 때문에 백성들이 살기 어렵게 되었음을 말한 것이니, 관청의 산림에서도 백성들이 생계를 위하여 부산물=시초를 채취하는 것은 허용하였던 것이다.[28] 조선중기 이래 궁방의 산림절수山林折受가 문제될 때, 신하들의 논거는 시초의 채취를 가로막아 나약한 백성들의 생존을 위협한다는 점이었다. 권세가의 사점 혹은 광점의 폐단이 제기될 때도 이는 동일하였다(『인조실록』 4/8/1; 26/4/10).

관찬사료에 산림사점의 폐단에 대한 기사가 빈번하게 나타나는 시기는 17세기이다. 이때 문제가 된 것은 대체로 궁방이며, 일부 세도가들도 지탄의 대상이 되었다. 18세기에 들어서면 산림 사점의 폐해에 대한 기사가 현저하게 감소한다. 영조 초년에 궁방과 아문에 대한 절수가 금지되었기 때문으로 보이는데, 이제는 지방관이 현지 산림을 점유하였다는 이유로 탄핵되는 기사가 눈길을 끈다(『영조실록』 6/12/17; 27/11/140).

18세기 이후 산림사점이 사라진 것은 아니다. 문제 삼는 것이 새삼스러울 만큼 사점이 확산되고 사권은 강화되었다. 18세기 이후 폭증한 산송이 이를 증명한다. 한편으로, 산림이 사점되어도 인근 농민들이 시초를 채취하는 것을 가로막지 않는 것이 어느 정도 관행이 되어 일반 농민이 심각하

28 『朝鮮森林視察復命書』에 따르면 陵園에서 쓸 薪炭을 공급하고 백성의 벌목과 耕牧을 금지하는 香炭山에서도 "낙엽과 마른 나뭇가지를 산지기와 부근의 주민들이 채취하는 것을 허용하고, 그 대가로 춘추에 식재를 부과하였다" 고 한다(1913:5).

게 생계를 위협받지 않았다고 볼 수 있다. 양란 이후 재개된 인구증가와 함께 17세기 이후 사점은 꾸준히 확산되었고, 무주공산은 그만큼 잠식되었다.

조선개국과 함께 산림사점의 금지가 천명된 이래 무주공산=자유접근체제의 자원용익은 장기간 지속하였고, 이는 확고한 관행이었다. 사점의 진행에도 불구하고 여전한 무주공산이 존재하면서 이러한 관행의 물적 토대로서 기능하였다. 수백 년에 걸친 무주공산형 자원용익의 전통과 무주공산의 실존은 사양산이라는 새로운 제도에도 영향을 미쳤다. 다시 말해 사양산에서도 무주공산의 관행이 통용되었다고 추론할 수 있다. 산림을 사점한 사양산 산주는 인근 주민의 생계를 위한 시초채취를 허용하거나 방치하고, 인근 주민들은 과거의 오랜 관행에 따라 그것을 자신의 정당한 권리로 이해하였다는 것이다.

조선후기 사점의 확대 속에서 사양산 위의 무주공산이라는 새로운 관행이 성립하였고 이 새로운 자원용익의 양상을 하나의 제도라고 한다면, 이 제도를 공급한 것은 개국 이래의 전통과 무주공산의 실존이었다. 한편 보수步數나 용호龍虎는 사족에게만 해당하는 규정이었다. 인구가 증가하면서 산림을 소유하지 못하고 시초를 타인에게 의지할 수밖에 없는 백성들이 증가하였고, 이것이 새로운 관행의 수요를 형성하였다. 18세기 이후 산송이 폭증하였지만 그 대부분은 대면적의 산림을 둘러싼 양반이나 토호들의 분쟁이었다. 산송이 신분적 갈등이나 계급대립의 형태로 폭발하지 않았던 이유도 조선전기 무주공산의 관행이 조선후기까지 지속되었다는 사실에서 찾을 수 있다.

조선후기의 사료에서 이와 같은 추론을 밑받침하는 증거를 찾아볼 수 있다. 다음은 1760년 충청도 예산에 거주한 이씨 양반가에서 초군樵軍들을 고발하여 발생한 산송의 기록이다. 이씨 가에서는 선산을 침해하였다는 이유로 현감에게 정소呈訴하였으나 초군의 접근을 금지하는 판결을 받지 못하였다. 이씨 가에서는 다시 충청감영에 의송議送하였다. 다음은 감사의 지시에 대한 현감의 답변이다.

> 첩보합니다. 본 현의 유학 이시학 등이 '초군樵軍이 선산을 침해한다'며 감영에 소송을 올린 데 대하여 도에서 제사題辭를 내리기를 '일이 놀랍다. 각별히 조사하여 우두머리를 조사하여 첩보하라'고 하였습니다. 이 일은 현감인 제가 이미 조사하여 처결하였으니 지금 별달리 다시 조사할 일이 없습니다. 이가 족속이 선산의 금양을 칭하고 사산四山을 광점하여 읍촌의 초군들은 겨울에 장시場市에 낼 땔감을 할 수 있는 곳은 수십 리 밖에 있고, 바로 마주보이는 곳을 이용하지 못해 모두 원망하게 되었습니다. …… 이가 무리들이 초군들을 꾸짖고 금하여도 그치지 않아서 정소하였다기에, 이는 현감이 고향 가는 길이라 친히 살펴본 바 구목丘木이 총생叢生한 것이 전과 다름이 없으니, 그 소장訴狀의 말이 지나친 것을 알 수 있습니다. …… 근래 호강豪强한 무리들이 양산養山을 칭하여 광점廣占하고 발매發賣하는 행위는 참으로 통탄할 일이며……〔「烏山文牒」, 김선경(1999:171~172)에서 인용〕.

현감은 비록 판매를 위한 것이지만 초군들의 생계가 달려 있는 시초의 채취를 금지하는 것은 지나치다고 보았다. 물론 광점을 이유로 이씨의 선산 자체를 부정한 것은 아니며, 다만 초군들의 시초 채취가 산림을 심각하게 훼손한 것은 아니므로 그것까지 금지하는 것은 이씨 가의 지나친 욕심이라고 본 것이다. 최종 판결은 알 수 없다.

두 번째 예 또한 산송의 자료이다. 1840년 경상남도 산청山淸의 문덕규文德奎라는 자가 산림을 매입한 후 촌민들이 그를 상대로 정소한 사건으로서 다음은 현감이 남긴 기록이다.

지곡사止谷寺 절터와 사산四山은 작년에 향중鄕中에서 문덕규에게 영매永賣하였으므로 지곡사 국내의 금양처禁養處는 지금은 문덕규가 금양한다. …… 문덕규가 고한 바로는 이미 절터와 사산을 샀으니 국내 금양한 곳은 잃을 수 없으며 주안용호主案龍虎 내는 시초柴草와 송목松木 모두 금양하되, 내동內洞은 지곡사 때부터 마을 민인民人이 모두 초채樵採하였으므로 지금 갑자기 금할 수 없는 까닭에, 내동에서는 시초와 잡목을 모두 금하지 않고, 또한 비록 원송元松이라 하여도 촌민이 만약 필요한 곳이 있다면 소용에 따라 허급許給한다고 하였거늘, 촌민이 늑탈勒奪하고자 하니 진실로 무엄하다 하였다. …… 지금 이후로 지곡사 국내는 모두 문덕규에게 속하되, 내동에서는 촌민이 채초採草하는 것을 금하지 말고 비록 원송이라도 촌민이 만약 긴히 쓸 곳이 있거든 적당히 허급한다. 금송禁松은 법전法典에 실린 바니 문반文班과 촌민村民은 물론하고 만일 작벌하면 의률감처依律勘處하겠다. 모두 명심하여 거행하라〔「山陰記事」完文, 김선경(1993:528~529)에서 인용〕.

문덕규가 향중으로부터 매입한 산을 놓고 촌민들이 쟁송爭訟하였는데, 현감은 문덕규를 주인으로 인정하면서도 금송은 그와 관계없이 "법전에 실린 바"라며 작벌을 금지한다고 하였다. 문덕규가 매입한 것이지만 이전부터 촌민들이 채초해온 지역은 그를 금지하지 않고 소나무를 제외한 잡목과 시초를 채취하도록 허락하겠다는 문덕규의 말과, 현감도 판결에서 그 내용을 포함하였다는 점이 주목된다. 소나무를 제외한 것을 잡목이라 하고, "비록 원송元松이라도" 주겠다는 표현은 소나무와 기타 임산물에 대한 권리가 구분되고 있으며, 문덕규의 소나무에 대한 권리와 촌민들의 기타 임산물에 대한 권리가 하나의 산림에서 양립, 공존하고 있음을 보여준다. 소나무를 "소용에 따라 허급"한다거나 "긴히 쓸 곳이 있거든 적당히 허급한다"는 것은 예컨대 촌민들이 집을 짓는 등 생활에 반드시 필요한 경우에는 내어주겠다는 의미일 것이다. 여기에서도 임산물에 대한 권리 중에서 소나무에 대한 권리가 추상抽象되고 있으며 촌민의 생존을 위한 부산물의 채취와 구별됨을 볼 수 있다. 이상 두 산송의 예에서는 하나의 산림에서 주산물과 부산물에 대한 두 개의 권리가 병존하며, 그와 동시에 두 권리는 영리와 생존이라는 산림이용의 상이한 목적을 반영하고 있다.[29]

통감부 통치하에서 부동산법조사회不動産法調査會는 토지에 관한 법률을 제정하기 위한 준비작업으로 부동산에 대한 관례를 조사하였고, 그 결과를 요약한 것이 1907년에 간행된 『부동산법조사보고요록不動産法調査報告要錄』이다(宮嶋博史 1991:364). 산림 관련 조사는 '제1항 토지에 관한 권리의 종류, 명칭 및 그 내용'의 '제9목 입회권은 있는가, 만약 있다면 그 종류 및 효력'이라는 항목이다.

> 한국에서는 인민이 관유官有의 임야에 들어가 고지枯枝, 낙엽 등을 습수拾收하는 행위를 종래 거의 공인하였다. 또 민유지民有地라도 왕왕 부산물의 채취를 타인에게 맡기고 심히 지당한 일로 여긴다(방목에 대해서도 같다). 이로써 각 지방의 관유 임야는 흡사 입회지入會地 같은 모습을 보이고, 민유지에 대해서도 때에 따라 마찬가지 현상을 볼 수 있지만, 채취자에 제한이 없고 또 권리에 따라 그것을 채취하는 것이 아니므로 아직 입회권으로 인정할 수 없다(法典調査局 1907:15~16).

타인의 산림에서 부산물을 채취하지만 그것이 권리로서 하는 행위가 아니라는 말은 그러한 행위가 불법이거나 소유자의 관용에 의한 것임을

29 수목에 대한 권리에 비해 기타 地被物에 대한 권리가 취약한 것은 오늘날 저개발국가에서도 찾아볼 수 있는 보편적인 현상이다(Fortmann 1988). 상업적인 목적을 위한 것인가 아니면 생존을 위한 것인가에 따라 임산물 취득권리의 배타성의 강도가 체계적으로 상이하다는 점도 마찬가지다. 케냐에서는 고가에 팔리는 건축용 목재는 오래전부터 사유 대상이 되었지만 연료는 누구라도 자유롭게 채취할 수 있다(Fortmann and Bruce, eds. 1988; Brokensha and Riley 1988).

뜻한다. 다음은 『토지조사참고서土地調査參考書』의 입회권에 대한 서술이다.

> 입회권入會權이라는 것이 있는가? 그 권리의 개요: 각지의 산림에서는 그 부근의 촌락에 거주하는 주민이 자유로이 들어가 채신採薪할 수 있는 경우가 매우 많아서 일견 입회권이 존재하는 것 같지만 더욱 상세히 조사해보면 산림에 들어가 채초採草하는 것은 결코 그것을 권리에 따라 행하는 것이 아니라 해당 소유자의 관리가 불충분한 현실을 이용하여 감히 불법행위를 하는 것에 지나지 않는 경우가 심히 많다(不動産法調査會 1907b:72~73).

20세기 초, 산림을 소유하지 않은 자의 행위가 절도에 의한 것인지 아니면 산림소유자의 관용에 의한 것인지는 경우에 따라 다르겠지만, 산림을 소유하지 않은 자가 타인의 산림을 이용하는 일이 일본인이 얼핏 볼 때는 자국의 입회제도처럼 보일 만큼 일반적이었음을 알 수 있다. 다음은 히라구마 도모나平熊友名가 1911년 6월부터 4개월 동안 조선의 산림을 조사하고 일본 농상무성 산림국에 제출한 보고서의 일부이다.

> 모든 산의 입림入林에 결코 양심의 가책이 없고, 남벌의 죄과는 차츰 목재의 부족과 연료의 결핍에 이르러 더욱 폭위를 떨치게 되었다. 손이 닿는 대로 벌채를 함부로 해왔던 것은 생활이 급박하여 당연한 것으로 하등 부끄러움 없는 행동이 되었고, 오랫동안 그러한 관습적 관념에 익숙하여 저들의 뇌리에는 타인의 재물을 도벌한다는 명확한 범죄의식이 없는 경우가 대부분이며, 오늘날에 이르러 그에 대해 질책하면 오히려 기이하고 놀랍게 여기는 마음을 갖는 일이 적지 않다(日本農商務省山林局 1913:16).

조선의 무주공산의 전통과 소유제도에 낯선 일본인에게는 타인의 산림에 들어가 산물을 채취하면서도 죄의식을 가지지 않는다는 사실이 이해하기 어려웠다.[30] 당시 조선에서는 타인의 산림에서 임산물을 채취하는 일이 일반적인 관행이었다. 뿌리 깊은 무주공산의 관행은 식민지기까지, 나아가 해방 후 1960년대까지 장기간 지속하였다. 식민지기 산림소유권 정리과정을 통해 근대적 소유권이 성립되고 행정·경찰 조직이 적극적으로 단속하였지만 수백 년간 이어진 전통을 일거에 근절할 수 없었던 것이다.

> (식민지기 임야를 소유하지 못한 조선인들은—필자) 이전의 관습을 버리지 못하고 소유권이 확정된 타인의 임야에 들어가서 그들의 생활에 필요한 임산물을 채취, 이용할 수밖에 없다. 더구나 오래전부터 이미 임산물에 대하여는 사권私權의 절대성이 결여되었으므로……이러한 현실은 현재에 이르기까지 임업투자를 회피케 하는 가장 큰 요인이다(조응혁 1966:85, 91).

'사유림 위의 무주공산'의 관행은 1960년대까지 생명을 유지하였다.[31] '사유림 위의 무주공산'의 관행에 따라 사적소유가 성립하였지만 투자의 외부경제와 소비의 외부불경제는 자유접근체제와 마찬가지로 여전히 존속하며, 그 결과 과대소비와 과소투자의 양상이 나타나게 되었다. 조응혁도 이 문제를 지적한 것이다.

조선후기 들어 산송의 급격한 증가 속에서 투작偸斫 등 임산물로 인해 촉발된 산송의 비중이 높아졌다. 산송에서 도벌이 확인될 경우 피해가 적으면 사과나 재발방지를 약속하는 수준에서 마무리되었지만, 그렇지 않으면 '속전贖錢', 즉 금전으로 배상하거나 체형體刑을 가하는 일도 없지 않았다(전경목 1996:93~96, 125~128; 김경숙 2002:198~211). 하지만 조선

30 히라구마 도모나는 "촌락민의 연료 도벌은 常業"이라고 하였다(日本農商務省山林局 1913: 17).

31 지용하는 '무단입산하여 부산물을 무단채취'하는 1960년대의 행태가 "조선시대의 임산물 천시의 유풍"이라고 하였다(1964:49).

왕조의 법전에는 사양산私養山의 임산물을 절취竊取한 자에 대한 처벌규정이 없다. 『경국대전』 공전工典 재식栽植 조에는 도성 내외와 지방 금산의 도벌에 대한 처벌이 규정되어 있으며, 이는 『대전회통』의 그것과 동일하다. 형전刑典 금제禁制 조의 경우 『경국대전』에는 사점금지의 규정만이 있지만 『대전회통』에는 도성 내외, 지방의 봉산封山 및 능원묘陵園墓의 도벌에 대한 처벌 규정이 매우 상세하다. 그러나 보수나 용호 내 또는 사양산의 산림에 대해서는 임산물 절도에 대한 규정을 찾아볼 수 없다.

'용호금양규정'에 따라 분묘를 설치하고 금양한 자는 직접적으로는 분묘설치에 대한 배타적 권리를 인정받았고 이와 함께 그의 임산물에 대한 배타적 권리 또한 간접적으로 성립하였지만 후자에 대해서는 명시적인 규정을 두지 않았다. 이는 산림사점을 금지하는 법규가 존속하였다는 사실과 무관하지 않다. 사점금지의 핵심은 임산물의 배타적 소유권을 인정하지 않는 것이기 때문이다.

조선후기에 이르러 사점이 확산되고 소유권이 강화되었지만 사실상의 소유의 발전은 무주공산의 전통과의 단절을 통해서가 아니라 그 전통 위에서 이루어졌으며, 그 결과 '사양산 위의 무주공산' 관행이라는 중층적 권리가 성립하게 되었다. 사유재산 위에 자유접근체제가 중첩되어 사유재산을 지배한 것이다. 사양산에 대한 전면적 · 배타적 권리를 규정하고 그 침해에 대한 처벌을 법정法定한다면, 이는 조선후기에 일반화된 새로운 관행을 부정하는 것이다. 임산물 절도에 대한 법규를 신설하지 않음으로써 결과적으로 사점금지의 원칙을 고수하고, 사양산 위의 무주공산이라는 새로운 관행을 묵시적으로 법인하게 되었다.

조선에서 성립한 산림의 소유권은 이와 같은 독특한 성격을 가진 것이었다. 하지만 그것을 세계사적 예외로 이해해서는 곤란하다. 주산물과 부산물에 대해 상이한 권리가 성립하거나, 임산물 채취의 목적이 영리인가 생존인가에 따라 그에 대한 제약의 강도가 상이하다는 점은 현대 저개발국에서도 흔히 나타나는 현상이다.[32] 보다 일반적으로는 법률로 사적 소유를 금지하였지만 사실상의 소유로서 사적소유권이 발전하였고, 이는 전근대사회에서 흔히 볼 수 있는 성문법과 관습의 충돌이라는 사실이다. 산림의 소유권 성립과 발전의 역사라는 점에서 볼 때, 조선 또한 시민권을 가진 세계사의 일부라고 할 수 있다.

32 저개발 국가를 중심으로 세계 각국의 임산물 소유권제도를 개관하는 데 L. Fortman and J. Bruce, eds.(1988)이 유용하다.

제2장

20세기 초 산림소유제도에 관한 사례분석

—조선임야조사사업의 「분쟁지조서」를 중심으로—

제1장에서는 조선의 산림소유제도를 연대기류 관찬사료를 중심으로 하여 통시적으로 살펴보았다. 제2장에서는 식민지기의 자료를 통해 20세기 초 산림소유제도의 특질에 접근하고자 한다. 1908년에 「삼림법森林法」이 제정된 이후 식민지기 거의 전체 시기에 걸쳐 산림소유권을 정리하기 위한 일련의 사업이 진행되었다.[1] 가장 중요한 것은 1917~1935년의 조선임야조사사업朝鮮林野調査事業(이하 '사업' 으로 줄임)이었고, 관계 자료도 가장 풍부하다. 이 장에서 이용하는 자료도 '사업' 을 통해 작성되었다.

'사업' 의 절차는 기본적으로 토지조사사업과 같다. 임야의 소유자는

1 식민지기 산림소유권 정리과정에 대한 본격적인 분석은 제4장과 5장의 과제이다. 이 2개 장과 함께 여기에서도 '산림' 대신 '임야' 라는 말을 사용하는 경우가 많다. 지금으로서는 地盤과 立木 등 地上物을 모두 포함한다는 점에서 의미가 같고, 서술의 편의상 식민지기 공식문서의 용례를 따른다는 점만 지적해두는 것으로 충분하다. 제4장에서 재론할 것이다.

부면府面에 신고서를 제출하고, 하나의 임야에 대하여 복수의 신고자가 권리를 주장하면 해당 임야는 분쟁지紛爭地가 된다. 서론에서 소개한 바와 같이, 임야조사원은 분쟁지의 권리관계를 판정하기 위해 필요한 사실관계를 조사하여 「분쟁지조서紛爭地調書」를 작성한다. 도장관道長官은 분쟁지를 포함하여 모든 토지에 대한 권리자를 판정하며, 그 결과를 정리하여 「임야조사서林野調査書」를 작성한다. 이것이 사정査定 사무이다. 사정결과에 승복하지 않는 신고자가 불복을 제기하면 총독부임야조사위원회가 심사하게 되는데, 이를 재결裁決 사무라고 한다. 이러한 과정을 거쳐 최종적으로 확정된 결과를 담고 있는 것이 「임야대장林野臺帳」이다. 본 사례분석에서 이용한 주요 자료는 이상 세 가지 문서이다.

전국에서 유일하게 「분쟁지조서」가 남아 있는 곳이 경상남도 김해이며, 이 지역에는 '사업' 과정에서 작성된 다른 문서들도 두루 보존되어 있다. 김해는 토지조사사업 자료 또한 전국적으로 발군이어서 토지조사사업에 대한 실증연구에 중요한 토대를 마련해주었다(조석곤 2003). 선행연구를 통해 알려진 바대로 김해에서는 특별히 분쟁이 많았다. 토지조사사업을 경과하면서 조선인의 권리의식은 한층 성장하였을 것이며, 이후 실시된 '사업'에도 영향을 미쳤을 것이다.

'사업'의 사정 단계에서 경상남도에서는 총 1,134필지에서 분쟁이 발생하였다. 김해군의 「분쟁지조서」는 190여 책이 남아 있고, 본 연구에서 이용한 것은 54책, 85필지에 대한 분쟁이다. 김해 전체의 분쟁지는 이로부터 추측하면 250필가량인데, 경상남도 분쟁지 총 필수의 2할을 초과한다(『朝鮮林野調査事業報告』, p.15). 『조선총독부임야조사위원회사무보고朝鮮總督府林野調査委員會事務報告』에는 재결 단계에서 제기된 부군府郡별 불복 건수가 실려 있고(pp.79~92), 『조선임야조사사업보고』에는 사정 결과 파악된 부군별 필지수가 있다(pp.46~68). 후자에 대한 전자의 비율을 계산하면, 김해는 전국 232개 부군에서 열한 번째로 불복사건이 많았다. 경상남도 21개 부군 중에서는 세 번째로 높은 비율이다.

김해에서 분쟁이 많은 이유가 하나 더 있다. 총독부는 1911년부터 국유임야구분조사國有林野區分調査(이하 '구분조사'로 줄임)를 실시하였는데, 국유림을 국가가 경영할 요존임야要存林野와 그 외에 조만간 민유民有로 처분할 불요존임야不要存林野로 나누었다. 불요존임야는 다시 제1종임야와 제2종임야로 구분하였다. 제2종임야는 '사실상의 소유자나 기타 이해관계자', 즉 연고자緣故者가 존재하므로 연고자를 제외한 제3자에게 처분할 수 없는 임야를 말한다. 제1종임야는 연고자가 존재하지 않아서 누구에게나 처분할 수 있는 임야이다. 따라서 제1장에서 서술한 자유접근체제하의 무주공산無主公山은 요존임야나 제1종임야로 분류될 것이다.[2] 그런데 요존임야는 대부분 압록강·두만강 유역이나 태백산맥 등에 위치하는 오지 원시림으로서 조선 말까지 인간이 접근하기 어려운 곳이었다. 그러므로 자유접근체제하에서 인간이 이용한 무주공산은 대부분 제1종임야로 분류되었을 터이므로, 이러한 의미에서 조선후기의 무주공산은 식민지기에 제1종임야라는 명칭을 얻게 되었다고 볼 수 있다.

'구분조사'에서 제1종임야로 조사된 임야에 대해서는 '조림대부제도造林貸付制度'가 시행되었다. 신속한 산림복구를 위하여 열악한 임상林相을 가진 제1종임야를 조림계획을 가진 민간인에게 대부하고, 사업에 성공하면 조림한 자에게 무상으로 소유권을 부여하는 제도였다. '사업'과 달리 '구분조사'는 소유권에 대한 사법적 확정력이 없는 행정적인 조사였

2 제1장에서 본 바와 같이 조선시대에 자유접근체제로 분류되는 임야를 표현하는 말은 '無主空山'이었다. 그런데 식민지기에는 이를 모두 '無主公山'이라고 하였다. 이 장에서 이용하는 자료는 식민지기의 것이므로, 자료에 있는 그대로 '無主公山'으로 표기한다. 이에 대해서는 제4장에서 상술할 것이다.

그림 2-1 김해군 장유면 관동리 「임야조사서」의 제1면

地番	地目	地積 町段畝	等級	申告又ハ通知 年	月	日	所有者 住所	所有者 氏名	緣故者 住所	緣故者 氏名	備考
山一	林野	三三〇〇	中	六	三	一	大清里	安垌周			保存登記 隆熙四年[illegible]月九日 第二〇一號
山二	林野	二一〇〇	中	〃	二	五	新文里	趙文奎			保存登記 隆熙四年[illegible]月七日 第二九號
山三	林野	四〇〇〇	中上	〃	〃	二	[illegible]陰洞里	金龍德			保存登記 隆熙四年[illegible]月[illegible]日 第二三[illegible]號
山四	林野	五三七〇	中	〃	〃	一〇	大清里	安垌周 外五人			宗中財産 保存登記 隆熙四年[illegible]月九日 第二〇一號
山五	林野	六三〇〇	中	七	三	五	内德里	金升泰 外二人			宗中財産 保存登記 隆熙四年[illegible]月七日 第二三號
山六	林野	四四〇〇	中	六	一二	一〇	應達里	金東基			
山七	林野	一三五〇	中	七	三	五	内德里	金升泰 外二人			宗中財産 保存登記 隆熙四年[illegible]月七日 第二三號
山八	林野	一一〇〇〇	中	六	一二	一〇		孫琪憲			地積[illegible] 保存登記 隆熙四年[illegible]月[illegible]日 第二二五號
山九	林野	四八〇〇〇	中	七	二	八		裵聖根 外十七人			仝上

그림 2-2 예천군 용문면 대저동 「임야대장」의 제1면

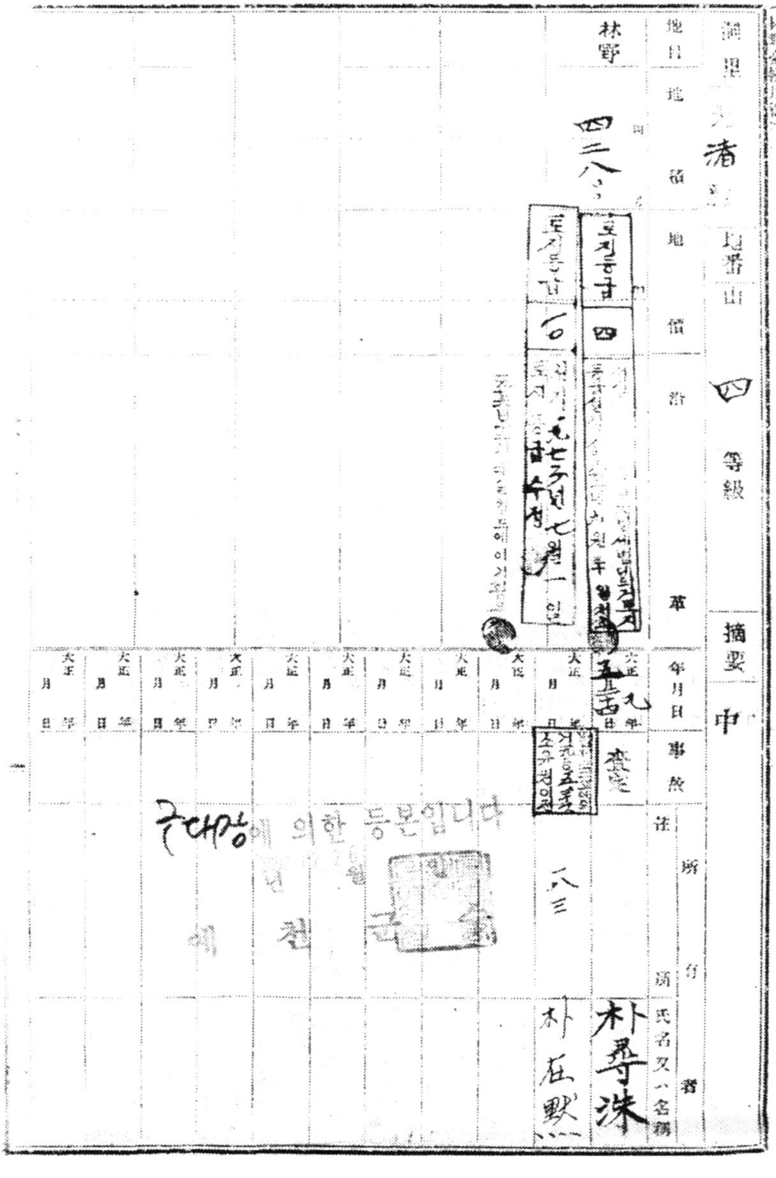

다. 그러므로 제3자에게 조림대부된 임야일지라도 '사업'에 이르러 소유권을 주장하는 사람이 나타나면 국國과 민民이 소유권을 다투는 분쟁지가 된다. 김해는 교통이 편리하여 일본인이 대부받은 임야가 많았기에 많은 분쟁이 발생하였다.

소유권을 행정적 · 사법적으로 확정하는 '사업'에서 분쟁이 많이 발생하고 그 기록이 보존되어 있다는 사실은 소유권의 실태를 파악하는 데 매우 유리한 조건이 된다. 산림을 둘러싼 사용, 수익, 처분의 관행이나 그에 대한 동시대인들의 의식이 담겨 있기 때문이다. 김해의 분쟁은 1920년 전후에 벌어진 것이지만, 「분쟁지조서」는 종종 그 전사前史를 담고 있다. 또한 당시의 분쟁을 통해 조선후기 산림소유제도의 일단을 엿볼 수 있고, 이를 전술한 조선후기 산림소유의 역사상歷史像과 대조할 수 있다.

「분쟁지조서」(이하 「조서」로 줄임) 등 김해의 자료 외에 이 장에서 이용하는 자료는 경기도 진위군振威郡 송탄면松炭面 11개 리의 「임야조사부林野調査簿」, 경상남도 창원군昌原郡 진북면鎭北面 3개 리의 「임야대장林野臺帳」, 경상북도 예천군醴泉郡 용문면龍門面 2개 리의 「임야대장」이다.[3]

3 경기도 진위군 송탄면은 佳才里, 道日里, 獨谷里, 茅谷里, 西井里, 二忠里, 獐堂里, 長安里, 芝山里, 七槐里, 七院里, 경상남도 창원군 진북면은 仁谷里, 智山里, 禮谷里, 경상북도 예천군 용문면은 大渚洞, 下鶴洞이다.

제1절 | 분쟁지의 조사경과와 「분쟁지조서」

본고에서 이용하는 김해군 「조서」는 모두 54책冊이다. 분쟁 당사자 중 한쪽이 복수의 필지에 대하여 다수와 분쟁하게 될 때는 모든 필지의 분쟁 내용이 한 책의 「조서」에 묶이게 된다. 따라서 「조서」 1책은 복수의 필지를 포함하는 경우가 있다. 54책에 포함된 분쟁지는 모두 85필이다. 48필이 조림대부지에서 일어난 분쟁인데, 44필은 일본인의 대부지이고 4필은 조선인 대부지였다. '사업'의 사정 결과, 김해의 임야는 총 13,720필, 28,580.9정보였다. 「조서」에 나타난 일본인 대부지는 우치다 다케사부로內田竹三郎 1,244.4정보, 구라시게 도조藏重豊藏 935.2정보, 사이토 요사쿠齋藤與作 391.5정보, 시키 신타로支岐信太郎 162.0정보이다. 김해 임야의 20퍼센트에 해당하는 2,733.6정보가 일본인 4인의 대부지였다.[4]

조림대부와 관계없이 분쟁이 발생한 것은 37필지였다. 21필은 제1종임야에 대하여 조선인이 소유권을 주장한 분쟁이며, 8필은 '구분조사'에서 제1종임야로 조사되어 학교의 학교림이나 면의 공동묘지로 양여된 민유림에 대하여 조선인이 소유권을 주장한 분쟁이다. 나머지는 조선인과 조선인(5필), 일본인과 조선인(2필), 일본인과 일본인(1필)의 분쟁이었다. 44필의 일본인 대부자와 조선인 사이의 분쟁 중 1필지를 예로 들어 분쟁지의 조사 절차와 「조서」를 소개하겠다. 1989년도 총무처 정부기록보존소 번호 180번의 「조서」 1책이다(이하에서는 '분180호'로 줄이며, 다른 분쟁지의 「조서」 번호도 동일하게 표시함).[5] '분180호'의 마이크로필름 출력물과

4 김해에서 사정 업무가 완료되고 공시가 시작된 때는 1924년 1월 11일이다. 1923년 조림대부가 허가된 총 78만 8천 정보였다.

5 「조서」에는 임야조사원이 각 조서에 대하여 '紛第 何 號' 형식으로 부여한 번호가 있지만, 변경되는 경우도 있고 상이한 「조서」에 같은 번호가 붙은 경우도 있다. 현 국가기록원의 문서번

번역문은 부록으로 첨부하였다.

장유면長有面 관동리官洞里에 거주하는 배효명(갑 당사자)은 1919년 10월 20일, 동리同里 산158-5번지 4정보의 임야에 대하여 지주총대地主總代의 날인을 받아 신고서를 제출하였다(분180호, 151).[6] 신고서에는 사표四標가 표시되어 있고, 1910년 1월 29일에 증명번호 139호로 소유권보존증명을 받은 이석현으로부터 매입하였다고 기재되어 있다.

해당 임야는 일본 야마구치현山口縣에 거주하는 구라시게 도조(을 당사자)의 대부지의 일부였고, 김해에 거주하는 대리인은 1921년 3월 25일, 해당 임야를 을의 대부임야로 신고하였다. 면적은 6.7정보이며, 사표와 대부허가 연월일 및 허가번호가 씌어 있다. 지주총대는 을 당사자의 신고가 진실하지 않다고 여겼는지 신고서의 총대인인總代認印 란에 "불긍인인不肯認印"이라고 기재하였다(161).[7]

1919년 11월 4일, 갑은 진술서를 제출하였고, 해당 임야의 취득경위를 서술하였다. 취득 후에 "금양禁養한 사실은 중인衆人이 공인公認"하는 바인데도 1913년에 ('구분조사'에서—필자) 국유지에 편입되어 구라시게 도조에게 대부되었다는 것이다(153). 을도 1921년에 진술서를 제출하였는데, 대부 이래 식재실적植栽實績을 열거한 후 "시초채취柴草採取 계약서를 현지민과 관계지의 면장面長, 구장區長, 기타 유력자가 연서連書로 작성하

호도 구 총무처 정부기록보존소에서 부여한 번호에 따라 분류되어 있으므로 본고에서도 이를 따른다.

6 「조서」의 원 자료에는 면수가 기재되어 있지 않으나 정부기록보존소에서 마이크로필름으로 촬영할 때 다섯 자리의 면수를 부여하였다. 본고에서는 마지막 세 자리를 표시한다.

7 「林野調査令施行手續」 제7조, "신고서 해당란에 총대가 認印할 것. …… 총대가 신고서의 기재사항이 진실하지 않거나 不備하여 날인하기를 거부하였을 때는 府尹 또는 面長이 총대에게 해당란에 "不肯認印"이라고 기재하게 할 것." 관동리 지주총대는 갑 당사자 배효명의 아들인 배봉준이었다. 단지 분쟁 당사자가 자신의 아버지라는 이유로 배봉준이 구라시게 도조의 신고서에 "不肯認印"이라고 기재한 것은 아니다. 이에 대해서는 제5장에서 상술한다.

였음에 비추어 보아도 대부지역 내에 연고자나 소유자가 있을 수 없음"을 알 수 있고, 이 분쟁은 "한 장의 신고서, 진정서로써 요행히 소유권을 얻고자" 하는 것이라고 주장하였다(163~164). 수목을 보호하는 대가로 현지 촌락민에게 시초를 채취할 수 있게 한 '계약서'가 증거서류로 첨부되었다.

분쟁의 양 당사자가 신고서와 진술서를 제출한 후 임야조사원은 당사자를 입회시키고 기타 참고인을 동반하여 실지조사實地調査를 실시하여 지적地籍과 소유관계를 조사하였다. 실지조사로 임야도林野圖가 조제調製되고 임야조사야장林野調査野帳이 작성되었다. 임야조사야장에 의하면 해당 임야의 입목도는 4/10, 평균수령은 5년이었다(149).

실지조사 후 분쟁 당사자, 참고인 또는 증인에 대한 심문조사가 이루어졌다. 갑에 대한 조사는 1921년 9월 10일 관동리 현지에서 조선인 임야조사원의 질문에 대하여 갑이 답변하는 형식으로 진행되었다. 참고인에 대한 조사도 방법은 동일하였고, 청취서聽取書 또는 문답서問答書라는 제목하에 조사 내용을 기록하였다. 조선인과 일본인 대부자의 분쟁인 경우 언제나 조선인은 갑, 일본인은 을이며, 일본인 을에 대한 심문조사는 실시되지 않았다. 을 당사자는 대체로 신고서, 진술서, 시초채취 계약서를 제출하였다. 산지기를 두고 있을 때는 그에 대한 청취서가 첨부되기도 했는데, 그들은 모두 현지 조선인이었다.

갑에 대한 심문조사가 있기 두 달 전에는 2인의 관동리 거주자를 참고인으로 조사하였다. 이 조사는 관동리 내 5개 분쟁지에 관련되었기 때문에 갑에 대한 조사에 앞서 이루어진 것으로 보인다. 본래 민유지라면 관동리의 모든 임야의 임상이 하나같이 열악한 이유는 무엇이냐고 묻자 "구한국시대는 장유면 면민 전체가 관동리 산곡에 수시입산隨時入山하여 시초를 채취하고 혹은 송목松木을 간벌間伐"하였기 때문이라고 대답하였다

(167~168).

배효명의 아들인 배봉준裵鳳俊은 관동리 구장區長으로서 지주총대였으며, 또한 구라시게 도조를 상대로 하여 관동리 158-3번지 임야를 다투는 분쟁의 당사자였다. 그는 1918년에는 산림을 보호하는 한편 시초를 채취한다는 내용으로 구라시게와 작성한 계약서에 두민頭民, 좌상座上과 함께 구장의 자격으로 이민里民을 대표하여 날인한 바 있다. 두 번째 참고인으로 배봉준을 조사하였고, 대부자와 계약을 맺은 경위와 내용에 관한 문답이 기록되었다(158~160).

현지조사, 당사자와 참고인 조사 등을 마친 후 감독원은 자신의 분쟁지 조서를 별도로 작성하여 「조서」의 말미에 첨부하였다. 이 조서는 1921년 10월 말에 작성되었고, 감독원의 "의견"에 "대부자 구라시게 도조藏重豊藏를 연고자로 하는 국유임야"라고 기재하였다. 중요한 "이유"는 이 임야는 "원래 현지 촌락민이 수시입산하여 시초를 채취하여 온 입산관행지入山慣行地"라는 점이었다.[8]

8 제2장에서 이용하는 '사업' 관계 자료와 제4장과 5장에서 서술하는 각종 법규들에는 '地元部落民', '地元民', '部落民' 등의 표현이 있는데, '地元'은 '現地'로, '部落'은 '村落'으로 옮겼다.

제2절 | 무주공산

1. 무주공산의 사례

4개 군의 자료를 통해 무주공산無主公山의 예를 확인해보자. '사업'에서 모든 임야는 요존임야, 제1종임야, 제2종임야, 민유임야 중 하나로 사정査定되었다. 제1종임야는 '사실상의 소유자나 기타 이해관계자', 즉 연고자가 존재하지 않는 임야이다. 무주공산은 '구분조사'에서와 마찬가지로 요존임야나 제1종임야로 사정되었다. 한 가지 주의할 점은 '구분조사'에서 제1종임야로 조사된 후 조림대부제에 의하여 대부되면 '사업' 시점에서는 대부자가 연고자가 되고, 따라서 제2종임야로 사정되었다는 사실이다. 그러므로 '사업' 시점의 무주공산은 요존임야, 제1종임야 및 대부임야로 구성된다.

표 2-1은 김해군 4개 리와 진위군 11개 리의 요존임야, 제1종임야 및 대부지를 한데 모은 것이다. 표 A 김해군 4개 리의 17개 필지 중에서 조선인이 소유권을 주장하여 분쟁이 발생한 것은 10필이다. 10필의 조선인 분쟁당사자의 주장이 모두 사실이며 따라서 민유임야라고 가정해도, 분쟁이 없었던 7개 필지, 140.6정보는 실제 무주공산일 수 있다. 분쟁지라고 해도 해당 필지의 전체 면적이 분쟁의 대상이 되는 것은 아니다. 예를 들어 관동리 158-2번지 임야의 갑 당사자인 이승기가 자신의 소유로 신고한 면적은 57.8정보였고, 연고자로 사정된 을 당사자인 구라시게 도조가 신고한 면적은 「임야조사서」에 나타나 있는 70.0정보였다. 70.0정보 중 사실상의 분쟁지는 57.8정보인 것이다. 따라서 관동리와 부곡리의 대부임야 중 분쟁지인 6개 필지, 136.0정보에서 사실상의 분쟁지는 84.5정보이며, 나머지 51.5정보는 대부자 이외에는 신고한 자가 없는 임야이다.

그러므로 분쟁이 없었던 7개 필지와 분쟁지 10개 필지 중 분쟁의 대상이 되지 않은 면적의 합계인 192.1정보가 무주공산일 수 있다. 표 2-1 김해군 4개 리의 임야면적은 총 1,017.6정보였다.

192.1정보가 무주공산의 실제 면적이라고 보기는 어렵다. 한편에서는 분쟁이 일어나지 않은 임야에 대하여 사정 뒤에 자신의 소유권을 주장하여 불복을 제기하는 자가 나타나고, 그 주장이 정당한 것일 수 있다. 그렇다면 무주공산의 실제 면적은 192.1정보 이하가 된다. 다른 한편, 분쟁지에 속한 면적의 일부는 실제로 순수한 무주공산이었을 수도 있다. 그렇다면 192.1정보는 실제 무주공산의 면적보다 적은 것이 된다.

진위군 송탄면 11개 리에는 요존임야가 없다(표 2-1B). 진위의 대부임야도 김해와 마찬가지로 '구분조사'를 통해 연고자가 없는 임야로 조사되어 대부처분된 것이다. 진위에서 제1종임야는 0.6정보에 불과하며, 대부임야는 모두 22.2정보이다. 총면적은 2,100.3정보이므로 김해에 비해 대부지가 훨씬 적다. 김해의 「임야조사서」와 달리 진위의 「임야조사부」에는 비고란에 분쟁을 표시한 것이 전혀 없다. 자료의 성격이 달라서가 아니라, 분쟁이 실제로 발생하지 않았던 것이다. 진위군 「임야조사부」에는 김해의 「임야조사서」와 마찬가지로 1개 리마다 그 말미에 '소유종별 집계표'가 첨부되어 있지만, 김해와 달리 분쟁지의 필수와 면적란은 모두 비어 있다.[9]

창원군과 예천군의 자료는 「임야대장」이므로 분쟁에 대하여 알 수 없다. 창원군 진북면 3개 리에 국유림은 없고, 동양척식주식회사의 4.6정보와 학교조합의 3.5정보를 포함하여 총 20개 필지, 38.4정보의 일본인 소

9 「임야조사령시행수속」 제11호 양식의 첫 번째는 리별 집계표이며, 임야를 국유, 민유, 분쟁지 및 소유권이나 연고 유무에 의문이 있는 토지로 나누어 각각의 필수와 면적을 집계하도록 규정하였다.

표 2-1 무주공산: 제1종임야와 일본인 대부지

A. 김해군 장유면

동리명	지번	면적	분쟁지 여부	대부지 여부	사정결과	연고자 성명
내덕	49	1.4			국유 요존	없음
웅달	48	1.5			국유 요존	없음
웅달	50-1	2.7(3.5)	분쟁지		국유 제1종	없음
웅달	50-2	0.9(0.9)	분쟁지		국유 제1종	없음
웅달	59	6.0(7.0)	분쟁지		국유 제1종	없음
웅달	61-1	0.2			국유 제1종	없음
웅달	61-2	3.1	분쟁지		국유 제1종	없음
관동	110-1	74.4		대부지	국유 제2종	津田佐太郎
관동	110-2	20.3		대부지	국유 제2종	藏重豊藏
관동	130-2	3.0(1.5)	분쟁지	대부지	국유 제2종	藏重豊藏
관동	158-1	38.6		대부지	국유 제2종	藏重豊藏
관동	158-2	70.0(57.8)	분쟁지	대부지	국유 제2종	藏重豊藏
관동	158-3	27.2(9.9)	분쟁지	대부지	국유 제2종	藏重豊藏
관동	158-4	26.7(10.2)	분쟁지	대부지	국유 제2종	藏重豊藏
관동	158-5	7.9(4.0)	분쟁지	대부지	국유 제2종	藏重豊藏
부곡	104-1	4.1		대부지	국유 제2종	藏重豊藏
부곡	104-2	1.4(1.1)	분쟁지	대부지	국유 제2종	藏重豊藏

B. 진위군 송탄면

동리명	지번	면적	대부지 여부	사정결과	연고자 성명
가재리	68	0.2		국유 제1종	없음
장당리	77-2	0.4		국유 제1종	없음
서정리	30-1	2.7	대부지	국유 제2종	多田仲太郎
서정리	30-2	4.5	대부지	국유 제2종	多田仲太郎
서정리	30-3	3.3	대부지	국유 제2종	多田仲太郎
서정리	30-4	4.4	대부지	국유 제2종	多田仲太郎
서정리	30-5	1.8	대부지	국유 제2종	多田仲太郎
이충리	107	1.0	대부지	국유 제2종	多田仲太郎
장당리	6	0.9	대부지	국유 제2종	多田仲太郎
장당리	20	3.7	대부지	국유 제2종	多田仲太郎

주 1) ( ) 내의 면적은 분쟁의 갑 당사자인 조선인이 신고한 면적으로서 실제 분쟁의 대상이 되었던 면적임.
2) 김해군 웅달리 59번지와 61-2번지의 갑 당사자 박수장은 이 두 필지의 합계로 7.0정보를 신고하였다. 따라서 59번지의 ( ) 안에 있는 7.0정보는 59번과 61.2번 임야에 포함된 실제 분쟁면적의 합계이다.

자료 김해군 장유면 「임야조사서」; 실제 분쟁면적은 「조서」 각 호; 진위군 송탄면 「임야조사부」.

유 임야가 있다. 매입된 것인지 조림대부로 양여된 것인지는 알 수 없다. 학교조합의 경우 총독부가 학교림을 만들기 위해 제1종임야를 양여하는 일이 많았으므로 이것이 무주공산일 가능성이 있다. 예천군 용문면 2개 동에는 7.7정보의 국유림 1개 필지가 있음이 확인되나 그 성격은 알 수 없다. 일본인이나 학교조합 소유지는 없었다.

2. 자유접근체제의 실태

김해군 「조서」의 곳곳에서 '사업' 당시 무주공산이 실재하였음을 확인할 수 있다. 무주공산의 소유권의 귀속에 대하여 동시대인들이 어떤 의식을 가지고 있는지 살펴보자. 무주공산은 사유림에 대한 상대적 개념인데, 먼저 점유한 자가 소유자가 되며 이때 무주공산은 사유림이 된다는 것이다.

> 문 최초부터 공동점유한 것인가?
>
> 답 본 분쟁임야는 원래 공산公山으로서 1911년 3인이 공동으로 점유하여 지금까지 식림植林하고 금양하였다.
>
> (중략)
>
> 문 적송묘赤松苗는 식재한 것이 없는가?
>
> 답 공산에서 캐어내어 본지本地 내에 천 본을 같은 해에 식재하였다.
>
> (중략)
>
> 문 그렇다면 본 분쟁지는 녹산면 촌락민의 입산관행지인가?
>
> 답 본인 등이 점유하기 전에는 관행지였어도 점유 이후에는 쉽게 입산하지 못했다. (분186호, 335~340)

장유면 응달리應達里와 수가리水佳里의 접경지역에 있는 54.8정보의 임야에 대하여 9명의 당사자(2명 이상의 공동소유로 신고한 경우 1명으로 헤아렸고, 이하에서도 동일하다)가 소유권을 주장했는데, 그중에서 갑 7의 공동소유 신고자 3인에 대한 청취서이다. 해당 임야는 '구분조사'에서 연고자가 없는 제1종임야로 조사된 국유림의 일부로서, 1915년 조민승 외 47인이 조림대부를 받았지만 조림실적이 없다는 이유로 1918년에 총독부에 반환되었다. 갑 7 당사자는 이 임야를 1911년에 자신들이 점유한 후 식수하고 금양하였다고 주장하고, 그들이 점유하기 전에는 무주공산으로서 촌락민의 입산관행지였다고 말한다. 식재한 묘목은 공산에서 캐어 온 것이라는 진술도 주목된다. 갑 당사자의 점유 행위가 사실인지 아닌지 알 수 없지만, 무주공산을 선점하고 노비勞費를 투입하여 금양하였다는 사실에 근거하여 자신의 소유권을 주장함을 알 수 있다.

무주공산을 선점하였다는 사실을 소유의 권원權原으로 주장하는 일은 「조서」에서 매우 빈번하다. 다음의 분쟁도 그러한데, 이 분쟁지가 면 소유라고 주장하는 면장의 진술이 있기에 소개한다. 분102호의 분쟁임야는 하동면下東面 수안리水安里 소재 1.5정보이며, 갑 당사자는 같은 리에 거주하는 이용우인데, "원래 본인의 소유로서 이래 하등 문제 없이 보존"하여 왔다고 말한다(814). 이 임야는 1914년부터 가락면駕洛面 공동묘지로 이용되고 있었고, 따라서 관리자인 가락면장 전창환이 면유로 신고하였다. 다음은 그가 제출한 진술서의 일부이다.[10]

이 공동묘지는 원래 무주지산無主之山으로 1913년 김해군 가락면 대사리大

10 「朝鮮林野調査令第3調に依する申告要領」, 1918, 7. 27., 告示 182호. "조선임야조사령시행규칙 제2조의 신고서 및 통지서는 다음 각 호에 따를 것.
一 공공단체 洞里 또는 社寺 등의 소유 또는 연고에 관계된 토지의 신고서를 해당 관리인에게 제출하게 할 것."

沙里와 북정리北亭里 양 리의 공동묘지를 신설하기 위하여 원서願書를 관헌에 제출하니 관헌에서 이 땅을 누차 조사해도 이의자異議者가 없는 고로 1914년……조선총독부의 허가를 받아 5~6년 동안 공동묘지로 시행……(분102호, 828).

면장은 공동묘지 설치를 위하여 양여를 출원한 후 이의를 제기하는 자가 전혀 없었다는 사실을 근거로 원래 주인이 없는 임야이며, 이후 공동묘지로 이용해왔으므로 면의 소유라고 주장하고 있다.

무주공산의 임산물林産物의 소유권도 지반地盤의 소유권과 마찬가지로 '선착순' 원칙에 따라 지배되는 현실을 제1장에서 서술하였다. 임산물의 사용과 수익에서 선착순 이외에는 하등 규칙이 없기 때문에, 이러한 용익관행을 묘사하는 표현도 일정하지 않다. 「조서」의 작성자들은 이러한 관행을 보통 "수시입산隨時入山" 또는 "입산관행入山慣行"이라 하고, 그 산림을 "관행림慣行林"이나 "입산관행림入山慣行林"이라고 말한다.

분239호는 생림면生林面 금곡리金谷里 26.9정보의 대규모 임야에 대한 분쟁이다. 갑 당사자는 같은 리에 거주하는 조재태와 노철용인데, 자손의 학업을 위하여 서당을 세우고 그 운영비를 마련하기 위한 자산으로서 이 임야를 보유하였다고 주장한다. 다음은 임야조사원 김치헌이 작성한 「사실취조서事實取調書」의 일부이다. 전문은 부록에 첨부하였다.

원래 본 분쟁임야 부근 일대는 인근 촌락 중 가장 높은 산이므로 현지 촌락민 및 밀양군密陽郡의 일부 인민이 수시입산하여 시초를 채취해온 것은 갑도 시인하는 바로서 이들 실지상황 및 기타 현지 촌락민의 구술로써 원래 입산관행림이라는 것을 미루어 짐작할 수 있다(016).

이 분쟁에서도 갑의 주장은 기각되었다. 조림대부지에 대한 분쟁에서는 대부분 조림대부자, 즉 을 당사자의 연고가 인정되었고 갑의 소유권 주장은 기각되었다. 갑의 주장이 인정되지 않았던 이유는 대부분 해당 임야가 현지 촌락민들이 수시입산하여 시초를 채취하는 관행임야라는 점이었다.

무주공산에서는 용익의 주체 또한 명확히 정의되지 않는다. 따라서 무주공산을 이용하는 자는 다만 "현지 촌락민", "산하山下촌락민" 등으로 지칭될 뿐이다. "읍내 부근 촌락민"(분67호, 535), 위의 "현지 촌락민 및 밀양군 일부 인민", 김해군 "장유면長有面, 창원군昌原郡 상남면上南面, 능동면熊東面의 일부 사람들"(분178호, 104) 등으로 표현되었는데, 모두 그 경계가 모호하다. 소비의 주체가 특정되지 않으므로 무주공산에 투자하는 자가 있을 리 없다. 공용자원common-pool resources을 사용하고 수익하는 주체와 객체 및 용익의 방법에 하등 규칙이 없는 자유접근체제open-access regime의 특징이 무주공산에서 그대로 나타난 사례로서, 그 결과 무주공산은 과대소비와 과소투자의 대상이 되어 임상이 황폐해지게 된다. 따라서 「조서」에서도 관행임야=무주공산이 황폐하다는 기술이 빈번하게 등장하였다.

임야조사원들이 분쟁지를 무주공산으로 판단하여 소유권을 인정하지 않을 때, 그 근거는 참고인이나 증인 등 인근 촌락민들의 증언과 함께 해당 임야의 임상이었다. 주변의 사유림보다 임상이 열악하다거나, 다른 무주공산과 마찬가지로 황폐하다거나, 현존하는 수목은 대부자가 식재하였다는 등의 내용이다.

"갑은 이 임야가 입회관행림이라는 것을 부인할지라도, 서쪽 중앙 골짜기를 올라 동으로 하동면下東面 주동리酒洞里로 통하는 초로樵路가 있어서 항상 녹비綠肥 또는 시초柴草를 채취하는 산하 촌락민이 왕래한다는 점을 고려할 때, 본 분쟁임야 부근 일대가 근처 농민의 시초채취장이라는 데 의심할 바가 없기 때문에 이와 같이 퇴폐한 임상으로 변했다고 인정된다. …… 갑은 대정大正 원년(1912년—필자)에 다른 산에서 천연 송묘松苗 1만 본가량을 이식했다고 진술하나 실지 현황에 비추어 허위진술로 간주한다. 이와 같이 본 분쟁지 및 부근 지대는 근교 촌락민의 시초채취장으로 간주한다"(분71호, 714~715).

이는 김해면 삼방리三芳里에 소재하는 36.9정보의 대부임야 내 23.9정보에 대한 조창환 외 2인과 대부자 우치다 다케사부로内田竹三郎의 분쟁에서 감독원이 을 당사자를 대부자 자격의 연고자로 인정하는 '의견'에 붙인 '이유'의 일부이다.

3. 조림대부지의 산림보호: 시초채취 계약

무주공산의 무제한적 이용을 상규常規로 여기는 관행은 산림녹화를 임정의 제일 목표로 삼았던 총독부도 일거에 부정할 수 없는 뿌리 깊은 전통이었다. 후술하는 바와 같이, 총독부가 자유접근체제하의 국유림에 대하여 「삼림령」과 「삼림령시행규칙」을 적용해 이 같은 관행을 일정한 범위 내에서 제한적으로 허용하는 동시에 촌락민에게 육림의 의무를 부과하는, 일종의 공유재산체제라고 할 만한 용익규칙用益規則을 강제하려고 했던 것도 같은 이유 때문이다.

산림녹화를 목적으로 시행한 조림대부제하에서 조선 특유의 무주공산의 관행을 부정하려 한 일본인 대부자들은 지역주민들과 필연적으로 마찰을 빚게 되었다. 일본인 대부자에게 '도벌盜伐'로 보이는 행위가 조선인 농민들에게는 오랜 전통이었기 때문이다. 이러한 상황은 황폐한 임야를 복구하는 데 큰 장애가 되었고, 총독부는 조선의 '전통'을 고려하여 대부를 허가할 때는 일정한 범위에서 기존의 관행을 인정할 것을 요구하였다.

대부허가증

산제530호 內田竹三郎

명치 45년(1912년—필자) 7월 25일부 願 국유임야대부에 대하여 다음과 같이 허가한다.

조선총독부 백작 寺內正毅 (印)

記

1. 個所 慶尙南道 金海郡 下東面 上東面 左耳面 所在 白龍山 仙魚山
2. 면적 1,390.4정보
3. 用途 造林
4. 대부기간 대정 3년(1914년—필자) 4월~대정 15년(1926년—필자) 3월, 12년.
5. 대부료 1개 년 282원 43전.

(중략)

9. 관리자가 있는 묘지는 종래대로 사용하게 할 것.
10. 식림사업에 지장이 없는 한도에서 현지민의 시초채취를 용인할 것.
11. 식림과 산림을 돌보는 데에 필요한 인부는 가능한 한 현지민을 고용할 것. (분71호, 740)

조림대부자가 현지민의 협조를 얻지 못할 때, 인공조림도 실적을 거두기 어려웠을 것이다. 조림대부자 우치다 다케사부로內田竹三郎의 진술에서 이를 알 수 있다.

대정 3년(1914년—필자) 5월 하순에 토지를 인계받았으므로 그해는 식림植林하지 않았고 1915년부터 식수植樹하였지만, 감시가 충분하지 않았기에 현지민이 시초를 예취刈取할 때 잘못한 것이 많아 아직 그 성적을 거두지 못했다. 하지만 금년(1920년—필자)부터는 이미 군청 권업과勸業課에 진술한 바와 같이 종래의 방법을 개량하여 현지민과 협정을 하고 대대적으로 식림하여 조림의 목적을 관철하고 조림의 모범을 보일 각오로서……(분71호, 738).

분쟁지의 육림실적이 부진함을 염려한 일본인 대부자는 진술서에 자신의 각오를 강조하였다. 성적이 불량한 원인으로 감시의 부족과 묘목까지 베어내는 과도한 시초채취를 지적하고, 그에 대한 대책으로 현지민과의 협정을 계획하고 있다는 것이다. 해방 이후 치산녹화사업에서도 확인되는 바와 같이, 산하 주민이 협력하지 않으면 조림의 실적을 거두기가 어려웠다(이만우 1968 · 1973).

도벌이나 오벌誤伐을 방지하기 위하여 감시를 강화하는 것만으로 조림에 성공할 수 없다. 무주공산의 관행에 익숙한 주민들이 공공연하게 또는 은밀하게 저항할 것이기 때문이다. 도벌이나 남획은 관행에 근거한 저항수단이 되고, 그것을 방지하는 데 높은 감시비용이 소요될 것이다. 따라서 주민들과 호혜관계를 형성하는 일정한 규칙을 마련하여 서로 합의하는 것이 효율적이었다. 일본인은 입회제도라는 공유재산체제의 용익제도를 경험하였고, 이를 조선에도 적용하고자 하였다. 이러한 정황을 보여주는 예를 분178호에서 참고인 자격으로 진술한 장유면 면장 배상진의 진술에서 찾아볼 수 있다.

문 장유면長有面 및 녹산면菉山面에 걸친 구라시게 도조藏重豊藏가 대부받은 국유임야에 대하여 대부자와 관계촌락의 유력자 간에 체결된 계약서에 면장으로서 입회하여 서명하였는가?

답 그렇다.

문 그 계약 체결 당시의 사정을 상세히 진술하라.

답 대부 처분할 당시에는 대부조건에 명기되어 있음에도 불구하고(앞에서 본 대부허가증의 기記 10호를 말한다—필자) 대부자가 현지 촌락민들의 시초채취를 금지하였기 때문에 현지민들은 서면 또는 구두로 면사무소 또는 군청에 그것을 채취할 수 있도록 청원하였다. 따라서 군청으로부터 온 통지에 따라 촌락민 및 관계자가 임야의 실지實地에서 협조한 후, 면사무소가 각 촌

락에서 5~6명씩 집합시켜 계약서를 작성하게 하였다. (102~103)

장유면 관동리의 좌상座上과 두민頭民은 이 계약에 대하여 "대부처분 후 수시입산, 채초할 수 없어서 곤란하였기 때문에 그 채취를 위하여 이장, 면장 등이 중재하여 대부자의 지휘에 따라 수목을 양호養護하는 한편 그 대가로 시초를 무상으로 채취" 한다는 내용으로 관동리 이민을 대표하여 계약서에 날인하였다고 설명하고, 계약 당시 그 내용을 모든 촌락민이 알고 있었으며 그에 대하여 이의를 제기하는 자가 없었다고 진술하였다(분178호, 099). 이 계약의 체결에는 관동리뿐만 아니라 구라시게가 대부받은 935.2정보에 이해관계가 얽힌 모든 마을이 참석하여 동리별로 수목보호의 책임을 지고 시초를 채취하는 구역을 분정分定하였다. 구라시게가 장유면 대청리大淸里나 진례면進禮面 산본리山本里와 맺은 계약도 내용과 형식이 동일하다(분161호, 22; 분152호, 117). 다음은 관동리 계약서의 전문을 옮긴 것이다.

본 계약은 귀 대부산야貸付山野에 대하여 동리별로 경계를 분정分定하고 보호의 방법을 다음 조항과 같이 준수하기 위한 것으로 이에 서약함.

1. 시초柴草는 현지주민이 무료로 채취함.
2. 우마牛馬의 난잡한 방목을 금지함.
3. 종묘種苗 및 천연치수天然穉樹를 침해하지 않음.
4. 초배樵輩의 도구로 도끼, 갈고리 등을 절대 금지함.
5. 불의의 재변災變과 화재가 있을 때는 모든 동리가 함께 힘써 구급救急할 것.
6. 하등何等 묘목苗木을 예취刈取할 때는 매 1주株에 대하여 100주의 대금을 배상함.
7. 어떤 동리라도 자기 동 구역 외 다른 동 구역을 위월違越 또는 투벌偸伐할 때는 그 동의 구역을 바로 다른 리에 편입함.

이상 조항을 연서連書 증약證約함.

대정 7년(1918년—필자) 4월 1일
김해군 장유면 관동리
頭民 金三龍 (印) 區長 裵鳳道 (印)
座上 李鳳鉉 (印) 立會 長有面長 裵相璡 (印)
藏重豊藏 殿. (분178호, 093)

우치다 다케사부로內田竹三郎가 계획한 이후의 계약도 그 내용은 크게 다르지 않을 것이다. 「조서」에 의하면 사이토 요사쿠齋藤與作는 이미 1916년에(분54호, 191~194), 그리고 시키 신타로支岐信太郎는 1920년에(분240호, 237~239) 비슷한 내용의 계약을 체결하였다. 사이토 요사쿠가 우부면右部面 삼산三山 · 삼계三溪 양 리의 주민과 맺은 계약의 계약서에는 구라시게의 계약서와 달리 대표자뿐만 아니라 주민 80명이 연명連名, 날인하였다. 계약 내용에 관동리 계약서의 6번 항 같은 불평등한 조항이 있지만 동리별로 수목 보호 의무와 시초채취 권리를 갖는 구역의 경계를 정하고 해당 임야를 이용하는 방법을 세세하게 규정한 점은 제1장에서 서술한 일본의 입회제도와 매우 유사하며, 조선에서는 전에 없던 새로운 산림용익제도라고 할 수 있다.

제3절 | 사유림

1. 사유림의 영세분산성

'사업' 결과 파악된 사유림의 첫 번째 특징은 임야소유의 영세성이다. 표 2-2는 소유자나 연고자가 조선인이며 지목地目이 임야인 것에 한정하여 필지당 평균면적과 1인당 평균면적을 계산한 것이다.[11] 임야는 소규모 필지로 분할되어 있고, 1인당 평균면적도 대체로 3정보 이하이다. 예천은 4.9정보로 상대적으로 넓다. 김해의 필지별 임야면적 분포에서도 소규모 필지가 차지하는 비중이 매우 높음을 알 수 있다.

그림 2-3은 김해 4개 리 460필 중에서 표 2-2의 작성에 이용된 398필지의 면적별 분포를 나타낸 것이다. 0.5정보 이하의 필지가 187필로 전체의 47.0퍼센트를 차지하며, 그림에는 나타나 있지 않지만 이 중 절반이 넘는 97필(24.4%)은 0.1정보 이하의 극히 협소한 면적이다. 두 번째는 한 사람이 2개 이상의 필지를 소유한 경우가 많고 임야소유는 그만큼 분산적이라는 점이다. 특별한 이유가 없는 한 지번이 다르다는 것은 그 임야가

표 2-2 임야소유의 평균면적

	김해	진위	창원	예천
필지당 평균면적	1.5	1.6	1.1	3.1
1인당 평균면적	2.2	2.8	1.8	4.9

자료 부표 2-1~2-4와 동일.

11 '사업'에서 연고자가 있는 임야(연고림)로 査定된 임야의 조선인 연고자는 그 후 「朝鮮特別緣故森林讓與令」에 의하여 대부분 소유권을 인정받게 되었다.

그림 2-3 **민유림의 면적 분포**(김해군)

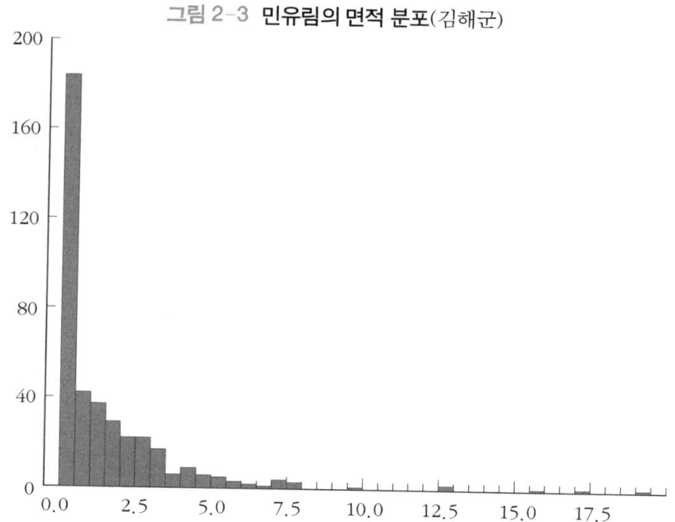

자료 본문 참고.

연접連接하지 않음을 뜻한다.[12] 2필지 이상을 가진 사람들이 소유한 임야의 면적은 연고자 있는 임야를 포함하여 김해군에서 55.6퍼센트, 진위군에서는 61.3퍼센트에 달한다.

종중재산으로서 대표자 1인 또는 몇 사람의 공동명의로 신고된 임야는

12 「林野調査令施行手續」 第18조 "동일한 동리 내에서 소유자 또는 국유임야의 연고자 혹은 관리 관청이 동일하고 연속하는 임야는 一筆로 조사하여야 한다.
단, 다음 각 호의 하나에 해당하는 것은 別筆로 할 것을 요한다.
1. 하천, 도로, 溝渠, 제방, 철도선로, 水道線路 등에 의하여 구획되는 것.
2. 부동산증명 또는 등기를 한 임야로서 증명 또는 등기번호를 달리하는 것.
3. 분쟁에 관계되는 것.
4. 신고서 또는 통지서의 날짜를 달리하는 것.
5. 보안림에 편입된 것.
6. 前記 각 호 외에 특별히 별필로 하는 것이 적당하다고 인정되는 것."

「임야조사서林野調査書」 비고란에 그 사실이 기재되었다.[13] 개인이나 공동명의로 종중재산을 신고할 수 있게 한 것이다. 표 2-3은 김해에서 종중재산으로 표시된 민유림과 연고림을 표시한 것이다. 0.05정보의 임야조차 종중재산으로 신고되었다는 사실이 주목된다. 총 21필 중 10필이 1정보 이하이며, 응달리 64번의 16.2정보는 오히려 예외에 속한다. 한편 1인의 명의로 신고, 사정된 종중재산이 12필지나 된다. 또 김석환, 정진호, 추응구, 김승태 외 2인 그리고 김학수 외 2인은 두 번 이상 종중재산의 신고자=사정명의인으로 등장한다. 종중재산인 임야 중에 종중재산이라는 표시 없이 개인소유나 공동소유로 신고, 사정된 임야가 존재할 수 있음을 시사한다.

진위군 「임야조사부林野調査簿」의 1,218필 중 비고란에 "종중재산"이라고 기재된 것은 1필뿐이었지만 사실로 보기 어렵다. 표 2-3을 통해 추측해보면, 1개 필지에 대하여 복수의 소유자 · 연고자가 있거나 동일인이 복수의 필지에 대하여 소유나 연고를 갖고 있을 때, 그중에 종중재산이 포함되어 있을 가능성이 높다. 물론 여기에는 순수한 사유림도 있을 것이며, 마찬가지로 1인 1필의 사유지나 연고지 중에도 사실상의 중중재산이 있을 수 있다.

「임야대장林野臺帳」에는 종중재산 여부가 기재되어 있지 않지만, 예천 2개동의 「임야대장」을 살펴보자. 용문면 대저동은 대표적인 반촌班村으로서 처음 대저동에 들어온 박한광朴漢光의 분묘도 여기에 설치되어 있었다. 이와 달리 하학동은 일반 민촌民村이다(이영훈 2001). 그러므로 1개 필지가 공동소유이거나 동일인이 복수의 필지를 소유한 경우 종중재산이

13 「林野調査令施行手續」의 제9호 양식 「임야조사서」 용지의 '비고' 5번은 다음과 같다. "비고란에는……法人의 자격이 없는 종중 기타의 단체에서 개인 명의로 신고한 것은 '何何 宗中財産' 또는 '何何 團體財産' 등으로 기재할 것."

표 2-3 「임야조사서」의 종중재산 임야(김해군 장유면)

동리명	지번	면적	사정	소유자 또는 연고자 성명
관동	4	5.4	민유(私有)	안동주 외 5인
관동	5	0.6	민유(私有)	김승태 외 2인
관동	7	1.4	민유(私有)	김승태 외 2인
관동	9-1	4.8	민유(私有)	배성조 외 17인
관동	73	0.4	민유(私有)	전종헌 외 4명
관동	105	3.7	민유(私有)	배효정 외 4인
내덕	22	0.05	민유(私有)	김석환
부곡	18	3.2	민유(私有)	김경호
부곡	23	0.7	민유(私有)	서도곤
부곡	36	0.8	민유(私有)	박준국
부곡	39	3.2	민유(私有)	정진호
부곡	58	0.3	민유(私有)	정진호
부곡	68	1.1	민유(私有)	추홍구
부곡	94	0.3	민유(私有)	추홍구
부곡	133	0.9	민유(私有)	서유회
부곡	150	1.1	민유(私有)	서상곤
웅달	13	3.9	민유(私有)	김학수 외 2인
웅달	33	4.5	민유(私有)	김학수 외 2인
웅달	64	16.2	민유(私有)	김학수 외 2인
내덕	13	0.8	국유 제2종	노현용
내덕	14	0.3	국유 제2종	김석환

자료 김해군 장유면 「임야조사서」.

다수 포함되어 있다면, 이러한 임야의 비중은 대저동이 하학동보다 더 높을 것이다. 두 동에서 이 두 종류 임야의 구성비를 계산하면, 면적은 각각 75.1퍼센트와 51.8퍼센트, 필수는 73.8퍼센트와 52.2퍼센트로서 대저동의 수치가 훨씬 더 높다는 사실을 확인할 수 있다. 표 2-4는 공동소유의 임야를 표시한 것인데, 임야의 총면적이나 총 필수는 하학동이 더 큰데도 공동소유 임야는 대저동이 훨씬 많다. 대저동에서는 소유자 거주지가 대저동인 경우가 많지만, 하학동의 경우 1필지뿐이라는 점도 시선을 끈다.

표 2-5는 이와 같은 추론에 따라 종중재산의 규모와 구성비를 계산해 본 것이다. 양반가문의 세력이 강한 반촌 인근의 임야에서 종중재산이 차

표 2-4 공동소유 임야(예천군)

동명	지번	면적	소유자	소유자주소
대저동	11	3.1	김유진, 김봉규	류천면 송하동, 예천면 갈구동
대저동	16	4.7	김문희, 김석희	예천면 노하동
대저동	18	16.4	박찬수 외 3인	대저동
대저동	25	17.2	김진성 외 4인	대저동
대저동	46	5.8	권상규 외 2인	대저동
대저동	48	3.6	박성수, 박희수	대저동
대저동	49	5.9	김문희 외 4인	대저동
대저동	50	4.9	송인학 외 2인	하학동
대저동	53	7.0	박홍수 외 4인	대저동
대저동	55	10.7	박찬수 외 5인	대저동
대저동	61	7.2	김봉규, 김유진	예천면 갈구동, 유천면 매산동
대저동	63	16.2	박태수 외 5인	대저동
하학동	10	2.3	권상제, 권상로	대저동, 문경군 산북면 거산리
하학동	27	5.3	박노익 외 2인	상금곡동
하학동	41	1.2	박노익, 박송달	상금곡동
하학동	45	0.6	김병은 외 8인	하학동
하학동	47	4.1	박노익 외 2인	상금곡동
하학동	64	12.3	권재회 외 2인	저곡동

주 공동소유자가 3명 이상인 경우 소유자의 주소는 대표자의 주소임. 용문면은 면 이름을 생략함.
자료 예천군 용문면「임야대장」.

지하는 비중이 높을 것으로 예상되는데, 역시 예천의 비중이 가장 높다. 종중재산으로 추정되는 임야의 필지당 평균면적을 계산하면, 표 2-5의 순서대로 1.9, 1.6, 1.4, 4.1정보가 된다. 필지당 면적도 예천이 가장 넓은데, 이 지역에 세거世居한 함양박씨와 저곡동의 권씨 양반가가 있기 때문일 것이다. 이는 종중재산의 비중이나 필지당 면적과 관련하여 하나의 가설로서 이후 촌락 수준의 사례연구를 통해 검토할 수 있을 것이다.

표 2-5와 같은 방법으로 추정할 때, 소규모 복수 필지로 분필되어 산재하는 영세분산적 성격에 있어서는 종중재산도 일반 사유림과 동일하다고 할 수 있다. 한 사람이 복수의 필지를 갖고 있는 경우가 1개 필지에 복수의 권리자가 있는 경우보다 면적이나 필수 양 면에서 압도적으로 많고, 이

표 2-5 종중재산 임야의 추정

A. 면적

(단위: 정보)

	김해	진위	창원	예천
1개 필지에 복수의 소유 · 연고자가 있는 경우	17.6	226.5	24.0	128.5
동일인 소유 · 연고의 필지가 복수인 경우	333.9	1,071.4	372.2	289.1
종중재산	48.5	0.5		
계	400.0	1,298.4	396.2	417.6
전체 면적	1,017.6	2,100.3	788.4	625.3
종중재산의 구성비(%)	39.3	61.8	50.3	66.8

B. 필수

	김해	진위	창원	예천
1개 필지에 복수의 소유 · 연고자가 있는 경우	3	97	5	18
동일인 소유 · 연고의 필지가 복수인 경우	192	689	279	85
종중재산	20	1		
계	215	787	284	103
전체 필수	398	1,298	455	155
종중재산의 구성비(%)	54.0	60.6	62.4	66.5

자료 김해군 장유면「임야조사서」; 진위군 송탄면「임야조사부」; 창원군 진북면「임야대장」; 예천군 용문면「임야대장」.

는 4개 군에서 공통적이다. 종중재산이 이와 같이 영세하고 분산되어 위치함은 무슨 까닭일까? 분할상속이 그 원인이 아닐까 한다. 19세기 초 박한광이나 그의 자손이 세거한 대저동 임야의 소유자를 함양박씨 족보와 대조해보자.

표 2-6은 예천군 대저동 총 77필지, 259.9정보의 임야 중에서 함양박씨 박한광의 자손들과 기타 함양박씨 적손嫡孫들이 소유한 임야를 표시한 것이다.

표 2-6 예천군 대저동 함양박씨 소유 임야

지번	면적(정보)	소유자	성명관계
2	0.1	박찬수	함양박씨 적손
3	0.6	박영진	함양박씨 적손
4	4.3	박심수	박한광 자손
6	0.6	박규진	박한광 자손
7	1.0	박심수	박한광 자손
8	0.6	박희수	박한광 자손
9	1.3	박인진	함양박씨 적손
12	0.1	박인진	함양박씨 적손
13	1.6	박인수	박한광 자손
14	1.0	박인진	함양박씨 적손
15	6.8	박심수	박한광 자손
18	16.4	박찬수 외 3인	함양박씨 적손
20	0.2	박찬수	함양박씨 적손
28	5.1	박규진	박한광 자손
30	3.0	박찬수	함양박씨 적손
32	1.5	박영세	박한광 자손
41	1.3	박인진	함양박씨 적손
44	3.0	박영보	박한광 자손
48	3.6	박성수, 박희수	박한광 자손
51	3.8	박심수	박한광 자손
53	7.0	박홍수 외 4인	함양박씨 적손
54	9.2	박홍수	박한광 자손
55	10.7	박찬수 외 5인	함양박씨 적손
57	8.7	박규진	박한광 자손
58	8.9	박영보	박한광 자손
60	8.0	박심수	박한광 자손
63	16.2	박태수 외 5인	함양박씨 적손
66	1.3	박심수	박한광 자손
67	5.8	박심수	박한광 자손
68	0.4	박근수	박한광 자손
70	4.5	박희수	박한광 자손
71	0.4	박심수	박한광 자손
72	0.1	박근수	박한광 자손
73	1.2	박희수	박한광 자손
74	5.4	박근수	박한광 자손
76	0.9	박심수	박한광 자손
77	0.3	박희수	박한광 자손

주 지번이 연속되는 임야는 지번란을 통합하였음.
자료 예천군 용문면 『임야대장』; 함양박씨 족보 데이터베이스.

그림 2-4 경상북도 예천군 대저동 임야도

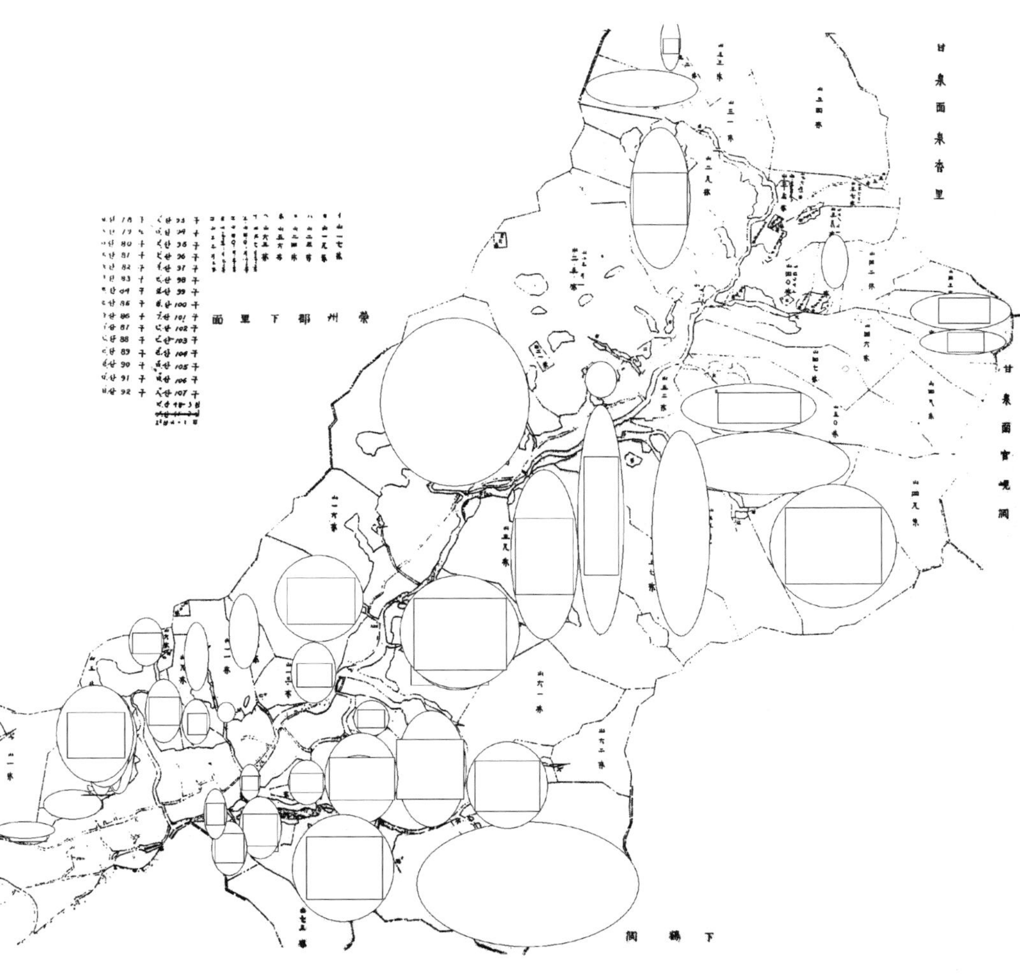

주 타원형은 함양박씨 적손 소유 임야이며 타원 내에 직사각형으로 표시한 것은 박한광의 자손들이 소유한 임야임.

함양박씨 적손의 임야는 37필 144.7정보이며, 그중 박한광 자손의 임야는 29필 86.9정보이다. 대저동 임야의 상당 부분을 박한광이 점유하였으며, 이곳에 박한광 분묘가 설치된 후 자손들에게 분할상속되었을 것으로 추측된다. 분할된 임야는 이후 함양박씨의 다른 적손이나 기타 성씨가 양여나 매매를 통해 승계취득하였을 것이다. 이처럼 종중의 임야 중 많은 부분이 상속을 통해 장기적으로 분할되고 이와 함께 동족집단에 속하지 않은 사람들에게 매매·양여되면서 '사업'의 시점에서는 각 필지가 매우 작은 규모로 분할되어 여기저기 산재하는 양상에 이르게 되었을 것이다.

임업은 규모의 경제가 매우 큰 산업이며, 따라서 임야소유의 영세분산성은 임업경영의 발전에 장애가 되었을 것이다. 임야소유가 영세분산적일 때 공동경영은 규모의 경제를 실현하는 대안이 될 수 있다. 하지만 일정한 면적 내에 존재하는 소유자가 많을수록 보호와 조림에 따르는 비용과 수익을 분할하는 규칙을 작성하는 데 소요되는 거래비용은 증가할 것이며, 소유자들의 자발적 협조나 리더십의 형성은 그만큼 어려워질 것이다. 따라서 다른 조건이 일정할 때, 임야소유구조가 영세하고 분산적일수록 산림의 상태는 열악할 것이다.

2. 사유림 사용·수익의 중층구조

김해의 분쟁지에서 조사의 초점은 해당 임야의 사용·수익 실태와 그 결과 나타나는 임상林相의 여하였다. 자유접근체제가 지배하고 있는 임야라면 그 임상은 다른 무주공산=제1종임야와 차이가 없을 것이기 때문이다. 따라서 대부분의 「조서」에 이에 대한 문답을 담은 당사자나 참고인의 청취서, 사실취조서, 감독원의 조서 등이 포함되어 있다. 사유림의 용익실태 또한 이들 자료로부터 살펴볼 수 있다. '분71호'는 갑 당사자 조창환 외 2인과 을 당사자 일본인 대부자의 분쟁으로서, 갑이 신고한 임야는 김해면 삼방리三芳里의 23.9정보의 대면적이었다.

갑의 진술서에 따르면, 삼방리에 거주하는 조창환과 노해초는 1910년, 어방리漁芳里에 거주하는 조병권과 공동으로 3인의 '식산계殖産契'를 만들어 그 기금으로 전 산주山主 허관으로부터 해당 임야를 매입하고, 매년 1회씩 벌채하여 연료와 비료로 이용하였다(721~722). 대부자 을의 주장은 1914년에 대부허가를 받은 임야 중에서 1917년에 일부 면적에 대한 반환명령을 받았고, 이때 반환된 땅은 자신이 보아도 민유림이라고 인정할 만하였지만 그 후에는 하등 이의를 제기하는 자가 없었고, 갑 당사자는 이번 임야조사를 이용하여 "투기적 이의"를 신청하는 것이라고 진술하였다(738~740). "실지 상황을 보면 원래 촌락민이 입산채초入山採草한 것으로 보이는데 이는 왜 그런가?"라는 질문에 대하여 갑은 "산지기의 감시가 불충분하여 도벌이 있었는지 몰라도 원래 타인은 입산할 수 없다"며 자신의 독점적인 권리를 주장하였다(728). 임야조사원은 갑 당사자가 해당임야의 전 소유자라고 진술한 허관을 조사하였고, 다음은 그 청취서의 일부이다.

문 원래 촌락민이 입산채초한 일이 있는가?
답 타인은 입산할 수 없다.
문 금양하였다면 현재 입목이 없는 것은 왜 그런가?
답 수목을 배양한 일은 없고, 시초는 비료 원료로 쓰고 천연생 수목은 연료로 썼다.
문 연중 시초는 당신 혼자서 채취하였는가?
답 내 친척 간에는 무상으로 채초하였다. (743~744)

전 소유자 허관도 비록 수목을 금양한 일은 없지만 자신과 친척들만 시초를 채취하였다고 주장하였다. 그런데 삼방리 구장區長 이현권은 이 임야가 원래 허관의 임야라는 사실은 들은 적이 없고, 1914년에 대부되기 전까지 부락민이 시초를 채취하던 "공벌지共伐地"라고 상반된 진술을 하였다. 해당 임야는 곳곳에 암석이 노출된 독사지禿砂地이며 금양한 실적이 보이지 않고, 인근에 초로樵路가 있어서 산하 촌락민이 항상 왕래하면서 녹비 또는 시초를 채취하는 임야라는 이유로 갑의 주장은 기각되고, 을 대부자가 연고자인 국유임야로 인정되었다.

'분67호'는 삼방리의 4개 필지 17.4정보에 대하여 삼산리三山里에 거주하는 박영규와 일본인 대부자 사이토 요사쿠齋藤與作 사이에 발생한 분쟁이다. 갑은 "전 소유자 김장호가 조선 이래 세대 상속하여 소유"한 임야를 1910년에 매입한 뒤 매년 한 차례씩 생초生草를 채취하고 수목을 배양하여 숲을 이루게 되었다고 진술하였다(507). 이와 달리 삼방리 구장 이현권은 이 임야는 1914년에 대부되기 전에는 촌락민이 공벌지로 이용하던 것이며, 대부 후에는 대부자가 엄격히 금지하여 지금은 입산하는 자가 없다고 답하였다(538~539). 갑이 전 산주라고 말한 김장호의 진술도 갑의 주장과는 달랐다. 시초의 채취는 원래 촌락민과 함께 하고 그것을 금지하지 않았으며, 금지하지 않은 이유는 "가세가 빈궁하고 기도 쇠약하였기 때문에 자연히 금양하지 않았다"는 것이다. 촌락민이 시초를 채취하는 것을 불가피하게 묵인하였다는 뜻이다.[14] 을의 산지기로 일하면서 갑 당

14 '분182호', 장유면 관동리 소재 9.9정보의 임야에 대한 관동리 거주자 배봉도와 구라시게 도조藏重豊藏의 분쟁에서도 갑 당사자가 이와 비슷한 취지의 진술을 하고 있음이 발견된다. 배봉도는 배봉준의 다른 이름이며, 관동리 지주총대였다.
"문 본 분쟁지 및 부근 일대의 국민 분쟁지의 林況이 전부 동일한 형태일 뿐만 아니라 특별히 금양한 形跡이 없음은 어떠한가?
답 국유지 처분 전까지는 예로부터 본 면 新文里, 官洞里 양 촌락이 본 분쟁임야와 현재 구라시게 도조가 대부하고 있는 임야에서 수목 및 시초를 채취해왔고…….
문 그렇다면 신문리, 관동리 양 촌락의 관행지인가?

사자와 마찬가지로 삼방리에 거주하던 황차지의 진술도 흥미롭다.

> 문 이 임야는 옛적에 누구의 산이었는가?
> 답 모른다.
> 문 당신은 이전에 이 산에 들어가 채초한 일이 있는가?
> 답 삼방리와는 거리가 멀어서 삼방리 부락민은 채초한 일이 없어도, 읍내 부근 촌락민은 수시로 입산해 채초하였다.
> 문 원래 금양한 자가 없었는가?
> 답 금벌하는 자는 없었지만 산주가 있는지는 알 수 없다.
> 문 산주가 있다면 물론 금벌할 것인데, 산주가 없기 때문에 금벌하지 않은 것 아닌가?
> 답 원래는 민유지라도 시초 등은 금벌하지 않는 시대였기 때문에 금벌하지 않은 것이다. (535~536)

인근 촌락민이 "수시로 입산 채초"하는 임야인데 주인이 있는 산인지 아닌지조차 몰랐으며, 그 이유는 산주가 있는 민유림에서도 시초의 채취는 금지하지 않았기 때문이라는 것이다. 민유림이더라도 시초에 대해서는 관행적으로 타인의 채취를 허용하였다는 진술이다. 촌락민이 입산채초하는 것과 산주의 유무는 관계가 없다고 말하는 점이 특히 주목된다. '분71호'와 비슷한 이유로 이 분쟁에서도 갑의 주장은 기각되었다.

산하 주민으로서 시초를 채취하던 사람들뿐만 아니라, 산주 자신이 타인의 시초 채취를 하나의 관행으로 수용하는 진술도 발견된다. 앞서 소개한 '분71호'의 산주나 전 산주가 시초 역시 자신들만 이용할 수 있고, 타인이 채취하는 것은 감시소홀로 인한 불가피한 결과였다는 진술과 사뭇

답 그렇지 않다. 원래부터 개인 소유라도 면적이 넓어 전부 엄중히 금양하기 어려웠기 때문에 시초만은 타인이 채취하거나 방목하게 하였을 뿐이다"(118~119).

다른 태도라 할 수 있다. '분83호'는 상동면上東面 여차리余次里의 대규모 임야에 대하여 조선인 사이에 발생한 분쟁이다. 여차리에 거주하는 갑 당사자 송정수는 같은 리에 거주하는 을 당사자 김지상 외 153인이 조림대부를 받은 95.5정보 중 35정보에 대하여 소유권을 주장하였다.[15] 이 분쟁에서도 대부자인 을 당사자의 주장이 수용되었다. 갑이 패배한 이유는 첫 번째로, 1910년에 그가 받은 소유권증명의 내용을 신뢰할 수 없고 증명을 받은 임야가 무엇을 가리키는 것인지 명확하지 않다는 점이었다. 이는 "현지 촌락민의 입회관행이 있는 사정으로 인하여 (갑이—필자) 정확한 신청서류를 작성할 수 없었기 때문"이며, 따라서 위의 증명은 "사실을 위증하고 증명관리를 기망하여 받은 것"이므로 정당한 증거로 인정할 수 없다고 하였다(115).[16]

둘째는 "갑이 사실 조선祖先 전래로 확실한 점유지로 금양하였다면 상당한 입목立木이 존재하는 것이 당연한데, (소유권증명 신청서에—필자) 종목種目을 산왜림山矮林으로 기재하였음은 현재 임상을 참작할 때 입목이 적다는 것임을 미루어 짐작할 수 있으므로, 갑과 참고인 등이 공히 인정하는 것처럼 현지민의 입산관행림入山慣行林으로서 사실상 갑의 점유지가 아니기 때문에 이렇게 황폐하였다"는 이유였다(115~116). "갑과 참고인 등이 공히 인정"한다는 것은 다음 첫 번째 인용문의 갑 당사자와 두 번째 인용문의 분쟁지 소재지에 거주하는 인근 산주 송상순의 진술을 가리킨다.

---

15 김지상의 경우 거주지가 여차리임을 확인할 수 있으나 다른 153명의 거주지는 알 수 없다. 대부지의 규모나 공동대부자의 수를 볼 때, 하나의 산을 중심으로 여차리를 포함하여 그를 둘러싼 몇 개 리의 촌락민들이 공동으로 대부받은 것으로 추측된다.

16 임야조사원 김치헌은 갑이 증거로 제출한 소유권증명은 "그 경계선이 實地와 심히 錯亂하여 그 경계가 峰인지 谷인지를 식별하기 어려우므로, 산54번(분쟁지도를 보면 갑이 소유한 본 분쟁지 밖의 또 다른 임야임을 알 수 있다—필자)에 해당하는지 본 분쟁지에 해당하는지 판단하기 어렵다"(117)라고 사실취조서에 기재하였다.

문 어떻게 점유하게 되었는가?

답 나의 조선부터 점유해왔다.

(중략)

문 원래 시초 등은 어떻게 하였는가?

답 시초는 촌락민들이 공동채취하고 수목은 내가 금양하였다. (125~126)

문 상동면 여차리 산58-2번 송정수의 분쟁임야 부근에 네가 소유한 산림이 있는가?

답 2필이 있었는데 모두 매도하였다.

(중략)

문 이 부근 시초는 원래 어떻게 해왔는가?

답 시초는 촌락민이 채취해왔다.

문 산주도 금양하지 않았는가?

답 수목은 금양해도 시초는 금양하지 않는다.

문 김종구의 분쟁임야도 그러한가?

답 이 부근 일대가 마찬가지다. (138~139)

갑 당사자 송정수나 인근의 다른 산주 송순상 모두 수목은 산주가 금양하고 시초는 촌락민이 채취한다고 진술한다.

'분69호'도 소나무를 비롯한 주산물과 현지 촌락민의 생존에 필요한 '시초'로 대표되는 부산물에 대한 권리에 있어서 주체의 범위가 상이하고 하나의 임야에서 2개의 권리가 양립해 있음을 보여주는 예이다. 김해면 삼방리의 36.2정보에 대한 분쟁인데, 갑 당사자는 삼방리의 조창승과 상동면上東面 묵방리墨方里의 조영환이다. 조영환은 조창승과 함께 공동명의로 신고서를 냈는데 1919년 당시 상동면의 면장이었다. 을 당사자는 일본인 대부자였다. 갑 두 사람의 주장에 따르면 이 임야는 "조선으로부터 세대상속 소유하고 수백년래 안전하게 소유를 보존해온" 것이며, 조창승은 수목의 벌채는 "도벌"로서 금지하였으나 시초는 "누구라도" "수시로" 채취하였다고 진술하였다(619, 629~630). 장유면 관동리의 10.2정보에 대한 분쟁에서도 갑 당사자 조동권은 수목 벌채와 시초 채취에 대하여 조창승과 비슷하게 진술하였다('분179호', 110).

사유임야에서 권리의 객체가 주산물=수목인가, 아니면 부산물=시초인가에 따라 권리의 주체가 상이하여, 산주와 주변 촌락민 양자가 갖는 용익의 권리가 중첩되어 있음을 알 수 있다. 사적소유권이 무주공산의 오랜 관행 속에서 성립함으로써 사유림에서도 무주공산의 관행이 의연히 존속하였다. 관계자들의 진술에서 시초뿐 아니라 수목까지 촌락민이 채취한다는 진술도 간혹 찾아볼 수 있다. 이는 금양을 위한 산주의 노력이나 임야의 위치, 산지기의 유무 등 여러 요인에 관계될 것이다. 산주는 현지 촌락민의 시초채취를 일반적인 관행으로 받아들였다. 도벌로 인식하는 경우도 없지 않으나, 높은 감시비용으로 인해 결국 불가피한 일로 받아들일 수밖에 없었다. 다른 한편 참고인의 자격으로 진술한 사람이나 조사원의 현지조사에 답변한 촌락민들에게는 시초채취는 일상적인 생활양식이자 생존을 위한 정당한 권리 행사에 다름 아니었다. 대표적인 것이 앞서 제시한 '분67호'의 문답으로서, 산주가 있는지 없는지 알지 못하고, 있어도 그것이 누구든 상관없이 시초를 채취한다는 진술이다. 임야를 소유한 자나 타인의 임야에서 시초를 채취하는 자 모두 시초채취는 일종의 관행이라는 관념을 공유하였던 것이다.

임야에서 사적소유권이 성립한다고 해도, 지반이나 임산물의 용익에 대하여 소유자가 배타적으로 행사할 수 있는 권리는 외적 요인에 규정되어 그 범위가 다양할 수 있다. 소유자가 타인을 배제할 수 있는 실력, 다른 자들이 타인의 임야에 접근할 수 있는 능력, 공동체나 국가 등 제3자의 역할, 역사적 배경 등에 따라 사적소유권의 성격은 상이할 것이다. 주산물인 수목과 임야를 소유하지 못한 다수 인민들의 생존에 필요한 부산물인 시초에 대하여 상이한 권리를 인정하고, 이를 사회적 관행으로 수용하는 것이 조선후기를 통해 하나의 균형으로 성립하게 된 데는 무주공산의 전통이 특히 중요한 역할을 한 것으로 보인다.

산출물의 종류에 따라 상이한 경제주체에게 용익의 권리가 배분되고 따라서 하나의 임야에 대하여 복수의 권리가 성립할 때 소비는 과대하고 투자는 과소하게 된다. 시초 등 지피물地被物에 대한 촌락민의 권리와 수목에 대한 임야소유자의 권리가 분할되고 양자의 권리가 병존하는 상태에서 촌락민은 지피물의 소비에 대한 비용을 자신이 모두 치르지 않고 임야소유자를 포함하여 다른 촌락민들과 함께 분담하므로 지피물을 과대소비하게 된다. 임야소유자는 육림투자로 발생하는 수익을 독점하지 못하고 촌락민과 공유하게 된다. 따라서 육림투자는 과소하게 될 것이다. 일반적으로 임야에서의 과대소비와 과소투자, 즉 전근대적 채취임업은 산림황폐화를 초래한다.

시초채취 관행으로 인한 낙엽, 풀, 관목 등 제반 지피물의 남획은 산림황폐화의 중요한 원인이 된다. 첫째, 남획으로 인해 지피물이 제거되면 표토는 피복을 벗고 바람과 빗물에 노출된다. 바람은 표토를 날려 보내고, 빗물은 표토를 직접 타격하여 토양을 분해하며, 지표면을 흐르는 물의 유속이 증가하여 분해된 토양은 빠른 속도로 쓸려 내려간다. 표토는 수목의 활착活着에 불가결하므로 한 번 표토유실=토양침식이 발생하면 산림의 자연복구는 불가능하게 된다. 둘째, 지피물의 남획은 토양으로 되돌아가는 유기물질을 감소시켜 지력쇠퇴=토양고갈을 초래함으로써 초목의 성장을 저해한다. 산림에 인공시비人工施肥를 할 수 없는 상황에서는 지피물이 수목의 유일한 비료가 되기 때문이다(최주섭 외 1991:141~146).

국유나 사유를 막론하고 모든 산림에 일반화된 자유접근체제의 용익관행이 조선의 산림에 심각한 악영향을 미치고 있음은 총독부 관료들에게 익숙한 사실이었다. 다음은 1927년, '사업'이 사정업무를 종료한 후 조선 임정의 기본방향을 확정하였다고 평가되는 「조선임정계획서朝鮮林政計劃書」의 일부이다.

> 산림의 황폐가 극심하기 때문에 치수治水 및 산업발전에 악영향을 주며, 이에 치산治山은 초미의 급무에 속한다. 지금 이 황폐의 원인을 탐구해보자면, 봉산封山, 금산禁山 이외의 산림은 소속이 무주공산無主公山이라 칭해지며 예로부터 중서衆庶의 자유채초自由採草에 맡겨진 결과, 입산자入山者는 되도록 작은 노력으로 최다의 수확을 얻고자 하며 성림成林 무육撫育은 전혀 도외시하고, 게다가 농법이 유치하여 하나같이 산야 활엽수의 어린 잎을 위주로 녹비綠肥에 의지한 결과 자연히 남벌濫伐, 남채濫採에 빠져 현재와 같은 산림의 황폐를 초래한 것이다. 삼림령에서는 삼림산물 절취竊取 등의 가해행위에 대해서는 제재를 규정하였을지라도 폐습이 오래되어 무주공산의 관념은 임야조사로써 소유권이 확정된 오늘날에도 아직 혁신되지 않았고 또 폐습은 의연히 각지에서 행해져 도처의 삼림은 남벌과 폭채暴採의 피해를 입고 있다(243).

1921년 전국 임무담당관林務擔當官 연례회의에서 전라남도 산림과장 야마모토 사카에山本榮는 "채초의 금지 또는 제한"은 "급격히 실시하기는 곤란하지만……조만간 실행한다는 각오를 갖지 않으면 도저히 경제적 임업경영은 바랄 수 없고" 이는 채초의 남획으로 인해 지력이 고갈되고, 토사가 유출되며, 채초를 빌미로 활엽수 맹아까지 남벌하기 때문이라고 하였다. 채초란 시초채취柴草採取를 말한다. 이 관행은 국유와 사유림 모두에서 성립, 지속된 용익관행이었다. 「조선임정계획서」에서 "무주공산의 관념" 또는 "무주공산의 폐습"으로 지칭되었던 이 관행은 여기에서는 "입회入會"로 표현되고 있다.[17]

또 한편으로 급속히 실행할 필요가 있는 것은 일반 사유임야의 입회 제한이다. 새로이 사유로 인정된 토지에서 입회권을 인정하지 않는 것은 당연한 조치라 믿으며, 입회권과 동일한 행위는 거의 전체 임야에서 발견되는데, 이들에게 점차 소유자의 승낙을 받고 채취하든가 또는 해당하는 대가를 지불하고 채취하게 함으로써, 종래처럼 임야의 황폐를 고려하지 않는 자유채취는 엄금할 필요가 있다고 생각한다(山本榮 1921:70~71).

국유와 사유를 묻지 않고 전국적으로 널리 성립한 무주공산=자유접근체제의 용익관행은 오랜 역사를 갖고 장기지속한 조선의 전통이었다. 제4장에서 서술하는 바와 같이, 총독부는 이러한 관행을 법률에 의해 일정한 범위 내로 제한하였다. 식민지 통치권력도 일거에 부정할 수 없는 널리 퍼진 뿌리 깊은 관행이었던 것이다.[18]

---

17 식민지기 자유접근체제의 용익관행을 간혹 '입회관행'이라고 표현하는 경우가 있지만, 일본 근세의 입회제도를 뜻하는 것은 아니다. 이에 대해서는 제4장에서 상술한다.

18 이 장기지속적 관행은 해방 이후 혼란기를 틈타 다시 살아났으며 1970년대 치산녹화사업 착수 이전까지 한국의 산림을 복구하는 데 큰 장애요인이 되었다. "삼림사점금지제도는……민족적 관습으로써 국민생활과 관념에 완전히 고정되었던 것이며 금일에 있어서도 산림 내의 부산물 정도의 채취는 소유권에 구애됨 없이 무제한 개방된 감이 있으며 현행 산림보호의 最難點으로 되어 있는 것이다"(지용하 1964:35).

제4절 | **촌락공유림**

제1절에서 서술한 바와 같이 조선왕조는 산림의 사점私占을 금지하였다. 이 법제法制가 관철되는 산림을 무주공산無主公山이라고 하며, 소유권체제의 시각에서는 자유접근체제로 분류된다. 사점금지의 법규가 존속하였지만 사실상의 소유로서 사적소유가 발전하였다. 사양산私養山이 그것인데, 무주공산의 전통에 침윤되어 자유접근체제의 지배를 받는 독특한 형태의 사유재산체제가 조선에서 성립, 발전한 것이다. 또 하나의 소유권체제로서 공유재산체제를 생각할 수 있다. 조선에서 그에 상응하는 것으로는 송계松契의 산림이나 촌락민이 공유하는 산림을 생각할 수 있다. 여기에서는 이 공유림에 대해 살펴보고자 한다. 지금까지 이용한 자료에서는 송계의 존재가 확인되지 않는다. 따라서 촌락 공유로 확인되거나, 그러한 언급이 없지만 촌락 공유일 가능성이 있는 것을 한데 모아 개관하고자 한다.

표 2-7은 김해 4개 리에서 촌락공유림으로 추측·추정되는 임야를 한데 모은 것이다. 첫째는 '사업'에서 동리나 면이 소유자나 연고자로 사정査定된 것이다.[19] 둘째는 이성異姓 복수 명의의 소유나 연고가 인정된 임야이다. 첫 번째는 표 2-7의 윗부분에 있는 상단 12필지이다. 우선 최소 0.4정보에서 최대 7.1정보, 평균 1.5정보로 면적이 협소하다는 점이 주목된다. 〈부표 2-1〉 김해의 자료에서 사유림의 필지당 평균면적은 1.7정보이다. 식민지기 농가 1호가 연료와 농산원료를 얻는 데 필요한 임야는 대략 2~3정보로 조사되었다(山本榮 1921). 가장 면적이 넓은 관동리 20번지 임야도 농가 4호에 필요한 임산물을 공급하기 어려운 작은 면적이다. 다음으로 공유림의 용도가 공동묘지나 목초지로서, 사료, 녹비, 퇴비

19 동리나 면이 연고자로 사정된 임야는 '사업' 이후 「조선특별연고삼림양여령」에 의해 면 소유로 귀속되었다.

표 2-7 촌락공유림(김해군)

동리명	지번	면적	사정 결과	소유자 또는 연고자 이름	비고
관동리	15-2	2.5	국유 제2종	장유면	신문리 관동리 목장지
관동리	18	0.4	민유(公有)	신문리	신문리 공동묘지(양여)
관동리	20	7.1	국유 제2종	장유면	관동리 공동목장지
관동리	146	1.5	민유(公有)	관동리	관동리 공동묘지
내덕리	69	0.3	국유 제2종	내덕리	내덕리 공동목장지
내덕리	83	0.5	민유(公有)	내덕리	내덕리 공동묘지
부곡리	9	0.4	민유(公有)	부곡리	부곡리 공동묘지
부곡리	19	0.4	민유(公有)	부곡리	부곡리 공동묘지(양여)
부곡리	40	2.8	국유 제2종	장유면	
부곡리	44	0.2	국유 제2종	부곡리	부곡리 공동목장
부곡리	120	0.9	국유 제2종	부곡리	부곡리 공동목장지
응달리	21	0.6	민유(公有)	응달리	응달리 공동묘지 설정지
관동리	78	3.1	민유(私有)	권중성, 배순서	
내덕리	1	1.3	국유 제2종	이기태 외 3인	
내덕리	36	0.4	국유 제2종	이기태 외 3인	
내덕리	84	0.7	국유 제2종	김무상 외 4인	

자료 김해군 장유면「임야조사서」.

원료 및 연료를 채취하는 시초채취장이 아니라는 점이다. 이들 임야가 대체로 소면적의 공동묘지나 목초지라는 사실은 '촌락공유림'이 주는 대규모 시초채취장의 이미지와는 사뭇 다르다.

표 2-7의 관동리 78번지 이하 4개 필지는 2개 이상의 이성異姓 공동소유나 공동연고로서 이들이 대표자 자격으로 동리의 공유림을 신고하여 사정되었을 수 있기에 게재하였다. 특히 내덕리 1번지와 36번지 임야는 4명의 공동연고자 모두 내덕리에 거주하며, 내덕리 84번 임야는 연고자 5명 중 4명이 무계리茂溪里에 거주한다. 이들 모두가 촌락공유림이라고 가정해도 총 16개 필지의 면적은 23.1정보로 전체 임야면적의 2.3퍼센트에 불과하다.

표 2-8의 진위군도 위와 동일한 방법으로 작성하였다. 마지막 2개 필지를 제외한 22개 필지의 평균면적은 김해와 마찬가지로 1.5정보에 불과

표 2-8 **촌락공유림**(진위군)

동리명	지번	면적	사정 결과	소유자 또는 연고자 이름	비고
가재리	63	0.4	민유(公有)	송탄면	공동묘지
도일리	148	0.2	민유(公有)	송탄면	공동묘지(양여)
도일리	185	8.8	국유 제2종	송탄면	
도일리	189	2.6	국유 제2종	송탄면	
도일리	219	1.7	국유 제2종	도일리	
도일리	233	0.5	민유(公有)	송탄면	
독곡리	4	0.8	국유 제2종	독곡리	
모곡리	5	0.6	민유(公有)	송탄면	공동묘지
모곡리	38	0.8	국유 제2종	모곡리	
모곡리	47	1.1	국유 제2종	모곡리	
서정리	43	0.6	민유(公有)	송탄면	공동묘지(양여)
서정리	67	8.0	민유(公有)	송탄면	면 모범림(양여)
이충리	91	0.2	민유(公有)	이충리	묘
장당리	33	0.2	민유(公有)	송탄면	공동묘지
장당리	54	0.3	국유 제2종	장당리	
장안리	8	0.3	민유(公有)	송탄면	공동묘지
지산리	31	1.0	민유(公有)	북면	공동묘지(양여)
지산리	66	2.2	국유 제2종	지산리	
지산리	158	0.7	국유 제2종	지산리	
지산리	177	0.6	민유(公有)	송탄면	공동묘지
칠괴리	44	0.6	민유(公有)	송탄면	공동묘지
칠원리	43	0.4	민유(公有)	송탄면	공동묘지
지산리	190	0.5	민유(私有)	류원협, 이준하	
서정리	48	3.3	국유 제2종	박길병 외 14인	

자료 진위군 송탄면 「임야조사부」.

하다. 김해와 달리 공동목장지는 보이지 않는다. 서정리 67번 임야는 면 모범림으로서 "일반에 식림사상植林思想을 고취하고 조림시설의 모범을 실지實地에서" 보이기 위하여 국유림을 양여하여 설치한 공유림이다. 1919년 현재 면 모범림은 전국 2,484면에 24,321정보, 1면 평균 9.8정보였다(『朝鮮の林業』 1919년 판, pp.25~26). 서정리 48번 임야는 4개 리에 거주하는 8개 성씨의 공동 연고임야이다. 도일리 185번지가 8.8정보로 비교적 면적이 커서 눈길을 끌지만 전체 24개 필지의 면적은 36.2정보로 송탄면 전체 임야 면적의 1.7퍼센트에 불과하다.

예천에도 하학동에 2개 필지의 용문면 면유 임야가 있지만 0.3정보의 소면적이다. 예천의 자료는 「임야대장」인데 창원의 「임야대장」과 달리 3인 이상의 공동명의로 등록된 임야의 공유지연명부共有地連名簿가 없고 단지 "某某 外 何人"이라고 기재되어 있다.[20] 따라서 공동소유자가 3명 이상이면 그중에서 1명의 성명밖에 알 수 없다. 2인의 공동소유임야는 6필지인데 모두 같은 성이었고, 따라서 종중재산으로 추측할 수 있다. 3인 이상의 공동소유인 12개 필지도 종중재산일 가능성이 있다.

표 2-9 촌락공유림(창원군)

동리명	지번	면적	사정	소유자 이름	비고
예곡리	44	0.3	민유(公有)	진북면	묘지
인곡리	206	21.6	민유(公有)	진북면	
인곡리	207.2	1.0	민유(公有)	진북면	
인곡리	217	59.5	민유(公有)	진북면	
인곡리	218.2	18.6	민유(公有)	진전면, 진북면	
인곡리	248	7.2	민유(公有)	진북면	
지산리	7	2.7	민유(公有)	진북면	
지산리	8	2.3	민유(公有)	진북면	
지산리	119	0.3	민유(公有)	진북면	묘지
지산리	120	4.0	민유(公有)	진북면	
인곡리	21	3.1	민유(私有)	박영헌 외 3인	
인곡리	160	3.5	민유(私有)	윤순남, 임성수	
인곡리	185	1.8	민유(私有)	장도원 외 4인	
인곡리	198	0.9	민유(私有)	장도원 외 4인	
인곡리	205	6.8	민유(私有)	김기영 외 7인	
인곡리	245	4.5	민유(私有)	김해영 외 5인	
인곡리	249	22.4	민유(私有)	김우영 외 6인	

자료 창원군 진북면 「임야대장」.

20 「임야조사령시행수속」 제96조 "공유지에 대해서는 임야대장의 소유자 성명란에 '何某外 何名'이라고 기재하고 제13호 양식의 공유지연명부를 조제하여야 한다. 단, 공유자가 2명일 때는 그렇지 아니하다."

창원은 이상 3개 군과 다른 양상을 보인다. 표 2-9도 이상과 같은 방법으로 작성하였다. 진북면 3개 리 총 501필지 787.9정보 중에서 이 표의 17개 필지는 합계 160.4정보로, 전체 면적의 20.4퍼센트를 차지한다. 특히 10정보를 초과하는 4개 필지가 주목된다. 자료의 표지명은 「임야대장」이지만, 예천 「임야대장」의 양식과 달리 '사업'을 통해 조제調製된 「임야대장」의 형식을 갖추지 않았다. 예천의 대장은 「임야조사령시행수속」의 규정에 상응하는 1필지 1장張의 양식이지만, 창원의 대장은 1장에 10개 필지가 기재되어 있다. 501필지 중 20필지가 동척東拓이나 일본인 소유이므로 식민지기에 작성된 것이 분명한데, 그 이상은 알 수 없다. 표의 윗부분에 있는 대면적의 3개 필지가 사용·수익에 대한 규칙을 갖춘 송계 등 촌락공유림일 가능성이 있다. 이 표에서 대면적의 4개 필지가 모두 인곡리에 위치한다는 점도 주목된다. 현지조사를 통해 확인해야겠지만, 창원군 인곡리는 지금까지 서술한 4개 군 20개 리 중에서 대면적의 촌락공유림이 존재하였을 가능성이 확인되는 유일한 곳이라고 할 수 있다.

촌락공유림에 대한 기술자료로서 김해의 「조서」를 살펴보자. 분쟁지 85필지 중에는 조선인 사인私人이 소유권을 주장하고 면장이 관리인 자격으로 면유面有를 신고하여 분쟁이 발생한 사건이 3건 있다. 김해군 「임야조사서」에서 촌락공유림에 해당하는 12개 필지 중 용도를 확인할 수 있는 것이 11필지였고, 6개는 공동묘지, 5개는 공동목장지였다. 촌락공유림에 대한 분쟁에서도 2필지(1.5정보)는 공동묘지였고('분102호') 1필지(1.1정보)는 공동목장지였다('분58호'). 이 공동목장지는 우부면右部面 외동리外洞里의 1.1정보의 임야인데, 갑 당사자 배동진은 1912년에 우부면 답곡리畓谷里에 거주하는 사람에게서 매수하였다고 주장한 반면(269), 분쟁 당시 외동리에 거주하고 있던 6명의 참고인은 "원래 외동리 동유洞有로서 수백 년 동안 공동으로 목축하였는데, 갑 당사자의 조부 배경유가 그의 선친을 이곳에 입장入葬하고 분묘에 대한 금양지禁養地만 동중洞中에 청구하였고, 그가 본 리 농청農廳에 기여한 바가 있어서 그 금양지만을 허여許與"하였다고 반박하였다(278~279). 을 당사자 김해면 면장의 진술서 또한 이와 같다.

> 연고와 사실: 원래 외동리 동중재산洞中財産으로 공동 목축하던바, 피진술인 배동진이 조부 배경유가 중년일 때 자기 친산親山을 입장한 후 묘지를 동중洞中에 청구한 것에 대하여, 그때 동중에서 그를 허여하고 그 외의 지적地籍은 지금에 이르기까지 동중에서 공동 보존함.
>
> 분쟁의 유래: 본 임야는 외동리 공동소유가 확실한데도 피진술인은 자기 조선 분묘가 위치함을 기회로 여겨 소유분쟁에 대한 진술서를 제출함.
>
> 진술인 외동리. 관리인 김해면장 구한회. (275~276)

촌락공유림의 용익에 대한 언급을 찾아볼 수 있는 유일한 예에 해당하지만, 그 용익의 규칙으로서 들 수 있는 것은 외동리민이 공동으로 이용하였다는 사실뿐이다.[21] 그 외 공동묘지에 대한 2필지의 분쟁에서도 해당 이민里民이 공동으로 이용하였다는 사실 외에는 다른 언급이 없다. 소규모 촌락공유림은 용익의 주체가 동리민이라는 점 외에 다른 규칙은 없었던 것이다. 종산宗山이 없는 빈민들이 어쩔 수 없이 매장지로 이용하거나 초지에 소를 메어 풀을 뜯게 하는 것이 이들 촌락공유림의 용도였기 때문이다.

21 이러한 관행은 매우 일반적이었던 것으로 보인다. "참고사항, 묘지에 관한 관습 개요, ……공동묘지, ……다소 인가가 모여 있는 도시 또는 촌락에는 반드시 그 부근에 한두 개소씩 존재하는 것 같다. 이리하여 공동묘지의 매장은 완전히 개인의 자유이므로 그 때문에 타인과 협의하거나 또는 공적인 수속을 할 필요가 없다. …… 요컨대 공동묘지는 묘지의 선정이 곤란하여 빈민들은 도저히 자기가 좋아하는 곳에 묘지를 얻을 수 없기에 국유지의 일부를 선정하여 매장함에 이른 것으로 자연히 발달한 것이다"(度支部 編 1909a:120~122).

촌락공유림의 임상에 대한 진술도 한 건 발견된다. 갑 당사자에게 분쟁지 북부의 임야가 어떤 것인지를 묻자 그는 "당시는(1906년경—필자) 동상동東上洞의 동유산洞有山이라고 칭해도 전혀 수목이 없는 퇴폐지頹廢地였고 현재도 퇴폐지"라고 답하였다('분51호', 079). 촌락공유림의 처분은 각종 관습조사慣習調査의 결과를 통해 이미 잘 알려진 바와 같이 두민頭民, 통수統首 등이 동리민을 대표하여 집행하였다('분240호', 187; '분57호', 256).

갑 사인私人과 리나 면을 대표하여 관리자로서 신고한 면장 사이에 발생한 김해의 3필지의 분쟁에서 사인은 모두 패배하였고, 면리面里의 소유나 연고가 인정되었다. 촌락공유림이 분쟁의 대상이 된 것은 「조서」의 85개 필지에서 3개 필지뿐이며, 분51호를 제외하면 81개 분쟁지의 조사과정에서 작성된 분쟁당사자의 진술서, 임야조사원의 사실취조서, 참고인 청취서, '감독원조서' 등에서 해당 분쟁지를 촌락공유림이라고 진술한 경우는 전혀 없다. 본 사례연구에 관한 한 촌락공유림이 광범하게 존재하였다는 증거는 찾아보기 어렵다. 이는 대규모 촌락공유림의 존재가 그리 일반적인 현상이 아니었음을 시사한다.

촌락공유림에 비해 더 널리 분포한 것은 무주공산無主空山이었다. 사유림 위에서도 무주공산=자유접근체제는 널리 용인되었다. 20세기 초까지 의연히 존속한 무주공산의 전통은 500여 년 전, 조선왕조가 개창하면서 국제國制로 천명한 산림의 사점금지私占禁止의 법제에 뿌리를 둔 것이었다. 산림은 국가의 것이며 따라서 임야지반과 임산물은 모두 왕의 소유라는 왕토사상王土思想과 함께 임산물은 '왕 또한 민과 함께 이용한다'는 "산림천택여민공지山林川澤與民共之"의 이념이 사점금지의 이념적 기초가 되었다. 하지만 분묘를 설정하는 자에게 일정한 배타적 권리를 부여하는 이른바 '보수규정步數規定'에 의해 임야지반에 대한 사적소유가 발생할 가능성이 열려 있었고, 이는 인구가 증가하여 임야가 상대적으로 희소해지면서 산림 사점이 일반화되는 형태로 현실화되었다. 자원의 상대적 희소성이 심화되면서 자연스레 임야를 둘러싼 소유권 분쟁이 발생하였고, 사점을 금지하는 법제는 이러한 혼란이 발생하는 또 하나의 원인이었다. 이에 조선왕조는 임산물을 '금양禁養' 한 자에게 임야지반뿐만 아니라 임산물에 대해서도 일정한 독점권을 인정하는 '용호규정龍虎規定' 을 마련하였고, 이로써 산림, 즉 임야와 임산물에 대한에 대한 사인私人의 배타적 권리가 인정되면서 사실상의 소유로서 사적소유권이 성립 · 발전하였다.

사적소유권이 이와 같이 발전하였지만, 사점금지의 규정과 그를 지지하는 이념은 여전히 살아 있는 힘으로서 현실을 규정하고 있었다. 다른 한편, 타인의 임야로부터 땔감 등 생필품을 얻을 수밖에 없는 다수의 임야를 소유하지 못한 자가 다수 존재하였다. 법률과 현실이 충돌하는 상황에서 조선의 사적소유권은 수목=주산물과 달린 지피물=부산물에 대해서는 자유접근을 인정하는 독특한 성격을 갖게 되었다. 동시에 산림소유를 둘러싼 사회적 갈등의 폭발도 억지되었다. 이러한 점에서 조선후기에 성립한 산림의 사적소유권 제도는 일종의 단기적 '균형' 이 된다. 다음 장에서 이 균형이 장기적으로 어떤 결과를 초래하였는지 보게 될 것이다.

〈부표 2-1〉 경상남도 김해군 장유면 4개 리 임야소유 상황

면적

	국유				민유			계
	요존	제1종	제2종	소계	공유	사유	소계	
관동리			274.0	274.0	11.6	278.1	289.8	563.8
내덕리	1.4		10.2	11.7	0.8	15.7	16.5	28.1
부곡리			49.8	49.8	5.3	200.9	206.2	256.0
응달리	1.5	12.9	13.3	27.7	0.6	137.5	138.1	165.8
계	2.9	12.9	347.3	363.2	18.3	632.2	650.5	1013.6

필수

	국유				민유			계
	요존	제1종	제2종	소계	공유	사유	소계	
관동리			14	14	4	151	155	169
내덕리	1		24	25	2	46	48	73
부곡리			33	33	6	110	116	149
응달리	1	5	6	12	1	56	57	69
계	2	5	77	84	13	363	376	460

필지당 평균면적

	국유				민유			계
	요존	제1종	제2종	소계	공유	사유	소계	
관동리			19.6	19.6	2.9	1.8	1.9	3.3
내덕리	1.4		0.4	0.5	0.4	0.3	0.3	0.4
부곡리			1.5	1.5	0.9	1.8	1.8	1.7
응달리	1.5	2.6	2.2	2.3	0.6	2.5	2.4	2.4
계	1.5	2.6	4.5	4.3	1.4	1.7	1.7	2.2

구성비(%)

	국유				민유			계
	요존	제1종	제2종	소계	공유	사유	소계	
관동리			27.0	27.0	1.2	27.4	28.6	55.6
내덕리	0.1		1.0	1.2	0.1	1.6	1.6	2.8
부곡리			4.9	4.9	0.5	19.8	20.3	25.3
응달리	0.2	1.3	1.3	2.7	0.1	13.6	13.6	16.4
계	0.3	1.3	34.3	35.8	1.8	62.4	64.2	100.0

자료 김해군 장유면「임야조사서」

〈부표 2-2〉 경기도 진위군 송탄면 11개 리 임야소유 상황

면적

	국유				민유			계
	요존	제1종	제2종	소계	공유	사유	소계	
가재리		0.2	54.0	54.2	0.4	59.7	60.1	114.4
도일리			293.1	293.1	0.7	167.9	168.6	461.7
독곡리			38.4	38.4		41.3	41.3	79.7
모곡리			40.7	40.7	0.6	21.1	21.7	62.5
서정리			195.9	195.9	8.6	38.1	46.7	242.7
이충리			52.8	52.8	0.2	94.6	94.7	147.5
장당리		0.4	113.9	114.2	0.2	70.7	70.9	185.2
장안리			169.5	169.5	0.3	41.3	41.7	211.2
지산리			237.2	237.2	1.6	110.5	112.1	349.3
칠괴리			43.0	43.0	0.6	80.2	80.8	123.7
칠원리			23.0	23.0	0.4	75.1	75.5	98.5
계		0.6	1261.5	1262.0	13.5	800.7	814.2	2076.2

필수

	국유				민유			계
	요존	제1종	제2종	소계	공유	사유	소계	
가재리		1	52	53	1	54	55	108
도일리			113	113	2	88	90	203
독곡리			34	34		37	37	71
모곡리			36	36	1	12	13	49
서정리			92	92	2	39	41	133
이충리			37	37	1	54	55	92
장당리		1	61	62	1	34	35	97
장안리			90	90	1	41	42	132
지산리			118	118	2	67	69	187
칠괴리			25	25	1	61	62	87
칠원리			11	11	1	47	48	59
계		2	669	671	13	534	547	1218

필지당 면적

	국유				민유			계
	요존	제1종	제2종	소계	공유	사유	소계	
가재리		0.2	1.0	1.0	0.4	1.1	1.1	1.1
도일리			2.6	2.6	0.3	1.9	1.9	2.3
독곡리			1.1	1.1		1.1	1.1	1.1
모곡리			1.1	1.1	0.6	1.8	1.7	1.3
서정리			2.1	2.1	4.3	1.0	1.1	1.8
이충리			1.4	1.4	0.2	1.8	1.7	1.6
장당리		0.4	1.9	1.8	0.2	2.1	2.0	1.9
장안리			1.9	1.9	0.3	1.0	1.0	1.6
지산리			2.0	2.0	0.8	1.7	1.6	1.9
칠괴리			1.7	1.7	0.6	1.3	1.3	1.4
칠원리			2.1	2.1	0.4	1.6	1.6	1.7
계		0.3	1.9	1.9	1.0	1.5	1.5	1.7

〈부표 2-2〉 **경기도 진위군 송탄면 11개 리 임야소유 상황**(계속)

구성비(%)

	국유				민유			계
	요존	제1종	제2종	소계	공유	사유	소계	
가재리		0.01	2.60	2.61	0.02	2.88	2.90	5.51
도일리			14.12	14.12	0.03	8.09	8.12	22.24
독곡리			1.85	1.85	0.00	1.99	1.99	3.84
모곡리			1.96	1.96	0.03	1.02	1.05	3.01
서정리			9.44	9.44	0.41	1.84	2.25	11.69
이충리			2.54	2.54	0.01	4.56	4.56	7.10
장당리		0.02	5.48	5.50	0.01	3.41	3.42	8.92
장안리			8.16	8.16	0.02	1.99	2.01	10.17
지산리			11.43	11.43	0.08	5.32	5.40	16.83
칠괴리			2.07	2.07	0.03	3.86	3.89	5.96
칠원리			1.11	1.11	0.02	3.62	3.63	4.74
계		0.03	60.76	60.78	0.65	38.56	39.21	100.00

자료 진위군 송탄면 「임야조사부」

〈부표 2-3〉 경상남도 창원군 진북면 3개 리 임야소유 상황

면적

	민유		
	공유	사유	계
예곡리	0.3	61.4	61.7
인곡리	107.9	503.5	611.4
지산리	12.7	102.1	114.8
계	120.9	667.0	787.9

필수

	민유		
	공유	사유	계
예곡리	1	61	62
인곡리	5	309	314
지산리	6	119	125
계	12	489	501

필지당 면적

	민유		
	공유	사유	계
예곡리	0.3	1.0	1.0
인곡리	21.6	1.6	2.0
지산리	2.1	0.9	0.9
계	10.1	1.4	1.6

구성비(%)

	민유		
	공유	사유	계
예곡리	0.0	7.8	7.8
인곡리	13.7	63.9	77.6
지산리	1.6	13.0	14.6
계	15.3	84.7	100.0

자료 창원군 진북면 「임야대장」

〈부표 2-4〉 경상북도 예천군 용문면 2개 리 임야소유 상황

면적

	국유	민유			계
		사유	공유	소계	
대저동		259.9		259.9	259.9
하학동	7.7	357.0	0.6	357.6	365.3
계	7.7	616.9	0.6	617.5	625.2

필수

	국유	민유			계
		사유	공유	소계	
대저동		77		77	77
하학동	1	97	2	99	100
계	1	174	2	176	177

필지당 면적

	국유	민유			계
		사유	공유	소계	
대저동		3.4		3.4	3.4
하학동	7.7	3.7	0.3	3.6	3.7
계	7.7	3.6	0.3	3.5	3.5

구성비(%)

	국유	민유			계
		사유	공유	소계	
대저동		41.6		41.6	41.6
하학동	1.2	57.1	0.1	57.2	58.4
계	1.2	98.7	0.1	98.8	100.0

자료 예천군 용문면 「임야대장」

제3장

조선후기 산림 황폐화의 원인과 실태

전근대사회에서 산림은 녹비綠肥와 퇴비원료 등 농산원료, 건축용 · 산업용 소재로 이용되는 목재 그리고 연료를 제공한다. 또 인구증가로 인해 식량수요가 증가함에 따라 산림은 개간되어 경작지로 이용된다. 조선의 인구는 개국 이래 장기적으로 증가하였다. 이미 잘 알려진 권태환 · 신용하(1977)나 미첼(1989)의 추계에 의하면, 양란으로 인한 단절과 19세기의 정체가 있었지만 조선의 인구는 장기적인 증가추세에 있었다. 장기적인 인구증가는 임산물과 경지에 대한 수요를 증가시켰을 것이다.

인구증가로 인해 임야(생산물)에 대한 수요가 증가하고, 그로 인해 산림이 헐벗고 농업생산성이 하락하는 현상은 전근대사회에서 종종 발견되는 일종의 생태학적 병목현상이다.[1] 근대사회에 비해 농업생산성이 낮아 일

1 최근 중국의 환경사 연구가 대단히 활발한데, 산악지역 개발로 인한 환경파괴와 생태계의 변화에 대한 대표적인 최근의 성과로는 Elvin M. and Liu Ts'ui-jung eds.(1998), Marks(1998),

정한 인구의 생존을 위해서는 보다 넓은 면적의 경지가 필요했으며, 아직 나무를 대체할 수 있는 새로운 에너지원과 건축·산업용 소재가 없었기 때문이다. 이 장에서는 인구와 자연 간의 이러한 관계를 염두에 두고 조선후기 경제에서도 산림에 대한 인구압력의 증가와 그로 인한 생태학적 긴장이 존재하였는지 살펴볼 것이다.

제1절과 제2절에서는 인구 증가추세에 따라 예상되는 임산물 수요의 증가와 개간의 확대에 대하여 살펴본다. 제2절에서는 산림 황폐화의 증거를 제시하고 조선의 임정林政을 검토한다. 제3절에서는 산림 황폐화가 19세기 농업생산성의 하락을 초래한 중요한 원인의 하나라는 가설을 제시하고 그 경로와 증거를 제시한다.

Li(2007), 국내에서 간행된 간결한 소개서로는 정철웅(2002)과 유장근(1997), 산림 황폐화와 농업생산성 하락에 대해서는 Marks(1998)를 참고할 수 있다. 북서유럽이 산업혁명에 성공한 것은 석탄과 아메리카가 있었기 때문이고 산업혁명 이전 18세기까지 생태학적 긴장과 그에 대한 대응에 있어서 이들 지역과 중국 간에 큰 차이가 없었다는 입장에서 중국의 산림을 다룬 연구로는 Pomeranz(2000), 독일의 '목재부족논쟁'에 대한 연구사의 정리로는 田北廣道(2003), 일본의 인구증가와 산림의 변화에 대해서는 Totman(1989)을 참조할 수 있다. 지난 20여 년간의 환경사 연구를 개관하는 데는 Bruggemeier(2000), Radkau(2002), McNeill(2003)을 참조할 수 있다.

제1절 | 연료와 목재 채취의 증가

조선의 인구가 증가하면서 목재와 연료에 대한 수요가 증가하였고 임산물 채취도 그만큼 늘어났다. 연료수요에 대해서는 인구증가와 함께 '소빙기小氷期'에 대한 논의가 있어 주목된다(김연옥 1984; 이태진 1996; 이호철 · 박근필 1997). 논자에 따라 그 시작과 끝이 다르지만 대체로 조선후기에 해당하는 이 시기의 기후가 전후 시기보다 한랭하였다는 것이다. 한국 동해안 북부지역 잣나무의 나이테를 이용하여 1660년대부터 지금까지 약 340년의 여름 기온의 변화를 복원하고자 시도한 연구에 따르면, 1700~1730년대와 1830~1860년대가 상대적으로 한랭한 시기로서, 세계적으로 15세기부터 19세기 초까지 진행된 '소빙기'의 증거가 한국에서도 확인된다고 한다(박원규 외 2004:282~284). 더 많은 실증연구를 기다려야겠지만, 만약 '소빙기'가 실재하였다면 연료에 대한 수요는 더욱 높아졌을 것이다.[2]

온돌의 보급 또한 연료수요를 증가시켰다. 온돌은 조선 개국 이래 한반도 북부에서 점차 남부지방으로 확산되었고, 처음에는 관아나 궁궐에서만 이용되다가 점차 일반 백성의 난방방식으로 대중화되었다. 제주도의 온돌 보급에 대해서는 정보가 비교적 풍부하다. 17세기 중엽에 편찬된 『탐라지耽羅誌』에는 벼슬하는 사람을 제외하면 민가에 온돌이 없다고 적혀 있고, 성호星湖는 제주도에서는 온돌 없이 마루방에서 산다고 하여 18세기 중엽까지도 온돌이 널리 보급되지 않았음을 알 수 있다(윤정숙 1979;

2 기후가 한랭할 때 연료에 대한 수요는 증가할 것이다. 한랭한 시기에 나이테의 너비가 감소하는 것에서 알 수 있듯이, 이때는 수목의 연간 성장량이 감소하여 임산연료의 공급이 오히려 감소할 것이라고 예상된다. 외국의 기후사와 환경사 연구에서 이에 대해 보다 자세한 정보를 얻을 수 있을 것으로 기대된다.

박병일 · 석호태 · 김광우 1995). 반면 19세기 중엽 제주도에 유배된 추사秋史는 자신이 머물던 군교軍校 송계순의 집 내사內舍에 이미 온돌방이 있고, 자신이 기거할 외사外舍의 정주鼎廚 한 칸을 온돌방으로 개조하여 손님이나 하인들의 처소로 삼겠다고 적고 있다(김정희, 『阮堂先生全集』 2, 「與舍仲 命喜」). 제주도에서는 19세기에 비로소 온돌이 보편화되었다.

남부지방의 경우 온돌의 보급 과정을 자세히 알 수 없다. 다만 궁궐의 나인들이 말하기를 '사대부 집에서는 종들도 온돌에 거처하는데 나인으로서 마루방에 거처해서야 되겠는가' 하여 대궐 안에 온돌이 많아졌다고 하며, 그로부터 60년이 지난 1683년, 송시열이 궁에서 사용하는 시목柴木의 조달이 어렵다는 이유로 "궁인宮人들이 판방板房에 살던 옛 제도를 회복하도록 청하였다"고 하니(『인조실록』 2/3/5; 『숙종실록』 9/2/21), 17세기 서울에서는 아직 온돌이 일반백성에게까지 보급되지 못하였던 것 같다. 그런데 19세기 중엽의 기술로서 이규경李圭景은 『오주연문五洲衍文』에서 "오늘날 온돌을 놓고 방고래를 내는 제도는 옛적에 마루방을 꾸미던 풍속과는 아주 다른 바가 있다. 곧 시대를 타고 바뀐 것이다"라고 하였고(윤정숙 1979), 비슷한 시기에 최한기崔漢綺는 치가治家하는 자로서 잘 알아두어야 할 일 중 하나가 "온돌에 불기가 고루 퍼지게 하는 방법"이라고 하였듯이(人政 12, 教人門五), 19세기가 되면 온돌은 대중적 난방방식으로서 전국에 보급된 것으로 보인다.[3]

조선후기, 연료와 목재수요의 증가를 시사하는 또 다른 정보가 있다.

3 조선후기 야철업, 요업, 유기업, 자염업 등 수공업의 발전도 연료수요를 증가시켰을 것으로 추측되지만(권병탁 1983; 강만길 1984; 김동철; 1986; 김호종 1988), 난방 및 취사용 연료의 규모에 비하면 큰 비중을 차지하지는 않았고, 따라서 연료수요 일반에 대한 영향도 그리 크지 않았을 것이다. 일본에서는 18세기 초부터 자염에 석탄을 이용하였고, 이러한 현상이 제법 널리 관찰된다는 사실은 흥미롭다(Totman 2004:159). 필자는 아직 이러한 사례를 조선에서 발견하지 못하였다.

김경숙(2002)은 조선후기에 폭발적 증가양상을 보인 사점私占 산림에 대한 권리 분쟁, 즉 산송山訟에 관계되는 현존 고문서를 광범하게 취합하여 분석하였는데, 목재나 연료의 도벌盜伐이 발단이 되어 소송이 일어나게 된 경우는 모두 219건이었다. 이 중 연대를 확정할 수 있는 것이 109건인데, 17세기 후반과 18세기 전반에는 각각 2건, 4건에 불과하였지만 18세기 후반과 19세기 전반에는 12건과 23건으로 증가하고, 19세기 후반에는 68건이었다. 나머지 110건도 관계 문서를 통해 연대를 추정할 수 있고 그 결과 또한 비슷한 증가추세를 보였다(김경숙 2002:49).

사실상의 민유림民有林이라고 할 수 있는 사산私山의 도벌 증가는 임산물 채취가 전반적으로 증가하는 상황을 배경으로 한다. 1770년의 상소문은 '백성들의 소나무 벌채가 놀랍고 한심스럽게 날로 증가'하고 있다고 남벌을 걱정하고 있고, 그로부터 10여 년 뒤 올려진 상소에서는 영남의 몇 개 고을이 홍수로 유실되었는데 이 지역은 산에 나무가 없으니 이제라도 벌목을 금지하여야 한다는 내용을 찾아볼 수 있다(『영조실록』 46/2/7; 『정조실록』 5/10/22).[4] 이는 민유림의 투작이 증가하는 18세기 후반의 기록이다. 뒤에서 보는 바와 같이 민유림의 훼손이 전국적으로 심각하다는 기사가 나타나기 시작하는 것도 이 무렵의 일이다. 19세기 초 정약전은 "땅에서 한두 자쯤 자라기가 무섭게 나무꾼이 낫을 들고 남들에게 뒤질세라 달려드니 재목이 궁하지 않을 수 없다"고 하였다(『松政私議』). 19세기 후반에는 '도끼로 나무를 찍는 것이 날로 심하여 산에 씻은 듯이 나무가 없어질 지경'이라며 영의정은 임금 앞에서 남벌을 우려하였다(『고종실록』 11/3/5).

4 비슷한 시기 중국에서도 이와 비슷한 사례들을 찾아볼 수 있다. 集水地域의 산림이 황폐해지면서 하류지역에서 홍수가 발생하자 지방관들이 상류지역의 벌채를 금지하도록 상소하였다는 것이다(Needham, et al. 1996:547).

민유림과 달리 특수국유림에 대한 기사는 『실록』에서 쉽게 발견된다. 17 · 18세기 들어 잠채潛採 사건이 점차 빈번해지고 피해지역도 넓어진다. 투작 문제가 사산뿐만 아니라 특수국유림에서도 심각해지는 상황이다. 18세기 전반까지 봉산封山의 투작에 대한 기사는 주로 지방관이나 수영水營의 관리가 사리를 위해 수목을 벌목했다 하여 탄핵하고 처벌하는 내용이나 궁방宮房이나 아문衙門에서 봉산을 침탈한 사건에 관한 내용이었다(『인조실록』 13/4/17; 『현종개수실록』 5/9/9; 『숙종실록』 1/3/9; 『영조실록』 16/3/4). 18세기 후반이 되면 일반 백성들에 의한 투작이 횡행하고 따라서 피해지역도 훨씬 확대되어 가히 전국적으로 봉산이 투작되는 상황이 된다. 1783년, 정조는 비변사로 하여금 팔도로 내려갈 어사御史들에게 내릴 사목事目을 작성하게 하였다. 여기에는 어사의 주요 책무가 도별로 기록되어 있어 당시 각 지방의 현안懸案을 알 수 있다. 다음은 『호서어사사목湖西御史事目』의 일부이다.

> 안면도安眠島는 선재船材의 봉산인데도 도끼와 자귀가 날마다 드나들어 도벌이 갈수록 심해지고 있는 데다 함부로 일구는 폐단까지 극도에 달하고 있다. 아름드리나무는 이미 남김없이 없어졌고 파식播植하는 규정도 버려져 시행되고 있지 않으니, 당초에 거듭 금단하지 않은 수신帥臣과 수령守令은 마땅히 죄가 있거니와, 도벌한 사람이나 개간한 사람들도 모두 해당하는 법이 있다(『정조실록』 7/10/29).

전라도, 경상도 및 황해도 어사사목은 봉산封山에 대하여, 평안도와 함경도 어사사목은 금산禁山에 대하여, 앞서 충청도와 마찬가지로 이들 산림을 도벌한 자들을 처벌하고 현지 관리들을 엄히 감독할 것을 명하였다. 특히 「영남어사사목嶺南御史事目」 등 4개 도에서는 "민생民生들" 혹은 "거민居民들"이 법을 두려워하지 않고 공산公山, 즉 특수국유림을 도벌하고 있다고 적고 있다. 19세기 후반에는 관리뿐만 아니라 일반 백성들마저 공산 도벌에 나서면서 나무가 "남김없이 없어질" 지경이 되었고, 이제 공산 도벌은 전국적인 현상이 되었다.[5] 19세기 초 흑산도에 유배되어 있던 정약전은 전라도 연해도서 지역의 봉산에 대하여 기술하면서, 백성들이 이제 "지게를 메고 떼를 지어 몰려들고", 봉산에 관한 한 "수사水使의 좌우에 있는 자로부터 감관監官, 산지기로부터 연해의 백성들이 모두 도둑"이라고 하였다(『송정사의』).

조선왕조의 임정의 근간은 특수국유림의 금송禁松이었고 이들 산림의 남획 문제가 심화되고 광역화하고 있을 때, 그에 대한 중앙정부의 대응은 침탈하는 백성들에 대한 처벌을 강화하고 담당 관리에 대한 업무감독을 철저히 하고 태만한 관리를 엄히 처벌한다는 것이었다. 경상도의 한 봉산에서 2,500여 개 소나무 그루터기가 발견되었다 하여 관할 군수를 귀양보내고 그 감독 책임을 물어 관찰사觀察使와 삼도수군통제사三道水軍統制使까지 파직한 예가 그것이다(『정조실록』 21/1/26). 그러나 정약전의 표현을 빌리면 "소나무를 구하는 사람의 욕구는 목말라 물을 구하는 자보다 더 다급"하였고 이러한 실정에서 금송과 엄벌주의만으로는 산림을 보호할 수 없었다. 조선후기 송정松政은 이 점에서 "실속 없는 정책"이었다는 평가도 지나친 것이 아니다(이숭녕 1981).

19세기 후반에도 상황은 개선되지 않았다. 고종은 민간인이 도끼를 대는 것은 물론이고 나뭇가지 하나 꺾을 수 없다는 도성 내의 사산四山에서도 "소나무가 대수를 셀 수 있을 정도로 적어졌다"고 하였으며 영의정은 봉산과 금산을 막론하고 국가가 금양해온 산에서 불법적으로 베어내는

5 제1장에서 조선정부는 임산물의 상대적 희소성이 증가하면서 특수국유림을 확대하고 단속을 강화하였음을 지적하였다. 중국 전근대사회의 정책도 비슷하여 '封山'을 지정하여 일반인의 접근을 차단하거나 거듭하여 벌채금지령을 내렸지만 실효를 보지 못하였다고 한다(Needham, et al. 1996:659~663)

나무가 끝이 없다고 말하였다(『고종실록』 11/3/5; 14/8/20).

『속대전』에는 봉산에서 큰 나무를 열 그루 이상 베거나 방화한 자는 효시梟示한다고 규정하였고(刑典, 禁制), 이처럼 엄한 형률이 있었지만 특수 국유림이 전국적으로 도벌된다는 사실은 사산私山에서 연료와 목재를 채취하기가 어려워진 상황, 따라서 사산에서 산림자원의 이용이 남획이라고 할 정도에 이른 상황을 반영한다. 당대인들의 인식도 이와 같다. 사산에서 도벌이 증가하면 봉산이나 금산에서도 "겨를 핥다가 쌀까지 핥게 된다"(『정조실록』 9/2/1)고 걱정하고, 정약전은 '사산에 나무가 없고 이미 작은 공산의 소나무도 모두 써버렸기에, 하는 수 없이 큰 공산으로 몰려든다'고 하였다.

개항기 조선에 온 외국인들의 눈에도 이 같은 산림착취는 이해하기 어려울 정도였다. 그들의 견문록 곳곳에서 땔감 지게를 짊어진 노인이나 소년의 사진을 볼 수 있고 나무꾼에 대한 묘사도 많이 있다.[6] 경성 시장에서 나무뿌리를 숯으로 구워 파는 것을 보고 놀랐다는 일본인의 구술도 과장이 아니었다.

> 경성에 도착해서 놀란 것이 숯 팔러 다니는 사람들이……알고 보니 나무뿌리를 숯으로 구운 것이었지요. 일본 내지에서는 나무줄기로 숯을 만드는데 조선에서는 놀랍게도 나무뿌리를 캐어……이를 숯으로 만들어 팔고 있었어요. 그러니 산에 나무가 없을 밖에요(미야타 세쓰코 해설 · 감수 2002:267).[7]

6 "풀이 거의 자라지 않는 곳도 있고 조금 자라난 곳도 있었다. 주변에 땔감이라고는 없었지만 여기저기 지게를 진 나무꾼들이 보였다"(분쉬 1999:184~185).

7 이는 일본인 야마나 미키오山名酒喜夫가 1910년대 후반에 처음으로 조선을 방문하였을 때의 일을 회고한 것이다. 그는 후에 조선총독부 政務摠監의 비서관을 지냈다. 다음은 1838년에 결성된 松契의 『禁松契座目』에서 結契의 경위를 설명한 부분이다. "풍속이 날로 변하고 백성들이 禁松令을 알지 못하여, 심지어는 뿌리까지 뽑아 소와 말에 싣고 운반하여 고삐가 도로에 줄줄이 이어지니, 옛날에 푸르던 산이 지금은 벌겋게 되고 옛날에 울창하던 숲이 지금은 벌거숭

산야가 헐벗었다는 언급도 쉽게 찾아볼 수 있는데 특히 비숍의 여행기가 그러하다. 평양에서 안주安州로 향하던 그녀는 주변 풍경을 이렇게 적었다. "초가지붕을 얹은 집들이 있는 마을이 보였다. …… 한편으로 소나무, 떡갈나무, 느티나무 숲을 보니 무덤임을 알 수 있었다. 무덤은 살아남기 어려운 좋은 숲의 보호자였다"(비숍 2000:75). 조선의 산림은 무덤 주변이 아니고서는 보존되기 어려울 만큼 철저히 이용되고 있었던 것이다.[8]

투작과 남벌에 대한 기사와 달리 『실록』에서 식수植樹와 육목育林에 관한 기사는 찾아볼 수 없다. 산림을 크게 이룬 자에게 포상하자는 제안도 정조 대에 몇 차례 있었던 것으로 보인다. 하지만 정조는 "몇 해 전에 송정절목松政節目에 1만 그루 이상을 심었을 경우 특별히 상을 주자는 논의가 있었다. 그런데 1개 도나 1개 고을에서도 조정의 명령을 받들어 시행하는 것을 볼 수가 없다"고 말한다. 왕실의 능원에 나무를 심는 일은 종종 있었고 특수국유림의 조림실적을 보고한 문서도 없지 않지만, 조선후기에 중앙정부 차원에서 국가적인 조림계획을 세우고 이를 시행한 예는 없는 것으로 보인다. 고종 말년 이후에야 비로소 이러한 기사가 발견되었다. 이러한 상황이 이른바 "약탈적"인 채취임업이다. 정약전은 말한다. "심는 사람이 한 사람인데 쓰는 사람이 열 사람인 경우에도 재목을 댈 수 없을 것인데, 심는 사람은 하나도 없건만 쓰는 사람은 무궁하니 재목이 궁하지 않을 도리가 있겠는가?"(『송정사의』)

이가 되었다"(김인걸 · 한상권 편 1986:626; 김경숙 2002:214에서 인용).

8 1902년, 약 100일 동안 조선의 산림을 돌아보고 復命한 일본인의 서술도 비슷하다. "묘지는 한국에서 하나의 작은 숲으로 간주할 만한 것으로서 그 주변에는 수목 특히 소나무를 식재한다. 그러므로 붉게 헐벗은 산중 또는 광막한 평원 속에서 수목이 叢生하는 것이 보이면 그것을 묘지라고 추정해도 틀리지 않다"(日本農商務省 1903:444).

제2절 | 산지개간의 확대

인구증가와 함께 경지에 대한 수요도 증가하였다. 임진왜란과 병자호란을 겪으면서 진폐陳廢한 경지들도 정부의 장려정책에 힘입어 빠른 속도로 복구되었고, 아울러 전에 없던 새로운 경지도 개간되었다. 그 결과 17세기 후반에는 "이전에 갈아먹지 않던 땅도 모조리 개간하지 않는 곳이 없다"거나 "산간이나 해택海澤 연안이 모두 기경起耕되어 한 이랑도 노는 땅이 없다" 할 만큼 경지가 확대되었다(『효종실록』 5/10/16; 『國譯 備邊司謄錄』 숙종 14/4/14). 조선후기 신전新田 개발은 연해 및 하안으로 경지를 확대하는 방향과 함께 산간지역을 개간하는 방향을 취하였다.[9] 이런 이유로 산지에서 화전이 증가하고 있고 그로 인해 산림이 훼손되는 상황을 걱정하는 기사들이 17~18세기 『실록』에서 전에 없이 급증한다.

경상남도 김해현金海縣의 갑술양안甲戌量案(1634)과 경자양안庚子量案(1720)을 대조한 오인택(1994)의 연구에서 17~18세기 화전 개발의 일단을 살펴볼 수 있다. 갑술양안 당시에는 없던 새로운 경지들이 가경지加耕地라 하여 경자양안에 새로이 등재되었는데, 그 면적도 매우 넓었다. 가경지는 주로 평야가 적고 산이 많은 지역에 분포하며, 논보다는 밭이 많고, 토지의 등급 또한 대체로 5, 6등급으로서 원전元田보다 낮다. 이에 근거하여 오인택은 17세기 김해지역의 신전개간이 산전山田 확대로 인한 것이라고 주장한다. 18세기 전반에 써진 정상기鄭尙驥의 『농포문답農圃問答』을 통해 17세기에 산전이 막대한 규모로 확대되었음을 알 수 있다. 그는

9 관개시설이 필요 없고 산간 경사지나 고지대에서도 재배할 수 있는 옥수수, 고구마, 담배, 감자 등 새로운 작물이 17세기 이래 보급되었는데, 이는 산지개간을 촉진하였고 개간의 확대는 이들 작물의 확산에 기여하였을 것이다. 중국에서 인구가 증가하면서 아메리카 신작물이 도입되고, 이와 함께 상류지역의 산지개발로 인해 토양이 고갈·침식되고 하류지역에서는 홍수가 빈발한 상황을 참고할 만하다(Marks 1998:309~310; Osborne 1998; Vermeer 1998).

전국 전답의 결수를 논하면서 화전 결수가 "50～60만 결 아래가 아니다"라고 했는데, 1719년 전국의 원결元結 수는 약 139만 결이었다고 한다(신호철 1981). 당시까지 화전의 규모에 대한 전국적 조사가 없었는데 정상기가 무슨 근거로 이런 수치를 말한 것인지 알 수 없다.

다음은 18세기 전반, 수십 년 사이에 강원도에서 화전이 크게 증가하였다는 이중환李重煥의 기록이다.

> 나의 선친께서 계미년(1703년—필자)에 강릉원江陵員이 되어 가셨는데 그때 내 나이가 열넷이고 가마를 따라갔다. …… 길은 빽빽한 숲으로만 지나가게 되어 있었다. 무릇 나흘 동안 길을 가면서 쳐다보아도 하늘과 해를 볼 수가 없었다. 그런데 수십 년 전부터 산과 들이 모두 개간되어서 농사터가 되고 마을이 서로 잇닿아서 산에는 한 치 굵기의 나무도 없다. …… 인구가 점점 번성함을 알겠으나 산천은 손해가 많다. 예전에 인삼이 나는 곳은 모두 영서 쪽 깊은 두메였는데 산사람이 화전을 일구노라 불을 질러서 인삼 산출이 점점 적어지고, 매양 장마 때면 산이 무너져 한강에 흘러드니 한강이 차츰 얕아진다(『擇里志』 八道總論 江原道).

관찬사료에서 공물로 올리는 산삼을 구하기가 어려워졌다든가 하상河床이 높아 배를 사람의 힘으로 끌어야 하는 곳이 늘어 조운漕運에 어려움이 크다는 기사를 찾아볼 수 있는데, 이중환은 이것이 화전에 기인한 현상이라고 말하고 있다.[10] 18세기 전반 화전의 증가추세 또한 분명해 보인다.

19세기 전반, 정약용丁若鏞은 『경세유표經世遺表』에서 '우리나라는 산

10 다음은 승지 趙命臣의 말인데, 그 시기와 내용이 이중환의 서술과 대단히 비슷하다. "관동의 화전은 경작이 산등성이에까지 이르렀기 때문에 숲을 잇달아 연소시키고 있어 蔘朮의 공납이 거의 끊기고 있습니다. 그리고 川澤을 막았기 때문에 뱃길이 통하기 어렵게 되었으니, 산허리 이상에다 기경하는 것은 금지시킴이 마땅합니다"(『영조실록』 13/2/3).

악이 국토의 3/4이므로 화전의 면적이 '평지'와 비슷하다'고 하였다. 이 '평지'가 당시 시기결수時起結數 약 45만 결의 평지에 있는 밭을 가리킨다면 앞서 정상기가 말한 규모에 근접한다는 것이 신호철의 해석이다(1981:82~83). 조선후기의 '화전'을 농업발전 초기단계의 원시적 경작형태로 본다면 이 같은 수치는 전혀 납득할 수 없는 규모이다. 예를 들어 1930년의 화전면적은 총 경지의 4.3퍼센트, 화전민은 인구의 1/30에 불과하였다.

라우텐자흐H. Lautensach에 의하면 1930년대 한국의 화전민은 동남아시아의 화전민과 달리 본래 의미의 이동화전민에서 숙전熟田, 즉 영구적 경작지를 가진 정착화전민에 이르는 하나의 일련의 스펙트럼을 갖고 있었다. 우선 원시림에서 화전을 일구고 수년 간 원시적인 농법으로 경작한 후 지력이 고갈되면 새로운 장소로 이주하는 단계, 둘째로 수년 후 처음 그 토지에 잡초와 관목이 자라나면 그곳으로 되돌아오는 단계, 셋째는 가축을 사육하여 퇴비를 확보함으로써 정착취락하는 단계, 끝으로 화전과 함께 계곡 경사면이나 산기슭에 있는 농지를 경작하는 단계이다(1945:271~272).

'속전續田'이라 하여 1년 짓고 1년 쉬는 토지와 같이 이미 정착취락 단계에 들어선 화전이 있었던 것처럼(『영조실록』 5/7/16), 조선후기의 화전도 식민지기에 보이는 다양한 단계를 포함하고 있었을 것이다. 20세기 초의 관습조사慣習調査에 의하면 1역전易田, 2역전 등도 화전이라고 칭하였다고 한다. 지리산 계곡의 계단식 밭과 같이 상대적으로 접근하기 쉬운 계곡 중하류의 경사면이나 구릉지에 위치하는 경지로서, 평야의 농지처럼 영구적으로 경작되고 있던 밭들도 '화전'으로 통칭되었을 것이다. 정상기나 정약용이 말하는 화전의 규모는 여전히 이해하기 어렵지만, 조선후기에 산지개발이 지속되었고 그 출발이 화전이었음은 분명하다.

화전의 확대는 수전水田의 개발을 촉진하였다. 19세기 초반 『임원경제지林園經濟志』에서 서유구徐有榘는 전국 논의 3할이 밭을 논으로 바꾼 '번답反畓'인데, 육전陸田을 수전으로 만들어 벼를 심는 곳으로서 벼는 단지 1년에 일숙一熟할 수 있을 뿐이고 육전처럼 재종再種할 수 없다고 하였다. 김기혁은 '1년에 재종할 수 없다'는 것은 이모작二毛作이 어렵다는 뜻이며, 이모작은 고도와 위도에 따른 무상기일無霜期日로써 가부가 결정되므로, 번답은 주로 산간지역에서 이루어졌다고 주장하였다(1991:50~51). 서유구 자신의 말에서도 김기혁의 주장이 타당한 것임을 알 수 있다. 흉년에 대한 대책을 상소하면서 서유구는 밭일이 논일보다 훨씬 어렵고 쌀밥을 먹는 풍습이 극성하여 물길이 먼 건조한 들이나 "산에 매달린 계단식 밭까지도 모두 수전으로 뒤집는다"고 하였다(『헌종실록』 4/6/10).

오늘날 '한국의 아름다움'으로 거론되는 지리산 계곡의 계단식 경지가 좋은 예이다. 정치영(2002)에 의하면, 지리산의 크고 작은 20여 개 계곡은 길이가 길고 해발 700~800미터까지 경사가 완만하여 산지개간의 적지인데, 이곳에서 개간이 본격화된 시기는 17세기 이후라고 한다. 이들 계곡의 사면에서 자연식생을 제거하고 밭을 조성하였는데 이러한 경지는 토양침식에 대단히 취약하였다. 빈발하는 집중호우로 인해 침식의 위험은 더욱 컸다. 이에 대한 대응방법이 밭을 계단식으로 만드는 것이었고, 이후 수전으로 바꿔 벼농사를 도입하면서 논도 계단식이 되었다고 한다. 앞서 서유구가 19세기 전반 번답이 전체 수전의 3/10이라고 할 정도로 번답은 큰 비중을 차지하였고, 그중 상당 부분이 산지의 산전山田을 전환한 것이라는 사실에서 화전 개발이 수전의 확대를 촉진하였음을 알 수 있다.

산간지역의 수전 조성은 지리산 계곡만이 아니라 한반도 남부지역의 일반적인 산림개발 양식이었던 것으로 보인다. 1865년, 『실록』에는 봉산 등 특수국유림이 모두 벌거숭이가 되었으며 이는 남벌뿐만 아니라 "수전

水田과 한전旱田을 제멋대로 개간하기 때문"이라고 적혀 있다(『고종실록』 2/6/1). 1930년대에 조선을 답사한 라우텐자흐도 남부 산간지역에서 수전은 주로 계곡 측면과 구릉지 경사면에 분포한다고 기록하였다. 대표적인 지역으로 그는 앞서 말한 구례, 남원 등 지리산 지역과 양평 등 경기도 산간지역, 충청북도 소백산맥 북측 기저부 지역, 금산, 선산, 상주, 예천, 안동, 경주 등 경상북도 소백산맥 남측 기저부 지역을 들고 있다. 이들 지역은 인구밀도가 높고 경지비율은 낮지만 전체 경지에 비해 논의 비율이 높고 경사지에 계단식 논이 조성되어 있다(라우텐자흐 1998:499, 585~586, 601, 607).

이 수전들은 20세기 이전에 이미 개간되었기에 1890년대에 조선을 방문한 비숍 여사는 경기도 파주 인근의 산간지역, 충청북도 단양, 북한강 연안지역의 정교한 계단식 경작지를 둘러보며 "적지 않게 놀랐다"고 한다(비숍 2000:280). 산간지역의 수전이 화전의 번답反畓에 의한 것이건, 아니면 처음부터 수전으로 조성된 것이건, 수전의 조성 또한 산림 개발의 한 형태로서 조선후기 화전의 확대에 의해 촉진되었음을 알 수 있다.

미야지마 히로시宮嶋博史는 조선시대의 농업발전의 비교사적 특성으로서 "경지의 외연적 확대"가 중요하였다는 점을 지적하였다. 중국 선진농업지대나 일본에서는 "산간평야지대의 집약적 논농사→충적평야지대의 개발→충적평야지대의 집약적 논농사"라는 방향을 취했는데, 조선에서는 마지막 세 번째 단계가 결여되었다는 것이다. 비옥한 하천 중·하류의 평야지대에서 물을 대고 모내기를 하는 관개이식형灌漑移植型이 아니라 마른땅에 직접 볍씨를 뿌리는 건전직파법乾田直播法이 시행되었고, 이는 모내기를 하는 봄철에 안정적으로 물을 확보할 수 없다는 자연조건 때문이라고 한다. 이 충적평야지대에 수리시설이 설치되고 안정적인 관개이식형 논농사가 성립한 것은 식민지기의 일이라고 하였는데, 타당한 지적이다(1994:76~82). 하지만 집약화 대신 경지 확대가 조선 농업발전의 주된 흐름이라고 할 때, 그 내용을 충적평야지대의 논농사에 한정하는 것은 잘못이다. 그보다 더 중요한 것은 산림 개발로써 밭농사를 확대하였다는 사실이 아닐까?

중국의 선진지대나 일본과 달리 조선에서는 충적평야로 내려가는 방향 대신 산으로 올라가는 방향을 취했다는 것이다. 이는 미야지마 히로시가 이용하고 있는 일본의 「지조개정地租改正」 실시 직후인 1875년과 조선토지조사사업朝鮮土地調査事業의 결과인 1918년 통계에서도 확인된다. 당시 일본의 국토면적은 조선의 1.7배나 되었는데, 경지면적은 각각 461만 정보로 조선의 450만 정보와 비슷한 수준이었다. 당시 일본의 인구는 조선의 두 배가량이었다(大川一司 外 編 1966; 日本統計協會 編 1987; 박섭 1997; 차명수 2006). 이로부터 1인당 경지면적을 계산하면 일본은 0.13정보, 조선은 0.24정보로서 일본에 비해 조선의 농업이 훨씬 조방적粗放的이었음을 알 수 있다. 그런데 이렇게 큰 차이를 낳은 것은 논이 아니라 밭이었다. 1인당 논면적은 일본과 조선이 각각 0.08, 0.09정보로 큰 차이가 없지만, 조선의 1인당 밭면적은 0.16정보로 일본의 0.05정보의 세 배가 넘는다. 조선 밭의 총면적은 일본의 1.45배였다. 이러한 차이의 상당 부분은 조선에서 19세기 말에 이르기까지 수세기 동안 지속적으로 화전 등 산림개간이 활발하게 전개되었다는 사실로써 설명될 수 있을 것이다.

일본과 달리 조선의 농업발전이 바다를 향하지 않고 산으로 올라가는 방향을 취한 까닭은 무엇일까? 미야지마 히로시가 언급한 기후조건과 함께 지형의 차이를 생각할 수 있다. 일본에 비해 일찍 형성된 한국의 산은 풍화작용으로 인한 마모가 커서 더 완만하고 그만큼 인간의 접근이 용이하다는 것이다(Totman 2004:16~20). 이와 함께 도쿠가와 막부 체제가 지닌 지방분권적 성격도 산림보호에 기여하였을 것이다. 중앙집권적인 조선에 비해 특정 지역의 산림에 대해 장기적인 이해관계를 지닌 정치세력이 존재하였다는 사실이다.

조선정부 또한 화전의 확대로 인한 산림훼손을 우려하였고, 이를 금지하여야 한다는 논의는 조선전기부터 발견된다. 조선중기, 유성룡은 화전이 일으키는 폐단의 첫 번째로 산사태와 경지 매몰을 지적하였다.[11] 정부가 화전에 대하여 구체적인 정책적 태도를 결정한 것은 16세기 중엽이 처음이라고 한다. 실화失火의 위험을 이유로 산전을 개간하기에 앞서 관에 신고하여 허가를 받아야 한다는 『각사수교各司受敎』의 규정이 그것이다. 17세기 중엽에는 '화전금령火田禁令'을 내리고, 숙종 원년(1675)에는 「화전금단조건급상목종식등사목火田禁斷條件及桑木種植等事目」을 통해 본격적인 화전금지정책이 취해진다. 이 사목은 모두 아홉 항목인데 그중 여섯이 화전에 대한 규정으로 오직 잔산殘山의 산허리 이하에 대해서 화전을 허락한다는 요지였다. 화전에 대한 규제는 1746년에 간행된 『속대전』을 통해 법제화되었고, 산허리 이하라 할지라도 이미 있는 것만 허용하고 새

11 정약용의 글에서 유성룡의 논지를 확인할 수 있다. "『巽菴私議』(『松政私議』를 말한다—필자)에서 옛사람의 말을 인용하여 화전 경작의 피해를 다음과 같이 말했다. 첫째, 산골짜기에 나무가 없으면 사태를 막을 수 없다. 둘째, 사태가 나면 들의 논밭을 덮어버리니 국가 재원이 날로 줄어든다. 셋째, 산림이 벌거숭이가 되면 寶貨가 나오지 않는다. 넷째, 새와 짐승이 번식하지 못하니 事大交隣하는 데 皮物 등 폐백을 이어 대기가 어렵다. 다섯째, 호랑이와 표범의 자취가 멀어지니 사냥하는 사람이 조그만 병기도 지니지 않게 되어 나라의 습속이 날로 나약해진다. 여섯째, 재목이 없어져서 백성들이 이용하는 자재가 날로 군색해진다. 비록 일체 금지할 수는 없다 하더라도 산허리로부터 위쪽은 마땅히 경작하지 못하게 해야 할 것이다. 이것은 본래 西厓 유 선생의 論이다"(『譯註 牧民心書』, pp.187~188).

16~17세기, 중국인구가 지속적으로 남부로 이동하면서 사람들이 점차 산악지대로 들어가 화전을 개간하였다. 대규모 산림파괴와 그로 인한 토양 침식과 沈泥 퇴적을 낳았고 그 결과 저지대에 빈번하고 심각한 홍수피해가 발생하였다. 이 화전민들을 '棚民'이라고 하였는데, 당시 지방관들의 큰 근심거리였다고 한다(Needham, et al. 1996:629). 18~19세기, 중국의 마지막 프런티어였던 영남 지방 화전개발과 그에 따른 피해에 대해서는 Marks(1998:319~323) 참조.

로이 화전을 일구는 것은 금지하였다.[12] 산허리 이하에 대하여 "이미 있는 것만 허용" 한다고 하였으므로 일견 예전보다 엄격한 규제로 보이지만, 화전 개발을 합법화할 뿐만 아니라 현상유지를 넘어서 화전의 확대를 초래할 수 있는 규정이다. 새로 개간된 화전을 즉시 적발하여 처벌하지 못하면 그것은 곧 '구전舊田'으로 간주될 것이기 때문이다.

'산허리'라는 규정과 함께 양안量案과 별개로 화전양안火田量案을 작성할 계획과 그 세부규정도 마련되었다. 1786년, 『대전회통大典會通』은 화전의 세율을 법정하였다(신호철 1981:85~94). 양안을 작성한다고 하였지만 오늘날 남아 있는 화전양안은 대부분 궁방의 화전이라는 점에서 알 수 있듯이, 전국적으로 화전의 양전量田을 시행한 적은 없는 것으로 보인다. 앞서 말한 1783년의 「제도어사사목諸道御史事目」은 "산허리를 넘는" 화전을 금지하지 못하는 수령들을 적발, 단죄하라고 하였다. 이는 산허리 이하에서도 새로운 화전개발을 금지한다는 『속대전』의 규정이 아니라, 숙종 원년의 「화전사목火田事目」의 집행 여부를 감찰하는 일에 불과하다.

「제도어사사목」에는 산전과 화전에 대하여 징세하는 일을 두고 "그 해독이 미약한 민생에 미치는 일"이라고 하여 그 수령을 적발하는 일이 팔도로 나아가는 어사의 책무라고 적혀 있다(『정조실록』 7/10/29, 「湖南御史事目」, 「湖西御史事目」, 「京畿御史事目」). 이는 정조년간부터 『실록』에 나타나는 화전관계 기사들이 수령의 조세 남징濫徵을 규제하는 문제로 제기되는 상황과 궤를 같이하는 것이다.

조선후기, 정부는 '미약한 민생'을 보호한다는 '인정仁政'의 이념과 산림훼손에 대한 우려 사이에서 갈등하였고, 확대되는 화전을 현실로 수용하되 '산허리 이상'으로 표현되는 난개발은 억제한다는 입장을 정책의 기

12 『續大典』 戶典 田宅 條, "山腰以上起耕者禁斷 守令不能禁斷者 以不應違律論 山腰以下則舊田勿論 新斫木作田者一體禁斷."

본으로 삼았다. 지방관들이 세수를 위해 화전을 방치할 수 있었던 것은 정부가 이러한 절충적인 태도를 취하고 현상유지를 추구하였기 때문이다. 화전에 대한 규제는 실효를 얻을 수 없었고 결국 현상유지조차 성공하지 못하였다. 그 결과 봉산에서마저 나날이 불법적인 화전개간이 확대되는 지경이 되었다(『정조실록』 정조 7/10/29, 「湖南御史事目」, 「湖西御史事目」). 상황이 이러하였지만 19세기 후반까지도 조선왕조는 여전히 '산허리'를 고집하였고, 현상유지를 지향하는 정부 정책은 상황을 더욱 악화시킬 뿐이었다.[13]

13 의정부에서 제의하였다. "방금 전라좌도 암행어사 呂圭益의 別單을 보니……산허리 위에 화전을 일구고 함부로 갈아먹는 것은 法典에 따라 엄격히 금지할 문제입니다"(『고종실록』 12/2/27). 여기에서 법전이란 『대전회통』을 가리키는 것일 터인데, 전술한 『속대전』 이래의 戶典 田宅 條가 그에 대한 규정이다.

제3절 | 황폐해진 산림

조선후기, 산림은 남벌와 개간의 확대로 인해 계속 훼손되었다. 사유림이나 특수국유림(공산公山)이나 사정은 다를 바 없었다. "사산私山에는 소나무가 한 그루도 없게 되었다. …… 작은 공산에도 소나무 한 그루 없게 되었다. …… 현재 겨우 명색이라도 남아 있는 봉산封山은 오직 큰 산과 큰 진津밖에 없다. …… 그것들도 모두 벌써 민둥산이 되었다." 이렇게 된 것은 세 가지 우환 때문인데 "첫째는 나무를 심지 않는 것이요, 둘째는 저절로 자라는 나무를 꺾어서 땔나무로 쓰는 것이요, 셋째는 화전민이 불태우는 것이다"(『송정사의』). 전근대 농업사회가 모두 그러하였듯이 조선도 산림으로부터 농산원료, 연료, 목재, 그리고 개간지를 얻었다. 식수와 조림 없이 산림자원을 채취하고 개간을 확대할 때, 인구증가에 따라 언젠가는 산림자원의 연간 채취량이 연간 성장량을 초과한다.[14] 이러한 채취임업appropriative forestry과 약탈적인 산림이용의 결과 산림은 황폐해진다. 조선도 이러한 생태학적 법칙의 예외가 아니었다.

비변사가 복계覆啓하였다. "산폐山弊에 대한 일입니다. 근래 송정松政이 날이 갈수록 점점 해이해지는 탓으로 공산公山이니 사양산私養山이니 할 것 없이 가는 곳마다 헐벗은 곳뿐이니 정말 작은 걱정거리가 아닙니다"(『정조실록』 22/10/13).

1808년에 편찬된 『만기요람萬機要覽』에서도 "저명송산著名松山"을 열

14 조선전기의 인구증가율은 후기에 비해 높지만(권태환 · 신용하 1977), 연간 채취량이 연간 성장량을 초과하여 산림 황폐화가 시작되는 임계점critical point은 조선후기의 어느 시점에 놓여 있을 것이다. 조선전기 인구의 절대 규모는 산림에 대한 압력이 이 분기점에 도달할 수준에 아직 이르지 못하였고, 그런 이유로 조선전기에는 산림황폐가 후기처럼 심각한 문제가 되지 않았던 것이다.

거한 후, 이들 지역은 "다 소나무가 나는 곳으로 나라에서 유명하나, 점점 전과 같지 못하고 각처의 소나무가 잘되는 산으로 일컫는 곳까지도 사이사이에 한 그루의 나무도" 없어서 식자識者의 근심이라고 하였다(『國譯 萬機要覽』 財用編 松政, p.500). 비슷한 시기에 정약용도 "송금松禁에 대해서는 법례가 특별히 엄중하고 조목도 지극히 치밀"한데도 "산림은 날로 벌거숭이가 되고 재용財用은 날로 결핍하여 위로는 국가재정에 도움이 되지 못하고 아래로는 백성의 수요를 충족"하지 못하지만, 한 고을의 수령으로는 어찌할 수 없는 일이라고 하였다(『譯註 牧民心書』 제5권, 工典 六條 山林, p.171). 산이 이처럼 헐벗게 된 것은 한편으로는 '각 도의 소나무가 자라기에 적합한 산중 고을들에서 사산이나 공산 모두 헐벗을 만큼 벌채'하고 '씻은 듯이 산에 나무가 없을 정도로 작벌斫伐'하기 때문이라는 점, 다른 한편으로 '산골짜기에 재목으로 쓸 만한 나무가 없고 변방에 숲이 없을 만큼 화전을 일구고' '버려진 땅이 없을 만큼 산허리까지 경작'하기 때문이라는 점도 아울러 지적된다(『정조실록』 24/5/2; 11/1/9; 『헌종실록』 8/6/5; 『고종실록』 2/6/1).

1898년, 조선에 도착한 한 외교관의 눈에 제물포와 그곳에서 서울까지 이르는 지역, 그리고 서울 근교의 황폐한 산림은 암울하고 기이한 인상을 주었다.

> 왜 이 나라가 이렇게 황폐한가에 대한 이곳 사람들의 설명은 참으로 한국적이다. 그들의 말에 따르면 가능한 한 외국사람들을 낙담시키기 위해 연안을 황폐하게 만들었으며, 내륙에서는 호랑이를 몰아내기 위해 숲을 불살랐고, 언덕은 정상으로부터 토양이 씻겨 내려올 만큼 벗겨졌다는 것이다(샌즈 1999:41~42).

개항기 외국인의 견문록에서 '산림은 황량하게 헐벗었다'는 유의 기술이나 민둥산 사진을 쉽게 찾아볼 수 있다. 당시 외국인이라면 누구나 한 번쯤 지나쳤을 곳이나 그들이 쉽게 여행할 수 있었던 일부 지역의 경관이지만, "어떤 지역에서도 일본처럼 세심하게 가꾼 삼림지대는 눈에 띄지 않는다"(새비지 랜도어 1999:21)는 인상적인 비교도 있다. 1910년대 후반에 조선을 방문한 일본인 당사자의 적나라한 구술도 허구가 아니었다. 경부선에서 본 조선 산림의 풍경이다.

> 나는 중학교 1학년 때 조선 평양에 가보았습니다만, 당시 대단히 인상 깊었던 것은 부산에서 경성까지 오는 그 사이에 산이란 산에는 나무가 하나도 없었다는 거예요. 헐벗은 거죠. 금강산도 알고 계신 바와 같이 뼈만 앙상하게 드러내고 있었어요. 암석들은 대단히 뛰어났습니다만, 뼈가 드러나고 살이 전혀 붙어 있지 않은 그런 인상이었어요(미야타 세쓰코 해설 · 감수 2002:266~267).[15]

서울과 인천, 서울과 부산을 잇는 도로나 철도 주변만 황폐한 것이 아니었다. 다음은 1902년 일본 산림국 기사가 농상무성의 지시에 따라 하계 4개월 동안 한국의 산림을 조사하고 그 결과를 보고한 기록이다. 단 한 명이 수행한 조사이지만, 전문가에 의한 최초의 전국적 조사라는 점에 의의가 있다. 4면에 걸쳐 '삼림의 개황概況'을 서술하고 있는데 그 모두冒頭는 이러하다.

15 앞서 인용한 바 있는 야마나 미키오山名酒喜夫의 구술이다. 1903년, 일본 농상무성은 남부와 북부로 나눠 한국의 산림에 대한 조사를 실시하였다. 남부지역의 조사책임자는 훗날 한국 최초의 산림법령인 삼림법을 기초한 도케 미쓰유키道家充之였는데, 조사 결과 제출된 『韓國森林調査書』에 게재된 첫 번째 사진은 '경상북도 吳山金山驛 부근의 禿山'이었다. 경부선 철로 연변임은 확실하나, 위치가 金烏山 근처인지 불확실하고, 연이어 독산임은 알 수 있으나 사진의 상태가 불량하였다(日本農商務省 1905).

반도의 삼림은 고대에는 울창했지만 인구의 증가와 함께 개발이 진행된 현재에는, 인구가 희소한 심산유곡의 삼림 외에는 초생지草生地가 많은 부분을 차지한다. 또 수목의 남벌과 밑에 있는 시초의 채취가 극심한 결과, 산악이 뼈를 드러내고 (암반이 — 필자) 노출된 것이 적지 않다. 가끔 수목이 있어도 적송赤松의 치수稚樹 또는 왜소한 악목惡木에 지나지 않는다. 조금 임상林相이 볼만한 것이 있다면, 금벌禁伐한 국유림 또는 분묘의 주위에 있는 삼림 외에, 운반이 불편한 먼 벽지에 이르면 침엽수 단순림單純林 또는 침활針闊 혼효림混淆林이 있어서 천연림으로 존재하는 것 같다. 그 비율을 보면, 입목지立木地는 전체 임야의 1/3로서 시초생지柴草生地와 벌거벗은 산이 2/3에 이른다(日本農商務省山林局 1903a:31).

한양의 산림과 관련하여, 조선과 일본의 전통회화를 통해 도시 생태를 비교한 연구가 있어 참고할 만하다(변우일 2004). 조선에서는 겸재 정선(1676~1759)이 한양의 풍경을 담은 진경산수화眞景山水畵 53점, 일본에서는 우키요에浮世繪라는 일본의 화풍을 대표하는 안도 히로시게安藤廣重가 1856년에 에도의 명소를 연작으로 그린 「명소강호백경名所江湖百景」 119점을 검토하였다. 참고로 당시 한양의 인구는 20만 명, 에도는 100만 명가량이었다고 한다.

식물에 대한 서술이 주목되는데, 진경산수화에서는 나무와 숲이 많이 표현되기는 하지만 대부분의 그림에 나타나는 소나무, 그리고 강변의 버드나무를 제외하면 나무의 종류에 구별이 없다고 한다. 두 나무 이외에는 "군집된 잡목으로 처리해 구체적인 수량을 헤아리기 어렵다." 일본의 경우 "도심에서의 거리에 관계없이 모든 지역에서 거의 같은 비율로 나무와 숲이 풍부하게 묘사되었다. 이를 통해 그림 35에서처럼 에도의 도심지역에도 풍부한 나무와 숲이 있었음을 알 수 있다." 에도의 그림에서는 나무 종류의 "다양성을 엿볼 수 있다." "이렇게 수목과 산림을 도심이나 외곽

지역에서 모두 골고루 발견할 수 있는 것을 보면 에도 도심지역에도 풍부한 자연자원이 존재하였음을 알 수 있다"(pp.438~445).

그림 3-1은 1907년 서울 인왕산의 동쪽 골짜기 백운동白雲洞(현재 종로구 청운동)의 모습이다. 오른쪽의 성문은 서울 사소문四小門의 하나인 창의문彰義門이다. 이 사진에서는 상상하기 어렵지만, 성종대의 문신 강희맹姜希孟의 시에 나타나 있듯이, 이곳은 조선중기까지도 수풀과 백운동천白雲洞川이 어우러져 한양 인근의 명승이었다고 한다. 통감부 시기 최초로 인공조림을 실시한 지역이며, 조선에서 처음으로 사방공사砂防工事를 시행한 곳이기도 하다.[16] 대궐이 내려다보이는 곳마저도 사방사업을 실시하지 않으면 조림이 불가능할 만큼 황폐가 심각하였던 것이다. 한 가지 중요한 사실은 당시 한국에는 이 공사를 진행할 기술자가 없어서 일본 교토에서 10여 명의 숙련공을 초빙하였다는 점이다. 김영진(1982)은 현존하는 농서 232권의 내용을 검토하고 소개하였는데, 중국에서 수입된 농서를 제외하면 임업기술을 서술한 농서를 찾아볼 수 없다. 나무에 대한 기록은 뽕나무나 유실수에 관한 것에 국한되어 있다.[17]

20세기 초 일본인의 기록으로는 가와카미 쓰네오川上常郎의 서술이 주목된다. 그가 작성하여 1909년에 발간된 『토지조사강요土地調査綱要』는 조선토지조사사업의 정책입안에 큰 영향을 미쳤다고 하는데(宮嶋博史 1991:379~406), 여기에서 그는 징세의 실익이 없으므로 토지조사사업에

16 첫 번째 인공조림지로 선택된 이유에 대하여 이를 지휘한 일본인은 다음과 같이 기술하였다. "이 산의 植林은 경성의 풍치를 더함과 함께, 경성시 중앙을 흐르는 淸溪川(이름은 淸溪이지만 그 당시는 극히 불결한 진흙 개울로서 냄새나는 병균의 온상이었다)의 水源에 해당하여 그에 植林함으로써 수원을 함양하고 경성 시내에 정수를 공급하여 명실 공히 청계천으로 만들려는 목적이었다"(朝鮮山林會 1933a: 8). 사방사업과 인공조림 이후의 모습은 제6장 그림 6-5 참고.

17 중국 농서의 경우 파종, 묘목 생산에서 벌채와 수송에 이르기까지 임학기술에 대한 서술이 상세하다. 535년에 발간된 『濟民要術』 이후 청말까지 발간된 주요 농서의 관련 서술에 대한 소개로는 Menzies(1996)의 연구가 대표적이다(pp.607~644).

그림 3-1 **황폐한 산림의 모습**(서울 백운동 창의문 주변)

주 1907년 3월 촬영.
자료 朝鮮山林會 編(1933a).

서 임야를 제외하여야 한다고 주장하였다. 아무리 조림을 장려해도 가까운 시일 내에 임야의 소유권정리에 의해 임야세를 거둘 수 있으리라 전망하기 어려울 만큼 산림은 "황량"하고 "황폐"하였기 때문이다.[18]

다음 표 3-1은 1910년의 도별 산림면적과 산림 위의 수목의 양을 부피

18 "토지 亂用의 결과 산야가 황폐하여 눈에 띄는 것은 모두 황량하고 푸른 수목을 볼 수 없고, 눈에 들어오는 것은 禿山이나 赭土가 아닌 것이 없다. 아무리 식림사업을 장려하더라도, 임야(소유권—필자)정리는 가까운 시일 내에는 결코 필요하지 않을 것이다. 그러므로 이번 토지조사를 실시해도 마땅히 山林原野를 제외하여야 할 것이다. 이와 같이 황폐하여 곧 이득을 거둘 수 없는 산림원야에 대하여 본 조사를 수행하면 조금도 실익이 없을 뿐만 아니라, 오히려 경비의 대부분을 허비할 우려가 있다"(度支部 編 1909:14~15).

표 3-1 1910년 도별 임목축적

(단위: 정보, m^3)

지역	산림면적(A)	임목축적량(B)	임목축적(B/A)
경기	714,112	7,622,504	10.7
충북	532,649	13,085,639	24.6
충남	468,692	4,822,722	10.3
전북	527,466	9,992,211	18.9
전남	982,628	5,171,116	5.3
경북	1,309,274	6,778,823	5.2
경남	887,195	6,796,421	7.7
남부지역 소계	5,422,016	54,269,436	10.0
황해	1,004,839	13,288,772	13.2
평남	999,292	32,311,089	32.3
평북	2,295,316	124,890,383	54.4
강원	1,910,344	62,334,949	32.6
함남	2,517,851	234,407,685	93.1
함북	1,599,961	80,359,840	50.2
북부지역 소계	10,327,603	547,592,718	53.0
총계	15,749,619	601,862,154	38.2

자료 산림면적은 『朝鮮總督府統計年報』, 임목축적량은 배재수 · 윤여창(1994:22)

로 측정한 임목축적량林木蓄積量과 이를 통해 계산한 1정보당 임목축적이다. 임목축적은 산림의 상태를 나타내는 가장 대표적인 지수이다. 도별 임목축적량은 배재수 · 윤여창(1994)이 추정한 것인데, 그 방법은 자세하지 않다. 필자들이 서술한 바와 같이 추정결과는 과대하며 과대추정의 정도 또한 매우 크다. 이처럼 과대추정된 결과를 이용해도 1910년의 임상은 매우 불량하다. 전국의 입목축적은 평균 38.2세제곱미터지만, 북부와 남부의 차이가 대단히 커서 북부지역은 평균 53.0세제곱미터, 임야가 적고 인구밀도가 높은 남부지역은 평균 10.0세제곱미터였다.[19] 특히 전남이나 경북, 경남은 북부지역의 1할에 불과하다.

19 1910년 강원도 임야의 절반이 현재 남한의 국토에 포함된다고 보면 남부의 평균 임목축적은 13.4세제곱미터가 된다.

1910년, 남부지역의 10.0세제곱미터라는 수치는 오늘날의 통계와 비교하면 그 의미가 선명하다. 산림청이 발표한 2002년 현재 남한의 임목축적은 66.8세제곱미터이니, 1910년 남부지역의 나무의 양은 오늘날의 2할에도 미치지 못한다. 정부가 산림녹화사업을 추진하기 이전, 우리 국민 절반 이상이 기억하고 있는 '벌거숭이 붉은 산'과 가뭄과 홍수가 연례행사처럼 찾아들던 그 시대의 수치는 11세제곱미터였다(1971~1973).[20] 조선후기 남부지역의 산림황폐는 1960년대와 1970년대 초만큼이나 심각하였으며, 1910년의 추정이 과대한 만큼 20세기 초 남부지역의 임상은 1960년대와 1970년대 초보다도 훨씬 열악하였다고 할 수 있다.

산림 황폐화를 나타내는 또 다른 지표는 황폐한 임야의 비율이다. 1910년에 실시된 임적조사林籍調査에 의하면 전국임야의 26퍼센트가 치수稚樹조차 없는 '무입목지無立木地', 즉 황폐한 임야였다(『朝鮮林業逸誌』, pp.52~54). 현재 '생태학적 기아현상'의 대표적인 사례라는 북한의 경우 인공위성촬영 결과 황폐한 임야는 전체 임야의 15~20퍼센트라고 하는데, 이로써 조선후기 임상이 얼마나 불량하였는지 재차 확인할 수 있다.

산림의 황폐화를 시사하는 다른 몇 가지 사실들이 있다. 산림의 황폐화는 임산물 공급을 감소시켜 임산물의 실질가격을 상승시킬 것이다. 최근 조선후기 물가사 연구가 크게 진전되었지만 임산물 가격의 장기시계열을 작성할 만한 자료는 아직 없다. 여기에서 이용하는 것은 관棺에 대한 자료로서 전라남도 영암군靈巖郡 구림鳩林 동계洞契에서 계원에게 부의賻儀를 지급할 때 관가棺價 명목으로 규정한 금액이다(박이택 2002). 시장가격과 일치하지는 않겠지만 부의품으로 지급한 관의 품질에 변화가 없었다고 보고 그대로 이용한다. 아직 이 시기의 물가지수가 없으므로 영암의 조租

20 국가통계포털, http://www.kosis.kr

1석石 가격으로 디플레이트한 관 표시가격을 나타낸 것이 그림 3-2이다.

예상대로 벼로 표시한 관 가격은 상승하는 추세이고 18세기 후반부터 상승세가 시작된 것으로 보인다. 1739년, "수백 년간 봉산과 사산이 모두 헐벗어 목재 값이 그전보다 열 배는 귀하다"(『國譯 備邊司謄錄』 영조 15/10/16)고 하였으니 이러한 상승추세는 이미 18세기 전반 또는 그 이전부터 시작되었을지 모른다. 1789년, "수십 년 사이 목물木物값이 상승하여 조운선의 개삭改槊과 신조新造 비용이 원정가元定價로는 태반이 부족하다"(『國譯 備邊司謄錄』 정조 13/8/2)는 기록은 18세기 중·후반의 목재가격 상승을 말하는 것이므로 위의 그림과 부합하며, 1804년 "백성들은 관을 구하기 어려워 초장草葬을 치러야 할 지경"이라는 정약전의 말도 이해할 만하다. 아울러 "지난 20여 년 간 목재 값은 서너 배 올랐는데, 이후 20년이 지나면 오늘날에 비해 서너 배 오르는 정도에 그치지 않을 것이다"라고 했는데, 흑산도에서의 예측이 영암에서 적중한 셈이다.

목재가격과 함께 땔감의 가격도 상승한 것으로 보인다. 1730년에는

그림 3-2 관의 조 표시가격(1667~1823)

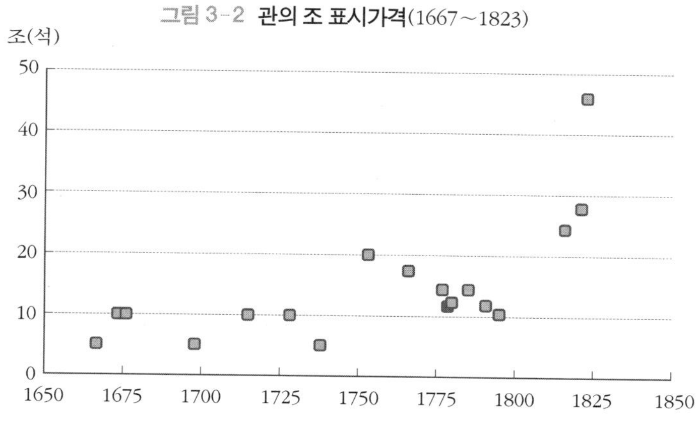

자료 棺價는 박이택(2003), 「村落內部契約에 있어 支拂標準과 支拂手段(1667~2000)」, 租價는 이영훈·전성호(2000), 「米價史 資料의 現況과 解說」.

"근래 산림에는 씻은 듯이 초목이 없어" 땔감 값이 크게 올라 궁중에 시탄柴炭을 공급하는 기인其人들이 지탱하기 어렵다고 하였고(『國譯 備邊司謄錄』 영조 6/1/16), 1784년이나 1792년에는 "땔감 값이 4배 이상 올랐다"는 것을 보면(『各司謄錄』 정조 8/4/1; 『國譯 備邊司謄錄』 정조 16/5/22), 18세기 땔감 가격이 상승 추세에 있었음을 알 수 있다. 현재 땔감 가격의 수량 자료를 얻을 수 있는 가장 오래된 시기는 19세기 후반이다. 그림 3-3은 경북 예천과 경남 울산의 땔감가격을 예천의 물가지수로 디플레이트한 실질가격이다. 예천과 달리 울산에서는 20세기 이후의 하락이 뚜렷하다. 개항 이후 천일염이 수입되면서 울산의 자염煮鹽 생산이 감소하고 그만큼 땔감 수요가 감소하였기 때문이 아닌가 추측된다. 1900년 이후 실질가격은 하락하고, 이를 그림 3-2와 함께 고려하면 임산물의 실질가격은 대략 세기의 전환기에 정점에 이르고 그 뒤로는 하락하였던 것으로 보인다.[21]

그림 3-3 **땔감의 실질가격**(1869~1934)

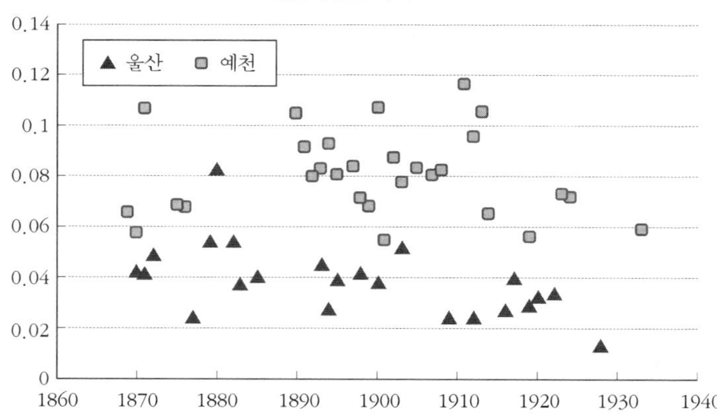

자료 울산의 송신값은 『沈遠權 日記』. 예천의 송신값과 물가지수는 박기주 · 이우연(2001), 「농촌재화 가격과 물가: 1834~1910」.

21 20세기에 들어서 땔감가격이 하락한 이유로는 석탄 등 대체 에너지의 도입과 穀稈과 같은 농업부산물의 이용을 생각해볼 수 있지만, 지금으로서는 이보다 확실하게 설명할 수 없다.

목재의 가격이 다른 재화에 비해 상대적으로 크게 상승하였다는 사실에서 알 수 있듯이, 산림 황폐화의 또 다른 증거는 목재의 부족이다. 우선 조선정부가 국용 목재의 조달에 어려움을 겪고 있었다. 영조 이후 자염에 대하여 금령을 발포하고, 목재를 공급하는 공인貢人을 교체하고, 서울로 들어오는 목재에 대하여 수세收稅를 강화한 것도 영선재營繕材 등 목재 조달의 곤란 때문이었다(황미숙 1996). 정조 연간에 '조운선漕運船이나 병선兵船의 개수에 필요한 목재를 확보하기 곤란하니 이 두 종류의 배를 서로 통용'하는 방안이 검토된 것도 같은 배경이다(『정조실록』 18/11/7; 22/1/21; 22/11/23; 22/11/29; 22/11/30).

김재근(1989:117)에 의하면 『경국대전』에서는 20년이던 군선軍船의 신조新造 연한이 『속대전』이나 『만기요람』에 이르면 10년 안팎으로 반감되고, 보수 연한도 14년이나 8년이던 것이 대체로 3년 간격으로 단축된다고 한다. 건조建造 이후 사용할 수 있는 기간이 크게 감소한 것인데, 그 이유는 군선의 구조가 조선전기에 비해 복잡해졌다는 점과 함께 선재船材가 매우 부족하여 '퇴재退材'를 사용하기 때문이었다. 대선大船을 해체하여 그 나무를 소선小船에 쓰고 관선官船을 해체하여 그것을 사선私船에 쓰는 방식으로 재목을 물려 써야 할 만큼 목재의 부족은 심각하였다. 19세기 후반에는 목재를 얻기가 더욱 어려워졌고, 목재부족이 심각한 문제로 제기된 것은 경복궁 재건공사였다고 한다. 관에서는 큰 재목을 구하고자 왕실 능원陵園의 송목松木, 회목檜木까지 벌채할 것을 명령하고, 토속신앙에서 숭배하던 촌락의 당산나무까지 베게 하고, 양반의 사양산에서도 적합한 것이 있으면 작벌하게 하였다(김동욱 1984:50).[22]

22 최근 경복궁을 복원하면서 근정전을 중건하는 과정에서 알려진 사실인데, 근정전 4개 기둥 중 3개는 소나무가 아니라 전나무였고 부식하여 붕괴 직전의 상태였다고 한다(연합뉴스, 2004년 3월 18일). 김동욱에 의하면 목재부족은 정조의 화성 성역에서도 확인된다. 1794년에

목재를 구하기 어려운 것은 민간인도 마찬가지였다. 건축사 연구에 의하면 새로운 건축기법이 조선후기에 등장한다. 첫째, 뒤틀리거나 가지가 갈라진 나무를 기둥이나 들보로 이용하는 방법이다.[23] '한국미의 극치'라고 불리는 우아한 처마 곡선 또한 서까래를 놓으면서 뒤틀어진 나무들을 적절히 배치함으로써 가능했다. 둘째, 중국이나 일본과 달리 고전적인 서까래 구조법을 고수함으로써 30년가량 낮은 수령의 나무를 이용하였다. 끝으로 소수의 장목長木을 이용하는 지붕구조에서 다수의 단목短木을 이용하는 구조로 변화하는 등, 작은 목재를 활용하는 건축기법이 등장하였다(김홍식 외 1993:157~162).

조선후기 산송山訟의 격증은 18~19세기를 '산송의 시대'라고 부를 만큼 한국사 연구자들에게 익숙한 사실이다. 총 1,167건의 산송을 분석한 최근 연구에서도 이러한 증가 경향은 뚜렷이 관찰된다.[24] 알려진 바와 같이 산송의 발단으로는 투장偸葬이 가장 많았고(정소呈訴 사유의 67.4퍼센트) 이렇게 시작된 소송은 어느 한쪽이 분묘를 파내라는 판결로 종결되었다. 이를 근거로 김경숙은 산송을 장지葬地를 둘러싼 분쟁으로 파악하였고, 산송 증가의 배경은 유교적 장묘문화의 확산과 종족질서의 확립이라고 주장한다.

올라온 장계에 따르면 전라좌수영에서 槐木과 잡목 20주를 구했는데 이 나무를 베어낸 곳은 포구에서 가까운 곳도 있으나, 7~8리, 멀게는 20~30리나 떨어진 곳도 있었는데 이는 호남지방에서도 큰 재목을 구하기 어려웠음을 의미한다는 것이다(1984:49).

23 18세기 중엽 이후 중국 북부지방에서는 목재 부족으로 인해 목재를 절약하고 콩 줄기 같은 농업부산물을 소재로 이용하는 건축방법이 채용되었다(Menzies 1996:560~561). 연료로는 왕겨 같은 농업부산물과 가축의 마른 배설물, 그리고 풀과 낙엽 등 임야의 각종 지피물과 나무뿌리가 이용되었는데, 특히 후자는 토양침식과 홍수와 그에 따른 농업의 피해를 더욱 증가시키는 악순환을 초래하였다(Pomeranz 1993:127~128).

24 김경숙(2002:26). 〈표 3〉 산송 관련 所志類의 연대별 분포상황. 전체 산송 건수의 추이 또한 전술한 도별로 야기된 산송의 추이와 비슷하다. 연대를 확정할 수 있는 것에 한정하면 17세기 전반부터 19세기 후반까지 반세기마다 두 배 이상씩 증가한다. 연대를 확정할 수 없지만 관계자료를 이용하여 추정할 수 있는 소송 579건 또한 마찬가지라고 한다.

그림 3-4 **청룡사 대웅전 측면**(1771년 건축)

제1장에서 서술한 바와 같이 『경국대전』 이래로 분묘는 국가가 묘주墓主의 독점적인 권리를 인정하는 근거였고 이를 계기로 산림에 대한 사실상의 사적소유가 발전하였으며, 『속대전』에는 분묘의 존재와 함께 "용호龍虎 내"에서의 "양산養山", 즉 산림의 관리활동이라는 조건이 추가되었다. 하지만 분묘의 존재는 여전히 산림에 대한 독점적 권리를 형성하는 근거였다. "그가 강제로 입장入葬한 것은 내가 돈을 주고 구입하여 기른 송추松楸를 빼앗기 위해 저지른 일"이라거나 "병풍암산屛風巖山에 장사지내고 용호 국내에 제전祭田을 개간하고 송추를 금양禁養하면서 자자손

손 장사 지내온 지 거의 300년"이라는 소지所志의 진술과 "이후에 산을 쓰거나 시목柴木을 기르거나 마음대로 주장하라"[25]는 화의和議 문서는 이런 점에서 주목된다. 산송의 발단이 비록 분묘에 관계되어 있을지라도 분묘의 존재를 근거로 사적소유권이 성립하는 한, 산송은 단지 장지만이 아니라 산림, 즉 임산물과 그 지반인 임야와 잠재적 경작지에 대한 소유권 다툼인 것이다.[26]

인구가 증가하면서 임산물 채취가 증가하고 개간이 확대되었고, 산림 황폐화가 진행되면서 임산물 공급은 감소하였다. 임산물 수요의 증가와 임산물 공급의 감소로 인해 임산물 초과수요는 확대되었고, 임산물을 획득할 수 있는 지반을 포함하여 산림의 초과수요 또한 확대되었을 것이다. 임산물의 상대가격 상승이 임산물의 초과수요가 확대된 결과이듯이, 산림 소유권 분쟁의 증가는 산림의 초과수요가 확대된 결과이다. 이런 점에서 산송의 격증은 이 시기 조선이 산림 황폐화를 겪고 있었다는 증거이며, 인구증가와 자연자원의 제약이라는, 많은 전근대사회가 이미 경험하였고 오늘날까지 일부 국가들이 겪고 있는 생태학적 병목현상을 배경으로 한다.

다음으로 야생동물상의 변화도 산림 황폐화의 증거로 볼 수 있다. 호랑이가 대표적인데, 관찬사료에 의하면 조선전기에는 호랑이 집단의 규모가 상당히 컸으며, 이후 호랑이가 인가 근처까지 내습하는 일이 매우 빈번하였는데 이는 임상林相이 쇠퇴하면서 산림 내의 식용동물의 밀도가 감소한 결과라고 한다(현신규 1981). 인구증가와 그에 따른 산림자원의 감소가 진행되면 초기에는 야생동물과 인간의 접촉이 증가하고 일정한 시점 이후로는 감소한 사실에 비추어볼 때, 이해할 만한 현상이다. 『실록』에서 호

25 전경목(1997:8)과 김선경(2000:30)에서 재인용하였다.

26 한상권(1996)도 풍수지리설이 투장을 부추기기는 했지만 투장의 근본적인 원인은 산림사유화의 경향이라고 주장하였다.

환虎患 기사를 검색하여 50년 단위로 집계한 결과, 15세기 전반부터 17세기 전반까지는 대체로 10건 이하였는데, 17세기 후반과 18세기 전반에는 16건, 18세기 후반에는 26건으로 크게 증가하였다.[27] 19세기에는 전체를 통틀어 고작 3건이다. 그 3건에서 호랑이가 실제로 출몰했다는 기사는 1879년에 영춘현의 1건뿐이고, 나머지 2건은 봉산에 호랑이가 기거할 위험이 있다는 걱정과 "남편을 대신하여 호랑이에게 물려간 열부"를 칭송한 것이다. 도성 내는 물론이고 도성 밖에 나타났다는 기사도 없다. 반면 18세기 후반에는 도성 내외에 나타났다는 기사가 2건, 도성 내 5건, 도성 밖 8건, 총 15건이었다.

1929년, 경주 대덕산에서 호랑이가 발견된 것이 마지막이라고 하니 호랑이가 19세기에 이미 사라진 것은 아니다. 하지만 생태계 최고의 포식자로서 호랑이는 매우 넓은 생활권이 필요한 동물이다. 또한 산림이 황폐해지면서 호랑이의 생활권은 단절되고 축소될 것이다. 따라서 19세기 호환 기사가 감소한 것은 인구가 밀집하여 산림 황폐화가 심각한 지역으로부터 호랑이가 멀리 벗어났기 때문일 것이다. 18세기 중국 남부에서 산악지역이 개발되고 산림 황폐화가 진행되면서 호환이 사라진 것과 같은 맥락이다.[28]

이마무라 도모今村鞆(1931)의 산삼에 대한 서술도 흥미롭다. 『세종실록지리지世宗實錄地理志』, 『동국여지승람東國輿地勝覽』, 『임원경제지林園經

27 김동진(2006)에 의하면 호피 1장 가격은 15세기 중엽에 면포 20필이었는데 16세기 말에는 400필 수준으로 크게 증가하였다. 이미 조선전기부터 인구가 증가하면서 산림이 축소되고 그에 따라 호랑이 개체 수가 감소하는 경향이었음을 시사한다.

28 중국 남부 嶺南 지역의 산림 황폐화와 호랑이에 대해서는 Marks(1998:323~327) 참조. 우에다 마코토는 1401~1850년, 중국 동남부 즉 영남의 동쪽인 복건, 절강, 강서, 호남성 일대의 호랑이 출몰 건수를 집계하였다. 산림 황폐화가 진행되면서 17세기 후반에 호랑이의 출몰은 절정에 이르고 이후 꾸준히 감소하였다(上田信 2008:120).

濟志』, 기타 각 읍지邑誌를 검토한 결과, 조선중기까지는 산삼을 생산하는 주군州郡이 100개 이상이었으나 그 후 200여 년 사이에 12개 군으로 감소하였다는 것이다. 산삼은 원래 활엽수림 아래에서만 발생하는데 남벌에 의한 산림 황폐화가 진행되면서 수확이 급감하게 되었다는 주장이다. 중국에서도 청 중기부터 남획과 산림개발로 산삼 수확이 체감하여 이제는 일부지역에서 약간씩 산출된다는 점도 부언하고 있다.

제4절 | 산림 황폐화와 농업생산성

19세기 말 한반도에서 산림 황폐화가 심각하였던 지역은 오랜 역사를 지닌 인구밀집 지역, 즉 서울과 경기도, 낙동분지, 그리고 소백산맥을 제외한 충청도와 전라도였다. 식생피복植生被服에 의한 분류로는 혼합림 지대(특히 혼합림 저지대)와 활엽수림 지대, 지형적으로는 사람이 쉽게 접근할 수 있는 산간의 계곡 사면과 산록 구릉에서 산림 황폐화가 심각하였다(라우텐자흐 1998). 1910년경 이들 지역을 포함하여 남부지역 대부분은 적송赤松 단순림으로 변화하였다. 일차 식생이 인간의 간섭에 의해 파괴된 황폐한 산림에서는 소나무가 상대적으로 생존율이 높기 때문이다.

산림 황폐화는 농업의 기반시설인 수리체계를 훼손함으로써 농업생산성을 하락시키는 중요한 원인이 된다. 연료와 목재의 채취 증가와 개간의 확대는 교목喬木은 물론 관목림과 수풀 등 제반 지피물地被物을 벗겨내게 되고, 이로 인해 식물의 토양고정기능은 심각하게 약화된다. 특히 한반도 산림면적의 2/3는 화강암 또는 화강편마암으로 구성되어 있는데, 이 암석들은 풍화작용에 매우 취약하다. 산림과 함께 표토가 제거되면 이 암석들은 풍화작용의 영향을 받아 입자가 느슨해지고 쉽게 조각나고 부스러진다. 산림 황폐화가 농업생산성의 하락을 초래하는 경로는 다음과 같다.

남벌이나 개간으로 산림이 벗겨지면 식물의 토양고정기능이 약화되고 집중호우와 함께 쇄설물과 토사가 흘러내려 계곡을 거쳐 하류로 운반된다.[29] 하천의 폭은 넓어지고 하상河床은 높아진다. 단기간의 집중호우에

29 상류지역의 산지개발과 산림벌채로 인하여 하류지역에 토사가 퇴적되는 현상은 이해하기 어렵지 않으나, 조선후기의 실례를 찾아본 결과 다음 두 건을 제시할 수 있다. 먼저 이준선의 연구에 따르면, 강릉 경포천의 상류부는 고도 150~400미터의 구릉지대인데 이 지역 산림이 개

도 하천은 쉽게 범람하고 제방이 붕괴된다(라우텐자흐 1998). 1910년까지도 하류 평야지대의 하천은 인공제방이 없는 자연 상태로 남아 있는 것이 많았으므로 범람구역이 광범하였고 주로 농토가 침수되었다(안수한 1995:102~103). 산림 황폐화가 하천의 배수기능을 훼손하여 경지에 피해를 미친 것이다. 아직 근대적인 제방축조기술이 도입되지 않은 상황에서 산림 황폐화는 하류지역의 농업생산에 심각한 영향을 미치게 된다.

다른 경로는 저수시설과 관계된다. 미야지마 히로시宮嶋博史(1983)에 의하면 조선의 제언堤堰에는 산곡형山谷型과 평지형平地型이 있었고 그 다수는 산곡형이었다. 산곡형은 산 밑에 자리 잡아 계곡수를 이용하는데 수축이 쉬운 대신에 산에서 흘러내리는 토사에 취약하다. 따라서 산림이 황폐해질 때 산곡형 제언은 더욱 쉽게 폐제화廢堤化될 것이다.[30] 산림 황폐화가 저수시설의 기능약화를 통해 농업생산에 끼친 피해는 산곡형 제언이 다수라는 점으로 인해 더욱 증폭되었을 것이다. 산림 황폐화는 수리체계의 배수기능과 저수기능 양자 모두에 치명적인 영향을 미친다.[31] 또

간되면서 토사가 경포천을 따라 흘러내려와 경포호에 퇴적되었다. 1530년 『신증동국여지승람』과 1751년 『택리지』를 비교하면 경포호의 수위가 하락하였고, 또 영조 대의 김상성이 엮은 『關東十一景』에서 경포대의 좌우는 湖沼인데 이후 퇴적층이 넓어지면서 20세기 말에는 모두 경지가 되었다고 한다(2003:231~234). 김경수는 전라남도 영암군 영산호 배후지역에서 17세기 이래 화전개간과 남벌이 진행됨에 따라 토양침식이 증가하고 그로 인해 간석지가 매립되었다고 한다. 이중환이 『택리지』에서 "나주 서쪽의 칠산해는 옛날에는 깊었으나 근자에 와서는 모래와 흙으로 메워져 점점 얕아지고 있어 조수가 나갈 때는 물 깊이가 무릎에 닿을 정도"라고 한 것도 이를 두고 한 말이라는 것이다(2003:390).

30 이광린도 조선후기 수리시설의 쇠퇴를 논하면서 폐제화는 화전개발로 산림이 남벌되어 수원이 고갈되었기 때문이라고 주장하였다(1961:144~145). 최원규(1992)는 『慶尙南道各郡堤堰防川蒙利畓都總成册』(1901)을 인용하여 조선후기 폐제화의 원인으로 '水淺沙覆', '水根絶乏' 등을 지적하였고, 이러한 문제는 '당시의 기술수준'이나 '자연조건'에서는 불가피하였다고 주장하였다. 하지만 일정한 기술과 기후조건에서 수리체계의 기능 여하는 산림의 상태에 따라 상이할 것이다. 조선후기 수리시설의 쇠퇴는 오늘날의 표현으로는 '천재가 아니라 인재'라고 하여야 할 것이다.

31 명청 시대 중국에서 산림 황폐화가 농업에 미치는 영향은 관개보다 배수기능에 더 큰 영향을 미쳤고, 그 피해는 가뭄보다 홍수 때에 더 심각하였다(Cho 1986:201~208; Menzies

한 산림이 황폐할 때 계곡 경사면이나 산록 구릉지역에 위치한 경지는 산사태로 쉽게 매몰된다.[32]

산림 황폐화와 농업생산성 간의 이러한 관계가 하나의 가능성이 아니라 당면한 현실이었음을 식민지기 일본인 관료들의 기술에서 확인할 수 있다. 다음은 조선 주요 하천의 집수지역集水地域의 산림황폐가 일반적 조림으로 복구하기 어려울 만큼 심각하므로, 농업에 미치는 심각한 타격과 피해를 막기 위해 해당 임야의 사방사업砂防事業이 절실함을 지적한 것이다.

> 대정 14년(1925년 — 필자) 조선 내 각지는 미증유의 대수해가 있었고……홍수의 원인은 본래 한 가지가 아니지만, 산림의 황폐가 그 주요인임은 뭇사람의 눈에 일치하는 바로서, 그중 헐벗은 산야에서 매년 유출하는 토사 때문에 하상河床이 현저히 높아지고, 호우에는 다량의 붕괴토사를 포함한 탁류가 폭위를 떨치는 경우에 참해慘害가 가장 심각하므로, 이 재해를 방지하려고 하면 힘써 임지林地의 붕괴 및 토사의 유출을 방지하여 유사량流砂量을 감소시키는 동시에 하상의 저하를 촉진하는 것을 근본대책으로 삼지 않을 수 없다. 그런데 앞에서 기술한 8만 2천 정보의 황폐지역 관계 하천 유역 내에서 매년 호우로 유출하는 토사 때문에 매몰되는 전답의 면적은 과거 5개년 평균이 무려 1만 4천2백 정보에 이른다(『朝鮮の林業』 1927년판, pp.89~90).

산림 황폐화가 농업생산성의 하락으로 귀결되는 경로를 보여주는 가까운 예가 1990년대 이후 북한의 '생태학적 기아현상'이다. 에너지 부족으

1996:650~654; Marks 1998:327~330; Li 2007:31~34). 후술하는 바와 같이 19세기 조선에서 가뭄보다 홍수가 더 빈번하였는데, 산림황폐와 농업의 피해에 관한 한 중국과 유사하였음을 알 수 있다.

32 19세기 말 울산의 『沈遠權日記』에 빈번히 나타나는 "山崩川裂"이라는 표현, 그리고 예천박씨 양반가의 19세기 후반 『日記』에서 보이는 "覆沙畓", "沙畓"이라는 표현이 이러한 상황에 대한 묘사일 것이다. 2002년 9월 초 강원도의 대규모 수재에 대한 신문 보도에서 산록 경사면에 위치한 마을의 경지가 산사태로 모두 매몰된 사진을 찾아볼 수 있다.

로 인해 대도시 아파트에조차 아궁이를 설치하고 산에서 땔감을 캐냈으며, 식량 부족으로 인해 계단식 경지가 크게 확대되었다. 다음은 전근우가 남북한 농업협력 교류를 위해 1998년 북한을 방문한 뒤 한국임학회에서 보고한 내용이다.

> 비행기나 고속도로에서 관찰할 수 있는 범위의 산지 중 높은 산의 정상부를 제외한 마을 주변부 또는 도로변 구릉지에는 나무가 전혀 없는 상태였으며 …… 북한은 식량증산을 위해 오래전부터 산지를 다락밭으로 개간해왔기 때문에 대부분의 도로 주변부의 산지는 다락밭으로 조성되어 있었으며, 부분적으로 남아 있는 산지도 식량 및 연료를 해결하기 위해 남벌이 성행, 대부분이 민둥산이었다. …… 집중호우가 발생한 후 2주일이 경과한 시점이었으나 대동강 물의 탁도濁度가 상당히 높았으며, 대동강변의 하천 고수부지에는 다량의 진흙이 퇴적해 있었다. 따라서 대동강 상류지역의 산지가 상당히 황폐해졌음을 추측할 수 있으며, 이로 인해 하기夏期에는 소규모의 집중호우에도 다량의 토사가 하도河道 내로 유입, 수해가 발생할 것으로 사료된다. …… 농업분야의 생산성 향상을 위해……파괴된 농업생산기반을 복구하는 것이 중요하며, 이러한 맥락에서 파괴된 산지를 신속히 녹화하는 데에 필요한 속성수速成樹 선택, 묘목 생산, 식재 등에 대한 구체적인 방안이 우선적으로 논의되어야 한다(1999: 38~39).

표 3-1에서 1910년의 북부지방의 임목축적이 평균 53.0세제곱미터였는데, 현재는 황폐지역을 제외하더라도 불과 36.0세제곱미터라고 한다. 앞서 말했듯이 전체 임야의 15~20퍼센트가 훼손될 정도로 산림이 헐벗어 수리체계가 심각하게 쇠퇴하였고, 그 결과 재해가 계속되고 있는 것이다. 1910년 현재 황폐한 임야가 조선 전체 임야의 26퍼센트였음을 고려하면, 오늘날 북한의 참상에서 19세기 조선의 농업생산성 하락의 원인과 메커니즘을 발견할 수 있다고 하겠다.

최근 19세기 재해에 대한 서로 상반된 두 주장이 제기되었다. 전성호(2002)는 서울의 강우량 조사를 이용하여 19세기의 재해는 홍수가 아니라 주로 가뭄에서 비롯된 것이라고 주장한 반면, 이영훈 · 박이택(2002)은 서울의 강우량과 강우일을 조사한 결과, 1880년대 초까지는 물 부족이 문제가 되지 않았으며 『증보문헌비고增補文獻備考』나 『실록』에는 홍수 기사가 더 빈번히 나온다고 주장하였다. 두 주장 모두 서울의 자료를 이용하고 있지만 몇 월의 자료를 이용하는가에 차이가 있다. 여기에서는 서울의 강우 자료를 이용하는 대신, 간단한 방법으로 19세기의 자연재해가 주로 가뭄에 의한 것인지, 아니면 홍수에 의한 것이었는지 확인해두겠다. 만약 19세기에 홍수가 더 큰 문제였다면, 관찬사료의 '홍수기사 건수/가뭄기사 건수' 비율은 18세기보다 증가할 것이다. 그림 3-5는 『실록』의 연간 홍수기사 건수와 연간 가뭄기사 건수의 비율이다.

18세기에 비해 19세기는 가뭄보다 홍수가 심각한 문제였던 시기로 보인다. 또한 흥미로운 것은 17세기 초 내지 중엽까지 이 비율이 안정적이지만 그 후로는 진폭이 커져 이전과 다른 국면을 형성하면서 홍수가 가뭄보다 빈번해진다는 점이다.[33] 또한 안수한은 1770~1990년 서울의 연강우량을 집계한 후, 1800~1890년의 연강우량이 그 전후 시기보다 훨씬 높다는 사실을 확인하였다(1995:150~151). 그림 3-5는 18세기보다 19세기의 강우량이 더 많았으며, 산림 황폐화는 이러한 기상 조건과 결합하여 대규모 수재가 빈발하는 상황을 초래하였음을 시사한다.

산림 황폐화의 주범으로 남벌과 개간이 지목된 것은 앞서 본 바와 같고, 산이 헐벗어 농업생산에 타격을 주고 있다는 사실은 당대 지식인들에

33 『증보문헌비고』에 나타난 대규모 홍수와 가뭄 기사를 집계한 김연옥의 연구에서도 같은 사실을 확인할 수 있다. 18세기에 2.3(=18/8)이던 홍수/가뭄 기사비율은 19세기에 들어 14.7(=44/3)로 급증한다. 15세기부터 17세기까지는 각각 0.4, 2.8, 0.7이었다(1984:7).

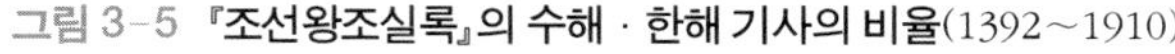
그림 3-5 『조선왕조실록』의 수해 · 한해 기사의 비율(1392~1910)

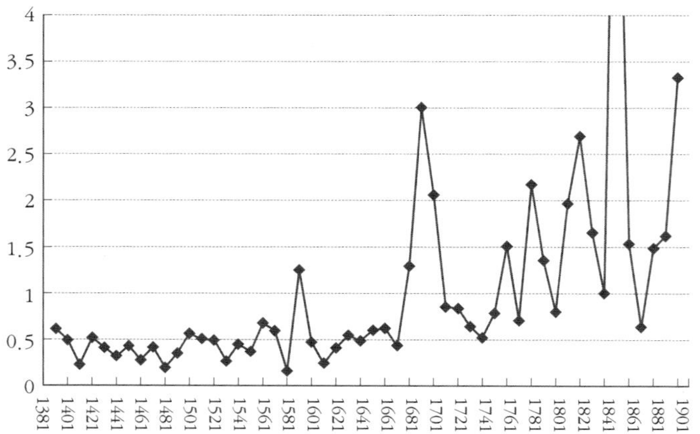

자료 김재호(2001), 부표 1 조선시대의 기근, 전염병, 기후의 추이

게는 하나의 상식이었던 것으로 보인다(『增補文獻備考』 142, 田賦考 2, 經界; 『정조실록』 5/10/22; 『承政院日記』 정조 22/12/20; 『정조실록』 24/5/2).[34] 다음 첫 번째 인용문은 정조의 말이다.

왕이 말하기를, "수水가 목木을 내는 것이 비록 오행五行의 순서이기는 하지만, 산이 초목으로 무성하게 덮여 숲을 이룬 뒤에야 지맥地脈이 축축해져 샘이 솟아오르는 법이다. 그런데 근래에는 언덕과 산기슭의 도처가 벌거숭이가 되어 있어서 열흘만 가물면 시냇물이 그 즉시 마르고 며칠만 비가 내려도 하천변이 쉽게 무너져서 논밭이 모두 손실된다" (『정조실록』 22/11/30).

영의정 이최응이 말하기를, "근래에 소나무 목재에 대한 정사가 문란하니 참

34 전근대 중국 지식인들도 산림 황폐화가 수원을 고갈시키고 토양을 침식시켜 홍수를 일으키는 심각한 문제임을 잘 알고 있었고, 이러한 인식은 이미 기원전부터 나타난다. 산림 황폐화에 따른 피해는 漢나라 이후 중앙정부의 중요 관심사였다(Menzies 1996:650~654).

으로 한심하기 그지없습니다. …… 산기슭은 사태가 날 우환을 면치 못하고 논밭둑도 역시 허물어지는 폐해를 입고 있으며, 궁실을 지을 목재나 배를 건조할 재목도 장차 마련할 데가 없습니다"(『고종실록』 14, 고종 14/8/20).[35]

"어떻게 어떤 사회는 실패하고 어떤 사회는 성공하게 되는가?How Societies Choose to Fail or Succeed?"라는 부제를 붙인 『붕괴*Collapse*』라는 책에서 다이아먼드Jared Diamond는 인류 역사에서 환경파괴로 문명이 붕괴되거나 그러한 위기에 직면해 있는 현대의 사례들을 다음 세 가지로 분류하였다. 첫째는 재앙을 미리 예측하지 못한 경우이다. 예를 들어 마야인들은 산림황폐가 토양침식을 초래한다는 사실을 알지 못했다는 것이다. 두 번째는 재앙에 직면해 있으면서도 그것을 인식하지 못하는 경우이다. 오늘날의 지구온난화가 대표적인 사례인데, 온난화는 매우 불규칙하면서도 대단히 느리게 진행되어 최근에야 비로소 인식되었다. 끝으로 "가장 빈번하며 가장 놀라운" 현상으로서, 재앙을 인식하였으면서도 문

35 기타 널리 알려진 당대의 학자들의 기술을 옮겨둔다.
먼저 우하영의 『천일록』의 일부를 요약한 것이다. "우하영은……水源泉脈을 두텁게 하는 방안은 植木만 한 것이 없다고 주장했다. 즉 수풀이 우거져 그늘이 많으면 햇빛이 내려 쪼이지 않아 자연히 霑濕해져서 水源이 풍부해진다는 것이다"(문양중 2000:177~178). 다음은 정약용의 『牧民心書』의 기술인데 위에서 인용한 정조의 말을 그대로 인용하고 있다. "「農書批答」에서 말했다. 楊州 유생 安聖鐸에게 批答한 것이다. 『근래에 언덕과 산기슭이 곳곳마다 벌거숭이가 되어 열흘만 가물면 냇물이 곧 말라버리고 며칠만 비가 와도 언덕은 쉽게 무너져 논도 밭도 모두 손해를 입는다』." 다음은 서유구의 『杏蒲志』의 일부이다. "서유구는 水源을 두텁게 하는 방안으로 산에서의 벌목을 금하고 나무를 많이 심으며 잔디를 기를 것을 강조했다. 나무가 울창해 그늘이 많이 생기면 泉原이 풍부해지며, 잔디가 산을 덮으면 큰비에도 토사가 쓸리지 않는다는 것이다"(문양중 2000:234). 다음은 서유구의 『華營日錄』의 일부이다. "松政으로 말하자면 근래에 法禁이 蕩然하여 크게는 封山 안에서부터, 적게는 개인이 가꾸는 곳(私養諸處)에 犯斫을 대수롭게 여기지 않아 민둥산이 곳곳에 있는지라. 따라서 샘의 근원이 고갈되고, 제방이 무너지는 우려가 모두 이에 연유한 것으로 이것이 어찌 농사를 방해하고 백성을 병들게 하는 폐단이 아니겠는가"(2004:31~33). 끝으로 이대규의 『農圃問答』인데, 화전이 水利를 해치고 平田까지 피해를 입힌다는 지적이다.

제를 해결하는 데 실패하는 경우이다. 조선의 산림 황폐화도 이에 해당한다. 당면한 문제가 무엇인지 알고 있으면서도 해결에는 실패한 것이다. 이에 대한 다이아먼드의 설명은 각 개인의 합리적 행위rational behavior가 사회에 재앙을 초래할 수 있다는 사실, 즉 제1장에서 서술한 '공유지의 비극the Tragedy of the Commons'이다. 이 '비극'을 막는 방법은 역시 자유접근체제의 해소에 있다(Diamond 2005:419~431). 조선은 이에 실패하였고, 그 결과 농업생산성은 하락하였다.

농업생산성 하락의 제일의 근거는 단위토지당 지대량의 하락이다. 지금까지 모두 열 지방 가량의 사례를 통해 조선후기 지대량의 감소 추세가 확인되었다(이영훈 2002). 특히 경상남도 예천의 박씨 양반가 고문서에서 확인되는 19세기 지주가地主家 자작답自作畓의 수확량 감소는 19세기 단위토지당 지대량의 감소가 지대율 하락이 아니라 생산성 하락 때문임을 확인해준다(박기주 2001). 생산성 하락과 함께 18세기에 안정적이던 논의 실질가격은 1810년부터 19세기 말까지 절반 수준으로 하락하였다(차명수 · 이헌창 2003). 두 번째 증거 또한 예천의 박씨가에서 얻을 수 있다. 19세기 후반 농업실질임금의 하락이 그것이다(이우연 2001).[36] 전근대사회에서 농업에 투하되는 자본은 미미하거나 그에 대해 지불되는 요소소득이 불변이라고 가정할 때, 지대와 임금의 하락은 곧 총생산의 감소가 된다.

이상은 모두 지주가 고문서의 사례연구에 근거하고 있다. 특히 농업임금에 대해서는 다른 참고할 만한 사례가 없다. 19세기 후반, 노동시장이 어느 정도 통합되어 있었다고 가정하고 예천의 사례를 바로 전국적인 추

36 19세기 후반 서울의 숙련 · 미숙련 노동자의 실질임금도 하락하였는데(박이택 2004), 경상도 예천의 농업임금의 추세와 비슷하다. 이러한 동조현상은, 노동시장의 통합과 관련하여 어떤 의미를 갖는지 이후 더 많은 임금자료를 확보하여 고찰할 일이지만, 생활수준의 하락을 시사한다.

세라고 단정할 수는 없다. 지금도 그렇듯이 전근대사회에서는 노동보다는 재화의 유통이 훨씬 쉬웠을 것이며, 재화시장은 노동시장보다 훨씬 더 통합되어 있었을 것이다. 따라서 보다 광범위한 시장권 내에서 형성되는 재화가격의 시계열 자료를 분석함으로써 농업의 동향에 대한 합리적인 추론이 가능할 것이다. 이러한 변수로서 이용할 수 있는 것은 농산물의 상대가격이다. 다른 조건이 일정할 때, 농업생산성 하락은 농산물의 상대가격을 상승시킬 것이다. 만약 이러한 현상이 확인된다면, 앞서 말한 사례들이 보고하는 농업생산성 하락은 그것이 광역적인 충격을 줄 만한 현상, 최소한 해당 재화시장의 지역적 통합범위와 동일한 범위에 걸쳐 충격을 줄 만큼 심각한 현상이었음을 의미한다.

상대가격의 변동은 예상한 바와 같다.[37] 쌀에 대한 벼의 상대가격은 19세기 후반에는 하락하였다. 수확한 벼에 허곡虛穀이 많을수록 일정한 양의 벼를 도정하여 얻는 쌀의 양은 그만큼 줄어들고, 쌀에 대한 벼의 상대가격은 하락할 것이다. 소금과 북어 등 주요 해산물에 대한 쌀의 상대가격은 18세기 후반에는 하락하지만 19세기 후반에는 상승한다. 이는 19세기 농업생산성의 하락과 부합하는 결과이다.

보리와 콩에 대한 쌀의 상대가격은 19세기 전반까지 변화가 없고, 뚜렷한 상승을 확인할 수 있는 것은 19세기 말, 쌀 수출이 본격화된 이후의 일이다. 쌀 생산량이 비록 감소하더라도 보리나 콩 등 잡곡의 생산량이 증가하였다면 이들 잡곡에 대한 쌀의 상대가격은 쌀 수출 이전부터 상승하였을 것이다. 19세기 쌀 생산량의 감소는 잡곡의 증산으로 상쇄되지 못한 채 그대로 곡물 총량이 감소하였다는 해석이 가능하다. 이상은 지방시장의 자료에 근거한 것이다. 최근 19세기 서울시장의 가격동향에 대한 연구

37 상대가격의 동향에 대해서는 박기주 · 이우연(2001)과 박기주(2004) 참조.

가 제출되었는데, 여기에서는 잡곡에 대한 쌀의 상대가격은 완만하게 상승한다(이영훈 2005). 이는 쌀 생산량이 감소하였지만 잡곡의 생산량에 큰 변화가 없었음을 의미한다.[38] 보다 풍부한 가격시계열을 확보하는 한편, 조선경제에서 서울시장이 점하는 지위나 성격에 대한 이해에 기초하여 곡물의 상대가격에 대하여 재검토할 수 있기를 기대한다.

전근대 사회에서나 인구가 증가하면서 경지와 임산물에 대한 수요가 증가하는 것은 자연스러운 일이다. 하지만 산림 황폐화가 불가피한 최종적인 결과인 것은 아니다. 일방적인 소비활동을 내용으로 하는 채취임업에서 육림투자를 수반하는 육성임업으로 전환하는 것도 가능한 선택이다. 전근대 독일과 일본이 그에 해당한다. 도쿠가와 시대의 정치적 안정을 배경으로 17세기 일본의 인구는 크게 증가하였고, 임산물에 대한 초과수요가 발생하면서 그를 둘러싼 분쟁이 빈발하였다. 하지만 이는 과도기적 현상이었고 18세기 이후 집약적 조림을 중심으로 하는 육성임업으로의 체제전환regime shift에 성공하였다(Totman 1989:171~190; McKean 1992; Menzies 1996:654~655; Diamond 2005:294~306). 근세 일본의 경제 발전을 위한 생태학적 기초가 마련된 것이다. 이러한 체제전환은 산림에 대한 새로운 소유제도, 즉 사용 · 수익 · 처분에 대한 새로운 사회적 규칙을 창출함으로써 실현되었다. 조선은 이러한 제도적 전환에 실패한 셈이다.[39] 조선의 산림에서 자유접근체제를 해소하고 근대적인 일물일권적 소유권으로 정리되는 것은 식민지기의 일이다. 다음 장에서 이에 대하여 살펴볼 것이다.

38 쌀은 다른 작물에 비해 수리체계에 민감하게 반응하며, 따라서 산림 황폐화의 영향은 쌀 생산에 집중되었다고 추론할 수 있다.

39 조선의 실패가 이례적인 사례는 아니다. 누차 언급하였듯이 비슷한 시기에 중국의 선진지역들도 같은 문제를 겪으면서 "기근과의 투쟁Fighting Famine" 에서 패배하였다.

제4장

식민지기 산림 기본법의 제정과 녹화주의

1908년 「삼림법森林法」이 공포되었다. 조선 역사에서 최초로 제정된 근대적 산림법령이다. 1910년에는 전국의 산림을 대상으로 임적조사林籍調査가 실시되어 소유권과 임상의 개요를 파악하였다. 그 결과 「삼림법」은 조선의 실정에 맞지 않는다는 사실이 확인되었고, 1911년에 「삼림령森林令」이 제정되고 「삼림법」은 폐지되었다. 식민지기에 「삼림령」은 산림 기본법이자 임정林政의 모법母法이었다.

선행연구에서 주목한 것은 「삼림법」 제19조 "삼림산야의 소유자는 본법 시행일로부터 3개년 이내에 삼림산야의 지적地籍 및 면적의 약도를 첨부하여 농상공부대신에게 신고할 것. 기한 내에 신고하지 않은 것은 모두 국유로 간주한다"는 조항이었다. 반면 「삼림령」이나 그 부속 규정은 관심을 얻지 못하고, 따라서 본격적인 분석이 시도된 예가 없다. 식민지기 임정의 성격과 특질, 그리고 일련의 산림소유권 정리과정에 대한 무관심이나 숱한 오해가 발생한 중요한 원인이 여기에 있다. 이 장에서는 「삼림법」과 「삼림령」 및 그 부속 규정을 검토하고 그 특질이 '녹화주의綠化主義'에 있음을 보일 것이다. 녹화주의란 임정 전반에 있어서 황폐한 조선의 산림을 복구하는 것을 최우선의 과제로 삼는 것이다. 산림소유권 정리에서 녹화 실적에 의거하여 소유권을 형성·법인하는 기본방침이 채택된 것도 기본법의 녹화주의에 기인한 것이다.

식민지기에 대한 서술에서 '임야林野'라는 말이 종종 '산림山林'을 대신하게 된다. 임야는 전田, 답畓, 대垈, 지소池沼 및 잡종지雜種地와 함께 토지의 지목地目에 따른 분류인데, 조선토지조사사업朝鮮土地調査事業에서 임야는 조사대상에서 제외되었고(「토지조사령土地調査令」 제2조), 따라서 산림소유권 정리에 관계되는 법령이나 관계 문서에서는 대체로 임야라는 용어를 사용하게 되었다. 그러므로 본고에서 때때로 산림 대신에 임야라는 용어를 사용하는 것은 불가피한 면이 있다. 산림이라는 말은 지반과 수목 등 지상물地上物 양자를 모두 포함하는 의미로 사용된다. 현행 「산림법」에서도 산림은 "집단적으로 생육하고 있는 입목立木·죽竹과 그 토지"로 정의된다(제2조). 따라서 산림 지반의 소유자와 수목 등 지상물의 소유자가 동일한 한, 산림소유권 정리와 관련하여 산림 대신에 임야라는 말을 사용해도 혼란을 초래하지는 않을 것이다. 본고에서 불가피하게 임야라는 용어를 사용해도 그 의미는 수목 등 지상물을 포함하는 것이며, 사실상 산림과 동일한 의미로 사용되는 것임을 밝혀둔다.

제1절 | 한국의 산림조사와 「삼림법」

1. 산림조사

조선의 산림에 대한 일본인의 최초의 조사는 일본 농상무성農商務省의 지시로 다나카 기요지田中喜代次가 1902년에 실시하였고, 그 결과를 농상무성 산림국山林局이 1903년 『한국삼림시찰복명서韓國森林視察復命書』라는 제목으로 출판하였다. 농상무성 산림국 감독관 겸 기사 다나카 기요지가 조사를 담당하여 6월 9일부터 9월 20일경까지 진행되었다. 보고서는 100여 면이며, 목재, 장작, 그리고 목탄의 수급, 목재시장의 상황, 임산물의 운반사정 및 한일 간 임산물 무역에 대한 전망이 중심 내용이다. 임산물 교역이 주된 관심이었던 것이다.

임상林相에 대한 서술도 없지 않으나, 북부지방의 일부를 제외하면 한국의 산림은 심각하게 황폐하며 그로 인해 목재가 부족하여 수입이 불가피한 상황이라고 기술한 후, 이는 임정이 결여되어 임업이 발달하지 못한 탓이며 농업의 발전을 위해서도 임업을 장려하는 것이 시급하다는 주장도 들어 있다. 산림의 소유권에 대해서는 공산公山과 사산私山이 있고 각각 국유림과 민유림에 해당하는 것 같다고 소략하게 기술하고 있다.

여기에서 지적해두고 싶은 점은 '공산은 국유림에 해당한다'는 서술이다. 자유접근체제에 따라 임산물을 사용·수익하는 임야 또는 그러한 용익 관행을 지칭할 때, 제1장에서는 '無主空山'으로 표현하고 제2장에서는 자료에 있는 그대로 '無主公山'으로 인용하였다. 『조선왕조실록』, 『비변사등록』, 『승정원일기』, 『각사등록』과 같은 연대기를 포함하여 현재 전산화된 자료들을 검색하면 '無主空山'과 달리 '無主公山'이라는 단어는 전혀 찾아볼 수 없다(http://db.history.go.kr/). 조선시대에는 '無主公山'

이라는 말이 없었던 것이다. 이와 달리 '公山'이라는 단어는 대단히 빈번하게 등장하며, 그 의미는 제1장에서 서술한 바와 같이 봉산封山, 금산禁山 등과 같은 특수국유림이다. 식민지기에 등장하는 '無主公山'이라는 표현은 일본인들이 만들어낸 것이며, 이후에는 '無主空山'이라는 단어를 찾아보기 어렵게 되었다. 조선의 임야소유권 정리에 나선 일본인들은 서구적 의미의 근대적 소유권 개념에 익숙해 있었고, 그에 의하면 무주無主의 부동산은 국유로 구분된다. '無主公山'이라는 신조어는 법의식法意識을 반영한 것이며, 이는 후술하는 임야소유권의 정리에서 일관되게 관철되었다.

다시 다나카의 보고로 돌아가자. 농상공부 농무국 산림과의 조선인 기사를 만나 그에게서 들은 이야기를 소개하면서 "산림과의 사무는 수목재배의 장려 또는 벌채금지의 훈령을 만드는 것 외에 지방을 시찰하는 일도 없고, 저명 국유림의 소재지조차 분명하지 않고, 또 기타 지적대장 같은 것을 작성한 일도 없고, 그 면적이 몇 십만 정보인지도 당국자는 답하지 못하였다"고 하여 조선왕조의 임정의 부재를 시사한다(日本農商務省森林局 1903a:31~41). 이 조사와 동시에 중국 산림에 대한 조사가 시행되었고, 보고서는 1903년 『청한양국삼림시찰복명서淸韓兩國森林視察復命書』라는 제목으로 간행되었다. 중국에 대한 내용은 430면이며, 한국에 대해서는 약 20면에 불과한데 『한국삼림시찰복명서』를 요약한 것이다.

두 번째 전국적 산림조사는 1903년에 이루어졌다. 이때는 2인 1조로 2개 조가 각각 남부지역과 북부지역을 맡아 약 5개월간 조사하였다. 각 조의 책임자는 오바야시大林 구서區署의 기사였다. 조사결과는 『남한삼림조사서南韓森林調査書』와 『북한삼림조사서北韓森林調査書』를 한데 묶어 『조선삼림조사서朝鮮森林調査書』로 출간되었다. 『북한삼림조사서』는 주로 압록강 · 두만강 유역의 원시림 이용에 관한 서술인데, 이후 국가에 의한 경영을 염두에 둔 조사였음을 알 수 있다. 특히 압록강 유역의 벌목사업 상황과 이후 경영계획에 대하여 집중적으로 기술하였다.

『남한삼림보고서』는 일부 목재 수급에 대한 서술을 논외로 하면, 남부지방의 산림황폐, 산림황폐의 영향, 황폐한 산림의 '구제책救濟策'이 차례로 서술되어 있다. 남부지방 임야 700만 정보에서 성림지成林地는 1할, 치수가 번생蕃生하여 보호만으로 자연히 성림成林할 수 있는 것이 6할, 그 외 나무가 전혀 없어 인공조림을 실시하여야 할 것이 3할이라는 추산도 제시되었다(日本農商務省 1905:17~18). 『남한삼림조사서』에 담긴 문제의식을 짐작하게 하는데, 당면한 임정의 과제가 산림의 녹화와 보호에 있음을 주장한 최초의 보고서라고 할 수 있다.

임야소유권에 대해서는, "한국의 삼림은 일본과 달리 어료림御料林, 국유림國有林, 공유림共有林, 사사림社寺林, 사유림私有林의 구별이 분명하지 않다. 원래 한국은 하늘 아래 왕토王土 아닌 것이 없다는 주의主義에 기초하여 그 왕토를 관령管領하기 때문에 순연純然한 사유私有의 토지로 칭할 만한 것이 없고, 사유지로 칭하는 것은 소위 지상권地上權만이 있는 것에 불과한 것 같고", 국유림에 해당하는 공유산公有山은 국유림과 황실유皇室有의 성격이 뒤섞여 있으며, 사유림은 개인이나 부락에 의해 "자유진퇴自由進退"하는 산이라고 기술하였다. 산림황폐의 원인으로는 육림투자를 가로막는 관리들의 탐학, 연료수요 등 인구의 증가, 임학 지식의 부족으로 인한 남획이 지적되었다(日本農商務省 1905:19~24). 산림황폐의 결과 한발旱魃과 수재가 빈번히 발생하여 농업 등 각종 산업에 악영향을 미치고 있음을 서술한 뒤, 다음과 같은 구제 방안을 제안하였다.

첫째, 공유산에서의 민간의 시초채취柴草採取 관행을 규제하기 위하여 이를 관에서 경영하자는 것이다.[1] 만약 임야에 대한 사적소유권이 이미

1 "公有山은 무릇 柴草採取 관행이 있고 촌락과 거리가 멀고 또 경찰이 힘쓰지 않음으로써 盜伐

부정할 수 없는 수준으로 발전하였고, 사실상의 사유림이 전국에 광범하게 존재한다는 것을 파악하였다면, "시초채취 관행"이 있는 임야를 모두 국유림으로 간주하여 관영으로 할 것을 주장하지는 않았을 것이다. 단 두 명이 수개월 동안 수행한 조사로써는 많은 사유림이 무주공산과 다를 바 없이 사용·수익되고 있다는 사실을 파악하기 어려웠을 것이다. 두 번째 '구제책'은 국유 산림의 보호를 위하여 주민들에게 보호를 명령하고 그 대가로 일부 임산물을 지급하는 부분림제도部分林制度였다.[2] 이 조사의 남한지방 책임자가 「삼림법」을 기초한 도케 미쓰유키道家充之였으며, 『조선삼림조사서』에 근거하여 조선 최초의 산림법률인 「삼림법」이 제정되었다.

2. 「삼림법」의 제정

1908년 1월 21일, 본칙本則 18개 조와 부칙附則 4개 조의 「삼림법」이 법률 제1호로 반포되었다. 도케 미쓰유키의 판단을 염두에 두고 「삼림법」의 내용을 살펴보면, 우선 산림황폐의 최대원인이라고 할 수 있는 무제한적 용익用益을 허용하지 않는다는 취지가 주목된다. 주요 보호대상은 무주공산으로 표현되는 국유림인데, 다음이 관계 조항이다.

과 濫採의 폐해가 거의 극에 달하였다. 따라서 그것을 모두 개인의 경영에 맡기고 그들에게 관리와 보호를 맡길 때는 수지가 맞지 않을 뿐만 아니라 成林의 효과를 거두기가 지극히 어려우므로 官營으로 할 필요가 있다"(日本農商務省 1905:56).

2 "장래 임야의 보호를 주도면밀하게 하고 신속히 成林의 효과를 거두는 방법은 현지촌락과 임야와의 관계를 긴밀하게 만드는 것이다. 즉 과거 일본의 藩의 林制와 같이 현지 촌락에 임야의 보호를 엄명하고, 다른 한편 현지촌락에 部分林을 설정하여 間伐木의 무료 지급과 부산물의 무료 채취를 허가하여 그 권리를 인정함이 긴요하다"(日本農商務省 1905:61). 부분림이란 조림업자가 임야의 소유자(영주, 촌락, 개인 등)로부터 임야를 빌려 수목을 육성하고, 목재로 사용할 수 있을 만큼 수목이 성장하면 그것을 판매하여 임야소유자와 판매대금을 나누어 갖는 제도이다. 18세기 이후 일본 전역에서 성행하였다고 한다(Totman 1989:163~165).

제12조 농상공부대신의 허가 없이 삼림산야를 개간할 수 없다.
제13조 소유자의 허락 없이 삼림산야에 분묘를 입장할 수 없다.
제14조 지방관 또는 경찰관리의 허가 없이 삼림산야에 입화入火할 수 없다.
제15조 삼림에서 주·부산물을 절취한 자는 형법 제602조 및 제603조에 준하여 처벌한다.[3]

여기에서 "삼림"이란 "산지든 평지든 관계없이 지상에 수목이 다수 총생하는 것 또는 벌채적지伐採跡地로서 숲을 이룰 만한 전망이 확실한 것", "산야"란 "수목이 총생하지 않는 토지로서 경사 15도 이상의 것"이다(朝鮮總督府臨時土地調査局 1918:88).

제15조는 '시초채취 관행'을 부정한 것이다. 제1조에 의해 임야는 소유자에 따라 제실유帝室有, 국유림國有林, 공유림公有林 및 사유림私有林으로 구분되며, 사인私人이 국유림에서 시초를 채취하는 관행은 물론이고 타인 소유의 산림에서 시초를 채취하는 것도 이제 '절도'가 되기 때문이다. 제12조와 14조는 화전으로 대표되는 조선후기 산림의 난개발에 대한 규제조치이며,[4] 제13조는 국유림에 자유로이 입장설묘入葬設墓하던 관행을 금지한다는 규정이다. 사유림도 보호의 대상이겠으나, 이상에서 주요 목적물은 국유림이다. 무주공산의 관행＝자유접근체제의 관행에 따른 폐해를 강력히 규제하겠다는 것이다. 육림育林의 관점에서 볼 때, 이들 규정은 산림보호를 위하여 특정 행위를 금지하는 소극적negative인 성격을 갖는다고 할 수 있다.

---

3 도케 미쓰유키는 「삼림법」 제정을 회고하는 글의 모두에서 이렇게 기술하였다. "한국 상하에 걸쳐 기강이 문란한 결과 모든 제도가 頹敗하고, 임야에 대해서는 특히 심하여 일반민중은 추호도 官民有의 구별 없이 需用에 따라 구애되지 않고 벌채하는 관습……"(道家充之 1933:12~13).

4 「삼림법시행세칙」, "제68조 삼림산야에 방화하기 위하여 허가를 얻고자 하는 자는 기일을 정하여 청원하여야 한다. 단, 방화하고자 하는 삼림산야의 전부 또는 일부가 타인의 소유지에 관련될 때는 소유자 또는 관리인의 승낙을 증명하는 서류를 받아 청원서에 첨부하여야 한다."

제5조부터 제8조는 보안림保安林에 대한 규정이다. 공공의 이익을 위하여 사유림의 소유권 행사를 제한할 수 있다는 내용이며, 해방 후 한국 「산림법」의 보안림 규정과 큰 차이가 없다. 도케는 그 취지를 설명하면서 "만약 이대로 상황을 방치하면 더욱 그 참독慘毒을 노정露呈하여 크게 산업의 발전을 저해하고, 마침내는 망국亡國의 상태에 이르지 않을 수 없으므로, 한국의 임야는 일반적으로 국토보안상 관계가 가장 중대"하다고 강조하였다(道家充之 1933).

산림의 소유구분, 삼림보호 및 보안림제도와 함께 「삼림법」의 골격을 이루는 다른 하나는 산림녹화를 위한 규정, 즉 『남한삼림조사서』에서 '구제책'으로 제안한 부분림제도이다. 농상공부대신은 조림자와 그 수익을 분수分受하는 조건으로 국유림에 부분림을 설정할 수 있고(제3조), 부분림의 수목은 국가와 조림자의 공유로 하고, 그 지분은 수익의 비율과 동일하게 한다(제4조)고 하였다. 하기노 도시오萩野敏雄는 「삼림법」 공포에 뒤이어 신속하게 「국유삼림산야부분림규칙國有森林山野部分林規則」을 발포하였다는 점을 지적하면서 부분림제도를 「삼림법」의 "주축"이라고 하였다(2001:44). 도케는 『조선삼림조사서』를 작성하면서 산하 촌락민을 부분림제도의 주된 동반자로 기술하였지만, 일본자본의 유치도 염두에 두었던 것으로 보인다.[5]

끝으로 제19조의 지적地籍 신고에 대한 규정이다. "삼림산야의 소유자는 본 법 시행일로부터 3개년 이내에 삼림산야의 지적 및 면적의 약도를 첨부하여 농상공부대신에게 신고할 것. 기한 내에 신고하지 않은 것은 모두 국유로 간주한다"고 하였다. 이른바 '신고주의申告主義'가 최초로 천

5 "한국부총감 자작 소네 아라스케曾禰荒助 씨가 부임하고 …… 속히 제도를 마련하고 단지 한국민뿐만 아니라 일본에서도 부호 등을 招致하여 조림사업을 경영하게 하고, 또 그 제도는 일본 구 藩의 제도를 모방하여 부분림제도가 적당하다고 이야기하였고, 나는 크게 찬성을 표시하여……"(道家充之 1933).

명된 것이다.[6] 신고기한으로 주어진 1911년 1월 23일까지 제19조에 의해 지적을 신고한 임야는 약 52만 건(배재수 외 2001: 9), 220만 정보로 조선임야조사사업朝鮮林野調査事業(이하 '사업'으로 줄임)에서 민유民有로 사정査定된 면적의 1/3에 불과하였다(『朝鮮林野調査事業報告』, p.9., 이하 『보고』로 줄임).

『보고』에 따르면, 지적의 신고실적이 이처럼 저조하였던 것은 조선인들이 그것을 "종래 과세하지 않던 임야에 대해 지세를 부과하기 위한" 조치로 생각하거나, 약도의 첨부를 요구함으로써 측량비용의 부담이 컸기 때문이다(『보고』, pp.9~10).[7] 후술하는 바와 같이, 「삼림법」 제19조에 의한 지적의 신고는 임야소유권의 정리과정에서 법률적으로 확정적인 효력을 가진 것이 아니었다. 지적을 신고하였다는 사실이 소유의 권원權原으로 인정되지도 않았으며, 신고하지 않았다는 이유로 소유권을 상실하는 것도 아니었다. 지적신고의 실적에 비추어 볼 때, 이는 당연한 결과라 할 수 있다. 지적신고는 식민지기 장기간의 소유권 정리과정에서 다만 참고로 이용되었을 뿐이다.

「삼림법」이 갖는 역사적 의의를 평가할 때, 제19조의 지적신고 조항뿐만 아니라 조선 최초의 산림관계 법률로서 당시 심각한 산림황폐를 반영하여 그 해결책을 모색하였다는 점도 고려하여야 할 것이다. 무주공산으로 취급되어 온 국유림에 대하여 인민의 권리와 의무관계를 최초로 법정

6 선행연구에서 「삼림법」의 성격과 관련하여 가장 중요한 것으로 지목되며, 인용되는 거의 유일한 조항도 바로 이것이다.

7 『보고』는 「삼림법」 제19조를 무지몽매한 일반 민중을 대상으로, 게다가 교통이 매우 불편한 상황에서 한낱 관보의 공포로 소유권을 여탈할 수 있는 중대한 사업을 처리하고자 한 심각한 시대착오였다고 적고 있다. 그렇다면 「삼림법」 공포 후 3년 동안 지적의 신고를 독려하기 위하여 다른 조처를 취하지 않았다는 말인데, 그 이유가 궁금하다. 당시 행정력의 한계에 기인한 것일 수 있다. 또한 사유림이 그리 많지 않다는 판단에 따라 통감부나 총독부 스스로 제19조의 의미를 가벼이 여겼던 것인지도 모른다.

法定하였다는 점인데, 이후 「삼림법」이 폐지되고 「삼림령」이 제정 · 공포되었지만 이 정신은 여전히 유지되었고, 여기에서 두 법령의 연속적 성격을 찾아볼 수 있다. 단, 두 법령은 실효성 면에서 큰 차이가 있었고, 이로 인해 「삼림법」은 폐지되었다.

제2절 | **임적조사**

1. 조사의 경과

도케 미쓰유키의 남한 삼림조사에 기초하여 「삼림법」이 제정되었듯이, 사이토 오토사쿠齋藤音作의 책임하에 1910년에 실시된 임적조사林籍調査 결과, 「삼림법」이 폐지되고 「삼림령森林令」이 공포되었다(1911. 6. 20., 制令 第10號). 「임적조사내규林籍調査內規」 제1조에 "임적조사는 전국적으로 관민유官民有 임야의 배치 및 임상의 개요를 파악함을 목적으로 한다"고 하였는데, 임상에 대한 조사로서 조선 전국을 대상으로 하였다는 점, 그리고 임야의 소유구조가 조사되었다는 점에서도 조선 최초의 일임을 강조할 만하다. 1909년 한국정부의 초빙으로 이듬해 1월에 한국에 도착하여 이 조사를 제안하고 지휘하였던 사이토 오토사쿠의 회고는 다음과 같다. 조선 임정의 기본 방향을 모색하던 실무책임자가 당시에 직면한 곤란과 임적조사의 배경을 알 수 있다.

> 한국의 산림정리에 대하여 신속히 근본적인 방책을 수립하라는 간촉懇囑이 있었고, 따라서 먼저 한국 산림의 상황 및 종래의 시설 등에 대하여 조사한 결과, 당시 한국의 산림은 상당히 혼돈된 상태에 있고, 그 대략의 분포, 임상 및 면적의 대강조차 알 도리가 없으며, 기타 정치整治의 방책을 수립하는 데 필요한 각종 근본적인 자료가 완전히 결여되어 있음을 알고, 먼저 전국에 대하여 일차적인 진찰을 수행하여 그 용태의 대략을 아는 것이 급무라고 생각하고……(齋藤音作 1933a:39).

「임적조사내규」에 의하면, 한국과 일본의 판임관判任官 1인씩 2인을 1조로 하여 14개 조를 편성하고, 1910년 3월에 개시하여 9월까지 실지조사實地調査와 내업內業을 모두 마친다는 계획이었고, 그에 소요된 경비는 불과 1만 2천 원이었다고 한다. 소액의 비용으로 소수의 인원이 단기간에 실시하고자 한 것인데, 본래의 계획대로 조사를 마칠 수 있었던 것은 군사기밀도軍事機密圖를 이용하는 등, 일본 해군과 육군, 탁지부度支部 등이 적극적으로 협조하였기 때문이다(배재수 2000). 임적조사의 가시적 성과로서 1:20만 및 1:50만 축척의 소유별 · 임상별 「조선임야분포도朝鮮林野分布圖」를 작성하였고, 약 4천 부를 인쇄하여 각급 관청에 배포하였다. 표 4-1은 임적조사로 얻은 전국 임야의 소유관계와 임상을 나타낸 것이다.

'관리기관이 있는 국유임야'(총 임야면적의 6.5%)란 "예를 들면 봉산封山, 금산禁山, 목장牧場, 시장柴場 등과 같은 것"으로서 제1장에서 서술한 특수국유림에 해당하는 것이다. '관리기관이 없는 국유임야'(45.9%)는 "주로 공산公山이라 칭하는 것"으로, "무주공산無主公山"이 그것이다. '민유임야'(47.6%)는 '사유임야私有林野'에 '사찰이 관리하는 임야' 17만 정보를 합산한 것이다. 여기에서 사유임야는 "입회관행入會慣行이 있는

표 4-1 임적조사에 의한 소유별 · 임상별 임야면적

(단위: 정보)

	성립지	치수발생지	무입목지	계
관리기관이 있는 국유임야	626,840 (4.0)	186,909 (1.2)	221,624 (1.4)	1,035,737 (6.5)
관리기관이 없는 국유임야	3,666,561 (23.1)	1,987,851 (12.5)	1,613,589 (10.2)	7,268,001 (45.9)
민유임야	829,284 (5.2)	4,444,713 (28.0)	2,272,248 (14.3)	7,546,245 (47.6)
계	5,122,685 (32.3)	6,619,473 (41.8)	4,107,461 (25.9)	15,849,983 (100.0)

주 괄호 안은 %.
자료 齋藤音作 1933a:53.

임야, 즉 공산으로서 현지민과 관계가 밀접한 부분은 일단 국유에서 제외하고 사유임야에 편입"한 것을 포함하고 있다. '사유임야'는 다음 (1)부터 (4)호 중 하나에 해당하는 임야이다. "(1) 분묘 및 그 법정한계.[8] (2) 영년금양永年禁養한 임상지林相地이며 또 중인공지衆人共知인 것.[9] (3) 사패지賜牌地 또는 공적인 증거서류로 소유의 사실을 입증하는 것. (4) 매수문권買收文券을 가진 것으로서 식재植栽나 기타 노비勞費를 가한 것."

임상별 구분에서 '성림지成林地'란 "입목立木의 밀도가 완전한 것을 1로 할 때 입목도立木度가 0.1 이상인 것", '치수발생지稺樹發生地'란 "낫으로 벨 수 있는 정도의 어린 나무가 발생하는 지역으로서 밀도가 0.1 이상인 것", '무입목지無立木地'는 "밀도가 0.1 미만인 것"을 말한다(齋藤音作 1933a:51). 여기에서 입목의 밀도, 즉 입목도는 전술한 바와 같이 정상 축적에 대한 실제 축적의 비율로서, 산림의 상태를 나타내는 대표적인 지수로 이용된다.

표 4-1에서 임야 총면적은 1,585만 정보인데 이 조사에서 제주도 등 도서 지역은 제외되었으므로 이를 추가하면 약 1,600만 정보가 된다(齋藤音作 1933a:53~54). 그런데 '사업'의 결과 정산된 총면적은 임야 이외의 토지 약 13만 정보를 포함하여 1,630만 정보이므로 임적조사에는 약 17만 정보, 전국 임야의 1퍼센트가량의 오차가 있다. 표에서 보듯이 관리기관이 있는 국유임야는 전체 국유임야의 12.5퍼센트, 104만 정보에 불과하다. 나머지 87.5퍼센트는 관리기관 없이 방치된 상태였으므로 관리기관이 없는 국유임야는 오지 원시림을 제외하면 임상이 대체로 불량하였다.

임적조사의 결과 얻어진 도별 · 소유별 · 임상별 임야면적은 1910년대

8 분묘의 법정한계란 제1장에서 서술한 바와 같이 『경국대전』부터 『대전회통』까지 「禮典」에 규정된 品階에 따른 步數의 규정을 말한다.

9 永年禁養이란 오랜 기간 禁伐하고 養松하였다는 의미이다.

『조선총독부통계연보』(이하 『연보』로 줄임)에 그대로 게재되었다. 남부지방에서는 민유임야의 비중이 70퍼센트에 달한 반면, 우량한 원시림을 포함하고 있는 북부지방 임야의 58퍼센트는 관리기관이 없는 국유임야이다. 남부지방에 민유임야가 많은 것은 인구밀도가 높고 임야면적이 상대적으로 작기 때문이며, 북부지방은 그 반대의 상황이었다.

2. 조사의 의의

사이토 오토사쿠는 임적조사로써 밝혀진 사실로서 이후 조선의 임정에서 고려하여야 할 사항을 '조사의 효력'이라는 제하의 11개 항목으로 제시하였다. 그중에서 소유권의 정리와 관련하여 우선 다음을 들 수 있다.

> (5) 관리기관이 있는 국유임야는 의외로 면적이 작으며 그렇지 않은 국유임야, 즉 소위 공산 내의 국유임야로서 정리, 경영하여야 할 면적이 상당히 광대하다는 것을 알 수 있다.
> (6) 정당한 사유임야로 인정되는 면적은 근소하지만, 공산 중 다년간 점유하여 흡사 사유와 같이 보육하고 이용해온 임야, 그리고 입회 또는 그와 유사한 관행이 있는 임야가 대면적에 달하므로 그것을 어떻게 정리할 것인가가 중요하고 긴급한 일대사업임을 알 수 있다. (齋藤音作 1933a:57)

(5)는 국유임야로서 관리기관이 있는 면적이 예상보다 적어 관리기관이 없는 국유임야는 민간에 처분하여야 할 부분과 기타 국가가 경영하여야 할 부분으로 분리하여 각각 처분, 경영하여야 하며, 이러한 면적이 매우 넓다는 것이다. 여기에서 전자는 이후 임야소유권의 조사와 정리과정에서 "요존예정국유임야要存豫定國有林野"로 칭하게 되며, 후자는 "불요존예정국유임야不要存豫定國有林野"에 해당한다. (6)에서 말하는 "정당한

사유임야"가 무엇을 가리키는지는 제3절에서 서술하겠다. 통상 무주공산이라고 칭해왔지만 오지 원시림 같은 순연純然한 무주無主가 아님을 알게 되었다는 내용이다. 전에 없던 새로운 인식으로 수개월간 수십 명을 동원해 조사한 결과 비로소 파악하게 된 사실이라고 할 것이다. 첫째, '사유와 같은 것', 둘째, "입회 또는 그와 유사한 관행이 있는 임야"가 많이 존재하며, 무주공산에서 국유로 관리할 오지 원시림 외에 이들의 뒤섞인 소유관계를 정리하는 문제가 "긴급한 일대사업"으로 제기되었다.[10]

무주공산이 모두 무주無主는 아니라는 사실을 파악한 것은 조선의 임야소유권에 대한 인식이 한층 심화되었음을 말한다. 하지만 "정당한 사유임야로 인정되는 면적은 근소"하다는 서술은 일본인이 서구에서 수입한 소유권 개념, 즉 근대적 일물일권적一物一權的 소유권만 "정당"하고 유일한 합법적 소유권이라는 인식에 근거하고 있다. 제1장과 제2장에서 서술한 바와 같이, 조선의 임야소유권은 그것이 자유롭게 매매 · 증여 · 상속되었다는 점에서 볼 때, 임야지반의 처분에 관한 한 그 권리는 배타적이며 일물일권적인 성격을 갖추었다. 하지만 소나무와 같은 주산물의 사용 · 수익에 대한 권리와 낙엽과 지엽 등 수목을 제외한 부산물로서 연료 · 농

10 여기에서 말하는 '入會'가 제1장에서 말한 공유재산체제를 말하는 것이 아니라는 점에 주의하여야 한다. 일본인들은 국유림에 위에서 성립하는 무주공산=자유접근체제의 관행을 가리켜 종종 '입회'라고 표현하였는데, 이는 사이토 오토사쿠의 다른 글에서도 확인된다. "임적조사로 얻은 자료에 비추어 고찰하면, 현행의 삼림법 및 부속법령에는 적지 않은 결점이 있음을 인식…… 3. 실정과 관습 등에 적합하지 않은 점이 적지 않다는 것. 1) 현지촌락민의 입회관행에 대하여 너무 냉담하다고 생각된다. 국유임야 중 과반을 점하는 공산의 대부분에 대하여 종래 오랫동안 입회 또는 그와 유사한 관행이 있다. 즉 사료와 온돌연료의 자유채취는 물론, 경우에 따라서는 건축 기타의 用材도 자유채취하는 관행이 있음이 명확함에도 불구하고, 삼림법에서는 갑자기 종래의 관행을 고쳐 모두 매수하게 하였지만……실제로는 종래대로 자유채취하고 있고 법령은 空文이 되었으므로 속히 적당한 정도로 완화 · 개정하여 현지 빈농들이 견딜 수 있는 수준에서 保育 목적을 달성하도록 하고, 이와 함께 그 관행 구역의 결정 등을 제정할 필요가 있다"(1933b:196~199). "자유채취"가 「삼림령」에 의해 어떻게 "견딜 수 있는 수준"으로 제한되었는지에 대해서는 후술한다.

산원료 · 사료로 이용되는 '시초柴草'에 대한 용익의 권리는 상이하였다. 주산물에 대한 권리는 임야의 처분을 통해 지반에 대한 권리를 획득한 자에게 있었지만, 기타 부산물은 최소한 그것이 인민의 생존에 필요한 것인 한 해당 임야 주변에 거주하는 일반인들에게 개방되었다. 생존에 불가결한 부산물은 무주공산의 그것과 동일하게 자유접근체제하에 놓여 있었던 것이다. 그것이 소유자의 의지에 의한 것이든, 불가피하게 용인된 것이든, 자유접근체제의 부산물 용익用益은 뿌리 깊은 관행으로서 사적소유권의 구성요소를 이루고 있었다. 임야를 소유하지 못한 과반의 인민들은 이렇게 개방된 타인의 임야로부터 시초를 얻을 수밖에 없었기 때문이다. 무주공산의 전통에 깊이 침윤된 특유의 사적소유권을 통해 임야를 둘러싼 조선인들의 사회적 관계가 통합되고 있었던 것이다.

제5장에서 서술하는 바와 같이, 조선후기에 이르러 임야의 사적소유권은 지극히 영세하고 분산적인 양태를 보일 만큼 발전하였지만, 오늘날과 같은 근대적 소유권, 즉 절대적 · 일물일권적 소유권과는 상이한 특질을 갖고 있었다. 하지만 서구에서 발전한 근대적 소유권은 더 이상 시간과 공간을 초월하는 소유권의 보편적인 형태로 간주되지 않는다. 소유제도에 대한 실증연구가 축적됨에 따라 소유권의 역사적 발전이 반드시 근대적 소유권을 지향하지는 않으며 그 방향이 다양하다는 사실을 인정하게 된 것이다(Fortmann and Bruce, eds. 1988). 따라서 조선의 사적소유권이 근대적 소유권이 아니라 사점금지＝무주공산의 전통을 흡수하는 특수한 형태로 발전했다고 해서 사적소유권의 존재 자체를 부정할 수는 없다. 그러나 이는 오늘날 우리의 생각이며, 총독부 관계자들은 달랐다. 그들은 서구의 일물일권적 근대적 소유권이 사적소유권의 유일한 형태이며, 그에 해당하지 않는 것은 소유권이 아니라고 보았고, 그래서 "정당한 사유임야로 인정되는 면적은 근소"하다고 생각하였던 것이다. 다음 장에서 보

는 바와 같이 순연純然한 무주공산, 즉 사적소유권이 형성되지 못하여 아무도 처분할 수 없고, 사용 · 수익에 있어서도 어떠한 규칙도 없는 적지 않은 규모의 임야가 20세기 초까지 여전히 존재하였다는 사실도 이러한 인식을 형성하는 데 기여하였을 것이다. 총독부 관료들의 인식은 '사업'의 진행을 통해 변화하였다. "소유권의 관념이 조선과 일본에서 다르다"는 것을 인정하고 이를 '사업'에 반영하였다는 것이다(宮田節子 監修, 李宇衍 解說 2009).

사이토는 임적조사 이후 작성된 "다수의 의견서" 중 하나를 소개하였다. 「한국임야정리에 관한 의견서」(이하 「의견서」로 줄임)라는 제하에 18항목으로 나누어 서술한 총 23면의 문서이다(道家充之 1933:59~81). 내용은 ① 황폐임야의 복구방안, ② 국유와 사유의 구분방침, ③ 국유림의 경영과 처분 방침, ④ 사유림에 대한 영림감독營林監督으로 대별할 수 있다. 먼저 ③과 ④에 대하여 살펴보자. 「의견서」는 "국유삼림산야 정리의 제1의 사업은 먼저 이를 요존지要存地와 불요존지不要存地로 구분하는 것"이며, 군사 · 학술 등의 이유로 "국가가 경영할 필요가 있는 삼림산야"나 국가의 재정수입 증대에 기여할 수 있는 산림산야는 "요존치要存置"로 구분해야 한다고 하였다.

"요존치"에 해당하지 않는 국유림이 "불요존치不要存置"이며, 불요존치에서 "유리하게 매각할 수 있는 삼림지"는 토지와 임목을 동시에 매각하고, "유리하게 매각할 수 없는 황폐임야"는 유상 또는 무상으로 대부하는 방안을 제시하였다. 불요존국유림을 민간에 '대부'하자는 제안인데, 이와 동시에 「삼림법」의 부분림제도는 "관민 모두 번거로울 뿐만 아니라 이권획득의 폐해에 빠지기 쉬우므로 폐지"하자고 하였다. 부분림제도가 번거롭다는 것은 "토지는 영구히 국유이며, 입목은 부분림을 설정하기 전부터 존재한 것은 국유, 설정한 후에 발생한 것은 나라와 조림자의 공유가 되어 권리관계가 복잡"하다는 것이며, 이권의 폐해란 대부료 등 비용을 부담할 필요가 없으므로 조림에 성의가 없고 임산물의 권리 획득만 노리는 경우가 많다는 뜻이다(齋藤音作 1933b). 대부제도를 제안하고 있지만, 후술하는 '조림대부제도'처럼 조림에 성공하면 무상으로 양여한다는 내용은 아직 보이지 않는다.

당시 750만 정보이지만 "정리 후 약 1,130만 정보가 될" 사유림에 대해서는 더 이상의 황폐를 방지하고 성림成林하게 하려면 다음과 같은 "간섭방침을 택할 수밖에" 없다고 주장한다. 지방장관으로 하여금 소유자에게 조림造林을 명령하거나 영림營林의 방법을 지정할 수 있게 하고, 사용·수익의 폐해를 교정하기 위하여 필요한 명령을 내릴 수 있게 하며, 임야소유자들로 하여금 산림의 보호나 조림을 위하여 공동으로 사업을 진행하게 할 필요가 있을 때는 그들의 조합에 관련된 명령을 내릴 수 있게 하는 것이다. 사용·수익의 폐해란 활엽수의 남벌, 소나무 생지生枝의 채취, 수근樹根의 굴취掘取, 낙엽과 잡초의 남획 등, 수시로 입산하여 소나무 이외의 모든 임산물을 수의채취隨意採取하던 오랜 관행을 말하는 것이다.

「삼림법」 제19조에 따라 지적을 신고한 면적은 불과 220만 정보였지만 임적조사를 통해 파악한 사유림 면적은 750만 정보라는 점, 그 외에 국유림의 정리를 통해 추가로 380만 정보가 사유로 처분될 것이라고 기술한 점이 주목된다. 당시 임업관계자들은 임적조사 이전에도 지적신고가 진정한 권원權原이 될 수 없다는 것을 알고 있었으며, 지적신고의 여부에 따라 국·민유를 구분하지도 않았던 것이다. 임적조사에서는 간이하나마 현지조사를 통해 사유림과 이후 사유로 정리할 면적의 대략을 파악함으로써 사유림이 매우 넓다는 사실을 확인하였고, 이를 통해 지적신고를 근거로 소유권을 법인法認할 수 없음을 재확인하였던 것이다. 따라서 사이토는 '조사의 효력'의 하나로 다음을 지적한다.

(9) 「삼림법」 제19조의 지적地籍 신고를 관官·민유民有 구분의 중요한 자료로 삼는 것은 대단히 위험함을 알 수 있다. 즉 이 규정은 민도民度 및 민정民情에 적합하지 않고, 또 보고의 내용은 불성실한 것이 많다. 또 진정한 사유임야로서 신고를 하지 않은 것이 다수이므로, 이후 본건의 결말을 어떻게 할 것인가가 중대한 하나의 문제임을 인식하였다(1933a:58).

사이토의 '조사의 효력'이나 「의견서」에 명시적으로 표현되지는 않았지만, 새로이 제정된 「삼림령」의 내용을 살펴보면 「삼림법」의 개정보다는 새로운 법률로 대체하는 것이 보다 적절한 형식이었음을 알 수 있다. 임야의 소유권정리와 임정의 기본방침이라는 면에서 「삼림령」은 「삼림법」에 없던 새로운 내용을 담고 있기 때문이다. 다음은 '조사의 효력'의 마지막 항목이다.

(10) 그 외 현행 「삼림법」은 지방의 실정에 적합하지 않은 조항이 적지 않고 또 산림의 정리 및 치산治山의 촉진상 개정이 필요한 것이 많음을 감지할 수 있었다(1933a: 58).

소유권정리와 산림녹화가 시급한 상황에서 "산림의 정리 및 치산의 촉진"에 관련하여 고쳐야 할 것이 많다고 한다면, 이는 「삼림법」의 폐지를 말하는 것과 별 차이가 없다. 소유권정리에 있어서 「삼림법」 제19조에 따라 신고된 지적을 이용하는 것은 "대단히 위험"하다고 판단되었고, 산림보호를 위한 "시초채취 관행"의 전면적 부정은 "공문空文"이 되었고, 산림녹화를 위해 입안된 부분림제도는 「삼림법」 공포 이후 3년 6개월 동안 고작 22건, 7,429정보의 출원出願에 그쳤기 때문이다(『朝鮮林業史』, 2000:87).

제3절 | 「삼림령」과 녹화주의

1. 「삼림령」

1911년 6월 20일, 제령制令 제10호로 「삼림령」이 공포되었다. 본칙本則 24개 조와 부칙附則 6개 조로 이루어졌으며, 부칙 제26조에 따라 「삼림법」은 폐지되었다. 「삼림령」이 공포된 다음 달에 개최된 도장관회의道長官會議에서 「삼림령 개정요지」가 배포되었다. 서두에는 "조선 종래의 관습에 바탕을 두고 또 시세時勢의 추이에 적합하게 한다는 목적으로, 한편으로는 지방 인민에게 편의를 주는 동시에, 식림植林의 보급을 기하고, 또 한편으로는 국유임야의 정리 및 경영을 완성하기 위하여 삼림령을 제정"한다고 하였다. 「삼림법」은 관습에 맞지 않아 인민에게 불편을 주고 식림의 보급에 기여하지 못하였으며, 국유림의 정리와 경영을 위한 방침이 부적절하여 실효를 거두지 못했던 것이다(『朝鮮林業史』 2000:160).

(1) 국유림의 구분과 '조림대부제도'

「삼림법」 제1조는 삼림을 소유자에 따라 "제실림帝室林, 국유림, 공유림, 및 사유림"으로 구분하였지만, 「삼림령」에는 이러한 조항이 없고 본칙의 각 조에 필요한 규정을 두었다. 「삼림령」의 주요 내용은 전술한 '조사의 효력'이나 「의견서」와 크게 다르지 않지만, 그 문제의식은 한층 심화되었고 처방은 더욱 강력하였다. 「삼림령」은 식민지기 임정의 기본방침을 담고 있는 임정의 모법母法이다. 임야소유권의 정리방침과 산림의 관리방침으로 구분하여 내용을 소개하고 특징을 서술하겠다. 국유림에서 요존임야와 불요존임야의 구분은 다음 두 조항에 근거한다.

제6조 국유삼림으로서 국토보안을 위하여 또는 삼림경영을 위하여 국유로서 보존할 필요가 있는 것은 공용 또는 공익사업을 위한 경우를 제외하고 매각, 교환 또는 양여할 수 없다.

제7조 조선총독은 조림을 위하여 국유삼림의 대부를 받은 자에 대하여 그 사업에 성공한 경우에 그 삼림을 양여할 수 있다.

제6조는 요존임야에 해당한다. 제7조는 불요존임야에 대한 조항인데, 국유로 보존할 필요가 없으므로 조림을 위하여 민간에 대부할 수 있고 그에 성공할 경우에는 양여하여 민유화할 수 있는 임야이기 때문이다. 제7조의 규정은 불요존임야, 즉 민간에 처분할 산림에 대하여 그 처분의 기본방침을 담고 있다. 「삼림법」에 의한 부분림은 설치 실적이 미미하여 그로써 조선의 산림을 녹화하는 것은 현실적으로 불가능하다는 판단이었다. 불요존임야의 조림을 위해서는 보다 강력한 유인誘因이 필요하였으며, 그것이 제7조에 규정한 이른바 '조림대부제도造林貸付制度' 였다.

제7조에서 삼림은 수목만이 아니라 그 지반地盤 또한 포함하는 것이므로, 조림에 성공하면 입목立木은 물론이며 기타 지피물地被物과 함께 지반까지 무상으로 양여할 수 있다. 원목을 판매할 수 있을 때까지 장기간 육성하고, 판매 뒤에 비로소 국가와 수입을 분할하는 부분림제도에 비교하여 조림대부제도는 조림하는 자에게 훨씬 유리하였다. 무상양여의 조건은 조림성공이었고, 「삼림령」과 함께 공포된 「삼림령시행규칙森林令施行規則」에 "조림 또는 목축을 위하여 대부받은 경우, 사업이 진척되지 않거나 또는 성공할 전망이 없다고 인정될 때"는 대부지를 반환하며, 대부자가 그간 얻은 이익은 환수한다고 하였다(제17조).[11] 이 제도의 목적은 명칭 그대로 신속한 조림＝산림녹화였음을 알 수 있다. 대부료는 매우 낮은

11 제2장에서 실례를 본 바 있다.

수준이었고(배재수 1997:97~98) 대부료 수입은 총독부의 재정수입에서 미미한 수준이었다. 조림대부제도는 국유림의 처분방침이 산림녹화를 최우선 과제로 하고 그 실적 여하에 따라 산림을 처분한다는 녹화주의를 지향하고 있음을 보여준다.

(2) '입회관행'의 창출

녹화주의는 국유림의 보호 면에서는 소위 '입회入會의 관행'에 대한 규정으로 표현되었다. 입회의 관행이란 "현지민의 전부 또는 대부분이 국유삼림의 일정한 구역을 한정하여 영년永年 촌락용村落用 또는 자가용自家用으로 사용할 수 있는 산물의 채취 또는 방목의 용도로 사용하였던 관행"(「삼림령시행규칙」 제35조)으로 정의된다. 입회의 관행에 대하여 「삼림령」은 3개 조항을 두었다.

> 제8조 국유삼림에 입회의 관행이 있는 현지주민은 관행에 따라 그 삼림의 부산물을 채취하거나 그곳에 방목할 수 있다.
>
> 조선총독은 전 항에서 규정한 입회의 구역을 지정 또는 변경할 수 있다.
>
> 제9조 조선총독은 전 조의 현지주민에 대하여 그 입회구역에 조림을 명령할 수 있다.
>
> 전 항 명령을 받은 자가 사업에 성공하였을 때는 그 토지를 그에게 양여할 수 있다.
>
> 제10조 조선총독은 현지민으로 하여금 국유삼림을 보호하게 하고 보수로 산물의 일부를 그에게 양여할 수 있다.
>
> 전 항 삼림의 보호에 대해서는 현지민이 연대하여 책임을 진다.
>
> 현지민이 고의 또는 중대한 과실로 삼림에 손해를 입혔을 때는 배상하게 할 수 있다.

제9조는 입회관행 임야를 조림대부제도를 통해 민유로 처분할 수 있다

는 것인데, 불요존임야 처분＝소유권정리를 입회관행에 연계하여 시행할 수 있다는 의미이다. 입회관행을 합법적으로 인정하는 제8조에 주목하여야 한다. 「삼림령」과 부속규정의 입회관행이 무엇을 말하는지, 그 실체를 올바르게 이해해야 하기 때문이다. 제8조 1항은 일견하여 조선에도 입회제도가 존재하며, 이를 법인法認한다는 의미처럼 보인다. 그런데 이렇게 법인할 만한 관행—관행이라고 하였으므로 개념상 그것이 장기간 존속해왔음을 의미한다.—이 있는 구역을 총독부가 "지정 또는 변경할 수 있다"는 제8조 2항의 규정은 이해하기 어렵다. 여기에서 말하는 "입회의 관행"을 조선에서 장기간 광범하게 존속한 어떤 종류의 관행이라고 본다면, 제1항과 2항의 규정이 상충하게 되는 것이다.

「삼림령시행규칙」의 입회관행의 정의도 일본의 그것과 차이가 있다. 일본의 입회관행은 영주의 산림(어림御林)은 물론이며, 입회권자들의 공유림, 다른 촌락의 공유림이나 개인의 사유림과 같은 민유림에서도 성립하였다. 그런데 「삼림령」과 마찬가지로 「삼림령시행규칙」 제35조는 입회관행을 "국유삼림"으로 한정하고 있다. 더욱 중요한 것은 「삼림령시행규칙」에서 정의한 입회관행은 조선후기에 매우 넓은 범위에서 뿌리깊이 존속한 무주공산의 관행＝자유접근체제의 관행과 본질적으로 다르다는 점이다. 「삼림령시행규칙」에서 권리의 주체는 "현지 주민의 전부 또는 대부분"으로, 그 대상이 되는 임야는 "국유삼림의 일정한 구역"으로 제한된다. 임산물의 용익의 목적은 「삼림령」 제8조에 의해 "부산물"이나 "방목"의 용도로, 그리고 「삼림령시행규칙」에서는 "부락용 또는 자가용"으로 한정된다. 산림의 주산물인 수목에 대해서 '입회권자'는 권리가 없고, 또한 부산물이라고 할지라도 판매의 목적으로는 채취할 수 없다. 권리의 주체와 객체의 경계가 확정적이며 용익의 방법과 목적이 분명하게 제한되는 것이다.

총독부는 이와 같은 의미의 입회관행을 조선의 현실을 반영하여 법인한 것일까? 제1장과 2장에서 서술한 바와 같이, 조선에서 그러한 관행은 적어도 일반적이며 유구한 역사를 가진 전통이라고 할 만한 것은 결코 아니었고, 지배적인 것은 무주공산의 관행=자유접근체제의 관행이었다. 「삼림령」을 기초한 사이토 오토사쿠와 총독부는 이러한 상황을 이해하고 산림황폐를 초래한 중대한 요인으로서 바로 이 관행을 지목하였으며, 따라서 산림자원의 무제한적인 용익을 일정한 범위로 한정하고자 한 것이다. 사이토의 「삼림령 및 관계법령안의 설명요지」에서 그 증거를 찾을 수 있다(齋藤音作 1933a:205~206). 이 문서는 「삼림령」을 공표한 다음 달에 열린 도장관 회의에서 「삼림령 개정요지」라는 제목으로 배포되었다(『朝鮮林業史』 2000:162).

7. 입회관행의 용인. 국유임야는 봉산 기타 특별히 보호한 것 이외에는 대개 무주공산으로 칭하여 인민이 자유로이 산물을 채취하고, 드디어는 자가용自家用으로 쓸 뿐만 아니라 영리를 목적으로 하는 자도 있어서 마침내 오늘의 산림황폐를 초래하였다. 구 삼림법은 이러한 점을 생각하여 엄중히 산물의 자유채취를 금지하였으나 원래 지방의 세민細民이 채초採草 또는 온돌용 연료를 위하여 부근의 국유임야에서 시초 등의 부산물을 채취하는 것은 생활상 부득이한 것으로 지금 족히 종래의 관습을 고쳐 모름지기 매수하게 한다면 가혹하다는 우려를 면할 수 없다. 그래서 삼림령에서는 입회의 관행인 부산물의 채취와 방목을 용인함과 동시에 시행규칙에서 입회관행의 의미를 정하여, 입회한 촌락민에게 일정한 구역을 한정해주어 타인을 배제하면서 촌락용 또는 자가용의 삼림을 채취하거나 방목을 하는 관행에 한정함으로써 폐해를 없애도록 꾀하였다.
8. 입회지의 정리. 생활상 부득이한 입회의 관행은……이것을 용인한다고 하지만, 그 구역이 필요 이상으로 넓거나 그 위치가 적당하지 않을 때는 구역을 축소하거나 위치를 변경할 수 있는 규정을 만들었으며, 또 관행에 맡겨

그것을 방치할 때는 조림 실행의 목적을 달성할 수 없게 될 우려가 있으므로, 이에 조림을 명하고 성공한 뒤에는 그 삼림을 양여할 수 있는 규정을 설치하였다.

「삼림령시행규칙」 제35조의 입회관행이 실재한 것이 아니라 무주공산으로서 제한 없이 이용하는 관행이 존재하였던 것이며, 하루아침에 이러한 관습을 부정하는 것은 불가능함에도 불구하고 「삼림법」을 통해 이를 근절하고자 하였다. 이와 달리 「삼림령」에서는 사용·수익하는 자와 그 대상과 용도를 한정함으로써 인민들에게 너무 가혹하거나 과거의 폐해가 지속될 우려를 씻고자 한다는 취지를 내세웠다.

입회관행에 대한 이와 같은 해석은 총독부가 "삼림의 보호·단속에 종사하는 직원들이 참고할 수 있고, 또는 강습회에서 이용하고자 편찬"하였다는 『조선총독부교열朝鮮總督府校閱 산림보호강연집森林保護講演集 제1집』에 실려 있는 총독부 사무관의 설명과 동일하다. 모두冒頭에 "내가 가장 불편하게 느꼈던 것은 조선의 삼림법규에 관한 저서를 찾아볼 수 없다는 것이다. 이것이 내가 이 책을 저술하게 된 가장 큰 근본적 동기"라고 하였는데, 이 임무관리林務官吏들이 숙지하여야 할 「삼림령」 본래의 취지가 이 책자에 실려 있음을 알 수 있다. 그는 "입회권의 의의"라는 제하에 먼저 「삼림령」 제8조와 제9조에 대하여 설명하는데, 사이토의 「삼림령 개정요지」와 전혀 다를 바 없다(朝鮮山林會 1933b:96~97). 그가 추가한 새로운 내용은 다음과 같다.

입회관행은 국유임야의 일정한 지역을 입회지역으로 삼아 영년永年 배타적으로 사용·수익하는 것을 요구하는 것이기 때문에, 가령 현지민의 다수가 일정한 지역을 한정하지 않고 자유로이 임의로 시초를 채취해왔던 것과 같은 관습이 있다고 할지라도 이를 소위 입회관행이라고 인정할 수 없다. 그러나 이러한 관습일지라도 곧바로 폐지한다면 현지민의 일상생활을 위협하게 되므로 어느 정도 이 관습을 존중하여 국유임야를 처분하는 경우에는 용인하여야 한다는 취지를 첨부함을 종래의 예로 하여 왔다.[12]

「삼림령시행규칙」 제35조의 규정에 의해 종래 조선인의 산림용익 관행은 "입회관행이라고 인정할 수 없다"고 단언하고, 「삼림령」의 취지는 과거의 관습을 "어느 정도" 인정하는 것이라고 하였다. 또한 "어느 정도"의 "존중"은 국유임야의 처분, 예컨대 조림대부 등에서도 대부자가 그것을 인정하도록 요구하고 있다고 부언하였다. 그 실례를 제2장에서 본 바 있다.

요컨대 「삼림령」이 규정한 입회관행은 실존하는 전통적 관행이 아니라 총독부가 '창출'한 규범이며, 기존의 관습적 규범이 아니라 새로운 '관행'으로 정착시키고자 법정法定하였던 새로운 용익 규범을 지칭한다. 제1장에서 서술한 바와 같이 일본의 입회관행이 자유접근형 소유권체제에 해당하지 않는다는 사실을 염두에 두면, 총독부는 존재하지도 않는 입회관행을 부정한 것이 아니라 오히려 일본의 입회관행에 준하는 공동체적 규범을 창출하고자 한 것이라 하겠다. 이와 함께 총독부가 원하는 새로운 관행=공유재산체제의 관행이 정착되어 조림의 성공으로 이어질 때 그 임야를 해당 촌락에 양여한다고 하였다. 조림대부제도를 준용한 것이며, 이 또한 촌락공유림에 준하는 공유자원을 창출하고자 한 것이다.

12 필자는 이에 뒤이어 여기에서 논의하는 입회권은 국유림에 대한 것이며, 일반 민유림에 대해서는 민법의 공유 규정이 적용됨을 적시하고 판례를 소개하였다. 「삼림령」에서 입회를 국유림에만 한정한 것은, 예를 들어 촌락공유림을 부정·해체하고자 한 것이 아니라 법리상 「삼림령」에 그에 대한 조합을 둘 필요가 없었기 때문이다. "국유임야 이외의 일반 민유임야 기타 공유림에 관해서는 당연히 민법의 적용을 받고 「삼림령」에서 규정을 정하지 않는다. '洞里有 山坂에 洞里民이 입회권을 가질 수 있음은 조선 관습이 인정하는 바이다(1920년 6월 18일, 고등법원 판결)."(朝鮮山林會 1933b:98).

「삼림령」의 입회권에 관련된 3개 조항은 조선의 관행을 제한적으로 허용함과 아울러 해당 촌락의 주민들에게 조림을 명령할 수 있고, 그 명령에 따라 조림에 성공하면 양여한다는 유인誘因, incentive을 갖추고 있었다. 촌락민들이 연대책임하에 산림을 보호하도록 명령하고 그에 대한 대가로 일부 임산물을 양여한다는 조항도 마찬가지다. 이는 모두 국유림에 대한 현지민의 권리와 의무를 동시에 규정한 것이며, 촌락민들에 대한 유인이 내포되어 있다는 점이 공통적이다.

(3) 사유림의 영림감독

사유림의 관리방침으로서 「삼림령」은 "영림감독營林監督"에 대한 규정을 두고 있고, 그 외에 국유림과 민유림에 모두 적용되는 산림단속에 대한 규정이 있다. 산림단속 규정은 다른 조항과 달리 「삼림법」을 크게 바꾼 것이 아니며, 추가된 내용도 없다. 「삼림령」 제18~23조가 「삼림법」 제12~15조에 해당한다. 제6장에서 서술하는 바와 같이 산림단속에 대한 조항은 식민지기를 통해 점차 엄격하게 집행되었다.

민유림에 대한 관리방침으로서 영림감독으로 일컬어지는 조항은 「삼림령」에 처음 등장한 것인데, 민유림의 사용·수익이나 경영활동에 총독부가 깊이 개입할 수 있도록 보장하고 있다.

제4조 조선총독은 임정상 필요하다고 인정될 때는 삼림의 소유자 또는 점유자에게 영림방법을 지정하거나 조림을 명할 수 있다.

제15조 지방장관은 삼림의 사용수익에 관한 폐해를 교정하거나 해충을 구제 혹은 예방하기 위하여 공익상 필요한 명령을 내릴 수 있다.

제16조 조선총독은 삼림의 소유자 또는 점유자, 제9조 또는 제10조의 현지주민으로 하여금 공동으로 삼림의 보호 또는 조림사업에 종사하도록 하기 위하여 필요한 명령을 내릴 수 있다.

제17조 조선총독은 본령에서 규정하는 직권의 일부를 지방장관에게 위임할 수 있다.

총독이나 지방장관은 민유림의 소유자 또는 그에 준하는 자에 대하여 용익用益의 방법을 제한하거나 조림을 명령할 수 있고, 산림의 보호와 조림을 위하여 촌락민으로 하여금 조합 등 단체를 조직하게 한다는 규정이다.[13] 이는 민유림이라도 산림보호와 조림에 대하여 총독부나 지방관청에서 직접 개입할 수 있게 한 규정으로서, 산림녹화를 위하여 민유림 소유권도 엄격히 제한할 수 있다는 녹화주의의 또 다른 표현이다. 영림감독 규정의 집행에 대해서는 제6장에서 서술하겠지만, 이들 조항에서 식민지기를 통해 가장 광범하게 적용된 것은 제15조였다. 산림의 소유자가 수목을 벌채하거나 생지生枝를 채취하려면 부군府郡의 허가를 받아야 한다는 규칙이 각 도에서 공포되었고, 그 출원은 종종 허가되지 않았다.

(4) '영년금양'에 기반한 소유권의 법인

국유림의 처분, 관리 및 민유림의 감독과 함께 「삼림령」의 구성요소로서 네 번째가 민유림의 소유권 정리에 대한 규정이다. 이는 구 「삼림령」 제19조의 지적신고와도 관계된다. 「삼림령」, 「삼림령시행규칙」, 그리고「삼림령시행수속森林令施行手續」 어디에도 지적신고에 대한 언급은 없다. 지적을 신고한 임야는 모두 소유권을 인정한다거나 신고하지 않은 임야는 모두 국유로 편입한다는 일반적 방침은 없었던 것이다. 민유림의 소유권 정리에는 국유 불요존임야의 처분방법으로 제시된 조림대부-무상양여 제도를 규정한 「삼림령」을 준용한다는 방침이 채택되었다.

---

13 「의견서」의 해당 내용이 그대로 반영된 것이다.

「삼림령」 제29조 본령 시행 전에 영년금양한 국유삼림은 제7조의 대부를 한 것으로 간주한다.

「삼림령시행규칙」 제46조 삼림령 제29조에 해당하는 경우에는 대부료를 징수하지 않는다.

전 항의 차수인借受人이 동령 제7조의 양여를 받고자 할 때는 도면을 첨부하여 조선총독에게 출원出願하여야 한다.

'영년금양永年禁養'이란 오랜 기간 금벌양송禁伐養松하였음을 말하는데, 1911년에는 영년금양 여부를 판단하는 기준이 마련된다. 민유림의 소유권정리에 있어서 이들 조항은 중요한 의미를 갖는다. 두 조항과 다음 항에서 서술하는 부속 법규에 의하여 지적신고 여부와 관계없이 오랜 기간 금벌양송한 자는 조림대부제도에 의하여 이미 대부를 신청하여 그를 허가받은 것으로 간주되며, 대부 후 조림에 성공한 자와 동일한 자격을 갖게 된다. 이때 대부료 등 추가적인 부담 없이 다만 도면을 갖춰 양여원讓與願을 제출함으로써 소유권을 확보하게 된다. '영년금양'은 「삼림령」 제29조와 「삼림령시행규칙」 제46조의 취지가 표현된 용어이며, 영년금양을 근거로 사적소유권을 인정하는 이들 조항은 조선후기 산림소유권에 관한 관행과 법률에 근거한 것이다. 이후 「삼림령」 제7조, 「삼림령」 제29조 및 「삼림령시행규칙」 제46조에 해당하는 자를 'A영년금양집단'으로 표시할 것이다. 후술하는 바와 같이 법령의 형식논리가 매우 복잡하기 때문이다(그림 4-1 참조).

A영년금양집단에 대한 이들 조항의 내용은 영년금양의 실적이 있는 산림은 지적신고 여부와 관계없이 민유로 인정한다는 것이다. 이처럼 간명한 취지와 달리 그 법규가 후술하는 부속 규정을 포함하여 이처럼 복잡하였던 것은 「삼림법」은 비록 폐지되었지만, 과거에 이미 공포 · 시행된 법률을 무효로 할 수 없었기 때문이다. 「삼림법」을 무효화하지 않으면서, 동

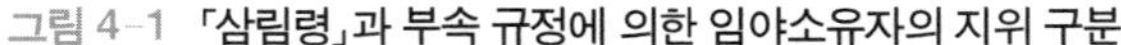
그림 4-1 「삼림령」과 부속 규정에 의한 임야소유자의 지위 구분

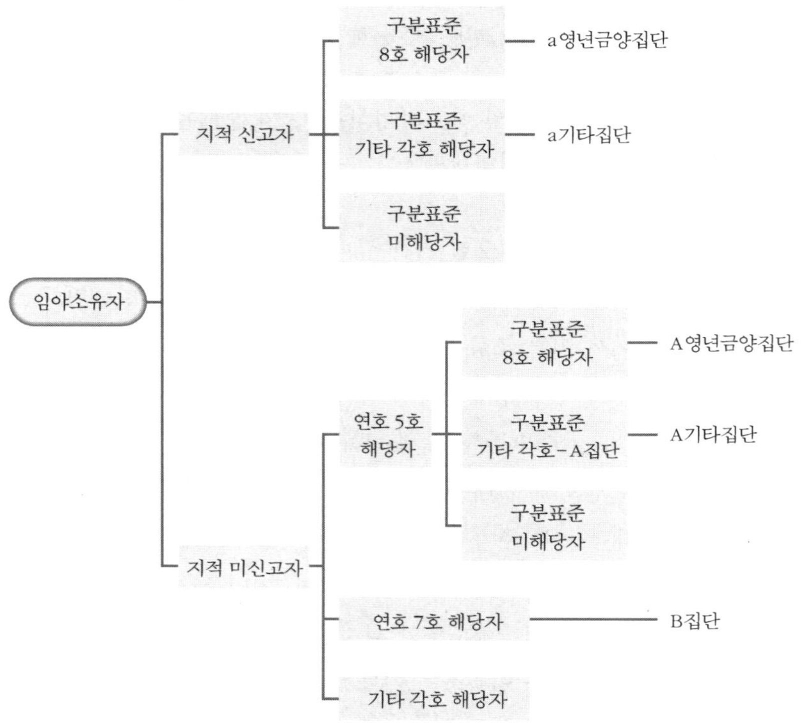

시에 지적신고를 하지 않았지만 일정한 자격을 갖춘 자의 소유권을 법인할 수 있는 법률적 장치가 필요하였던 것이다.

「삼림법」에 의하여 지적신고를 하지 않은 자의 임야는 형식적 · 법률적으로는 국유로 취급되지만, 영년금양한 자는 무료 조림대부 신청 → 조림대부 허가 → 조림성공의 절차를 형식적 · 법률적으로 이미 완료한 것으로 취급되고(「삼림령」 제29조), 이들 산림의 소유권은 양여출원 → 무상양여를 통해 민유로 처리(「삼림령시행규칙」 제46조)할 수 있게 되었다. 지적을 신고하지 않은 사실상의 소유자의 산림은 이와 같은 절차와 형식을 통해 민유로 정리할 수 있게 된 반면, 지적을 신고하였으나 영년금양이 증명되지 않으면 「삼림령」 제29조에 따라 「삼림령시행규칙」 46조의 적용을 받을 수 없었다. 결국 지적신고 여부의 법적 효력은 「삼림령」에 의해 사실상 부정되었으며, 이제 영년금양=육림활동을 입증하는 것이 소유권 법인의 관건이 되었다. 민유림의 소유권 정리도 국유림의 처분과 동일하게 조림활동 여하를 기준으로 하게 된 것인데, 임야소유권 정리에 있어서 녹화주의가 국유림과 민유림에서 일관되게 관철되었음을 알 수 있다.

「삼림령」은 「삼림법」과 달리 소유권의 정리방침과 산림의 관리방침을 담고 있다. 소유권의 정리방침은 국유림 처분에서는 '조림대부제도', 민유림의 소유권 법인에서는 '영년금양'이었다. 국유림의 관리방침은 과거의 무제한적 이용을 제한하고, 그를 이용하는 권리를 일정한 범위 내에서 인정함과 동시에 조림과 보호, 즉 육림을 위한 의무를 규정하는 것이었다. 민유림의 관리방침은 소유자의 사용·수익의 권리를 국가가 제한할 수 있게 한 것이며, 그 목적은 산림의 보호·녹화였다. 「삼림령」을 통해 소유권정리와 산림관리의 양 측면에서 녹화주의라는 기본방침이 체계화되었다.

「삼림법」에서 부분림제도를 채택하였던 것과 달리 「삼림령」에서는 조림대부제도를 취하였고 조림자에 대한 인센티브에 큰 차이가 있지만, 이들 제도의 목표는 기본적으로 같다. 「삼림령」이 「삼림법」과 다른 것은 소유권의 정리방침이 비로소 체계적으로 마련되었고, 산림의 관리방침에서 과거의 관행을 제한적으로 인정함과 동시에 육성에 대한 책임을 규정하고, 이를 통해 산림녹화를 최우선의 과제로 삼는 녹화주의를 체계적으로 관철시켰다는 점이다. 「삼림법」 제19조의 지적신고 조항의 법적 효력이 사실상 소멸되었다는 점도 강조해둔다.

2. 「삼림령」의 부속 규정

A영년금양집단의 사적소유권 법인은 제1장에서 서술한 『속대전』 형전刑典 청리聽理 조의 "용호의 양산에는 타인의 입장을 허락하지 아니한다(龍虎內養山處 則物許他人入葬)"는 규정에 근거한 것이다. 1913년 「삼림산야의 국유사유구분에 관한 조서」에서 이를 확인할 수 있다(『林野調査委員會例規』, pp.180~186). 1913년 11월 23일에 농상공부장관이 재결하였다고 씌어 있는데, 후술하는 「삼림산야 및 미간지 국유사유 구분표준」의 취지를 설명한 문서이다. 우선 법규나 공문기公文記가 있는 경우와 함께 "영년금양의 사실이 있는 것은 사유로 인정"하고 매매 등 사문기私文記는 인정할 수 없다고 하였다. 그 이유는 다음과 같다.

> 분묘의 용호 내 양산은 타인의 입장을 금지하고 사점을 인정하는 일이 있고, 따라서 이러한 사실이 있는 산림에는 경지의 경우에 대전大典의 "무릇 진폐되어 묵은 곳은 경작하는 자를 주인으로 삼는다(凡閑曠處以起耕者爲主)"를 준용하여, 목죽木竹을 파식播植하거나 또는 인공적으로 파식하지 않았어도 황폐한 산을 개량하여 조림에 성공한 것들에 대해서는 사유를 인정함이 온당하다. …… 분묘의 주위 또는 그것에 접속하여 영년금양한 지구地區를 갖고 있고 그것을 분묘 지역에 더하여 영년금양한 사실이 있다고 인정되는 것은 「삼림산야 및 미간지 국유사유 구분표준」 제8호(영년永年 수목을 금양한 토지—필자)에 따라 전부 소유를 인정할 것(pp.182~183).

(1) '영년금양'의 기준

오랫동안 금벌양송禁伐養松한 것이라고 인정할 만한 산림은 어떠한 것인가라는 기준이 중요하게 되었고, 이에 대한 규정이 필요하였다. 이는 「삼림령」 공포 4개월 뒤에 충청북도 장관의 질문에 대하여 농상공부장관이 회답하고 그 내용을 각 도장관에게 알린 1911년 10월 20일, 관통첩官通牒 제300호 「영년금양 실부인정實否認定에 관한 건」(이하 「실부인정에 관한 건」으로 줄임)으로 제시되었다. 충청북도 장관은 "영년금양의 사실이 있는 것"은 양여할 수 있으므로 "영년금양의 인정은 그 득실관계가 크다. 그러므로 지극히 신중한 조사를 요하는 것"이라고 하여 영년금양으로 판정할 기준이 중요하다고 강조한 후, 다음과 같이 질문하였다. 농상공부장관의 회답 또한 아래와 같다.

> 영년 수목의 벌목을 금지하고 수목을 양호養護하여 현재 삼림의 상태를 유지하든가 또는 불완전해도 삼림으로 인정할 만한 상태에 있는 것에 한하여 금양으로 인정할 수 있는가?
>
> 전항과 같다면 그 임령, 입목도 등의 표준은 어떠한가?
>
> (중략)
>
> 다음 각항의 하나에 해당하는 것으로서 평균 입목도 3/10 이상으로 이미 성림한 것 또는 성림의 전망이 확실한 것은 영년금양한 것으로 인정한다.
>
> 첫째, 구 삼림법 시행 전에 전부 또는 일부의 파종 또는 식수를 행한 것.
>
> 둘째, 파종을 하지 않고 단지 금양한 것으로서 삼림령 시행 전에 평균수령 10년 이상에 달한 것.

인공조림의 유무와 입목도나 수령과 같은 산림의 상태에 따라 사적소유의 여부가 판단되며, 영년금양으로써 소유권을 인정받기 위해서는 육림투자가 필요하게 되었다. 사적소유권 법인의 녹화주의는 사실상의 소유자에게 그다지 관대하지 않았다. 사유 인정의 기준이 엄격해야 비로소 육림에 착수하리라고 판단한 모양이다.[14]

---

14 전술한 「의견서」를 참고하면 사적소유권을 법인할 때 조림을 고려하여 시간을 두고 처리하여야 하며, 지금 바로 사적소유권을 인정한다면 이후 사유림의 녹화에 오히려 장애가 될 수 있

(2) 국유와 사유의 구분

「실부인정에 관한 건」이 공포된 다음 해에 영년금양을 포함하여 사적소유권의 인정에 대한 보다 포괄적인 표준이 제시되었다. 「삼림산야 및 미간지 국유사유 구분표준」(1912. 2. 3., 훈령 제4호, 이하 「구분표준」으로 줄임)이 그것이다.

> 다음 각 호의 하나에 해당하는 삼림산야 또는 미간지는 사유로 한다. 단, 구삼림법 제19조의 규정에 의한 신고(지적신고—필자)를 하지 않은 삼림산야는 이에 해당하지 않는다.
>
> 1. 결수연명부結數連名簿에 등재된 토지 및 이에 등재되지 아니하였으나 현재 지세地稅를 부과하거나 이미 지세를 부과한 토지.
>   화전(결수연명부 등에서 화전의 명칭을 붙였지만 사실 숙전熟田이라고 인정해야 할 것은 제외한다) 및 이미 지세를 부과하였으나 오랫동안 그 이용을 폐廢한 토지는 사유로 인정하지 않는다.
> 2. 토지가옥소유권증명규칙(1908년 시행—필자) 시행 이전에 관청에서 사유임을 인정한 토지.
> 3. 토지가옥증명규칙(1906년 시행—필자) 또는 토지가옥소유권증명규칙(1908)에 의하여 사유임을 인정한 토지.
> 4. 판결확정 또는 토지조사법의 처분에 의하여 사유임을 인정한 토지.
> 5. 확증이 있는 사패지賜牌地.
> 6. 관청이 환부還付, 부여付與, 또는 양도讓渡한 확증이 있는 토지.

다는 것이다. "현재 조선 산야에서 황폐한 부분이 가장 많은 것은 사유림으로 금후라도 남벌濫採가 심하여 植林의 결실을 거두기 어려운 것 또한 사유림이다. 그러므로 국유로서 존치를 요하지 않는 삼림산야라 할지라도 사유라는 확증이 없는 것은 먼저 국유로 査定한 연후에 점차 상당한 처분을 행하는 것이 得策이다. …… 幼稚時代의 사유림에 대해서는 매우 엄하게 감독하여 경영상 간섭할 필요가 있는데, 그러나 엄중한 감독과 周密한 간섭을 받는다는 것은 일반인민이 기뻐하지 않는 바로서 이 점에서 생각해보아도 과대한 사유림은 피하는 것이 득책이다"(齋藤音作 1933a). 林務 관리들의 이러한 판단이 영년금양에 대하여 까다로운 조건을 붙인 배경이 되었을 것이다.

7. 융희隆熙 2년 칙령 제39호 시행 이전에 궁내부에서 사인私人에게 환부, 부여 또는 양도한 확증이 있는 토지.

8. 영년 수목을 금양한 토지는 사유.

앞의 사항에 해당하지 않는 삼림산야 또는 미간지는 국유로 한다.

9. 앞의 각 호 이외 조선총독이 특별히 사유라고 인정한 토지.

전항에 해당하지 않는 삼림산야 또는 미간지는 국유로 한다.

구 삼림법 시행 이전부터 공산이라 칭하는 국유 삼림산야에 분묘를 설치한 자는 그 분묘가 존재하는 한 분묘구역을 종전과 같이 사용할 수 있다.

『임야조사위원회예규林野調査委員會例規』에 의하면 제2호는 "입지立旨나 완문完文 등의 형식으로 관에 의해 사점 산림임이 인증된 것은 입안에 준하여" 사유로 한다는 의미이고, 제6호는 조선시대에 "관청의 입안을 얻어 무주공산을 사점하는 것은 당시의 항규恒規" 였다고 인정한 것이다. 제7항의 칙령 제39호란 「궁내부 소관 및 경선궁慶善宮 소속재산의 이속과 제실채무帝室債務의 정리에 관한 건」을 말하며, 궁내부와 경선궁의 재산을 국유로 귀속시키기 전에 그 소유권을 이전받았다는 확증이 있으면 사유를 인정한다는 뜻이다(pp.179~182).

1912년부터 실시된 「조선부동산증명령朝鮮不動産證明令」에 의하여 산림에 대한 소유권보존증명을 받으려면 소유권을 입증할 만한 서류를 관청에서 받아 함께 제출하여야 했고, 산림에 대한 증명은 「구분표준」에 의거하여 발급되었다. 예컨대 「삼림산야 및 미간지 국유사유 구분표준에 관한 건」(1912. 2. 3., 관통첩 32호, 각 도장관 및 영림창장 앞, 농상공부 및 내무부장 통첩)에서는 "구분표준 제3호의 토지 중에는 국유지를 잘못하여 사유지로 증명을 내준 것도 적지 아니하므로, 증명의 근거가 의심스러운 것은 충분히 조사하여 알맞게 처리할 것" 이라 하여 「구분표준」의 적용에 주의를 요구하였다. 후술하는 바와 같이, '사업' 에서도 민유를 인정하는 기준은 기본형식 면에서 「구분표준」과 동일하다. 지적신고가 있어야 한다는 단서가 삭제되고 제9호가 대폭 완화되는데, 이것이 '사업'의 기준과 「구분표준」의 결정적인 차이가 된다.

영년금양은 「구분표준」 제8호에 적시되어 있다. 이에 해당하는 자를 'a영년금양집단'으로 표현하자. 앞서 「삼림령」과 「삼림령시행규칙」의 영년금양에 해당하는 자를 'A영년금양집단'으로 표시하였는데, 이때 대문자를 사용한 것은 「삼림법」에 의한 지적신고를 하지 않은 자에게도 해당되는 자격임을 나타낸다. 그런데 「구분표준」은 지적신고를 한 자에게만 적용된다. 따라서 이를 구분하기 위하여 소문자를 사용한다. 이러한 취지에서 「구분표준」의 제1호부터 7호 및 제9호에 해당하는 자는 'a기타집단'으로 표시한다.

'a영년금양집단'의 규정은 물론 「삼림령」의 취지를 반영한다. 하지만 영년금양한 경우라도 1911년 1월 23일로 신고기간이 종료된 상황에서 지적신고를 하지 않은 것은 사유로 인정할 수 없다고 하였고, 이는 「삼림령」과 「삼림령시행규칙」에 의한 'A영년금양집단'의 규정과 모순된다. 따라서 지적신고와 관계없이 영년금양으로써 소유권을 인정할 수 있는 추가적인 규정이 필요하게 되었다.

(3) '연고자'의 자격

1912년 8월 14일, 「국유삼림미간지 및 삼림산물 특별처분령」(칙령 제6호, 이하 「특별처분령」으로 줄임)이 공포되었다. "특별한 연고"가 있는 "연고자"에게는 수의계약隨意契約에 의해 삼림이나 산물을 매각할 수 있고, 해당 삼림을 조림을 목적으로 대부받을 때 이들에게는 무료로 대부할 수 있다는 내용이다. 연고자의 자격은 「특별처분령의 삼림의 연고자 및 목재업자 자격의 건」(1912. 9. 3., 부령 제10호, 이하 「연고자 자격의 건」으로 줄임)에 의하여 규정되었다. 산림이나 산물을 수의계약에 의하여 매입할 수 있는 연고자란 다음 중 하나에 해당하는 자를 가리킨다. 제1조의 내용이다.

1호 능陵, 원園, 묘墓 기타 유적이 있는 삼림산야에서는 그 유적에 연고가 있는 자.[15]

2호 고기古記 또는 역사가 증명하는 바에 의해 사찰에 연고가 있는 삼림산야에서는 그 사찰.

3호 보안림保安林에서는 그에 직접 이해관계를 가진 자.

4호 입회 관행이 있는 삼림산야에서는 그 관행을 유지하고 있는 자.

5호 삼림에 관한 구법舊法(「삼림법」을 말한다—필자)에 따라 지적을 신고하지 않았기 때문에 국유로 귀속된 삼림산야에서는 종전의 소유자.

6호 개간, 목축, 조림 또는 공작물工作物의 건설을 위해 대부를 받은 삼림산야에서는 그 대부자.

7호 삼림에 관한 구법 시행 전에 적법하게 점유한 삼림산야에서는 그 점유자.

8호 부분림에서는 그 분수分收의 권리자.

「연고자 자격의 건」을 통해 조림을 목적으로 산림의 대부를 받을 때 무료로 대부받을 수 있는 자의 자격은 영년금양을 포함하여 크게 확대되었다. 제2호의 사찰, 제4호의 입회관행을 가진 자, 제5호의 지적을 신고하지 않았기 때문에 국유에 편입된 자 및 제7호 적법하게 점유한 자가 그에 해당한다. A영년금양집단은 제5호에 포함됨을 미리 알려둔다. 제3호, 제6호 및 제8호는 「삼림법」이나 「삼림령」에 의해 비로소 국유림에 대하여 특별한 권리를 갖게 된 자이며, 제1호와 제2호에 해당하는 자는 그 수나 해당 임야의 면적으로 볼 때 큰 의미가 없다. 따라서 「특별처분령」과 「연고자 자격의 건」이 적용되는 대상은 주로 제5호와 제7호에 해당하는

15 능은 왕과 왕비의 분묘, 원은 왕세자 · 왕세자비 · 왕세손 · 왕세손비 및 왕의 생모인 빈의 분묘, 묘는 諸嬪 및 제 왕자 · 공주 · 옹주의 분묘를 말한다(『한국민족문화대백과사전』).

연고자이며, 이들은 무료 조림대부를 받을 수 있는 자격을 지닌다.

「연고자 자격의 건」만으로는 제5호와 제7호의 차이가 모호하지만, 연고의 사실상의 내용은 전혀 상이하므로 주의를 요한다. 제5호는 지적을 신고하지 않았지만 사유를 인정하는 「구분표준」의 하나에 해당하는 자를 말한다. 「대정원년 조선총독부령 제10호 제1조 제5호의 해석에 관한 건」(1913. 3. 5., 관통첩 제58호, 각 도장관 앞 정무총감 통첩)에서 조선총독부령 제10호 제1조 제5호란 상기 「연고자 자격의 건」 제5호 "삼림에 관한 구법에 따라 지적을 신고하지 않았기 때문에 국유로 귀속된 삼림산야에서는 종전의 소유자"를 가리킨다. 이 통첩에서는 "왕왕 오해가 있는데, 이것은 명치 45년 훈령 제4호(「구분표준」을 말한다.—필자) 제1항 각호의 하나에 해당하지만 구 삼림법에 의한 신고를 하지 않았기 때문에 소유권을 상실한 자"를 지칭하다고 하여 의미를 분명히 하였다.

「연고자 자격의 건」 제5호는 지적을 신고하지 않은 자로서, 「구분표준」 제8호 영년금양한 자와 「구분표준」 제1호부터 제7호 및 제9호 중 하나에 해당하는 자를 포함한다. 전자는 앞서 말한 A영년금양집단에 해당하므로 후자를 'A기타집단'으로 표시한다. 따라서 제5호에 해당하는 자는 'A집단'으로 표시할 수 있다. 「연고자 자격의 건」에 의하여 A집단은 모두 무료조림대부 → 조림성공 → 무상양여=소유권법인의 절차를 밟을 수 있게 된 것이다.

제7호의 "적법하게 점유"한 점유자란 무주공산에서 사점이 확대되는 과정에서 산림을 점유하였으나 「구분표준」의 하나에 해당하지 않는 자를 말한다. 즉 사실상의 소유자이지만 A집단에 속하지 않는 자들이다. 따라서 연고 제7호에 해당하는 자를 'B집단'으로 표시한다. 조선후기에도 봉산 등 특수 국유림은 그 설치의 목적이 인민의 접근을 차단하는 데 있었기에 결코 사점을 허용하지 않았다. 따라서 "적법"은 특수국유림의 점유가 불법이라는 인식을 표현한 것이다.[16] A집단과 B집단의 구별이 중요한 것은 B집단의 점유행위는 A집단과 달리 「구분표준」에 해당하지 않고, 따라서 오직 「구분표준」에 의거한다면 사적소유권을 인정받을 수 없었던 집단이었기 때문이다. 다시 말해 A집단에 해당하지 않아 조림대부 신청 → 조림대부 허가 → 조림성공 → 양여출원 → 무상양여=소유권 법인의 절차를 밟을 수 없었던 새로운 범주의 연고자인 B집단이 「연고자 자격의 건」을 통해 이제는 A집단과 동등한 자격으로 위와 같은 방법으로 소유권을 합법적으로 취득할 수 있게 된 것이다.

B집단이 「구분표준」에 해당하지 않는 자라는 사실은 총독부가 1913년에 발행한 『조선 삼림산야의 소유권에 관한 지침』(이하 『지침』으로 줄임)이라는 문서에서 확인된다. B집단이 사적소유권을 인정받을 수 있는 절차와 법적 근거도 이 문서에 설명되어 있다. 『지침』은 먼저 「구분표준」에 대하여 설명하고, 그것이 비록 "사인私人의 권리를 존중하고 사권私權을 보호하는 것을 주지主旨"로 하여 작성되었지만, 그에 해당하지 않는다는 이유로 "국유로 귀속"되는 것 중에는 "사실상 사유라 할 수 있는" 산림이 존재한다고 서술한 뒤, 이와 같이 "사정을 참작할 여지가 있는" 네 가지 경우를 제시하고 각각에 대한 "구제방법"을 근거법령과 함께 설명하고 있다.

첫 번째 경우는 "(1) 영년금양의 사실이 명백한 개소個所이지만 구 삼림법 제19조에 의하여 지적을 신고하지 않았기 때문에 국유로 귀속된 토지"(A영년금양집단의 토지)로서 이는 "본래 삼림으로 경영해온 것으로서 가장

16 "1912년 조선총독부령 제10호 제1조 제7호의 규정은 구한국정부가 특별한 관리기관을 설치하여 삼림의 벌채를 금한 封山, 禁山 및 그에 준하는 국유삼림에는 적용되지 않는다."(「대정원년 조선총독부령 제19호 제1조 제7호의 적용에 관한 건」, 1913. 7. 21., 관통첩 제239호 각 도장관 및 영림청장 앞 정무총감 통첩).

사정을 참작할 만하므로 그 토지는 조림을 목적으로 종전의 소유자에게 대부한 것으로 간주하고(「삼림령」 제29조) 영년금양의 사실로써 조림사업에 성공한 것으로 인정하여 곧바로 그 토지 및 입목을 금양자禁養者에게 양여하는 길을 열었다(「삼림령」 제7조)" 고 하였다. A영년금양집단에 대한 "구제방법" 은 「삼림령」과 「삼림령시행규칙」에 대하여 전술한 바와 동일하다.[17] 나머지 두 경우와 그를 '구제' 하는 방법은 다음과 같다.

(3) 앞의 (1)의 경우를 제외하고 국유사유구분표준 각 호의 어느 하나에 해당하지만, 구 삼림법 제19조에 의하여 지적신고를 하지 않았기 때문에 국유로 귀속된 토지.

(4) 수목을 금양하지 않았어도 종래 구역을 정하여 영년 점유하고 시초채취 등을 한 것.

(중략)

(3)과 (4)에 대해서는 조림을 목적으로 대부를 출원하고 그 사업에 성공할 때는 그 토지 및 입목을 양여할 수 있는 것으로 하고(「삼림령」 제7조), 대부는 무상으로 할 수 있고, 또 수의계약隨意契約으로써 매각할 수 있다(「국유삼림미간지 및 삼림산물 특별처분령」 제1조 제4호 및 제3조 2호, 「국유삼림미간지 및 삼림산물 특별처분령의 삼림의 연고자 및 목재업자 자격의 건」 제1조 제5호 및 제7호, 제2조) (『지침』, pp.23~26).

(3)은 A기타집단을 말한다. 그런데 (4)는 「구분표준」의 하나에 해당하지 않고, (1)과 (3)에서 보이는 "구 삼림법 제19조에 의하여 지적신고를 하지 않았기 때문에 국유로 귀속된 토지" 라는 조건이 부기附記되어 있지

17 "사정을 참작할 여지가 있는" 두 번째 경우는 "(2) 종래 수목을 금양하였어도 입목도 또는 금양기간 등에 있어서 영년금양의 인정표준에 비해 약간 부족한 바가 있는 토지" 이며, 이에 대한 "구제방법" 은 후술하는 (3), (4)와 동일하다.

않다. (3)과 (4)의 해당자는 이제부터 조림대부 신청 → 조림대부 허가 → 조림성공 → 양여출원 → 무상양여=소유권 법인의 절차를 차례로 밟음으로써 소유권을 인정받을 수 있다. 이와 같은 '구제'를 합법화하는 근거는 「삼림령」과 부속규정인데, 위 인용문의 괄호 내, "「국유삼림미간지 및 삼림산물 특별처분령」 제1조 제4호 및 제3조 2호, 「국유삼림미간지 및 삼림산물 특별처분령의 삼림의 연고자 및 목재업자 자격의 건」 제1조 제5호 및 제7호, 제2조"가 그것이다. 「특별처분령」과 「연고자 자격의 건」 제2조는 처분의 절차에 대한 규정이다. 따라서 관심의 대상은 「연고자 자격의 건」의 제5호 및 제7호이다.

『지침』에 의하면 조림대부 신청부터 무상양여에 이르는 절차를 통해 소유권을 인정받을 수 있는 자는 결국 연고 제5호의 A집단과 연고 제7호의 B집단뿐이다. (3)과 (4)에 대한 "구제방법"에서 「연고자 자격의 건」 제5호를 법적 근거의 하나로 제시한 것은 (3), 즉 A기타집단의 토지가 있기 때문이다. 따라서 「연고자 자격의 건」 제7호가 근거법규로 제시된 이유는 "(4) 수목을 금양하지 않았어도 종래 구역을 정하여 영년 점유하고 시초채취 등의 이용을 한 토지"가 존재하기 때문이다. 결국 연고 제7호는 「구분표준」에 해당하지 않으며, 「삼림법」 제19조에 의한 지적의 신고 여부와 무관하게 「삼림법」 시행 전에 산림을 적법하게 점유한 자를 가리키므로, A집단과 상이한 범주인 것이다.

연고 제5호와 제7호에 대한 이상의 내용을 정리하면 다음과 같다. 『지침』은 법적·형식적으로 국유에 편입된 사실상의 사유림을 세 종류로 구분하고, 각각에 대하여 사적소유권의 법인을 위해 구비하여야 할 조건을 「삼림령」, 「특별처분령」, 「연고자 자격의 건」 등 법규에 따라 명시하고, 이를 업무의 지침으로 삼도록 지시하였다. 「삼림법」에 의하여 지적을 신고하지 않아 국유로 편입된 사실상의 사유림은 첫째, 「구분표준」 제8호 영년금양에 해당하는 경우(A영년금양집단의 토지)와 둘째, 「구분표준」 1~7호와 9호에 해당하는 경우(A기타집단의 토지)가 있다. '구제'할 수 있는 세 번째의 사실상의 사유림은 「구분표준」에 해당하지 않으며, 「삼림법」 제19조에 의한 지적의 신고 여부와 무관하게 「삼림법」 시행 전에 적법하게 점유한 산림(B집단의 토지)이다. 첫 번째와 두 번째는 「연고자 자격의 건」 제5호에 해당하며, 세 번째 경우는 제7호에 해당한다. 이것이 제5호와 제7호의 다른 점이다.

첫 번째 경우는 무료조림대부 출원-조림 성공의 과정을 이미 거친 것으로 '간주'하여 양여를 출원하면 바로 소유권을 인정한다. 그 법적 근거는 「삼림령」과 「삼림령시행규칙」이다. 둘째와 셋째의 경우, 이제부터 무료조림대부 출원-조림 성공-무상양여=소유권 법인의 절차를 밟아야 한다. 이의 법적 근거는 「삼림령」, 「삼림령시행규칙」, 「특별처분령」 및 「연고자 자격의 건」이다. 1912년의 「특별처분령」과 「연고자 자격의 건」에 의하여 두 번째와 세 번째에 해당하는 사실상의 소유자, 즉 A기타집단과 B집단도 이제는 지적의 신고여부와 관계없이 이와 같은 절차를 밟아 소유권을 인정받을 수 있게 된 것이다.

(4) '연고자' 규정의 의의

「연고자 자격의 건」에서 '사실상의 소유자'에 해당하는 연고자는 제5호 「구분표준」에 해당하지만 지적신고를 하지 않은 자나 제7호의 수목을 금양하지 않았지만 일정한 영역을 점유하고 배타적으로 용익한 자들이다. 이 두 종류의 연고자는 「삼림법」 제19조의 지적 신고조항, 「삼림령」, 「특별처분령」 및 「연고자 자격의 건」에 의하여 특수한 법률적 자격을 갖게 된 사실상의 소유자이며, 전체 연고자 중 압도적인 비중을 차지한다. 이들 사실상의 소유자가 소유권을 인정받기 위해서는 육림하여 '실부 인정에 관한 건'에 준하는 실적을 거두어야 한다. 일정한 수준의 육림 성과 없이는 소유권을 인정하지 않겠다는 녹화주의가 「삼림령」 이후 부속법규에서도 뚜렷이 관철되고 있으며, 그 적용 대상이 A기타집단과 B집단으로 대폭 확대된 것이다.

> 이와 같이 이러저러한 구제의 방법을 강구하여 유감없게 하려고 하였다. 그런데 그 구제의 방법을 주로 조림사업의 성공 여하에 연결시킨 까닭은 오로지 지방인민을 선도하여 식림사업을 촉진함으로써 다년간 황폐한 산야를 구치救治하려는 뜻에 다름 아니다. 그러므로 이들 절차를 빠뜨려 국유로 귀속된 토지의 소유자는 하루 빨리 이 은전恩典을 입고 그 소유권을 수득收得하고 조림의 결실을 거두는 데 노력하여야 할 것이며, 또 직접 그 원서願書를 수리하는 부군청府郡廳에서는 이들 출원자出願者에 대하여 출원의 절차 등을 힘써 설득하여 오해가 없게 하여야 한다(『지침』, p.26).

연고자 규정으로 표현되는 녹화주의의 효력은 제한적이었다. 「삼림령」 제7조 및 제29조, 그리고 「특별처분령」이나 「연고자 자격의 건」이 강행법强行法이 아니라 해당자가 원하면 그 적용을 받지 않을 수 있는 임의법任意法이었기 때문이다. 가령 일정한 기간을 정하고 그 기간 내에 위의 법규에 따라 조림대부를 신청하지 않으면 제1종불요존임야, 즉 연고자 없는 국유림으로 귀속시켜 제3자에게 처분할 수 있다는 법규가 있었다면 이들 규정은 강제력을 가졌을 것이며, 임야조사사업 이전인 1918년까지 사적 소유권이 법인되거나 사유림이 국유화되어 제3자에게 이전되는 소유권은 훨씬 빠른 속도로 심각하게 변화하였을 것이다.

연고자 관련 법규의 현실적인 효력은 무료대부를 위한 조림대부 출원으로 나타났다. "영년금양의 실적이 없더라도 구 삼림법 시행 전에 적법하게 점유하여 이후 계속 점유해온 자"는 「연고자 자격의 건」에 의하여

「특별처분령」에 따라 무료로 대부할 수 있다는 조항을 설치하자 "그에 해당하는 연고자가 상당수에 달하여 당시 전국에서 그들의 출원 건수는 실로 160만을 돌파하는 상황이었지만, 그 처리는 거의 정체하는 상황" 이 되었다(『보고』, p.37). 대부출원이 신속히 처리되지 않았으므로 1917년까지 그 실적은 볼 만한 것이 없으리라고 생각하지만, 이러한 상황은 이후 '사업' 의 실시 과정에서 사유의 기준을 결정하는 데 큰 영향을 미치게 되며, 토지조사사업의 종료와 함께 신속히 임야조사사업을 실시하는 배경이 되었다.

연고자 규정에 의하여 해당 연고자의 권리는 제3자에 대한 조림대부나 양여 등 각종 처분으로부터 보호되었다. 연고자가 없는 제1종불요존임야에 포함되어 제3자에게 양여, 대부, 매각되는 소유권 침해를 원칙적으로 방지할 수 있었던 것이다. A집단이나 B집단에 해당하는 연고자는 '사실상의 소유자' 이며, 그에 준하는 권리를 가지기 때문이다. 조림대부나 양여와 같은 제1종불요존임야의 처분은 제5장에서 서술하는 국유림구분조사의 결과에 기초하여 이루어졌다. 실지조사로 시행된 이 조사에서 연고자가 있는 임야는 제2종불요존임야로 분류되었다. 이 조사의 목적은 요존임야와 연고자가 없는 제1종불요존임야를 파악하는 것이었으며, 제1종불요존임야로 조사된 임야는 제3자에게 처분되었다.

구분조사사업을 기획하여 1911년 이래 총독부(당시 농상공부 소관) 및 영림창이 이 사업을 실시해왔다(총독부 및 영림창에 기사속技師屬, 기수技手 및 고원雇員 등 임시 전임직원傳任直員을 배치하고 그에 종사하게 하였다). 이에 따라 요존, 불요존의 구분을 결정하고 국유림의 경계도를 작성하여 부군도府郡島에 나누어 비치하여 일반에 공개하고, 임업가林業家 또는 현지민이 대부출원을 하기 편리하게 한 결과, 점차 내선內鮮 자본가, 임업가 또는 현지촌락의 대부출원이 속출하는 경향을 노정하여 착착 조림사업의 실행을 보게 되었고……(『보고』, p.70).

사실상의 소유자에 해당하는 연고자가 있는 산림은 법적으로는 국유림이었지만 이는 법률적 형식에 불과하였고, 그는 자신의 권리를 행사하는 데 하등의 제약을 받지 않았다. 연고자는 자신이 원한다면 전술한 무료 조림대부의 출원과 육림을 통해 소유권을 인정받을 수 있었고, 제3자는 그 출원으로부터 배제되었다. 연고자가 있는 임야를 총독부가 자의적으로 제3자에게 양여하거나 매각할 수 없었던 것이다.

사적소유권자로 인정하지 않고 국유림에 대한 연고자의 지위를 보유하게 하였던 것은 사적소유권 법인에서의 녹화주의, 즉 육림 실적에 따라 사적소유권을 인정하겠다는 식민지기 소유권정책의 표현이었다. 연고자라는 개념 자체가 녹화주의의 표현인 것이다. 연고자 규정을 통해 사적소유권의 법인을 산림녹화와 연계하고 있다는 점에서 식민지기 녹화사업에서 행정편의주의의 면모, 나아가 식민지적 특성을 찾아볼 수 있겠으나, 민유림 수탈=국유림 창출의 근거가 될 수는 없다. 「삼림령」, 「특별처분령」 및 「연고자 자격의 건」에 이르는 과정은 사적소유권 법인에서 녹화주의를 확립하는 과정이었고, 이렇게 확립된 녹화주의는 본격적인 산림소유권의 정리과정에 해당하는 조선임야조사사업(1918~1934)에서도 기본방침으로서 여전히 관철되었다.

제5장
식민지기 근대적 산림소유제도의 성립

한국에서 근대적 산림소유제도가 성립한 것은 식민지기의 일이다. 여기에서 '근대적 산림소유제도'란 과거의 자유접근체제를 해체하고 일물일권적一物一權的 권리관계로 법정法定하며, 국가가 이를 지적地籍·등기登記 사무를 통해 지지하는 제도를 말한다. 조선시대에 발전한 산림소유제도의 특질로 인해 자유접근체제의 해체는 두 가지 내용을 갖게 되었다. 우선, 과거의 무주공산無主公山 위에 소유권을 창출하는 것이다. 이는 국유림구분조사사업國有林區分調査事業과 '연고자緣故者 없는 국유림'의 처분을 통해 국유림을 국유로 보존할 것과 민간에 처분할 것을 구분하고, 후자에 대하여 소유자를 형성하는 과정을 통해 이루어졌다. 두 번째는 조선시대를 통해 발전해온 사적소유를 일물일권적 내용으로 법인法認하는 것이다. 일물일권적 내용이란 사적소유에 대한 자유접근체제의 지배, 다시 말해 사유림 위에 성립한 자유접근체제＝무주공산의 용익用益 관행을 종식시킴을 뜻한다. 조선임야조사사업朝鮮林野調査事業과 특별연고임야特別緣故林野의 민유화民有化가 이에 해당한다.

선행연구는 일련의 소유권 정리를 통해 근대적 산림소유권이 성립하였다는 사실을 부정하지 않지만 그 근대성이 지적·등기 제도에 있다고 평가하였고, 소유권 정리의 실질적인 목적이나 결과는 민유림 수탈=국유림 창출이며, 여기에 역사적 성격과 의의가 있다고 주장한다. 몇 개의 수치 또한 '수탈면적'으로서 제시되었다(지용하 1964; 권영욱 1965; 신용하 1982; 강영심 1983·1984; 배재수 1997; 산림청 편 1997; 배재수 외 2001).

1942년에 전국임야 1,627만 정보 중 국유림은 533만 정보였고, 강원도, 평안남도, 함경남도 및 함경북도 4개 도의 국유림이 461만 정보를 차지하였다. 이들 국유림의 과반은 압록강·두만강 유역을 포함하여 구한말까지 자본과 기술의 부족으로 미처 이용할 수 없었던 오지 원시림이다. 같은 해에 남부지방(강원도 제외)의 국유림은 31만 정보로 남부 임야면적의 5.6퍼센트에 불과하였다. 2003년 현재 한국의 국유림은 강원도의 72만 정보를 포함하여 121만 정보이다. 해방 후 귀속재산 중 임야는 약 47만 정보이며 그 대부분은 조림대부제도라는 독특한 녹화정책을 통해 일본인에게 양여된 것이다. 이상과 같은 사실은 민유림 수탈=국유림 창출이라는 주장과 부합하지 않는다.

이 장에서는 식민지기 산림소유권의 정리과정을 분석한다. 이를 통해 식민지기 소유권 정리과정의 역사적 성격은 민유림 수탈=국유림 창출이 아니라 근대적 산림소유제도의 성립에 있음을 보일 것이다. 또한 소유권 정리를 육림育林에 연계시키는 산림 기본법의 녹화주의綠化主義가 관철되었음을 확인하게 될 것이다. 국유림과 민유림으로 나누어 논의하고 끝으로 몇 가지 논점과 관련하여 선행연구를 비판적으로 검토한다.

제1절 | 국유림 조사와 '연고자가 없는 국유림'의 민유화

1. 국유림의 조사

국유림구분조사사업國有林區分調査事業(이하 '구분조사'로 줄임)은 1911년에 「삼림령」이 제정·공포된 후, 총독부가 최초로 실시한 장기간의 전국적이며 체계적인 실지조사實地調査였다. '구분조사'의 목적은 "국유림 경영 또는 국토보안 등의 이유로 장래 국가가 보존할 필요가 있는 것과 그렇지 않은 것의 구분을 조사·결정하여, 국유임야의 관리경영을 위한 기초를 수립함과 동시에 불요존림不要存林은 일반에 개방"하고자 함이었다(『朝鮮の林業』 1923년판, p.15., 이하 『임업』으로 줄임). 요존림을 조사하여 국유림 경영의 기초로 삼고, 불요존임야를 조사하여 양여, 대부, 매각 등 민간인에게 신속하게 처분하기 위하여 이들 임야를 측량, 실사하여 경계와 면적을 파악한 것이다. '구분조사'에서 요존 예정으로 조사된 것은 다음 표준 중 하나에 해당한다.

1. 군사상 국유로 존치할 필요가 인정되는 개소個所.
2. 학술상 특히 존치할 필요가 있다고 인정되는 개소.
3. 보안림保安林 또는 그에 준하여 취급할 필요가 있는 임야로서, 국가의 경영에 속하지 않으면 충분히 그 목적을 달성하기 어렵다고 인정되는 개소.
4. 봉산封山, 기타 특별한 관계가 있는 개소. 단 그 필요를 인정하기에 족하지 않은 것은 제외한다.
5. 하나의 사업구事業區로 경영하기에 족한 임야로서 약 2천 정보 이상의 집단을 이루는 개소.
6. 요존치예정임야要存置豫定林野의 경영을 위해 부속附屬시키는 것이 편리하다고 인정되는 개소(「요존치예정임야 선정표준에 관한 건」, 1911. 11.

10., 관통첩 제331호).[1]

요존임야는 "존치를 필요로 하는 정도에 따라 다시 갑과 을, 두 종류로 구분" 된다. 을종乙種은 이후 필요에 따라 요존에서 해제할 수 있는 임야로, 일부는 요존에서 해제되어 불요존임야에 편입되었다.

요존임야에 해당하지 않는 국유림이 불요존임야이며, 이는 다시 제1종불요존임야와 제2종불요존임야로 나누어진다. 제2종불요존임야(이하 '제2종임야'로 줄임)는 소위 '연고자가 있는 임야'이다. 연고자란 즉각 소유자로 법인할 수는 없다고 해도 소유자에 준하는 지위를 가진 자 또는 국유림에 대하여 특수한 이해관계가 있는 자이며, 이러한 연고자의 존재로 인하여 제3자에게 양여, 대부, 매각 등 처분할 수 없는 임야가 제2종임야이다. 제1종불요존임야(이하 '제1종임야'로 줄임)는 연고자가 존재하지 않는 임야로 누구에게든 양여, 대부, 매각할 수 있다. '구분조사'는 불요존임야 중 신속히 처분할 수 있는 제1종임야를 대상으로 하였으며, 제2종임야는 이후 조선임야 조사사업에서 해당 연고자가 조사·사정되었다. '구분조사'의 결과는 요존임야의 경우 축척 1:5만의 지도, 이후 민간에 처분할 예정이므로 권리관계의 파악이 중요한 제1종임야의 경우 축척 1:6천의 지도로 작성되었다.

'구분조사'를 계획할 당시, 조사대상 면적은 전국 임야의 40퍼센트에 해당하는 636만 정보였다. 조사 주체는 농상공부 식산국殖産局 산림과와 임상林相이 우량한 주요 국유림을 관할하는 영림창營林廠이었다. 산림과

1 현행 「산림법」 제71조(국유림의 종류)에 의하면, "① 국유림은 다음과 같이 구분한다. 1. 요존국유림: 국토보존·산림경영·학술연구·임업기술개발과 사적·성지 등 기념물 및 유형문화재의 보호 기타 공익상 국유로 보존할 필요가 있는 산림. 2. 불요존국유림: 제1호 이외의 산림"이다.

의 조사예정 면적은 418만 정보였고 조사는 1911년에 개시되었다. 영림창의 담당 면적은 218만 정보로서 조사는 1913년에 시작되었다. 당초 1922년까지 조사를 마칠 계획이었지만, 1918년에 조선임야조사사업朝鮮林野調査事業(이하 '사업'으로 줄임)이 시작되면서 양 조사 간 연락관계로 인해 '사업'이 사정 사무를 완료한 1924년까지 연장되었다(『朝鮮の林業』 1923년판, p.15).

'구분조사'의 진척상황은 『임업』에만 게재되어 있는데 최초의 기록이 1919년판에 있고, 여기에 누년표가 없으므로 1911~1918년의 실적은 알 수 없다. 1923년까지 629만 2천 정보에 대한 조사가 완료되었는데, 예정 면적과의 차이는 '사업'과 함께 실시하는 과정에서 가감이 있었기 때문이다(『朝鮮の林業』 1923년판, p.17).

선행연구에 의하면 국유와 민유의 구분도 확정되지 않은 상황에서 국유임야의 요존과 불요존을 조사하기 위하여 '구분조사'를 실시한 것은 「삼림법」이나 「삼림령」에 의하여 이미 창출된 국유임야를 신속히 처분하려는 의도였다고 한다(권영욱 1965; 강영심 1983 · 1984; 배재수 외 2001). 소유자와 연고자를 조사, 사정하는 '사업'을 실시하기 전에 국유림의 '구분조사'부터 실시한 것은 분명히 재정의 제약 때문이었다. 임야세林野稅를 도입하기 어려우므로 소유권을 확정해도 그로부터 바로 조세수입을 얻을

표 5-1 '구분조사' 실적 누적면적(1919~1923)

(단위: 정보)

	요존임야	제1종불요존임야	계
1919	4,758,000	780,000	5,538,000
1921	5,256,000	856,000	6,112,000
1923	5,310,000	982,000	6,292,000

자료 『朝鮮の林業』 각 연판.

수 없다는 사실은 본격적인 소유권 조사가 지연된 가장 중요한 이유였다.[2] 이와 달리 요존임야나 제1종임야는 개발, 대부, 매각으로써 즉각 재정수입을 얻을 수 있으므로 '구분조사'가 먼저 시작된 것이다.

'구분조사'의 목적이나 대상과 관련하여 한 가지 주의할 점이 있다. 요존임야와 제1종임야를 조사한다는 것은 곧 제2종임야와 민유림을 조사에서 제외함을 의미하며, 따라서 '구분조사'는 민유림의 소유권과 제2종임야의 연고에 대한 간접적인 조사나 정리 방침과 불가분의 관계에 있다. '구분조사'의 실시과정에서 이를 확인할 수 있다. 우선 이 조사의 배경과 목적에 대한 『임업』의 기술이다.

> 임적조사林籍調査의 결과 대략의 임야분포 상태 및 개산概算 면적 등을 추정할 수 있었지만, 국유와 민유의 경계가 분명하지 않고, 지적을 신고하였을지라도 이로써 권리가 확정되지 않아 임야의 권리관계는 여전히 혼돈된 상태에 있고……따라서 한편에서는 국유림 경영상 존치할 필요가 있는지 아닌지를 조사, 결정하여 존치할 필요가 없는 것은 민간에 개방함과 더불어, 다른 한편에서는 사유림의 권리관계를 조사하고 그 귀속을 명확히 하는 것이 긴요함을 인식하고…… (『朝鮮の林業』 1927년판, pp.12~13).

'구분조사'의 이와 같은 성격은 여러 문서에서 확인된다. 다음은 1913년 관통첩 「요존치예정임야 조사에 관한 건」(제116호, 각도장관 및 영림창장 앞, 정무총감통첩)의 일부이다. 내용은 전술한 「요존치예정임야 선정표준에 관한 건」 제5호 "하나의 사업구로 경영하기에 족한 임야로서 약 2천정보 이상 집단을 이루는 개소"에 해당하여 요존임야로 조사해야 할지라

2 "당국은 현재의 상태에서는 (토지조사사업에서—필자) 주로 田, 畓, 垈 등의 이용지에 대하여 한편으로는 권리의 安固를 주고 또 한편으로는 조세징수의 실익을 거두는 것을 목적으로 하여 본 조사의 범위를 국한할 필요가 있다고 믿는다" (度支部 編 1909b:14~15).

도 다음 중 하나에 해당하면 불요존임야로 구분하라는 것이다.

1. 사유 삼림산야로서 구 삼림법에 따라 지적신고를 하지 않았기 때문에 국유로 귀속된 것.
2. 부분림 및 대부에 관계되는 국유삼림산야. 단 이미 요존치예정임야에 편입된 것이나 조사원이 특히 존치할 필요를 인정한 국유삼림산야는 이에 해당하지 않는다.
3. 구 삼림법 시행 이전부터 적법하게 점유한 삼림산야 또는 입회의 관행이 있는 삼림산야로서 영년금양의 표준에 도달하지 않더라도 삼림령 시행 이전부터 수목을 금양하여 현재 입목도가 3/10 이상이라고 인정할 수 있는 것.
4. 현지 촌락민의 생활상 밀접한 관계가 있는 구역으로서 요존치예정임야의 경영상 제외하여도 차질이 없다고 인정되는 삼림산야.

제1항과 제3항은 연고자가 있는 것으로서 이후 '사업'에서 민유로 사정되었다. 마찬가지로 「국유임야구분조사내규國有林野區分調査內規」(1915. 2. 9.)의 제3조는 '구분조사'의 대상을 "1. 요존예정임야 2. 제1종임야"라고 하였고, 이때 먼저 제2종임야를 지정하고, 그 나머지를 제1종으로 조사하도록 하였다. 이때 제2종임야는 연고자가 있는 임야이며 연고자는 다음 중 하나에 해당하는 자이다. ① 능, 원, 묘, 기타 유적에 관계있는 자. ② 고기古記 등이 증명하는 사찰에 연고가 있는 삼림의 경우 그 사찰. ③ 구 「삼림법」에 의하여 지적을 신고하지 않아서 국유로 편입된 종전의 소유자. ④ 부분림에 있어 분수分受의 권리자.[3] 다음 규정도 주목할 만하다.

3 자료에는 "대정원년 부령 제10호 제1조 제1호, 제2호, 제5호 내지 제8호"로 되어 있으나 순서대로 해당 내용을 옮겨 넣었다.

…… 촌락림 예정지로 할 지역은 제2종임야로 칭한다.

공산公山에 대하여 제1종의 구역을 사정할 경우에 사유 및 연고 임야의 면적이 현지 촌락 평균 1호당 2정보에 미치지 못할 때는 그 부족분을 촌락림 예정지로 공제하고 나머지 구역을 제1종으로 조사한다.

'구분조사'에서 요존임야와 제1종임야를 조사하는 과정은 결국 사유림과 제2종임야를 확인하는 과정이었고 이러한 의미에서 이 조사는 이후 본격적인 '사업'의 준비과정이자 그 자체가 '사업'의 일부라고 할 만하다.

1913년 관통첩 제116호의 네 번째 항목과 「국유임야구분조사내규」에서 흥미로운 사실은 "현지 촌락민의 생활상 밀접한 관계가 있는" 임야를 요존예정임야에서 제외하라는 점과 "사유 및 연고임야의 면적이 현지 촌락 평균 1호당 2정보에 미치지 못할 때는" 그 부족량만큼 제1종임야에서 제외하라는 내용이다. 이는 실존하는 촌락공유림을 해체하려는 것이 아니라, 오히려 촌락공유림을 형성하려는 의도라고 할 수 있다. 1930년대의 조사에 의하면 농가 1호가 녹비, 퇴비연료, 사료 등 농산원료와 임산연료를 얻기 위해 필요한 면적은 2~3정보였다. '구분조사' 당시에는 농가 1호가 필요로 하는 면적을 2정보로 보고, 민유림이나 연고림이 그에 미치지 못할 때는 미리 요존임야나 제1종임야에서 떼어내어 제2종임야로 보류해둔다는 것이다. 이러한 방침은 '사업'에서도 변화가 없었던 것으로 보인다. 「임야정리조사내규林野整理調査內規」에는 "구분조사 시 제외되었던 촌락림 예정지에 대해서는 면 또는 리동里洞을 연고자로 하여야 한다"고 하였고(제27조), 이는 '구분조사'에서 예비해둔 촌락림 예정지가 '사업'에서 본래의 목적대로 사정되었음을 의미한다. 이렇게 형성된 촌락림이 전국적으로 어느 정도인지 알 수 없으나, 촌락공유림의 고의적 해소가 아니라 그 창출을 지향하였다는 점은 분명하다. 농상공부장관이 각 도장관에게 보낸 다음 통첩에서도 이는 분명하다.

임야조사('구분조사'를 말한다—필자) 결과 촌락림 예정지로 제외된 국유임야를 조림대부하기 위하여 현지 촌락을 중심으로 당해 촌락민들이 공동출원하게 하며, 또 도에서는 이들이 공동임업을 하는 데 가능하면 적합한 계 또는 조합을 조직하게 만들어 오랜 기간에 걸친 사업에 차질이 없도록 할 것(「부락민 공동임업경영에 관한 건」, 1912. 8. 17., 관통첩 제299호).[4]

국유림에 대한 두 번째 조사는 요존임야존폐구분조사要存林野存廢區分調査였다. 이 조사는 '사업'이 사정 사무를 종료하고 2년이 지난 뒤 '사업'을 기초로 하여 임정의 기본방침을 확정함에 따라 그 일환으로 진행된 것이다. 이 방침은 「조선임정계획서朝鮮林政計劃書」로 작성되었고, 그중에서 '국유임야존폐구분조사 및 처분사업'이라는 항에 해당 내용이 요약되어 있다. '사업' 결과 확정된 531만 정보의 요존임야 중 요존에서 해제하여 민간에 개방하는 것이 유리한 면적이 약 131만 정보이며, 이 중에서 농경지로 개방할 것은 31만 정보, 임상이 매우 황폐하여 많은 액수의 조림비용이 필요하므로 조림대부제도로 처분할 것이 30만 정보, 기타 민간에 매각처분할 수 있는 것이 70만 정보이며, 각각을 실지조사하여 처분의 기초로 삼는다고 하였다. 요존임야존폐구분조사가 진행되면서 요존임야의 해제가 시작되었다.

요존으로부터 해제되면 일단 제1종임야에 편입되었을 것이다. 「조선임정계획서」에 따르면 해제되는 임야는 농경지로 개방하거나 조림대부 또는 매각하여 처분한다고 하였는데, 어떤 종류이든 연고자가 있다면 이러한 방법으로 처분할 수 없기 때문이다. 1927~1939년, 요존임야는 101만

4 「국유임야구분조사 및 처분조사에 관한 건」(1914. 4. 10., 관통첩 제123호)에서는 '구분조사'에 당면하여 제1종임야로서 "현지촌락 또는 현지주민 등이 출원(조림대부 출원을 말한다—필자)의 의사가 있으나 아직 그 절차를 밟지 않은 것은 미리 그 의사를 본 조사원에게 신고하게 한 뒤 道, 府郡, 또는 面吏員의 지도하에 정식 출원을 하게 할 것"이라고 하여, '구분조사'를 실시하면서 동시에 촌락민이 공동으로 조림대부를 출원하도록 장려하였다.

표 5-2 요존임야와 제1종임야의 면적(1927~1939)

(단위: 천 정보)

	요존임야	제1종불요존임야	계
1926	5,317	–	–
1927	5,277	934	6,211
1928	5,150	–	–
1929	5,076	983	6,059
1930	4,791	1,155	5,946
1931	4,764	1,077	5,841
1932	4,699	1,035	5,734
1933	4,682	977	5,659
1934	4,655	982	5,637
1935	4,631	907	5,538
1936	4,603	885	5,488
1937	4,528	858	5,386
1938	4,331	1,042	5,373
1939	4,261	1,081	5,342

자료 1926년은 『朝鮮總督府統計年報』(이하 『年報』로 줄임) 동년판, 1927년은 『朝鮮の林業』 동년판 부표 1, 1939년은 『朝鮮の林業』 동년판 부표 5, 1930~1938년은 『林野統計』 각 연판.

7천 정보가 감소하였다(표 5-2). 그런데 제1종임야의 증가분은 14만 7천 정보에 불과하며, 따라서 요존임야와 제1종임야의 합계는 오히려 87만 정보가 감소한다. 같은 기간에 제2종임야도 크게 감소하며, 조림대부를 제외하면 제1종임야가 제2종임야로 편입되는 사례는 발견되지 않는다. 요존해제로 인하여 제1종임야가 증가하지만, 더 많은 제1종임야가 민유로 처분된 것이다. 이는 1927년 이후뿐만 아니라 식민지기 전체에 걸쳐 나타나는 현상이다.

2. '연고자 없는 국유림'의 민유화 추진

제2종임야의 연고자에 대한 규정을 「국유임야구분조사내규」를 통해 전항에서 소개하였다. 이 규정은 1912년 부령府令 제10호 「국유 삼림미간지 및 삼림산물 특별처분령의 삼림의 연고자 및 목재업자 자격의 건」(이하 「연고자 자격의 건」으로 줄임) 및 1918년 부령 제38호 「임야조사령시행규칙」의 연고자와 다른 부분이 있는데, 이 두 규정에서는 「국유임야구분조사내규」와 달리 "국유임야에서 입회의 관행을 가지는 자"를 연고자의 하나로 인정하고 있다는 점이다. 이는 「국유임야구분조사내규」에는 "촌락림 예정지로 할 지역은 제2종임야"로 구분한다는 별도의 규정이 있었기 때문이다. 「삼림령」에 의해 입회의 관행이 설정되는 국유림은 '구분조사'에서는 촌락림 예정지라는 형태로 제2종임야로 분류되므로, 제2종임야에 대한 연고자를 정의하면서 입회의 항목을 별도로 둘 필요가 없었던 것이다.

제1종임야, 즉 소유자는 물론 연고자도 특정할 수 없는 임야란 어떤 것일까? 제1장에서 서술한 사점금지의 물적 표현인 무주공산이 이에 해당한다. 「삼림령개정요지」에서 "무주공산으로 칭하여 인민이 자유로이 산물을 채취"한다고 말한 임야로서, 「삼림령」에서 제한 · 규제하고자 했던 자유접근체제의 사용 · 수익 관행이 존재하는 임야이며, 전술한 『강연집』에서 그 관행을 "입회관행이라고 인정할 수 없다"고 단언한 바, "일정한 지역을 한정하지 않고 자유로이 임의로 시초를 채취"하는 임야이다. 사용 · 수익 권리의 주체와 객체 그리고 그 방법에 제한이 없고, 따라서 처분권리의 주체 또한 확정할 수 없으므로 무주공산은 특정한 연고자가 있을 수 없고 임야소유권 정리과정에서 제1종임야로 구분되었던 것이다. 조선왕조의 산림법제의 체현體現이라고 할 수 있는 무주공산은 식민지기 소유권 정리과정에서 제1종임야로 법정되었고, 그것이 20세기 초까지 강인하게 존속하면서 전국적인 일반적 관행으로서 자유접근형 자원용익의 물질적 토대로 기능하였다.

(1) '연고자 없는 국유임야'의 규모와 분포

「임적조사」에서 "관리기관이 없는 국유임야"는 "주로 공산公山이라 칭하는 것"으로서 737만 정보, 전국 임야의 46퍼센트를 차지하는 대면적이었다. 하지만 '구분조사'와 '사업'을 통해 그중에서 많은 부분이 실제로는 무주無主가 아니라는 사실이 밝혀졌다. 처분 면에서 사유림에 해당하는 임야들이 자유접근형 관행으로 인해 사용과 수익 면에서는 무주처럼 보였고, 따라서 짧은 기간의 간이조사로 수행된 '임적조사'에서 주인 없는 땅으로 조사되었던 것이다.

관리기관이 없는 국유임야는 소유권 정리과정에서 국유로 확인될 때는 요존임야나 제1종임야로, 민유로 확인될 때는 제2종임야나 민유림으로 구분되었다. 『임업』 1927년판 부표 1에 의하면 전국의 제1종임야는 934,362정보였다. 이 표는 임야면적을 소유별·임상별로 구분한 것이며 제1종임야의 지역적 분포는 알 수 없다. 『조선임야조사사업보고』(이하 『보고』로 줄임)에는 사정실적이 도별로 제표製表되어 있지만 국유임야는 요존과 불요존에 관계없이 연고자가 있는 국유림과 연고자가 없는 국유림으로만 구분된다. 소유자나 연고자가 있는 임야가 '사업'에서 요존임야로 사정된 경우가 많았다면 그에 대한 분쟁이 심각하였을 것이다. 하지만 총독부와 민간인 사이의 분쟁은 대부분 연고자가 있는 국유림에서 발생하였다. 따라서 『보고』의 사정 결과에서 요존임야는 연고자가 없는 국유림에 산입되었다고 볼 수 있다.[5] '사업'에서 사정 사무가 완료된 후 요존임야의 도별 면적을 알 수 있는 것은 1927년이 처음이다. 이를 이용하여 대부분 오지에 존재하는 요존임야를 제외하고 일반인이 이용하는 무

5 『보고』의 사정 실적의 '연고자가 없는 국유림'은 요존과 불요존에 관계없이 연고자의 유무에 따라 구분한 결과이며, 따라서 제1종임야와 동일한 개념이 아니다. 본고의 추론에 의하면 『보고』의 '연고자가 없는 국유림'은 요존임야와 제1종임야를 포괄하는 개념이다.

주공산=제1종임야의 분포를 추정할 수 있다.

표 5-3에서는 『보고』의 연고자가 없는 국유림은 요존임야를 포함하고 있다고 보고, 연고자가 없는 국유림에서 1927년의 요존임야를 차감하여 제1종임야의 도별 면적을 추정하였다. 전국 합계는 90만 7천 정보로 추정되었다. 표 5-2의 실제면적 93만 4천 정보와 약간 차이가 있으나 본 추정이 불합리하지 않음을 알 수 있다. 남부지방은 27만 3천 정보이며 북부는 63만 4천 정보이다. 제1종임야=무주공산의 면적은 북부지방이 남부지방의 2배 이상인데, 산림의 절대면적의 차이와 함께 북부지방은 남부지방보다 인구밀도가 낮아 소유권의 발전이 상대적으로 더디었음을

표 5-3 제1종임야 분포의 추정(1927)

(단위: 천 정보)

	국유		민유	합계	1927년 요존임야	제1종 추정면적
	연고자가 없는 임야	연고자가 있는 임야				
경기	58.5	140.0	554.0	752.5	26.0	32.5
충북	73.6	156.5	301.6	531.7	46.0	27.6
충남	26.6	206.6	248.5	481.7	1.0	25.6
전북	77.6	109.0	352.3	538.9	41.0	36.6
전남	78.3	139.1	633.8	851.2	44.0	34.3
경북	169.0	212.9	978.3	1,360.2	90.0	79.0
경남	75.2	149.4	616.0	840.6	38.0	37.2
남부	558.8	1,113.5	3,684.5	5,356.8	286.0	272.8
황해	183.6	538.7	240.7	963.0	115.0	68.6
평남	375.7	363.2	238.0	976.9	289.0	86.7
평북	1,081.8	158.8	1,054.2	2,294.8	1,042.0	39.8
강원	1,078.6	419.6	665.2	2,163.4	931.0	147.6
함남	1,730.5	527.5	438.5	2,696.5	1,572.0	158.5
함북	1,172.9	254.4	289.5	1,716.8	1,040.0	132.9
북부	5,623.1	2,262.2	2,926.1	10,811.4	4,989.0	634.1
전국	6,181.9	3,375.7	6,610.6	16,168.2	5,275.0	906.9

자료 1927년 요존임야 면적은 『年報』 동년판, 제1종임야 추정면적은 본문 참고, 그 외는 『報告』, pp.84~85.

반영한다.

1927년까지 조림대부에 의한 성공양여, 무상양여 및 매각으로 55만 6천 정보의 제1종임야가 민유로 이양되었다(표 5-6). 따라서 1910년 현재 제1종임야는 약 149만 정보가 된다. 하지만 이는 제1종임야 추정면적의 하한에 가깝다. 상한을 추정해보자. 표 5-6에서 1910~1939년, 제1종임야를 처분한 것은 조림대부를 중심으로 약 228만 정보이며, 1939년 현재 처분하지 못한 제1종임야는 43만 정보(『朝鮮の林業』 1939년판, 부표 5)이며, 끝으로 1940~1942년에 요존해제된 임야가 13만 정보였다. 합계 284만 정보이다. 이 중에는 1910년 당시 교통이나 임업기술의 한계로 인해 사람이 접근할 수 없었으나 이후 비로소 이용할 수 있게 된 것도 포함되어 있을 것이다. 따라서 1910년 현재 제1종임야=무주공산은 284만 정보 이하였을 것이다. 요컨대 최소 149만 정보, 최대 284만 정보, 잠정적으로 전국 임야면적의 13퍼센트에 해당하는 220만 정보는 무주공산이었다고 할 수 있다. 제1종임야의 면적을 근거로 무주공산의 면적을 추정한 것은, 19세기 말 20세기 초 자유접근형 소유권체제하에 놓여 있던 산림의 규모에 대한 관심 때문이며, 따라서 오지 원시림은 고려하지 않았음을 강조해 둔다.[6]

(2) '연고자 없는 국유임야'의 민유화

제1종임야의 임상이 가장 불량하다는 사실은 무주공산의 소유관계=자유접근체제에 비추어 미루어 짐작할 수 있다. 임상을 측정하는 데는 두 가지 방법이 있다. 첫째는 임목축적林木蓄積인데, 제3장 3절에서 설명한

6 1942년 현재 요존국유림은 418만 정보이며, 그 대부분은 함경북도, 함경남도와 평안북도의 압록강·두만강 유역과 강원도 태백산맥 지역에 집중되었다. 대부분은 오지 원시림일 것이다. 요존국유림을 포함하면 무주공산의 상한은 702만 정보, 전국 임야의 43.4퍼센트가 된다.

바와 같다. 임목축적을 알 수 있는 최초 연도는 1927년인데 제1종임야가 가장 낮다(표 5-4). 두 번째 방법은 임야면적의 임상별 구성이다. 소유별 임상구성을 알 수 있는 것 또한 1927년이 최초이다.

표 5-5에서 제1종임야의 임상이 가장 열악하다는 사실을 거듭 확인할 수 있다. '입목지立木地'는 입목도立木度 3/10 이상을 말하며, '산생지散生地'는 입목도 1/10 이상 3/10 미만, '미입목지未立木地'는 입목도 1/10 미만을 말한다(『임업』 1927년판, 부표 1의 비고). 입목도란 정상축적(법정축적法定蓄積)에 대한 실제 축적의 비율로서, 재적材積과 본수本數 등으로써 계산하며, 산림의 상태를 나타내는 대표적인 지수로 이용된다(임경빈 1966:364). 제1종임야는 입목지의 비율이 가장 낮고 미입목지의 비율이 가장 높다. 제1종임야는 최악의 임상을 가진 가장 황폐한 임야였으며, 1910년경에도 마찬가지였을 것이다. 소유관계에 따라 소비와 투자가 결

표 5-4 소유별 1정보당 임목축적(1927~1939)

(단위: m^3)

	국유림			민유림
	요존임야	제1종 불요존임야	제2종 불요존임야	
1927	33.6	3.2	5.4	10.8
1929	32.4	3.7	4.6	9.6
1931	30.9	4.8	6.6	9.1
1932	29.4	5.5	6.0	9.2
1933	29.6	6.4	6.7	9.0
1934	25.9	4.8	5.1	9.3
1935	23.5	4.9	5.4	9.6
1936	23.8	5.3	5.6	9.8
1937	23.7	5.4	5.9	10.3
1938	24.4	5.4	6.1	10.4
1939	24.8	4.8	5.9	10.6

자료 1927, 1929, 1939년은 『朝鮮の林業』 각 연판; 그 외는 『林野統計』 각 연판.

표 5-5 소유별 임상구성

(단위: %)

		입목지	산생지	미입목지	계
국유림	요존임야	68.8	16.7	14.4	100.0
	제1종불요존임야	44.3	22.4	33.2	100.0
	제2종불요존임야	49.9	23.0	27.2	100.0
민유림		68.9	13.8	17.3	100.0

주 1927, 1929, 1932, 1934, 1935, 1937, 1938년의 평균임.
자료 1927, 1929년은 『朝鮮の林業』 각 연판; 그 외는 『林野統計』 각 연판.

정되며, 제1종임야는 과소투자와 과대소비를 초래하는 비극적 공유지에 해당하기 때문이다.

제1종임야의 처분=소유권의 형성에서는 조림대부제도가 가장 중요하였다. 제1종임야 중 민유화에 의해 소유권이 성립한 면적은 총 162만 정보였고, 조림대부 후 조림성공으로 양여된 면적은 98만 정보로 60.4퍼센트에 해당한다(표 5-6). 아직 소유권이 성립하지 않았지만, 조림대부에 의해 대부 중인 임야를 포함하면 총 처분면적은 240만 정보이며, 조림대부지는 176만 정보로 73.3퍼센트를 차지한다. 이는 제1종임야가 가장 황폐하였다는 사실에 기인한다. 조림대부는 식민지기 산림녹화정책에서 가장 중요한 제도였고, 산림녹화에 가장 크게 기여하였다. 제1종임야의 처분=소유권의 형성에서 산림복구를 최우선으로 하는 녹화주의綠化主義가 실현된 것이며, 이는 치산녹화治山綠化 정책의 일환으로 계획적으로 추진된 사업이었다.

연고자가 없는 불요존임야는 대개 황폐가 심각하여 급속히 복구할 필요가 있기에 단지 권리만 넘기는 처분을 하는 것으로는 족하지 않고, 가급적 조림의 속성을 기하는 방법을 강구할 필요가 있다. 따라서……삼림법의 부분림제도를

표 5-6 제1종임야의 처분과 권리이양(1910~1942)

(단위: 천 정보)

	양여							조림대부		매각 (d)	권리이양완료 (a+c+d)		처분완료 (a+b+d)	
	도 모범림	면 모범림	학교림	공동 묘지	영년 금양	기타	소계 (a)	대부 허가 (b)	성공 양여 (c)		면적	누계	면적	누계
1910	-	-	-	0.00	-	-	0.0	0.8	-	-	0.0	0.0	0.8	0.8
1911	0.15	-	0.22	0.03	-	-	0.4	1.0	-	0.0	0.4	0.4	1.4	2.3
1912	0.97	-	0.37	0.01	0.56	0.02	1.9	12.5	-	0.1	2.0	2.4	14.5	16.8
1913	0.55	0.18	1.03	7.50	5.13	0.05	14.4	44.1	-	0.6	15.0	17.4	59.0	75.8
1914	1.50	1.52	1.12	2.29	11.18	0.02	17.6	97.3	-	0.4	18.0	35.4	115.4	191.2
1915	1.54	11.63	1.72	0.36	10.61	0.34	26.2	48.1	0.1	0.1	26.5	61.9	74.4	265.6
1916	1.12	5.34	1.29	0.16	7.50	0.59	16.0	60.8	0.6	0.3	16.9	78.8	77.1	342.7
1917	0.52	2.35	1.23	0.07	4.77	2.78	11.7	74.5	2.8	0.7	15.2	93.9	86.9	429.6
1918	0.03	1.36	0.41	0.03	3.27	0.28	5.4	97.6	0.3	2.8	8.4	102.3	105.8	535.4
1919	0.09	1.09	0.23	0.02	0.50	2.42	4.3	87.1	2.4	2.0	8.7	111.1	93.4	628.8
1920	0.46	0.60	0.37	0.00	1.43	2.20	5.1	66.9	2.2	7.6	14.9	126.0	79.7	708.5
1921	0.26	0.27	0.13	0.02	0.95	0.06	1.7	63.9	2.1	0.3	4.0	130.0	65.9	774.4
1922	0.05	0.42	0.27	0.01	1.28	0.00	2.0	88.0	5.7	0.5	8.3	138.3	90.6	864.9
1923	44.52	0.12	0.26	0.01	1.40	-	46.3	45.1	14.1	1.6	62.0	200.3	93.1	958.0
1924	89.07	0.20	0.27	0.02	1.77	0.00	91.3	65.6	39.4	2.7	133.4	333.7	159.6	1,117.6
1925	9.65	0.17	0.28	0.00	1.60	9.67	21.4	31.3	54.1	3.1	78.5	412.2	55.7	1,173.3
1926	2.12	0.20	0.30	0.03	1.87	0.01	4.5	41.0	30.9	10.7	46.2	458.4	56.3	1,229.6
1927	0.32	0.14	0.33	0.02	1.72	0.01	2.5	52.0	57.6	37.5	97.7	556.0	92.0	1,321.6
1928	4.12	0.11	0.43	0.11	0.46	0.28	5.5	54.2	69.9	19.8	95.2	651.3	79.5	1,401.2
1929	0.04	0.12	0.40	0.01	0.03	5.16	5.8	21.2	46.5	15.6	67.8	719.1	42.5	1,443.7
1930	-	0.08	0.28	0.01	0.09	0.05	0.5	29.1	83.7	11.8	96.1	815.1	41.4	1,485.1
1931	-	0.10	0.18	0.01	0.12	1.60	2.0	66.4	92.5	24.5	119.0	934.1	92.9	1,578.0
1932	-	0.05	0.18	0.02	0.01	0.39	0.6	86.8	57.5	10.6	68.7	1,002.8	98.1	1,676.1
1933	-	0.03	0.15	0.01	0.01	0.30	0.5	82.6	75.0	2.0	77.6	1,080.4	85.1	1,761.2
1934	-	0.01	0.21	0.01	-	0.00	0.2	43.7	65.5	47.1	112.9	1,193.2	91.0	1,852.2
1935	-	0.06	0.20	0.00	-	0.27	0.5	23.7	55.2	25.6	81.3	1,274.5	49.8	1,902.0
1936	-	0.02	0.14	0.01	0.01	-	0.2	9.7	58.2	34.8	93.1	1,367.7	44.7	1,946.7
1937	-	0.05	0.24	0.01	0.00	0.00	0.3	36.7	41.0	19.1	60.4	1,428.1	56.1	2,002.8
1938	-	0.02	0.19	0.03	-	0.01	0.2	180.0	32.4	6.4	39.1	1,467.2	186.7	2,189.5
1939	-	0.01	0.11	0.01	-	-	0.1	61.2	20.6	29.8	50.6	1,517.7	91.2	2,280.7
1940	-	0.00	0.18	-	-	-	0.2	4.0	15.6	12.3	28.1	1,545.9	16.5	2,297.2
1941	-	0.00	0.01	-	-	-	0.0	79.1	26.4	18.0	44.4	1,590.3	97.1	2,394.3
1942	-	-	0.13	-	-	0.00	0.1	5.4	26.9	4.8	31.8	1,622.1	10.3	2,404.7
계	157.1	26.2	12.8	10.8	56.3	26.5	289.7	1,761.8	979.2	353.2	1,622.1	-	2,404.7	-
권리이양완료 (%)	9.7	1.6	0.8	0.7	3.5	1.6	17.9	-	60.4	21.8	100.0		-	
처분완료 (%)	6.5	1.1	0.5	0.4	2.3	1.1	12.0	73.3	-	14.7	-		100.0	

자료 1910~1939년은 『朝鮮林業史』 2000;421~431, 1940~1942년은 『年報』 각 연판.

수립하였지만 성적이 양호하다고 보기 어려우므로 삼림령에서는 부분림제도를 폐지하고 대신에 조림대부제도……(『朝鮮の林業』 1939년판, p.32).

조림대부제도의 특징은 '구분조사' 과정에서 실체가 확인된 자유접근 체제하의 가장 황폐한 임야에 대하여 녹화와 연계하여 소유권을 형성하였다는 점이다.

두 번째 처분방법은 매각이다. 35만 정보, 총 처분면적의 14.7퍼센트에 해당하는 제1종임야가 민간에 매각되었다. 조림대부에 의한 양여 외에 무상으로 양여된 것이 29만 정보로 처분면적의 12.0퍼센트이다. 양여는 모범림模範林, 학교림學校林 및 공동묘지의 설치를 위한 것이며, 민유림 내 공유림에 해당한다. 종종 지적된 일본인 이민자에 대한 무상지급은 양여 중 기타에 포함된다. 기타 항목 모두가 일본인에게 지급되었다고 보아도 처분 면적의 1.1퍼센트, 권리이양 면적의 1.6퍼센트인 2만 7천 정보에 불과하다. 임야면적 전체로는 0.2퍼센트에 미치지 못한다.

무주공산 240만 정보 중 1942년 말 현재 162만 정보에서 소유권이 형성되었으며, 그 외 조림대부 임야 78만 정보는 조림성공에 의한 민유화를 기다리고 있었다. 조선왕조 이래 수백 년 동안 존속해온 무주공산은 식민지기에 이와 같이 정리되었고 무주지無主地에서 소유권이 형성되었다. 무주공산은 자유접근형 공용자원의 객관적 실체이며, 국유림과 사유림에 관계없이 관철되던 자유접근형 용익관행의 물적 토대로서 기능하였다. 이러한 산림이 법률에 의해 해체된 것이다.

제2절 | 근대적 사적소유권의 성립: 조선임야조사사업

'사업'에 의하여 사적소유권의 조사와 법인이 처음으로 법률에 의거하여 실시되었다. '구분조사'는 다만 행정적 내규에 근거하였으므로 사법적 효력을 갖지 못하였지만, 그에 근거하여 요존임야의 경영과 제1종임야의 처분이 이루어졌다. 1906년 「토지가옥증명규칙」, 1908년 「토지가옥소유권증명규칙」, 1912년 「조선부동산증명령」은 모두 강행법이 아니라 임의법이었고, 따라서 전국적인 범위에서의 소유권의 법인은 '사업'을 기다려야 했던 것이다. '사업'의 목적에 대하여 『보고』는 다음과 같이 기술한다.

> 조선임야조사사업은 일찍이 시행된 토지조사에서 제외한 임야 및 그 임야 내에 개재된 임야 이외의 토지에 대하여 토지조사와 동일하게 국민생활상 또한 일반 경제거래상 부동산의 표시에 반드시 필요한 지번을 창설하고 그 위치와 형상을 도면에 작성하여 경계를 분명히 함과 더불어, 옛부터 애매하고 혼란스러워 그 귀속이 분명하지 않았기 때문에 임정의 진흥을 저해하고 조선의 산야를 극도로 황폐하게 하고 수백 년 이래 착종분규錯綜紛糾가 극에 달한 임야의 권리관계를 일거에 해결하여 소유권을 법적으로 확정하고, 토지조사와 함께 조선 전토全土에 대한 소위 지적제도를 확립하여 일반민중의 이용후생利用厚生에 기여함과 함께 임정 제반의 기본자료를 마련하려는 것이다(p.70).

조선토지조사사업의 사정 사무가 완료되기 1년 전인 1916년에 '사업'의 계획을 수립하기 위한 시험조사가 경기도를 비롯하여 몇 개 도에서 실시되었고, 1면 평균 1천 필지가 있는 것으로 조사되었다. 따라서 1917년부터 전국의 250만 필지에 대한 조사에 착수하기로 하였다(『보고』, pp.1~2). 하지만 관계법규의 제정이 지연되어 1918년 5월 1일에야 「조선임야조사령」(훈령 제5호)과 「조선임야조사령시행규칙」(부령 제38호)이 공포・시행되었고, 「조선임야조사령시행수속」(훈령 제59호)은 같은 해 11월에 제정되었다. 1917년에는 지역별로 지주와 이해관계자가 합의하여 불가피하게 관계법규 초안에 의거하여 조사를 진행하였고, 「임야조사령」 공포 전에 조사를 실시한 지역은 「임야조사령」 부칙에 의하여 "본령에 의하여 수행한 것으로 간주" 되었다(『보고』, pp.23~25).

재정 문제를 고려할 때 토지조사사업과 동일한 방식으로 실시할 수 없다 하여 '사업'은 "속성速成 방침에 변칙적인 제도와 간략한 방법"으로 시행되었다. 조사와 측량에 필요한 비용도 산림의 소유자와 연고자가 부담하도록 하여 약 265만 원이 징수되었고, 사정과 불복 제기에 따른 재결 등 기타 비용으로 국고에서 지출한 것이 121만 원이었다(『보고』, p.1). 사업의 담당기관으로는 가능한 한 기존 행정체계를 이용하고, 담당자도 대부분 '사업'의 업무를 겸장兼掌하는 것으로 하였다. 별도의 조직을 두지 않고 부면府面이 조사와 측량을 실시하고, 각 도에서 사정을 담당하였다. 토지조사사업에서는 임시토지조사국이 조사・측량과 사정 업무를 맡아보았던 것과 달리, '사업'에서는 그 업무가 부면과 도에 분담된 것이다. 한 가지 문제는 부면별로 기술원을 모집하여 조사・측량하는 것은 현실적으로 어려울 뿐 아니라, '사업'의 전국적 통일성이 결여될 수 있다는 점이었다. 보다 현실적이고 효율적인 방법이 필요하였다.

총독부 산림과는 84명(토지조사사업 종사 경력자는 66명)을 고용하고 산림과 직원 9명을 추가하여 총 93명으로 종사원從事員을 구성하였다. 이들은 약 한 달 동안 교육받은 뒤, 15명 내외로 나누어 6개 도에 파견되었다. 각 도에서도 가능한 한 토지조사사업의 경험이 있는 자를 채용한다는 원칙하에 기술원과 사무원을 고용하였다. 조사의 착수에 앞서 도 종사원은 총독부에서 파견된 종사원에게 일정한 지도를 받도록 하였고, 총독부 파견 종사원을 반장班長으로 하고 10여 명의 도 종사원을 반원班員으로 하여 조사반 1개 반을 구성하였다. 한 조사반이 한 면을 책임지고 조사한 후 다른 면으로 이동하고, 총독부 파견 종사원도 한 도의 조사를 완료하면 다른 도로 이동하는 방식이었다(『보고』, pp.11~15).

토지조사사업에서는 토지의 소유권이나 경계에 대한 분쟁이 발생하면 임시 토지조사국의 분쟁지심사위원회의 조사를 거쳐 조사국장이 사정하였는데, '사업'에서는 도장관의 자문기관으로 임야심사위원회(위원장은 도 내무부장이 맡고, 도 고등관과 판임관 몇 명을 위원으로 한다)를 설치하고 분쟁사건은 여기에서 심사한 후 도장관이 사정하도록 하였다(『보고』, pp.73~74). 사정 결과의 공시 이후 제기된 불복에 대한 재결은 임야조사위원회(이하 '위원회'로 줄임)가 담당하였다. 토지조사사업의 고등토지조사위원회에 해당하는 기관이다. 위원장은 정무총감이며, 위원은 총독부 판사와 고등관 중에서 임명하였다. '위원회'에는 합의제의 부部를 두었으며 각 부의 위원은 5명이었다. 2개 부로 시작하였지만 불복사건이 증가함에 따라 최대 5개로 확대되었다(『朝鮮總督府林野調査委員會事務報告』, pp.10~12, 이하 『사무보고』로 줄임).

1. 현지조사의 과정

(1) 소유와 연고의 신고

'사업'의 절차는 토지조사사업과 큰 차이가 없다. 임야의 소유자나 연고자는 지주총대를 거쳐 신고서를 부윤이나 면장에게 제출한다. 토지조사사업과 마찬가지로, 하나의 필지에 대하여 복수의 신고가 접수되지 않는 한, 그 소유권이나 연고관계를 사실로 인정하는 신고주의가 적용된 것이다. 연고자가 없는 국유림은 관할 관청이 부면에 통지하였다.

임야의 소유자는 도장관이 정하는 기간 내에 성명 또는 명칭, 주소와 임야의 소재 및 지적을 부윤 또는 면장에게 신고하여야 한다.

국유임야에 대하여 조선총독이 정한 연고가 있는 자는 전 항의 규정에 준하여 신고하여야 한다. 이 경우에 그 연고도 신고하여야 한다.

전 항의 규정에 의한 연고자가 없는 국유임야에 대해서는 보관 관청이 조선총독이 정하는 바에 의하여 제1항에 규정된 사항을 부윤 또는 면장에게 통지하여야 한다(「임야조사령」 제3조).

동리나 공공단체의 소유나 연고에 관계되는 임야는 면장 등 관리인이 신고서를 제출하며, 종중 등 법인의 자격이 없는 단체의 소유나 연고에 관계되는 토지는 수인의 공유 또는 개인 명의로 신고하도록 하였다(「조선임야조사령 제3조에 의한 신고요령」, 1918. 7. 27., 고시 제182호). 신고주의와 관련하여 한 가지 지적할 사실은 종중이나 촌락 등 단체의 명의로 소유나 연고를 신고할 수 있었다는 점이다. 토지조사사업의 선례가 있고, 이를 굳이 불허할 이유가 없었을 것이다.[7] 「조선임야조사령」이 공포되기 전에는 지방별로 법규의 '초안'에 기초하여 조사를 시행했다고 하였는데, 이 초안에 해당하는 경기도의 「임야정리조사내규」 중 '야장기입요령野帳記入要領'에는 "단체 또는 공동 소유 혹은 연고에 관계되는 자의 주소란에는 그 사무소의 소재지 또는 대표자의 주소를 기재하여야 한다"고 하였다. 야장이란 신고서를 접수한 후 조사원이 현지에서 실지조사한 내용을 기록하는 장부이므로, 신고서를 제출할 때 이미 종중이나 촌락 등 단체의 명의로 신고할 수 있었음을 의미한다. 「임야조사령시행수속」 제78조는 "공

7 인정식(1949)이 토지조사사업의 수탈성의 근거의 하나로 "촌락 · 동족의 공유지는 짧은 기한 내에 개인 명의로 신고할 수 없는 성질의 토지"라고 주장한 데 대하여 김홍식은 다음과 같이 반박하였다. "그는 공유지도 반드시 개인 명의로 신고하도록 강제되었던 것으로 알고 있는데, 보고서에 나타난 내용과 다르다. ……『조선토지조사사업보고서』에는 종중재산 등에 대해 관계자 전원의 공유로 신고하든가, 개인 신고자의 이름 좌측에 괄호를 달아 '종중재산'으로 부기하도록 되어 있었다"(1997:24~25).

유지 또는 공동연고자가 있는 국유임야에 대해서는 소유자 또는 연고자의 성명 란에 '何某 外 何名'이라고 기재하고 별도로 제10호 양식의 공유지연명부共有地連名簿를 작성하여 말미에 첨부하여야 한다. 단 공유자 또는 공동연고자가 2명일 때는 그렇지 아니하다"라고 하였다. 「임야조사령시행수속」에는 각종 문서의 양식이 들어 있고 「임야조사서」 양식에 있는 설명에는 "5. 비고란에는……법인의 자격이 없는 종중 기타의 단체에서 개인의 명의로 신고한 것은 '何 宗中財産' 또는 '何 團體財産' 등으로 기재할 것"이라고 하여 토지조사사업과 기재방법이 동일함을 알 수 있다.

제2장에서 이용한 김해의 신고서, 임야조사야장, 「임야조사서」에서 다수의 예를 찾아볼 수 있다. 하나만 소개하면, 장유면 관동리 소재 임야 0.35정보의 소면적인 산73번지다. 신고서의 신고자의 '씨명氏名 및 인印'란에는 "김종헌 외 4명"이라고 기재되어 있고 김종헌이 날인하였으며, 신고서에 첨부된 주소, 성명, 비고 형식의 연명서에는 5명 각각의 주소, 성명, 날인이 있으며, 비고란에는 모두 "종중재산"이라고 기입하였다. 임야조사야장에서 해당 임야의 '소유 또는 연고자의 씨명'란에는 "김종헌 외 4명", 주소란에는 김종헌의 주소인 "율하리栗下里", 비고란에는 "종중재산 지적 신고 없음地籍届ナシ"이라고 기입되었다.[8] 「임야조사서」의 주소와 씨명란의 기재도 임야조사야장과 동일하며, 비고란에는 "종중재산 지적 신고 없음. 보존증명 융희 4년 3월 9일 제321호"라고 적혀 있다. 「임야조사서」의 다른 지번들과 비교하면, '지적 신고 없음'과 '종중재산'의 기재가 수기手記가 아니라 인印을 사용한 것임을 알 수 있다. 특별히 인을

8 조선임야조사령 제10조, "지적을 신고하지 않아서 국유로 귀속한 임야는 구 소유자 또는 그 상속인의 소유로 사정한다"는 조항에 따라 "민유로 사정하여야 할 국유임야"는 「임야조사서」의 비고란에 "地籍届ナシ(지적 신고 없음—필자)"라고 기재하여야 한다(「임야조사령시행수속」 제79조).

제작하여 사용할 만큼 종중과 같은 단체 명의를 부기하여 공유림을 신고하고 그대로 사정하는 것이 합법적 절차였던 것이다.[9]

소유자와 마찬가지로 신고서를 제출하는 연고자는 다음 중 하나에 해당하는 자를 말한다. 「임야조사령시행규칙」 제1조의 규정이다.

1호 고기古記 또는 역사가 증명하는 바에 의해 임야에 연고를 갖고 있는 사찰.
2호 융희 2년 삼림법 제19조의 규정에 의해 지적을 신고하지 않았기 때문에 국유로 귀속된 임야의 종전의 소유자 또는 그 상속인.
3호 개간, 목축, 조림 또는 공작물工作物의 건설을 위하여 임야를 차수借受한 자.
4호 융희 2년 삼림법 시행 전에 적법하게 점유하여 계속 금양한 자.
5호 국유림에서 입회의 관행이 있는 자.
6호 부분림部分林의 분수分受의 권리를 갖는 자.

1913년 「연고자 자격의 건」과 다른 점은 능陵, 원園, 묘墓에 관계있는 자와 보안림保安林에 이해관계를 갖는 자가 제외되었다는 점인데 그 이유는 알 수 없다. '사업'에서 소유권의 사정과 직접적인 관계가 있으며, 또한 연고자의 다수를 차지하는 것은 역시 제2호와 제4호이며, 제4장 3절 2에서 상술한 그들이다. 제4장에서 연고 제2호에 해당하는 자는 "A집단", 연고 제4호는 "B집단"으로 표시하였다(이하 임야 소유자와 연고자의 지위 구분은 224쪽, 그림 4-1 참조). '사업'의 연고자가 「특별처분령」이나 「연고자 자격의 건」의 연고자와 다른 점은 연고자 지위를 확인하기 위하여 이들을 신고하게 한 것이 아니라는 점이다. 연고 제1호의 사찰, 연고

9 '사업'에서 촌락의 공유림이나 종중재산 등 공유지는 개인이나 여러 명의 공동명의로 신고할 수밖에 없었고, 그 결과 공유지가 분할되거나 신고조차 되지 않았다는 주장이 있지만(박문규 1933; 한국농촌경제연구원 편 1990; 심희기 1991a; 배재수 1997), 사실과 다름을 알 수 있다.

제2호의 A집단 및 연고 제4호의 B집단을 소유자로 사정하기 위한 조치임을 미리 지적해둔다.

(2) 분쟁지 조사

신고서를 접수한 뒤에는 일필지조사一筆地調査(현지조사)에 착수하며, 소유자, 연고자, 이해관계자 등의 입회하에 조사·측량을 하고, 조사원은 임야의 소재, 지목地目, 등급, 임상, 권리나 연고의 관계, 소유자나 연고자의 성명, 명칭, 주소 등을 임야조사야장에 기재한다. 한 필지에 대하여 2인 이상이 소유권을 주장하거나, 요존임야나 제1종임야로 관할 관청의 통지를 받은 임야에 대하여 민유를 신고하는 자가 있거나, 경계에 대하여 다툼이 있을 때, 해당 임야는 분쟁지가 된다. 분쟁이 생기면 토지조사사업과 마찬가지로 일단 화해로 해결할 것을 권유하였다. "화해를 권유하여 그 해결에 힘쓰고", "당사자가 화해하지 않을 때는" 증거자류를 수집하고 「분쟁지조서」를 작성한다(『보고』, p.43). 「분쟁지조서」에는 신고서나 통지서, 임야조사야장의 사본, 원도原圖의 사본, 증거서류, 당사자와 참고인의 진술서나 청취서, 지주총대의 의견청취서 등을 첨부하며, 분쟁이 복잡할 때는 현지상황, 관계된 관공서의 의견 등을 조사하여 사실취조서를 작성하여 「분쟁지조서」에 추가하도록 하였다(「임야조사령시행수속」 제29조).

분쟁이 일어났을 때 일차적인 방침은 우선 화해를 권유하고 신고를 취소하도록 설득하여 가능한 한 심사에 이르지 않도록 하는 것이었다. 이를 근거로 "일반인민의 정당한 '신고'를 억압"하거나 '강압적으로 화해를 권유하고 신고를 취소하게 하였다'는 주장이 있지만(권영욱 1965:11; 강영심 1983·1984:105~109), '사업'에서 지주총대나 임야조사원들이 그럴 만한 권한을 갖고 있었는지 의문이다. 다음의 관통첩 또한 화해나 신고의 취소는 원칙적으로 당사자의 자발적 동의가 있어야 하며, 그를 위한 설득은 일차적인 권유사항에 불과함을 보여준다.

> 현재 국유로 관리하고 있는 것에 대하여 연고자로 신고를 한 자가 있을 때는 신고자로 하여금 말소하게 한 뒤 날인하게 하도록 임야조사령시행수속 제11조에 규정하고 있지만, 정당한 사유가 있는 것 또는 신고서의 말소에 수긍하지 않는 것에 대해서는 분쟁지로 취급하고, 사정하기 전에 그 관계 도서류에 도장관의 의견을 붙여 먼저 식산국장에게 조회하여 의견을 구하여야 한다. 소유자로 신고한 것도 역시 같다(「임야조사에 관한 건」, 1918. 12. 9., 산제3122호, 각 도장관 앞 농상공부장관 통첩).

제2장에서 본 바와 같이 지극히 협소한 면적으로서 분묘도 존재하지 않는 임야에 대해서도 조선인은 분쟁을 마다하지 않았는데, 이유가 있는 분쟁에 대하여 지주총대나 종사자가 자의적으로 신고서를 수리하지 않거나 접수된 신고서를 위협을 받아 취소하게 되었다고 보기 곤란하다.

표 5-7에서 괄호가 있는 것은 자료가 없을 때 분쟁의 필수와 건수가 같다고 가정한 것이다. 필수와 건수가 모두 있는 도에서는 필수가 건수보다 훨씬 많다. 분쟁의 한 당사자가 여러 필지의 토지에 대한 분쟁에 연루될 때 건수로는 하나로 계산되기 때문이다. 따라서 17,925건은 분쟁 총 건수의 상한이 된다. 자료가 있는 도에 한하여 처리내역을 보면 건수로는 36퍼센트, 필수로는 56퍼센트의 분쟁이 임야심사위원회를 거쳐 사정되었다. 권영욱에 의하면 1922년 현재 황해도 510건의 분쟁지 중 388건이 국과 민의 분쟁이었고, 그 대부분은 동척東拓 등 대부지에서 발생하였다고 한다(1965:12).

제2장에서 보았듯이 김해에서도 대부분 국과 민의 분쟁이었고, 분쟁지는 일본인의 조림대부지인 경우가 많았다. 한 가지 주의할 점은 대부지에서 분쟁이 발생하였다고 해서 대부지 면적 전체가 분쟁의 대상이 되는

표 5-7 분쟁의 수리와 처리

	수리내역		심사결정		화해 및 취소	
	건수	필수	건수	필수	건수	필수
경기도	1,437	2,872	554	1,108	883	1,764
충청북도	227	335	-	-	-	-
충청남도	42	(42)	35	-	7	-
전라북도	407	496	-	-	-	-
전라남도	(2,673)	2,673	-	-	-	-
경상북도	(2,814)	2,814	1,533	-	1,281	-
경상남도	687	1,134	-	-		-
황해도	2,613	8,287	589	6,263	2,024	2,024
평안남도	646	775	549	655	97	120
평안북도	(2,766)	2,766	-	149	-	2,617
강원도	270	2,478	-	-	-	-
함경남도	2,606	(2,606)	489	-	2,117	-
함경북도	737	(737)	120	-	617	-
합계	17,925	28,015	3,869	8,175	7,026	6,525

주 괄호 안은 본문 참고.
자료 『報告』, p.75.

것은 아니라는 사실이다. 조림대부지는 '구분조사'에 의하여 제1종임야로 구분된 임야이며, 조선인 당사자는 그 일부에 대하여 소유권을 주장하는 것이 보통이기 때문이다(제2장 참고). 사정 단계의 분쟁에 관한 자료는 더 이상 이용할 수 있는 것이 없고, 따라서 분쟁지의 사정 결과도 지금은 알 수 없다.

2. 소유자와 연고자의 사정

(1) 사정의 기준

부면의 측량과 조사가 완료되면 임야조사서, 분쟁지조서, 임야도, 임야조사야장 및 원도原圖를 도장관에게 제출하고, 도장관은 임야심사위원회에서 먼저 심사한 분쟁지를 포함하여 모든 임야의 소유자, 연고자 및 경계를 사정한다. 사정 이후 임야조사서와 임야도는 다시 부군도府郡島로 송부되어 이해관계자가 열람하도록 공시된다. 사정공시는 1919년 3월 경상남도 마산부馬山府에서 시작하여 1924년 11월 황해도 평산군平山郡을 마지막으로 종료되었다. 사정 결과는 요존임야를 포함하여 연고자가 없는 국유림, 연고자가 있는 국유림 및 민유림으로 구분되었다. 이때 민유로 사정하는 기준(이하 '사정기준'으로 줄임)은 다음과 같다(「임야조사령시행수속」 제27조).

민유 또는 조선임야조사령 제3조 제2항의 연고가 있는 것으로 신고한 임야로서 다음 각 호의 하나에 해당하는 것은 구 삼림법 제19조의 규정에 의한 신고 여부를 불문하고 이를 민유로 조사하여야 한다. 이하는 사유로 사정할 것.

1. 결수연명부結數連名簿에 기재되어 있는 것 및 결수연명부에 기재가 없으나 일찍이 지세地稅를 부과하였거나 현재 지세를 부과하는 것. 단 제23조에 의하여 임야로 조사하여야 할 화전火田은 그렇지 아니하다.
2. 토지가옥소유권증명규칙 시행 이전에 관청에서 사유임을 인정한 토지.
3. 토지가옥증명규칙 또는 토지가옥소유권증명규칙의 증명에 의하여 사유임을 인정한 토지.
4. 판결확정에 의하여 사유임을 인정한 토지.
5. 확증이 있는 사패지賜牌地.
6. 관청이 환부還付, 부여 또는 양도한 확증이 있는 토지.
7. 융희 2년 칙령 제39호 시행 이전에 궁내부에서 사인私人에게 환부, 부여 또는 양여한 확증이 있는 토지.
8. 영년永年 수목을 금양한 토지는 사유.
9. 「삼림법」 시행 전에 적법하게 점유한 것으로서 계속하여 금양하여 현재 평균 입목도 3/10 이상에 달한 것.

'사업'의 성격을 파악함에 있어 '사정기준'에 대한 이해가 중요하다. 주목되는 내용은 다음과 같다. 첫째, 「임야조사령」 제3조 2항이란 연고자도 소유자와 마찬가지로 신고하여야 한다는 조항인데, 연고를 신고한 연고자도 사유로 사정할 수 있다고 하였다. 이는 「임야조사령」 제10조 "지적을 신고하지 않았기 때문에 국유로 귀속한 임야는 구 소유자 또는 그 상속인의 소유로 사정한다"는 조항에 따른 것이며, '사정기준'에 해당하면 연고를 신고한 자는 소유자로 사정된다. 둘째, 1912년 '구분표준'에서는 "단, 구 삼림법 제19조의 규정에 의한 신고를 하지 않은 삼림산야는 이에 해당하지 않는다"는 단서조항이 있었지만, 이제 "구 삼림법 제19조의 규정에 의한 신고 여부를 불문"한다고 하였다. '사정기준' 9개 항의 내용을 검토해보자.

제1-8호는 「삼림령」 부속규정의 '구분표준'과 동일하다. 제8호에 해당하는 자는 A영년금양집단, 제1호부터 제7호에 해당하는 자는 A기타집단으로 분류되며, 이들 A집단은 "융희 2년 삼림법 제19조의 규정에 의해 지적신고를 하지 않았기 때문에 국유로 귀속된 임야"에 대한 '사실상의 소유자'임을 제4장에서 서술하였다.[10] A집단은 '사업'에서는 연고 제2호로 표현된다. 「삼림령」 및 부속규정과 '사업'의 차이는 우선 A집단의 사적소유권을 법인하는 절차가 현격하게 완화되었다는 점이다. A영년금양집단은 이제 양여출원, 심사 및 양여허가라는 절차 없이 사유로 사정된다. A기타집단은 '사업' 이전에는 무료 조림대부 출원에서 조림성공과 무상양여의 절차를 밟아야 했으나, 이제는 A영년금양집단과 함께 사유로 사정된다.

'사정기준'과 '구분표준'의 또 하나의 차이는 "제9호 삼림법 시행 전에 적법하게 점유한 것으로서 계속하여 금양하고 현재에 평균 입목도 3/10 이상에 달한 것"이라는 새로운 항목이다. "삼림법 시행 전에 적법하

10 각 호에 대한 설명, 분류 및 '사업' 시행 이전에 이들 각 호의 소유권을 법인하는 절차에 대해서는 제4장 3절 2항 참조.

게 점유"한 자는 A집단과 자격이 다르므로 B집단으로 분류하였음을 제4장에서 서술하였다. B집단은 '사업'에서는 연고 제4호로 지칭된다. '사정기준' 제9호는 B집단의 소유권 법인을 위해 마련된 것이다. '사정기준'은 결국 A집단과 B집단을 위한 규정이다. 『보고』의 서술에서도 이를 확인할 수 있다.

> 연고자 중 ① 구 삼림법의 규정에 의한 지적의 신고를 태만히 하였기 때문에 국유로 귀속된 것, ② 구 삼림법 시행 전에 적법하게 점유하고 계속하여 점유한 것 중 상당한 금양 실적이 있는 것에 대해서는 전술한 것(「임야조사령시행수속」 제27조에 대한 서술을 말한다.—필자)과 같이 민유를 인정하는 것으로 하였다(p.38).

'사업' 이전에 B집단이 소유권을 인정받을 수 있는 방법은 A기타집단과 마찬가지로 무료 조림대부의 출원에서 양여에 이르는 절차를 밟는 것이었다. 그런데 '사업'에서는 "평균 입목도 3/10 이상"이면 사유로 사정된다. 대부출원과 일련의 절차를 통해 소유권을 인정받으려면 종전에는 "입목도 3/10 이상"과 함께 '파식播植을 시행하였거나 평균수령 10년 이상'이라는 또 하나의 기준을 충족하여야 했다. '사업'을 통해 사적소유권의 법인을 위한 절차가 극히 간소하게 바뀐 셈이며, 그뿐 아니라 조림실적의 기준도 완화된 것이다.

조림실적의 기준을 완화하였지만, '사업'을 통해 B집단 전체가 소유자로 사정된 것은 아니다. '사정기준' 제9호에 의하여 많은 연고자가 소유자로 사정된 것은 사실이다.[11] 하지만 입목도 3/10에 이르지 못한 임야는

11 『보고』에서는 2개 면을 상하로 나누어 '구분표준'과 「임야조사령시행수속」 제27조의 '사정기준'을 비교하고 160만 건에 이르는 대부출원의 처리가 정체된 상황이라고 서술한 뒤, '사정기준'이 지닌 효과에 대하여 다음과 같이 기술하고 있다. "해당 연고임야는 종전의 취급(「특

다음 항에서 서술하듯이 270만 정보에 달하는 대면적이었다. 비록 기준이 완화되었지만, 「삼림령」 이래 사적소유권 법인의 기본방침이었던 녹화주의는 '사업' 에서도 여전히 관철되고 있었던 것이다.

(2) 사정의 결과

표 5-8은 사정 결과를 나타낸 것이며 1924년 말 현재 임야소유의 상황이다. 민유림은 남부와 북부지방에서 각각 69퍼센트와 27퍼센트, 전국 임야의 41퍼센트를 차지한다. 연고자가 있는 임야는 대부분 사실상의 민유림이며, 남부지방에서는 연고자가 있는 국유림이 연고자가 없는 국유림의 두 배인데, 북부에서는 반대로 연고자가 없는 국유림이 연고자가 있는 국유림의 두 배가 훨씬 넘는다.[12]

1924년 말 현재, 연고자가 있는 임야를 포함하면 남부지방에서 89퍼센트, 북부지방에서는 48퍼센트가 민유림인 셈이다. 인구밀도와 임야면적의 차이에 따라 남부와 북부의 사적소유권의 발전에 차이가 나타난다. 북부지방에서도 임야의 합계가 상대적으로 적은 황해도와 평안남도는 민유림과 연고자가 있는 임야의 합계가 각각 81퍼센트, 62퍼센트에 달한다. 당시의 기술로서는 인간이 접근하기 어려운 광대한 원시림을 포함하고 있는 함경북도, 함경남도, 평안북도 및 강원도 4개 도를 제외하면 임야의 84.2퍼센트가 민유림이거나 연고자가 있는 임야이며, 한반도 전역에서 임야의 사적소유가 대단히 광범한 면적에서 성립한 상태임을 알 수 있다.

별처분령」과 '자격의 건' 을 말한다—필자)에 의하면 일단 대부허가의 절차를 밟고 또 조림의 실적에 대한 조사를 거친 뒤 성공양여의 절차를 취하지 않을 수 없고, 그 처리에 적지 않은 수고와 비용이 필요하며……이들 무료대부에 해당하는 임야로서 이미 상당한 금양 실적이 있는 것에 한하여 바로 민유로 인정하고 사유림이라는 관념을 부여하여 愛林思想의 자각 · 함양에 기여함과 함께 출원 처리에 필요한 적지 않은 수고와 비용을 생략하여 다수의 願件을 해소하고……" (『보고』, pp.34~37). "상당한 금양의 실적" 이란 "평균 입목도 3/10 이상" 이다.

12 다음 항의 「特別緣故森林讓與令」은 연고자가 있는 국유림을 민유로 처분하는 조치였다.

표 5-8 도별 · 소유별 임야면적(사정 결과)

(단위: 정보, %)

	국유림			민유림	계
	연고자가 없는 국유림	연고자가 있는 국유림	소계		
경기도	58,546	139,989	198,535	554,040	752,575
충청북도	73,627	156,500	230,127	301,644	531,771
충청남도	26,566	206,618	233,184	248,520	481,704
전라북도	77,560	108,954	186,514	352,287	538,801
전라남도	78,272	139,081	217,353	633,794	851,147
경상북도	169,003	212,891	381,894	978,281	1,360,175
경상남도	75,192	149,416	224,608	616,010	840,618
남부 소계	558,766 (10.4)	1,113,449 (20.8)	1,672,215 (31.2)	3,684,576 (68.8)	5,356,791 (100.0)
황해도	183,642	538,740	722,382	240,720	963,102
평안남도	375,660	363,184	738,844	237,982	976,826
평안북도	1,081,794	158,830	1,240,624	1,054,205	2,294,829
강원도	1,078,603	419,591	1,498,194	665,165	2,163,359
함경남도	1,730,513	527,460	2,257,973	438,548	2,696,521
함경북도	1,172,946	254,408	1,427,354	289,489	1,716,843
북부 소계	5,623,158 (52.0)	2,262,213 (20.9)	7,885,371 (72.9)	2,926,109 (27.1)	10,811,480 (100.0)
계	6,181,924 (38.2)	3,375,662 (20.9)	9,557,586 (59.1)	6,610,685 (40.9)	16,168,271 (100.0)

주 '사업'에서 조사된 전답 등 다른 地目의 임야 내 介在地 134,157정보는 제외하였음.
자료 『보고』, pp.84~85.

19세기 말의 상황도 큰 차이가 없을 것이다.

필지당 평균면적에서 사적소유권 발전의 다른 일면을 찾아볼 수 있다(표 5-9). 남부지방 민유림의 평균면적은 2.7정보이며, 산림면적이 남부지방의 2배에 가까운 북부지방에서도 3.8정보에 불과하다. 소유규모별 분포가 어떠하였는지 아직 알 수 없지만, 평균면적으로 보는 한 임야소유는 오늘날과 마찬가지로 영세하게 분할된 소규모 소유가 일반적이었다. '사업'을 계획할 당시에는 조사와 사정을 1922년까지 마치기로 하였지만

표 5-9 도별 · 소유별 1필지당 평균면적(사정 결과)

(단위: 정보)

	연고자가 없는 국유림	연고자가 있는 국유림	민유림
경기도	32.3	2.5	3.0
충청북도	85.5	3.8	6.1
충청남도	23.8	2.9	2.9
전라북도	80.2	2.5	2.5
전라남도	33.8	3.0	1.9
경상북도	82.1	4.7	3.6
경상남도	42.6	3.2	2.2
남부 소계	51.3	3.2	2.7
황해도	23.2	2.7	2.3
평안남도	140.3	3.1	2.3
평안북도	883.1	5.7	5.8
강원도	400.8	4.0	4.1
함경남도	544.0	3.6	3.3
함경북도	672.6	3.0	3.4
북부 소계	289.3	3.3	3.8
계	203.8	3.3	3.1

자료 표 5-8과 같음.

조사에 착수한 결과 필지 수는 예상보다 훨씬 많았고, 따라서 계획을 변경하여 1924년까지로 기간을 연장하였다. 계획 당시 조사 필수는 약 252만 필로 추정되었는데, 조사를 완료한 결과 26퍼센트가 초과된 318만 필이었다. 산림의 필지분할이 예상보다 심화되어 있었던 것이다. 또 연고자가 없는 국유림은 3만 필에 불과하였다. 민유림과 연고자가 있는 국유림의 필지분할이 예상을 넘어섰던 것이다.

그림 5-1에서 연고자가 있는 국유림의 도별 필지당 평균면적은 민유림과 크게 다르지 않고, 북부지방이 남부보다 조금 더 높은 수준이다. 그런데 연고자가 없는 국유림의 필지당 면적은 북부지방에서는 289정보, 남부지방에서도 51정보나 된다(표 5-9). 북부지방에서도 황해도와 평안남

그림 5-1 도별 · 소유별 1필지당 평균면적

(단위: 연고자 없는 국유림은 100정보, 그 외는 1정보)

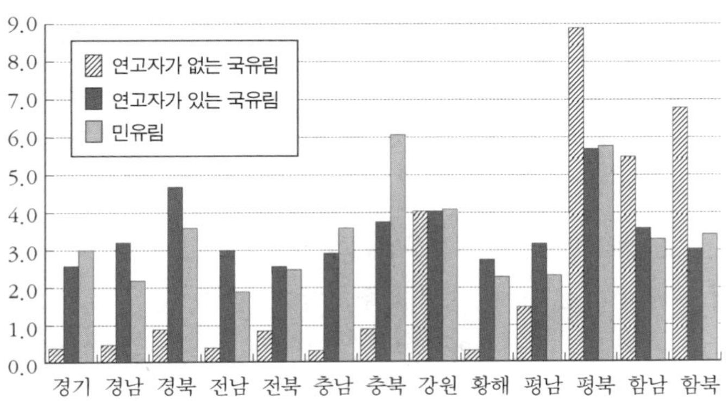

자료 표 5-9와 같음.

도의 연고자가 없는 국유림은 남부지방과 큰 차이가 없지만, 함경북도, 함경남도, 평안북도 및 강원도는 필지당 평균면적이 다른 도보다 훨씬 크다. 이곳에 원시림이 광범하게 존재하고 총독부가 개발 · 이용하기 위하여 요존국유림을 집중적으로 설치한 결과였다. 연고자가 없는 국유림과 연고자가 있는 국유림의 소유관계가 전혀 다르며, 연고자가 있는 국유림은 사실상 민유임이 그림 5-1에서도 확인된다.

3. 불복신청의 재결

사정 결과의 공시기간은 30일이었다. 사정에 대하여 불복하는 자는 공시기간 만료 후 60일 이내에 '위원회'에 불복을 제기하여 재결을 구하도록 하였다. 사정이나 재결에 의하여 소유자, 연고자 및 경계가 최종적으로 확정된 결과는 임야대장에 기록되며, 임야대장은 임야도와 함께 부군도

府郡島에 인계되어 그곳에서 지적 사무를 시작할 수 있게 된다. 하지만 사정완료 후 재결 사무가 끝날 때까지 상당한 시차가 있으므로, 신속한 지적 사무의 개시를 위해 사정 결과의 공시에 앞서 미리 임야대장을 작성하고 그를 부군도에 보낸 후, 불복사건이 접수되면 그 사실을 통지하여 해당 임야를 임야대장에서 삭제하고, 이후 재결의 결과를 알려 임야대장을 수정하도록 하였다.

'사업'을 계획할 당시 불복사건의 건수는 토지조사사업의 1,000필당 1건의 예에 따라 2,500건 내외로 추정되었고, 1919년 사무를 개시할 때 '위원회'는 2개 부部로 출발하였다. 그러나 1919~1925년, 수리된 불복제기 건수는 무려 111,377건으로서 1,000필당 32건이었다. 불가피하게 계획을 수정하여 '위원회'를 3개 부로 늘리고 1925년에 다시 5개로 확대한 후, 재결업무의 종료가 머지않은 1932년에 이르러 3개로 축소하였다. '위원회'의 사무는 재결에 대한 재심 사건 455건의 처리를 포함하여 1935년에 종료되었다(『사무보고』, pp.13~18).

불복제기가 폭증한 이유에 대하여 '위원회'는 임야에 대한 권리의식이 급격히 발전하고, '사업'에 의하여 임야의 가치가 급증하고, 불량한 대행업자들이 민중을 선동하였다는 점을 이유로 들고 있지만(『사무보고』, p.32), '사업'이 본래 "속성방침에 변칙적인 제도와 간략한 방법"(『보고』, p.1)을 취하였다는 사실도 중요한 이유가 되었을 것이다.

(1) 불복신청의 접수

표 5-10에서 '위원회'에 접수된 불복사건의 대강을 알 수 있다. 분쟁의 내용은 역시 소유권이 중심이며 총 건수의 93.6퍼센트에 해당한다. 임야 이외의 지목을 포함하여 불복사건의 필수나 면적은 전체 사정결과의 3.8퍼센트가 된다. 토지조사사업에서 불복사건은 전체 사정 필수의 0.54퍼

센트였으므로 '사업'의 불복사건 비율은 토지조사사업의 7배에 가깝다. 불복을 제기한 자는 98.0퍼센트가 사인私人이며, 불복의 상대가 되는 사정명의인査定名義人의 58.7퍼센트는 국가였다. 토지조사사업에서 전라북도의 불복사건 중에서 사정명의인이 국가인 사건이 47.1퍼센트를 차지하였다는 사실이 비교를 위해 참고할 만하다(조석곤 2003:159). 사정명의인

표 5-10 불복신청의 내역

	분류		건수 또는 필수	비율(%)
신청종류(건수)	일필지의 소유권을 주장하는 것		88,987	79.9
	일필지의 일부에 대해 소유권을 주장하는 것		15,269	13.7
	소계		104,256	93.6
	경계의 정정을 주장하는 것		6,002	5.4
	기타		1,119	1.0
	계		111,377	100.0
지목	임야(필수)		129,673	97.5
	기타(필수)		3,329	2.5
	계(필수)		133,002	100.0
	임야(정보)		622,305	99.7
	기타(정보)		1,569	0.3
	계(정보)		623,874	100.0
불복제기자(건)	국가		334	0.3
	공공단체		1,880	1.7
	사인		109,163	98.0
	계		111,377	100.0
사정명의인(필)	국가	요존국유림	1,331	1.0
		불요존국유림	4,238	3.2
		연고자가 있는 국유림	69,002	51.9
		기타	3,475	2.6
		소계	78,046	58.7
	공공단체		2,000	1.5
	사인		52,956	39.8
	계		133,002	100.0

자료 『事務報告』, pp.74~75.

이 국가인 7만 8천여 필의 불복 중 88.4퍼센트가 연고자가 있는 국유림이다. 연고자가 있는 국유림의 분쟁 중 일부는 연고자로 사정된 사인이 자신의 소유권을 주장한 사건이고, 또 일부는 제3자가 연고나 소유를 주장한 사건이었을 것이다. 불복사건에서 연고임야에 대한 불복이 7만 필가량이었고, 그중 2만 3천여 건이 후술하는 「조선특별연고삼림양여령朝鮮特別緣故森林讓與令」(이하 「양여령」으로 줄임)에 의하여 취소되었기 때문이다.

토지조사사업에서는 국가가 제기한 불복사건이 26.9퍼센트였지만, '사업' 에서 총독부가 제기한 불복은 미미하였다. 당시 일본인이 소유한 임야는 그리 많지 않았으므로, 사정명의인이 사인인 39.8퍼센트의 불복사건은 대체로 조선인 간의 분쟁이었을 것이다.[13] 조선후기 산송의 폭증을 상기할 만하다. 토지조사사업에서 전라북도의 불복사건 중에서 조선인 사이의 분쟁은 8.4퍼센트에 불과하였다.

(2) 재결의 결과

불복사건은 "일단 당사자에 대하여 화해조정을 시도하는 것을 방침으로 하고, 그에 이르러 화해가 성립된 것에 대해서는 불복제기의 취소 또는 승낙재결承諾裁決 등에 의해" 처리하였다. 사정 단계와 마찬가지로 불복사건의 처리도 일차적으로 화해조정에 의한 처리를 목표로 하였다. 수리된 불복사건 111,377건 중 70,391건이 취소되었다. 그 내역은 조사결과 또는 화해성립에 의한 취소가 47,860건이고, 「양여령」에 의하여 취소된 것이 22,531건이었다. 나머지 40,986건이 '위원회' 에서 심의 · 재결되었다.

13 "(불복—필자)사건은 조선의 관습상 선조 숭상의 미풍에 밀접한 관계가 있는 분묘에 기인하는 것이 적지 않고, 또 다른 한편 당사자의 대부분은 동일 촌락 또는 인접 촌락의 주민인 관계상……" (『사무보고』, p.36).

표 5-11 재결 결과

(단위: 건)

	불복 인정			불복 각하			계
	사정명의인의 승낙에 의한 것	이유가 있다고 인정하는 것	소계	불복제기 기한을 넘긴 것	이유가 없다고 인정하는 것	소계	
건수 (%)	17,142 (41.8)	5,001 (12.2)	22,143 (54.0)	2,883 (7.0)	15,960 (38.9)	18,843 (46.0)	40,986 (100.0)

자료 『사무보고』, pp.72~73.

표 5-11은 그 결과이다.

재결 결과 불복이 인정된 사건은 54.0퍼센트였다. 그중에서 '사정명의인의 승낙에 의한 것'이란 불복제기가 수리된 후 심의하는 과정에서 사정명의인이 불복제기자의 주장을 수용하여 조사가 중단되고 소유권이 변경된 것으로, '승낙재결承諾裁決'이라고 한다. 표 5-11의 사정명의인의 승낙에 의한 불복인정 17,142건이 그것이다. 재결에서 이유가 없다 하여 각하된 것은 이유가 있다고 인정된 것의 3배가 넘는다. 불복사건의 사정명의인이 국가인 경우가 58.7퍼센트이고 사인인 것이 39.8퍼센트이므로, 재결의 결과가 총독부에 일방적으로 유리한 것이었는지 어떤지에 대한 판단은 위의 '승낙재결'의 내용에 따라 다르겠는데, 지금은 그 내역을 알 수 없다. 확실한 사실은 재결에서 54.0퍼센트의 불복이 인정되었다는 것이다.

표 5-12는 불복이 수리된 후, 소유권의 변동 여부에 따라 사건을 분류한 것이다. 「양여령」의 시행으로 인해 취하된 불복은 자신을 소유자가 아니라 연고자로 사정한 것에 대한 불복이었고, 「양여령」에 의하여 소유권이 인정되었기에 바로 취소되었다. 재결과정에서 '강압적인 화해와 취하의 종용'이 있었다면(권영욱 1965; 강영심 1983 · 1984), '조사결과 또는 화해'가 성립하여 불복제기를 취하한 4만 8천여 건에 포함될 것인데 이 또

표 5-12 불복신청과 소유권 변동

(단위: 건)

	소유권 변화				소유권 불변			계
	특별연고 삼림양여처분 (취소)	사정명의인의 승낙에 의한 인정(재결)	불복 인정 (재결)	소계	조사결과 또는 화해(취소)	불복 인정 (재결)	소계	
건수 (%)	22,531 (20.2)	17,142 (15.4)	5,001 (4.5)	44,674 (40.1)	47,860 (43.0)	18,843 (16.9)	66,703 (59.9)	111,377 (100.0)

자료 표 5-11과 같음.

한 자세한 내용은 알 수 없다. 불복을 제기하여 사건이 수리된 후, 그중 40.1퍼센트에서 소유권이 변하였다는 사실은 분명하다.

제3절 | '특별연고임야'의 민유화

1. 「조선특별연고삼림양여령」의 배경

'사업'에서 연고자는 「임야조사령시행규칙」 제1조의 6개 항 중 하나에 해당하는 자로서 그 연고를 신고하였다. 그중에서 임야를 대부하거나, 국유림에 대하여 입회의 관행을 갖거나, 부분림에 관계되는 자를 제외한 3개 항은 「삼림령」, 「특별처분령」 및 「연고자 자격의 건」에 의하여 규정된 "사실상의 소유자"로서 '사업' 이전에 소유권을 인정받지 못한 자를 가리킨다. 산림에 연고를 가진 사찰, 지적을 신고하지 않아 국유로 편입된 자(A집단) 및 적법하게 점유하여 계속 금양한 자(B집단)가 여기에 해당한다. '사업'에서 이들 연고자를 조사한 이유에 대하여 『보고』는 다음과 같이 말한다.

> 연고 있는 임야는 구래의 관습상 해당 임야에 대하여 사실상의 소유자에 준하는 지위를 보유하여 그 사용 · 수익을 계속하는 특수한 관계를 지칭하는 것으로서……미해결에 속한 연고임야의 대부분은 후일 「국유삼림미간지 및 삼림산물 특별처분령」에 의하여 처분을 요하는 것으로서, 그때 연고관계의 조사를 수행하지 않을 수 없으므로, 본 조사에 당면하여 미리 신고에 기초하여 일제히 연고관계를 조사하고 공부公簿에 등록해두면 후일 처분을 간명하고 신속하게 하는 한 방법……소유권의 조사와 동시에 이러한 종류의 국유림에 대한 연고관계의 조사도 아울러 시행하는 것으로 하였다(『보고』, pp.38~39).

『보고』는 1938년에 간행되었고, 「양여령」은 1927년부터 시행되어 1934년에 종료되었으므로, 이미 시행된 「양여령」을 염두에 둔 서술로 보인다. 연고자로 하여금 신고하게 한 보다 직접적인 이유는 이들 사실상의 소유자의 사적소유권을 '사업'에서 신속하게 합법적으로 정리하는 데 있었다.「임야조사령시행규칙」제1조의 6개항에 해당하는 연고자를「임야조사령시행수속」제27조의 9개 '사정기준'에 의하여 소유권을 정리하고자 한 것이다. 녹화주의를 표현하는 제9호를 포함하여 '사정기준'이 있었기에 '사업'의 사정 결과 민유림이 전국 총 필지수의 61퍼센트, 총면적의 42퍼센트인 661만 정보에 이르게 되었던 것이다.

1912년의 '구분표준'을 '사업'에서 '사정기준'으로 수정함으로써 그간 형식적·법률적으로 연고자로 간주되던 자들의 소유권이 법인되었다. '사정기준' 제1호부터 제8호에 의해 A집단의 사적소유권은 그대로 법인되었다. 제9호의 "입목도 3/10 이상"이라는 육림 기준에 의해 B집단의 임야도 다수가 사유로 사정되었지만, 이 기준에 미치지 못한 '적법한 점유자'는 여전히 연고자의 지위에 머물러야 했다.

> (임야조사령 등—필자) 수차의 입법에 의하여 취급을 점차 완화하고 연고자를 구제하였지만, 아직 연고자가 있는 임야를 그대로 국유로 남긴 것이 적지 않았다. ① 고기古記 또는 역사가 증명하는 바에 의하여 임야에 연고를 가지는 사찰. ② 구 삼림법 시행 전에 적법하게 점유하여 계속 금양하였지만 평균 입목도 3/10에 이르지 못한 임야의 점유자. ③ 구 삼림법에 의한 지적신고를 하지 않아 국유로 귀속된 임야의 소유자 또는 상속자……특히 ②에 속하는 것이 그 대부분을 차지하였다(『朝鮮林業史』 2000:438).

'사업'을 통해 지적을 신고하지 않아 국유로 귀속된 임야는 대부분 "구제"되었고, 그렇기에 오카 에이지岡衛治는 "평균 입목도 3/10에 이르지 못한 임야"의 연고자가 대부분이라고 말한 것이다. 이들의 권리를 법인하는 것이 사유림의 소유권 정리에 있어서 마지막 절차로 남았다. "연고임야는 그 연고자에 의하여 오랫동안 자유로이 입산하고 임의로 채초해온 임야로서 이 관행을 존중할 필요가 있고, 그것을 그대로 방임하면 민심의 안정과 임정상 득책得策이 아니므로, 속히 그 정리를 감행할 필요를 인정하여 1926년 4월 제령制令으로 조선특별연고삼림양여령을 공포" 하기에 이르렀다(『임업』 1939년판, p.24). 1926년, 마지막 정리방침으로 「양여령」이 제정된 것은 제6장에서 서술하는 「조선임정계획서」의 영향으로 보인다. 「조선임정계획서」는 '사업'이 사정 업무를 종료한 상황에서 이후 조선 임정의 기본방침을 마련하여 정리한 문서이다. 중심 내용은 국유림의 경영계획과 민유림의 개선방안이다. 임정의 기본방침이 마련된 이상 임정의 본격적인 추진을 위하여 연고림의 소유권을 신속히 확정적으로 정리할 필요가 있었던 것이다.

2. 양여의 대상

「양여령」 제2조에 의하면 '조선총독이 특별한 연고가 있는 국유삼림을 해당 특별연고자에게 특별히 양여'하는 임야는 다음 중 하나이다. 각각 연고 제1호, 제2호 및 제3호라고 부른다.

1. 고기古記 또는 역사가 증명하는 바에 의하여 사찰에 연고가 있는 삼림에서는 그 사찰.
2. 융희 2년 법률 제1호 삼림법 제19조의 규정에 의하여 지적신고를 하지 않았기 때문에 국유로 귀속된 삼림에서는 종전의 소유자 또는 그 상속자.
3. 융희 2년 법률 제1호 삼림법 시행 전에 적법하게 점유한 삼림에서는 그 종전의 점유자 또는 그 상속인.

   전 항 제2호 또는 제3호에 해당하는 자가 부면 내의 촌락일 때는 그 부면을 특별연고자로 간주한다.

양여의 대상은 '사업'의 6개 연고자 중 「삼림령」, 「특별처분령」, 「연고

표 5-13 양여출원 수리 결과

	임야조사 시행 임야				토지조사 시행 임야	토지조사 및 임야조사 미시행 임야	합계
	요존임야	제1종 불요존임야	제2종 불요존임야	소계			
남부소계	138	1,210	344,853	346,201	65,249	252	411,702
북부소계	5,397	8,366	681,782	695,545	69,399	1,960	766,904
전국	5,535	9,576	1,026,635	1,041,746	134,648	2,212	1,178,606
(%)	(0.5)	(0.8)	(87.1)	(88.4)	(11.4)	(0.2)	(100.0)

자료 『朝鮮林業史』 2000: 445.

자 자격의 건」 및 '사업', 어느 것에 의해서도 소유권을 인정받지 못한 상기 3개 연고자였다. 제2호와 제3호는 각각 A집단과 B집단임을 알 수 있다. 제3호에서 평균 입목도 3/10에 대하여 특별히 언급되지 않았지만, 3/10 이상이면 '사업'에서 사유로 정리되었으므로, 이는 오카 에이지가 설명한 바와 같이 입목도나 금양의 실적이 부진하여 "평균 입목도 3/10에 이르지 못한 임야"를 말한다.

양여의 출원 기간은 1927년 2월 1일부터 다음해 1월 31일까지 1년이었다. 양여 대상에는 '사업'에서 연고자가 있는 임야로 사정된 것뿐만 아니라 요존임야와 제1종임야도 포함되었지만(표 5-13), 이는 양여를 필요로 하는 특별한 사정이 있는 경우에만 적용되는 제한적인 조치였다.

토지조사사업을 실시한 임야라도 다만 소유권이 사정되었을 뿐 연고의 관계가 분명하지 못하였으므로 출원자가 있으면 그것을 조사할 목적으로 추가되었고, 두 조사 모두 실시되지 않은 일부 특수한 도서 지역도 출원 대상에 포함되었다(『朝鮮林業史』 2000:439). 하지만 양여대상은 역시 제2종임야가 중심이며, 총 출원건수의 87.1퍼센트를 차지한다. 총 건수는 약 118만 건인데, '사업'에서 317만 필지가 조사되었음을 고려하면 이 또한 일대사업이었음을 알 수 있다.

3. 양여의 실적

양여출원의 처리결과를 살펴보자. 표 5-14에서 '기타'는 토지조사사업에서 조사된 것과 토지조사사업과 '사업' 모두 시행되지 않은 특수 도서지역을 합산한 것인데, 전자가 훨씬 높은 비용을 차지한다. 양여를 출원하였는데 대부가 허가된 것은 상속 이외의 원인으로 인해 본래의 연고자로부터 제3자가 점유를 계승한 경우이다. 연고자와 마찬가지로 이들을 신고하게 하고 무료로 대부하여 조림에 성공하면 양여한다는 조림대부제도를 적용한 것이다(『朝鮮林業史』 2000:441).

총 출원면적 334만 정보의 83.2퍼센트인 280만 정보에서 양여가 허가되었다. 조사 결과 양여에 해당하는 연고를 인정받지 못하여 불허된 것은 13.8퍼센트이다. 양여허가 대상은 대부분 연고자가 있는 국유림이었고, 연고자가 없는 국유림에서는 불허되었다. 기타 임야의 66.3퍼센트에서 양여가 허가되었지만, 그 면적은 7만 정보에 불과하다.

표 5-15에서 공공단체 중 기타는 학교나 조합을 말한다. 전체 양여면적의 86.2퍼센트에 해당하는 240만 정보가 사인私人에 집중되어 있다. 연

표 5-14 양여출원 처분 결과

(단위: 정보, %)

구분	양여	대부	불허 및 기타	계
연고자가 있는 국유림	2,703,520 (91.3)	98,080 (3.3)	159,760 (5.4)	2,961,361 (100.0)
연고자가 없는 국유림	5,950 (2.2)	20 (0.0)	266,976 (97.8)	272,946 (100.0)
기타	70,357 (66.3)	492 (0.5)	35,283 (33.2)	106,131 (100.0)
계	2,779,827 (83.2)	98,592 (3.0)	462,019 (13.8)	3,340,438 (100.0)

자료 『朝鮮林業史』 2000:445

표 5-15 피양여자별 양여면적

(단위: 정보, %)

	사인	사찰	공공단체			계
			부면	기타	소계	
연고자가 있는 국유림	2,397,399	8,549	291,646	5,926	297,573	2,703,520
연고자가 없는 국유림	1,792	2,565	1,589	4	1,593	5,951
기타	64,365	14	5,815	162	5,978	70,356
계	2,463,556	11,128	299,051	6,093	305,143	2,779,828
(%)	(88.6)	(0.4)	(10.8)	(0.2)	(11.0)	(100.0)

자료 표 5-14와 같음.

고자가 없는 임야는 사인, 사찰, 부면 등에 양여되었다. 부면에 양여된 것은 전체 양여면적의 10.8퍼센트인 29만 9천 정보이며 그중에서 29만 2천 정보는 연고자가 있는 국유림이다. 「양여령」 제2조 2항에 따라 특별연고자가 "부면 내의 촌락일 때는 그 부면을 특별연고자로 간주"한 것이다.[14] 특별양여임야 중에서 촌락공유림을 찾고자 한다면, 우선 부면에 양여된 연고자가 있는 29만 2천 정보의 국유림에서 찾아야 할 것이다.

표 5-15의 29만 2천 정보의 다수가 촌락공유림이라고 보기도 곤란한 점이 있다. 연고자가 있는 임야로서 부면에 양여된 임야는 39,734필이며 1건당 면적은 7.3정보에 불과하다(표 5-16). 사인의 평균 양여면적의 3배 이하의 크기이며, 평균적인 농가 3호가 필요로 하는 연료와 농산원료를 공급할 수 있는 정도의 규모이다. 촌락공유림이 이 속에 전혀 없다고 할 수는 없겠으나, '구분조사'에서 촌락림 예정지로 보류된 소규모 무주공산이 '사업'을 통해 부면의 연고림으로 조사되고 「양여령」에 의하여 소유권

14 선행연구에 따르면 「양여령」의 수혜자는 일본인이나 몇몇 친일지주 또는 부면이며, 특히 부면에 대한 양여는 국유림을 민유림으로 위장하는 "기만"에 불과하였다(권영욱 1965; 신용하 1982; 강영심 1998). 이에 대하여 반론을 제기한 것은 배재수였다(1998). 표 5-15과 표 5-17에서 보는 바와 같이 피양여자는 대부분 조선인 사인 연고자였다.

표 5-16 피양여자별 평균 양여면적

(단위: 정보)

	사인	사찰	공공단체	
			부면	기타
연고자가 있는 국유림	2.6	14.0	7.3	7.9
연고자가 없는 국유림	2.3	285.0	17.5	1.0
기타	0.7	0.5	0.5	0.8

자료 표 5-14와 같음.

이 부여된 것이 많을 것이다. 또한 제2장에서 서술한 바와 같이, '사업' 이전에 존재한 촌락공유림은 대규모 시초채취지가 아니라 주로 소규모 공동묘지와 공동목초지였다는 점을 지적해둔다. 연고자가 없는 임야 1,589정보가 91개 부면에 양여된 점도 주목된다. 평균면적은 17.5정보로 연고자가 있는 국유림 중에서 부면에 양여된 것보다 평균면적이 넓고, 이는 총독부가 '구분조사'에서 연고자가 없는 제1종임야 중 일부를 촌락공유림 형성을 위해 따로 떼어놓았던 사실과 일맥상통한다.

표 5-17에서 연고의 번호는 앞서 인용한 바와 같다. 제1호는 사찰, 제2호는 지적을 신고하지 않은 자(A집단), 제3호는 적법하게 점유한 자(B집단)이다. 제1호와 2호는 극히 미미하다. 연고 제2호의 양여출원에 대하여 총독부가 특별히 엄격한 태도를 취하였다고 볼 만한 증거는 없고, 양여불

표 5-17 연고별 양여면적

(단위: 정보, %)

	연고 제1호 (사찰)	연고 제2호 (지적 미신고)	연고 제3호 (적법 점유)	계
면적	6,889 (0.3)	3,942 (0.1)	2,768,995 (99.6)	2,779,826 (100.0)
건당 평균면적	28.2	2.0	2.7	2.7

자료 표 5-14와 같음.

허는 전체 출원면적의 14퍼센트 이하였다. 본래부터 A집단의 양여신청이 거의 없었던 것인데, 이미 '사업'을 통해 '사정기준' 제1호부터 제8호에 의하여 그들의 소유권이 이미 법인되었다고 볼 수 있다.

양여면적은 연고 제3호가 압도적이다. '사업'에 의하여 사유림의 소유권을 정리한 이후에도 여전히 국유림의 연고자라는 법률적 · 형식적 지위 규정에 남아 있던 자들은 육림실적이 「임야조사령시행수속」 제27조 9호의 '구제' 조치=평균 입목도 3/10 이상에 미치지 못하는 사람들이었다. 「양여령」의 목적은 이들의 소유권을 법인하는 데 있었던 것이다. 사유림의 소유권정리에 있어서 그간 유지해왔던 녹화주의는 이 시점에서 효력을 다하였으며, 민유림의 녹화 등 본격적인 임정의 추진을 위한 소유권 정리의 마지막 사업은 이로써 종료되었다. '사업'의 진척, 일반 행정체계의 정비와 함께 「조선임정계획서」로 구체화된 임정의 기본방향이 확립되었기에 가능한 일이었을 것이다. 사유림의 필지당 면적과 연고 제3호의 내용에 비추어 볼 때, 연고 제3호의 건당 평균면적이 2.7정보에 불과한 것은 그저 새로운 사실이 아니다.

「양여령」에 의하여 총 임야면적의 17퍼센트가 민유로 이전되었으므로 임야의 소유구조도 전국적으로 크게 변화하였다. 「양여령」에 의하여 권리의 이전이 시작된 것은 1928년의 일이고, 1934년에 종료되었다. 『임야통계』 1934년 판은 1934년 말을 기준으로 한다. 이 기간에도 국유림존폐구분조사가 진행된 결과 요존임야가 북부지역을 중심으로 크게 감소하였고, 요존해제된 임야는 불요존임야로 편입되었지만 북부지역과 남부지역 모두 불요존임야는 크게 감소하였다.

불요존임야 감소의 가장 큰 원인은 「양여령」이었다. 같은 기간에 민유림은 무려 330만 정보나 증가하였다. 그중에서 84퍼센트인 278만 정보가 「양여령」에 의한 증가분이다. 나머지 51만 정보 중 가장 큰 몫을 차지하

표 5-18 임야소유구조의 변화: 1927년과 1934년

(단위: 정보, %)

연도	지역	국유			민유	계
		요존	불요존	계		
1927	남부	286,000 (5.2)	1,223,000 (22.2)	1,509,000 (27.4)	3,999,000 (72.6)	5,508,000 (100.0)
	북부	4,989,000 (45.5)	2,672,000 (24.4)	7,661,000 (69.9)	3,301,000 (30.1)	10,962,000 (100.0)
	계	5,275,000 (32.0)	3,895,000 (23.6)	9,170,000 (55.7)	7,300,000 (44.3)	16,470,000 (100.0)
1934	남부	191,918 (3.5)	248,146 (4.5)	440,064 (8.0)	5,028,814 (92.0)	5,468,878 (100.0)
	북부	4,439,104 (40.9)	861,882 (7.9)	5,300,986 (48.8)	5,563,638 (51.2)	10,864,624 (100.0)
	계	4,631,022 (28.4)	1,110,028 (6.8)	5,741,050 (35.1)	10,592,452 (64.9)	16,333,502 (100.0)

자료 1927년은 『統計年報』 동년판, 1934년은 『林野統計』 동년판.
주 강원도는 북부에 포함하였다.

는 것은 조림대부-조림성공에 의해 양여된 것이며, 기타는 도, 부, 면에 모범림模範林을 설치하기 위하여 양여되거나 일반에 매각된 것이다. 1927~1934년, 요존해제에 의하여 요존임야는 32.0퍼센트에서 28.4퍼센트로 감소하고, 「양여령」과 조림성공에 의한 양여를 중심으로 불요존 임야는 23.6퍼센트에서 6.3퍼센트로 급감하였다. 그 결과 민유림은 전국 임야의 44.3퍼센트에서 64.9퍼센트로 약 1.5배 늘어났고, 특히 남부지방에서는 민유림이 전체 임야의 92.0퍼센트를 차지하는 소규모 민유림 중심의 소유구조가 형성되었다.

제4절 | 민유림 수탈 = 국유림 창출론에 대한 비판적 검토

앞에서 1908년 「삼림법」 이후 「삼림령」, 임적조사, 국유림구분조사사업, 임야조사사업, 국유림존폐구분조사, 「특별연고삼림양여령」에 이르는 식민지기 거의 전체 시기에 걸쳐 진행된 소유권정리 과정을 살펴보았다. 여기에서는 선행연구에 대하여 비판적으로 검토하고자 한다. 1개의 절로 선행연구를 검토하는 것은 선행연구가 대체로 하나의 일관된 관점을 갖고 있으며, 지금까지 서술한 바와 매우 다르기 때문이다.

식민지기 임야소유권의 정리에 대한 본격적인 연구로는 권영욱(1965)을 필두로 신용하(1982), 강영심(1983 · 1984), 배재수 외(2001)가 대표적이다. 본격적으로 이 주제를 다룬 것은 아니지만 여기에서 검토할 만한 몇 가지 논저도 함께 소개할 것이다. 선행연구는 일련의 소유권 정리과정을 통해 근대적 임야소유권이 성립하였다는 사실을 부정하지 않지만, 그 목적이나 결과는 민유림 수탈=국유림 창출이며, 여기에 역사적 성격과 의의가 있다고 주장한다. 하지만 실증적인 근거를 제시하지 못하였고 사료가 말하는 바와 다르므로, 이에 동의할 수 없다. 네 가지 논점으로 나누어 논의하고자 한다. 첫째, 「삼림법」 제19조에 의한 지적地籍 신고, 둘째, '사업' 의 신고주의, 셋째, 연고자 규정, 넷째, 입회권과 촌락공유림이다.

먼저 「삼림법」 제19조에 따라 지적을 신고하지 않아 민유림이 국유화되었다는 주장이다(지용하 1964; 신용하 1982; 강영심 1983 · 1984; 신용하 1997; 배재수 외 2001). 「삼림법」에 따라 지적을 신고한 임야는 약 220만 정보이며 1910년에 실시된 임적조사林籍調查를 근거로 추산한 사유림은 7,380,843정보이므로, "삼림법에 의하여 일제는 약 5,180,843정보의 한국농민의 사유림을 약탈"하였다는 주장이 대표적이다(신용하 1997:28~30). 지적을 신고하지 않은 임야는 국유로 간주되었지만, 지적을 신고하지 않았다고 해서 소유권을 상실하지는 않았다. 이들 임야의 소유자는 연고자라는 자격을 지니게 되었는데, 이는 소유권정리 과정의 법률적 · 형식적 규정일 뿐 사실상의 소유자로 취급되었고, 총독부는 해당 임야를 제3자에게 처분할 수 없는 것으로 간주하였다. 따라서 지적을 신고하지 않은 임야가 국유라는 것도 법률적 · 형식적인 의미이며, 연고자는 사용 · 수익 · 처분에서 소유자와 다른 제한을 받지 않았다. 본격적인 사적소유권 법인의 절차였던 '사업'에서 지적의 신고 여부는 소유권의 사정과 어떠한 관계도 없었고, 지적 신고 면적의 3배에 해당하는 660만 정보가 민유로 사정된 것도 이 때문이다.

강영심(1983 · 1984)은 「삼림법」 제19조에 의하여 '창출'된 국유림, 즉 지적을 신고하지 않은 임야를 효율적으로 관리하기 위하여 '구분조사'를 시행하였다고 했지만 이는 사실과 다르다. 「임적조사」에서 조사된 전체 임야면적은 1,585만 정보였고, 지적을 신고한 것은 220만 정보였다. 따라서 '구분조사'를 통해 「삼림법」에 의하여 '창출된 국유림'을 조사하고자 하였다면 1,365만 정보가 조사되었을 것이다. 하지만 '구분조사'가 완료된 시점의 조사면적은 요존임야 531만 정보, 제1종임야 98만 정보, 합계 629만 정보에 불과하였다. 지적을 신고하지 않아 국유로 편입된 임야가 조림대부나 양여를 통해 제3자에게 처분되었다는 주장이 있지만(강영심 1998; 배재수 외 2001), 이는 '구분조사'에서 제1종임야로 조사된 임야였다.

지적을 신고하지 않은 임야는 「토지가옥증명규칙」 등 소유권증명을 받을 수 없었고, 이들 토지의 상당 부분이 총독부에 의하여 조림대부 또는 양여 처분되었다는 주장(배재수 외 2001:21~22)도 사실과 다르다.[15] 지적

15 "임야조사사업 이전 한국 산림소유권의 변동을 가져올 만한 조치의 전제조건은 반드시 지적 신고를 한 산림에 한정되었다. 심지어 칙령으로 정한 「토지가옥증명규칙」(1906)과 「토지가옥

을 신고하지 않은 토지는 각종 증명을 받을 수 없다는 근거법규나 실례는 발견되지 않는다. 이와 반대로 지적을 신고하지 않고 신고기간 만료 후에 소유권증명을 받은 사례들이 있다. 제2장에서 이용한 경상남도 김해의 자료에 의하면 장유면 4개 리 460필지 중 지적을 신고하지 않은 것이 61개인데, 이 중에서 43개 필지는 증명을 갖고 있었고, 지적신고 기한이 만료된 후에 증명을 받은 것이 19개였다. 둘째, 김해의 분쟁지 85필지 중 조림대부지에서 발생한 분쟁은 48필지이며, 소유권을 주장하는 조선인은 한결같이 '구분조사'에서 국유로 편입되어 타인에게 대부되었다고 진술한다.

다음은 '사업'에서 신고주의의 '폭력성'이라는 논점인데, 조선 인민들은 '사업'의 취지를 이해하지 못하거나, 권리의식이 박약하여 신고하지 않았거나, 신고기간을 경과함으로써 소유권을 상실하고, 임야의 소유자나 연고자가 제출하는 「신고서」가 친일적인 산림지주인 지주총대의 임의에 맡겨짐으로써 수탈이 발생하였다는 것이다(권영욱 1965; 강영심 1983 · 1984; 배재수 1997).

토지조사사업을 경험한 조선인들이 사적소유권을 법인하는 '사업'의 의미를 이해하지 못하였다는 추론은 현실적이지 못하다. 토지조사사업에서 신고주의에 의하여 대량의 토지수탈이 발생하였다는 주장에 대하여 김홍식은 소유 · 권리 의식이 희박한 경우에나 그러한 일이 있을 수 있다고 비판하였는데(1997:24), 이는 '사업'에도 적용된다. 토지조사사업과 마찬가지로 '사업'에서도 신고를 독려하였고, 신고가 없을 때 적용할 지

소유권증명규칙」(1908)에 의한 소유권증명조차 지적신고를 하지 않은 산림은 그 권리를 인정받지 못했다. …… 총독부는 간단한 행정처분만으로 (지적이—필자) 신고되지 않은 약 1,400만 정보의 산림을 국유화하였으며 결국 일제의 강점과 함께 국유화된 산림은 총독의 의지에 따라 사용 · 수익 · 처분될 처지에 놓이게 되었다. …… 지적신고를 하지 않아 국유림으로 편입된 산림은 불요존임야 양여나 조림대부를 통해 많은 양이 처분되었고……"(배재수 외 2001:21～22).

침 또한 상세하였다. 권영욱은 황해도 「임야조사에 있어서의 준수사항」(1922년 3월)을 인용하면서 신고기간이 경과하면 소유권을 상실하는 것처럼 서술하였지만 이 또한 사실과 다르다.[16]

'사업'의 사정 결과에서도 임야에 대한 권리의식이 결코 박약하지 않음을 알 수 있다. 민유림의 필지당 평균면적은 남부에서 2.7정보, 북부에서 3.8정보이며, 연고자가 있는 국유림은 각각 3.2, 3.3정보였다. 평균보다 작은 수많은 임야에서도 신고서가 제출되었다. 신고를 하지 않아 국유로 사정되었다면 그 임야는 요존임야나 연고자가 없는 불요존임야로 사정될 것이다. 사정 이후 불복을 제기할 기회가 있었고, 선행연구자들이 지적한 바와 같이 예상을 뛰어넘는 대량의 불복사건이 발생하였다. 하지만 국유로 사정된 임야에 대하여 제기된 불복은 대부분 연고자가 있는 국유림에서 발생하였고, 요존임야나 연고자가 없는 불요존임야에 대한 불복사건은 7.2퍼센트에 불과하였다.

제2장의 자료로부터 얻은 정보 또한 전국적 상황과 다르지 않다. 김해군 장유면 4개 리와 대청리大淸里, 율하리栗下里 및 김해면金海面 남역리南驛里, 총 7개 리의 신고서에서 「임야조사령시행수속」 제32조에 규정된 '무신고서無申告書'는 한 건도 발견되지 않았다.[17] 임야조사야장의 '신고유무'란이 비어 있는 것은 장유면 내덕리內德里 산49번지(1.4정보) 하나뿐

16 권영욱의 서술을 그대로 옮기면 다음과 같다. "「신고는 도지사가 지정한 신고기간 내에 신고해야 하는 것인데도 왕왕 그에 힘쓰지 않고 기간을 경과한 후에 이르러 터무니없는 지연의 이유를 대는 자가 적지 않다.……」 무의식중에 「신고」에 '힘쓰지 않는 자'(이것이 일반 인민이라는 것은 명백하다)가 있어서 자기의 임야소유권을 박탈당하는 과정을 살펴볼 수 있다"(권영욱 1965:9~10). "터무니없는 지연의 이유"를 댄 것은 「임야조사령」 제19조에 "정당한 사유 없이" 신고를 하지 않은 자는 30원 이하의 벌금에 처한다고 규정하였기 때문이며, 이는 소유권의 박탈과정을 묘사한 것이 아니다.

17 "조사 종료 때까지 신고서의 제출이 없는 임야에 대해서는 다음 각 호에 의하여 처리할 것.
6. 신고가 없는 임야의 조사를 마친 때는 즉시 신고서에 준하여 무신고서를 작성하고 그 연월일 및 무신고의 사유를 기재하여 당무자가 이에 인인하고 신고서 철에 이를 편철할 것."

인데, 신고서 철에서 해당 임야의 통지서를 찾아볼 수 있다. 장유면 4개 리에서 신고서와 통지서는 총 559건이 접수되었고, 민유임야 1필당 평균면적은 1.7정보였다. 이 중에서 0.5~0.1정보의 신고가 22.9퍼센트, 0.1정보 이하의 신고가 32.6퍼센트였다.[18]

김해에서 발생한 85필의 분쟁에 대한 「분쟁지조서」 중 2필은 「임야조사령시행수속」 제28조에 따라 작성된 "소유권이나 연고에 의문이 있는 토지의 조서"이다. 이를 제외하고 분쟁지 83필의 면적을 확인하였다. 평균면적은 6.05정보이며, 사유림과 연고자가 있는 국유림의 평균면적인 1.51정보 이하의 분쟁지는 37필, 0.5정보 이하인 것도 15필이다. 최소면적은 분묘지 0.02정보를 둘러싼 조선인 사이의 분쟁이었다. 좁은 면적의 임야에서도 분쟁을 마다하지 않은 것이다. 신고를 하지 않아 국유로 편입된 것이 전혀 없지는 않을 것이다. 하지만 그것이 '신고주의에 의한 폭력적 수탈'을 논하거나 '사업'의 성격을 규정할 정도라고 보기는 어렵다. 소유권이나 권리의식의 수준이 그러한 상황을 허용할 만큼 낮지 않았기 때문이다.

지주총대의 지위나 역할에 대해서는 토지조사사업에 대한 연구를 참고할 만하다(김홍식 1997:30). 여기에서는 '사업'의 지주총대가 "일본제국주의 침략자의 신뢰가 깊은 산림지주"(권영욱 1965:10)나 "일반민중을 일선에서 일제가 의도하는 대로 지휘 통솔할 수 있는 전위대"(강영심 1983·1984:94)와 거리가 먼, 오히려 '반일적'인 태도를 취할 수 있었다는 사실을 지적하고 싶다. 김해의 예가 그것이다.

「임야조사령시행수속」 제7조에 의하여 지주총대는 접수한 신고서의

18 제2장에서 이용된 기타 3개 지역의 사정 결과를 보면, 진위 1,075필의 평균면적은 1.6정보, 0.5정보 이하인 필지는 24.0퍼센트, 창원 455필의 평균면적은 1.1정보, 0.5정보 이하는 56.5퍼센트, 끝으로 예천의 174필의 평균면적은 3.6정보, 0.5정보 이하는 54필로, 31.0퍼센트였다.

지주총대 인인認印란에 날인하며, "신고서의 기재사항이 진실하지 않거나 또는 불비不備하기 때문에 날인하기를 거부" 할 때는 해당란에 " '不肯認印' 이라고 기재" 하여야 한다. 제2장에서 검토한 85필지의 분쟁지 중에서 일본인 대부지에서 발생한 분쟁이 44필지였다. 일본인 조림대부자와 소유권을 주장하는 조선인 양측에서 신고서를 제출하였는데, 지주총대는 일본인 조림대부자가 제출한 43필의 신고서에 "不肯認印" 이라고 기재한 반면, 조선인의 43개 신고서에는 모두 날인하였다. 나머지 1필 1.1정보의 임야에 대해서는 일본인과 조선인의 신고서 모두에 날인하였다. 친일적이라고 볼 수 없는 행동이다. 지주총대가 이와 같이 행동하였던 것은 그들이 '사업' 에서 영향력 있는 지위에 있었기 때문이 아니라, 반대로 날인 여부가 큰 의미가 없었기 때문이다. 「분쟁지조서」에 기재된 일본인 임야조사감독원의 '의견' 을 보면, 44개 대부지 중 41개 필지에 대하여 일본인 대부자의 권리를 인정하였고, 3개 필지에 대해서만 조선인의 소유권을 인정하였다. 지위, 역할, 성향 등 지주총대에 관한 문제는 예단이 아니라 실증의 대상이다.

신고자가 없어서 국유로 편입된다면 그 임야는 연고자가 없는 임야, 즉 제1종임야나 요존임야로 구분될 것이다. 제2장에서 이용한 자료도 이 점에서 시사하는 바가 크다. 김해군 장유면 4개리 1,013.6정보에서 제1종임야는 5개 필지 12.9정보이며, 요존임야는 2필지 2.9정보이다. 그런데 5필지의 제1종임야 중 4필지 12.7정보는 분쟁지였다(분186호). 따라서 1,013.6정보 중 신고가 없어서 국유로 편입되었다고 생각할 수 있는 것은 제1종임야 0.2정보와 요존임야 2.9정보, 합계 3.1정보뿐이다(제2장 부표 2-1). 김해 4개리의 예에서는 신고되지 않아 국유가 될 수 있는 대규모 촌락공유림이란 원래 존재하지도 않았으며, 소규모 공동묘지나 공동목초지가 모두 면장에 의하여 신고되었고, 그에 대한 3필지의 분쟁에서 사인은 모두 패배하였다. 진위군 송탄면에는 요존임야는 없고 총 2,076.2정보의 임야 중 제1종임야 2필지 0.6정보가 있을 뿐이다(제2장 부표 2-2). 187.9정보의 창원군 진북면 3개 리의 임야에는 국유임야가 전혀 없다(제2장 부표 2-3). 625.3정보의 예천군 용문면 2개 동에는 1필지 7.7정보의 국유임야가 있는데 연고자의 유무가 확인되지 않는다(부표 2-4).

정재정은 신고주의에 의하여 수탈된 민유림의 면적을 "160만 정보"라고 하였다(2001:76). 강영심의 연구에서 제시된 수치를 옮긴 것인데, 강영심이 지목한 것은 신고주의가 아니었다(1983 · 1984:113~114, 126). 『연보』 1916년판의 민유림 면적은 818만 정보이며 '사업'에서 민유림으로 사정된 것은 661만 정보였다. 두 수치의 차이인 157만 정보가 '사업'에 의한 수탈이라는 주장이다. 이는 『연보』 1916년판의 '민유림'의 의미에 주의하지 않은 결과이다.

『연보』에는 '818만 정보'의 '민유림'이 무엇을 말하는지 설명이 없지만, 「임적조사」에 기초하여 민유림과 이후 민유로 이관될 제2종임야의 합계를 추정한 값이다. 『임업』에 의하면 "임적조사의 결과에 의해 추정한 임야의 총면적 1,588만 정보 중 민유 및 제2종임야는 818만 정보"이며 이 제2종임야는 연고자가 있으므로 일반에 개방, 처분할 수 없다고 하였다(1921년판, p.16). 따라서 '사업'에서 민유로 사정된 661만 정보 외에, 제2종임야로 조사된 것이 338만 정보가 있다는 사실을 고려하지 않을 수 없다. '818만 정보'와 비교하려면 661만 정보가 아니라 999만 정보(661+338만 정보)와 비교하여야 한다. '사업'을 통해 "적어도 160만 정보의 기확정既確定된 사유림을 국유림에 강제편입"한 것이 아니라, 오히려 181만 정보를 민유림에 추가한 셈이다.

'연고자' 규정 또한 중요한 논점이다. 선행연구에 의하면 '사업'의 '연고자' 자격은 민유림의 소유권을 부정하고 국유림을 창출하기 위한 규정으로서 '사업'에서 제2종임야로 사정된 338만 정보가 이에 해당한다고 하여, 또 하나의 '수탈면적'이 제시되었다. '사업'에 의한 이 같은 대규모 수탈에 대하여 조선인은 강력히 저항하였고 이를 무마하기 위하여 「양여령」이 시행되었지만, 그 수혜자는 대부분 부면, 일본인 자본가 및 일부 조선인이었고, 특히 부면에 양여된 것은 이름만 바꾼 사실상의 국유림이라는 주장이다(권영욱 1965; 강영심 1983 · 1984; 신용하 1997; 산림청 편 1997; 강영심 1998).

"사실상의 소유자"로서의 연고자 규정은 「삼림법」 제19조의 지적신고 조항으로부터 시작하여 「삼림령」 이후 '사업'에 이르는 일련의 과정에서 일정한 수준의 육림실적이 있어야만 소유권을 인정하겠다는 사적소유권 법인에 있어서의 녹화주의綠化主義를 표현한 것이다. 선행연구는 '사업' 이전부터 이미 연고자 규정이 존재하였고, '사업'의 연고자 자격은 「삼림령」과 그 부속법규의 녹화주의를 일층 완화된 형태로 적용한 것이며, 녹화주의를 최종적으로 포기한 「양여령」을 통해 사실상의 소유자로서의 연고자 규정도 소멸하였다는 사실을 간과하였다. '사업'만 떼어놓고 보면 연고자 자격이 갖는 의의를 파악하기 어렵다.

연고자 자격은 '사업' 이전에는 소유권의 법인에서는 일정한 육림실적을 요구받지만 자신의 권리를 행사하는 데에는 제한을 받지 않는 특수한 지위로 인정되었다. '사업'에서 연고자에 대한 규정을 두었던 것은 연고자가 있는 국유림이라는 형식으로 국유림을 존속시키기 위한 것이 아니라, 완화된 육림실적의 기준을 통해 그것을 해소하기 위한 조치였다. 이를 통해 많은 연고자가 소유자로 사정되었다. '사정기준'의 완화된 기준도 충족하지 못한 자는 여전히 연고자로 잔류하였지만, 등기권리자가 될 수 없다는 점을 제외하면 그들의 권리는 과거와 동일하게 유지되었다. 「양여령」의 연고자는 이들에게 더 이상 육림실적을 요구하지 않고 소유권을 법인하기 위한 규정이었다. 따라서 연고자 규정은 임야소유에 대한 사실상의 관계를 표현하는 것이 아니라 법률적 · 형식적 관계에 대한 규정이었으며, 이러한 법률과 형식을 고집하였던 것은 산림녹화가 조선 임정의 당면 과제였기 때문이다.

네 번째 논점은 전통적인 입회권이 부정되거나 촌락공유림이 해체되었다는 주장이다(박문규 1933; 권영욱 1965; 신용하 1982; 한국농촌경제연구원 편 1990; 심희기 1991a; 배재수 1997; 산림청 편 1997; 강영심 1998; 배재수 1998; 이경식 1999; 배재수 외 2001; 조석곤 2003). 민유림 수탈=국유림 창출론에 있어서 박문규의 연구 이래 가장 역사가 깊고 대부분의 연구자들이 동의하는 것이 이른바 입회권의 부정이다.

예외로서 우선 안동섭을 들 수 있다. 조선의 입회관행은 오랜 전통으로서 "삼림령에 의해 입회구역의 지정, 변경 및 양여, 조림의무 등 규제를 받는 외에 그대로 구래의 관습상의 권리로서 인정" 되었다고 하였다(1960:25). 산림청도 「삼림령」에 의해 "강압적인 국유림 경영방법" 으로서 "입회관행을 용인" 하였음을 지적하면서도 이에 상반되는 선행연구에 대해서는 전혀 언급하지 않았다(1997:30). 입회관행이 부정되었다고 주장하는 논자들은 안동섭이나 산림청이 언급한 「삼림령」 제8조를 애써 외면해 온 것이다.

'입회관행의 부정' 을 주장하려면 먼저 그 존재를 증명하여야 하며, 또 의미를 분명히 하여야 한다. 선행연구는 입회관행에 대한 정의 없이 전통적이라는 수식어를 붙일 뿐이다. 산림과 같은 공용자원에는 사유재산체제, 자유접근체제, 공유재산체제 등 여러 소유권체제가 있을 수 있다. 일본 근세의 입회제도는 전근대사회의 성공적인 공유재산체제의 대표적인 예로 주목받고 있다. 선행연구들은 일본의 독특한 이 제도가 조선에도 당연히 존재하였고 따라서 조선인은 이미 입회권을 갖고 있었다고 주장하는 것이다. 그러나 조선의 산림은 20세기 초까지 자유접근체제나 사유재산체제하에 놓여 있었고, 사유림 또한 자유접근체제의 영향력 범위 내에 존재하였다. 송계松契 등 공유재산체제가 전국적으로 광범하게 성립하였다는 증거는 발견되지 않는다. 총독부가 체계적으로 소멸시킬 만한 입회관행이나 입회권은 애초에 존재하지 않았다는 뜻이다. 선행연구들은 이러한 독특한 제도가 존재하였다는 것을 증명하지 않고 그 존재를 전제한 후, 총독부가 관행을 부정하고 권리를 박탈하였다고 주장해온 것이다.[19]

「삼림령」 제8조 제1항에서는 현지 촌락민에 의한 국유림의 용익을 입회의 관행으로 인정하고, 제2항에서 총독부가 그 구역을 선정 · 제한할 수 있다고 규정하였다. 제9조는 촌락민에게 해당 구역에 대한 조림을 명령하고 성공하면 소유권을 부여할 수 있다고 하였다. 제10조는 촌락민에게 일부 임산물을 양여하는 한편, 그들에게 산림의 보호를 위한 연대책임을 지게 할 수 있다고 하였다. 국유림 용익의 주체와 객체 및 용익의 방법이 규정됨으로써 과거의 자유접근체제는 이제 법률적으로 부정되었으며, 일본의 입회관행과 유사한 제도가 형성되는 계기가 마련되었다. 일본의 입회관행과 같이 규범의 형성과 집행이 자발적인 것이 아니라 총독부에 의

19 심희기는 『慣習調査報告書』를 근거로 총독부가 舊慣習調査事業을 통해 "조선에서도 그들이 入會權이라고 부르는 단체적 소유관계가 존재하고 있음을 인식하고 있었음" 에도 불구하고 그 권리를 부정하였다고 주장한다. 제1장에서 서술한 바와 같이 일본의 입회관행의 실체를 상기하면, 이 자료를 보고 조선에 입회권이 존재하였다고 독해할 수 없다. 또한 일본인들이 조선에 그러한 관행이 널리 존재한다고 인식하고 있었음을 증명하는 근거로 이용될 수도 없다. "입회권에 관한 관습은 어떠한가? 예컨대 어떠한 종류의 입회권이 있는가? 공유자가 공유지에서 공동으로 採薪, 採草, 放牧 등의 권리를 행사하는 예가 있는가? 아니면 타인의 토지에서만 이러한 권리를 갖는가? 기타 입회권의 내용은 어떠한가? 한국에 입회권으로 보아야 할 관행이 있는 것은 이미 언급하였다. 그렇지만 겨우 일부지방에 대해서만 조사한 것에 지나지 않으므로 과연 어떠한 종류의 것이 있는가는 분명하지 않다. 그러므로 다만 경상남북도 지방의 2, 3개의 실례를 보이는 것에 그친다. 그리고 이러한 사례에 대해서도 오히려 불명확한 것이 많으므로 경솔하게 그 성질을 단정할 수 없다"(法制硏究所 編 1992:164).

하여 강제되었다는 점에 근본적인 차이가 있지만, 이들 조항은 모두 조선의 전통적인 자유접근체제를 부정하고 일본의 입회관행과 유사한 제도를 형성하고자 함이 그 본래의 취지였다. 「삼림령」의 규정, 촌락림 예정지의 설정, 촌락민에 의한 조합설립과 조합에 의한 조림대부의 장려 등을 볼 때, 총독부는 전통적 입회관행을 부정한 것이 아니라 굳이 말하자면 전에 없던 입회관행을 '창출'하려고 한 것에 가깝다.

촌락공유림이 해체되었다는 주장은 '입회관행 또는 입회권의 부정'을 소유권의 주체가 촌락인이라는 관점에서 재구성한 것이다. 여기에서도 촌락공유림이 광범하게 존재하였다는 '전제'의 사실여부부터 확인하여야 한다. 촌락공유림의 증거로 제시된 것은 대부분 송계의 규약이다. 하지만 19세기에 송계는 결코 전국적 · 일반적이지 않았다. 18세기 이후 송계가 "전국적으로 일반화되었을 것"이라고 주장한 선행연구에서 증거로 제시한 문서는 20건에 불과하다(심희기 1991c:184). 현재까지 확인된 송계 문서를 망라한 최근 연구에서 헤아릴 수 있는 송계의 수는 식민지기에 결성된 것 7개와 족계族契임이 명확한 4개를 포함해도 고작 55개뿐이다(박종채 2000).

명칭은 송계지만 해당 임야가 촌락민의 공동소유인 촌락공유림이 아니라 친족집단 소유의 종중재산으로서 선산을 관리하는 기능을 분리하고, 때로는 효율적인 금양을 위해 주변에 거주하는 외부인도 참여시키면서 송계라는 이름으로 존재하였던 것이 다수였을 가능성도 크다. 필자가 여기에서 이용한 55개 송계에 대한 정보는 박종채가 "시행목적", "시행주체" 등 6개 항목을 담아 작성한 표로부터 얻은 것이다(2000:200~2002). 그중 29번 송계의 시행목적은 "위선수계爲先修契"로 표기되어 있어 해당 임야가 문중 소유임이 분명하다. 그런데 이 계의 시행주체는 "계중인契中人"이며, 이것만 봐서는 누구의 소유인지 알 수 없다. 55개 중 임야소유자가 명확히 드러나는 것은 이들 4개 송계이며, 나머지는 대부분 소유자를 알 수 없다. 소유자가 분명한 것은 거의 모두 종중재산인 셈이다. 조선후기에 송계가 일반화되었다고 주장하는 연구자들은 송계의 임야는 곧바로 촌락공유림이라고 단정하고 있지만, 이는 또 하나의 실증된 바 없는 근거 없는 전제라고 할 수 있다. 비슷한 시기에 중국의 공유림은 대부분 친족집단의 소유였다는 사실도 참고할 만하다(Menzies 1994:75~80).[20]

1938년, 조선총독부가 전국을 대상으로 조사한 계는 모두 29,257개였는데, 그중 송계는 31개였다(한국농촌경제연구원 편 1990). 반면 지금까지 발견된 산림을 둘러싼 소유권 분쟁, 즉 산송山訟의 자료를 이용한 연구에서 확인된 사건 수는 1,167건이다. 조선후기 산림소유의 대종을 이루는 것은 사점으로 표현되는 사유였기 때문이다. 이들 사건을 원고와 피고에 따라 분류한 결과(김경숙 2002:201)를 이용하여 송계가 연루되었을 가능성이 있다고 판단되는 사건의 수를 헤아려보아도 고작 22건이다. 조선후기 송계가 전국적 · 일반적이었음을 입증하는 증거는 찾아볼 수 없다.[21]

20 송계 임야가 촌락공유림인지 문중의 임야인지 판단하려면 계의 구성 경위, 성원, 규약 등을 담은 「松契案」, 「松契節目」 등과 같은 자료가 온전히 남아 있는 사례를 모두 찾고, 이들 각각을 종합적으로 분석하여야 할 것이다.

21 "境內 양반과 武斷鄕曲之輩가 계를 만들었다고 칭하고……소민小民으로 하여금 발을 대지 못하게" 하는 폐단이 지적되듯이(『朝鮮民政資料』, 「先覺追錄」, p.226) 상당수의 송계가 존재하였겠지만, 그것은 여전히 국지적으로 점존하는 존재에 지나지 않았다. 존재가 확인된 송계일지라도 그것이 장기간 존속하면서 산림의 보호 · 육성에 성공하였는지 어떤지 아직 확인되지 않았다는 점도 간과할 수 없다. 송계의 산림은 자유접근체제가 아니었으므로 지속가능한 발전의 역사적 실례라는 주장이 있다(윤순진 2004). '경계의 존재'는 성공적 자원관리를 위한 가장 중요한 조건이기는 하지만 필요조건의 하나일 뿐이므로, 이 주장에는 논리의 비약이 있다. 제1장에서 소개한 영암군 구림리 大同契는 몇 개 양반가문에 의해 조직되었고, 산림에 대한 엄격한 규제를 두어 타인을 배제하였다. 송계가 산림의 관리체제로서 일반적이었다면 문제가 없지만, 그것이 국지적으로 존재할 때는 『조선민정자료』의 서술처럼 오히려 사회적 갈등을 초래할 수 있다. 구림에서는 이 갈등이 한국전쟁을 계기로 폭발하였다. 인근 촌민들이 대동계가 회합하는 會社亭에 불을 지른 것이다. "대동계는 산림보호를 위해 벌채를 금지했기 때문에 평야의 농민마을 주민들은 아주 멀리 나가서 땔감을 구해야 했다. 이들은 땔감을 가지고 돌아올 때마다 구림을 통과해야 했는데, 이때마다 곤욕을 치르기 일쑤였다. 이 불만은 오랫동안

배재수는 송계가 광범하지 않았다는 점을 인정하면서 촌락공유림은 대부분 촌락 차원의 "비명시적인 권리관계"에 의하여 이용되었을 것이라고 하였다(1998). 명문화된 규칙이 있는 경우보다 암묵적인 규칙에 의하여 관리되는 경우가 더 많았으리라는 추측은 송계가 일반적이었다는 주장보다 더 설득적이다. 하지만 이 또한 촌락공유림이 조선에 널리 존재하였다는 증거는 되지 못한다. 배재수는 「양여령」의 연고 제3호인 "삼림법 시행 전에 적법하게 점유한 임야" 277만 정보가 촌락공유림 또는 그에 준하는 성격의 산림이며, 소유권의 정리과정에서 개인들에게 분할 · 해체된 것이라고 판단하였다. 세 번째 수치가 제시된 셈이다.

배재수의 추론을 정리하면 다음과 같다. 식민지기에 민유로 인정되는 임야는 "삼림법 시행 전에 적법하게 점유한 임야"인데, 여기에는 영년금양永年禁養한 것과 입회권이 성립하는 "촌락공유림과 특수지역림"이 있다.[22] 전자는 「삼림령」 이후 '사업' 이전에 이미 민유로 인정받을 수 있었다. 하지만 후자는 '사업'의 민유의 '사정기준'에서 제외되었다. 따라서 「양여령」에서 연고 제3호 "삼림법 시행 전에 적법하게 점유한 임야"라는 명목으로 양여된 것은 입회권이 성립되어 있는 임야일 수밖에 없다. 그런데 「양여령」에서 연고 제3호는 대부분 사인에게 양여되었다. 촌락공유림과 그에 준하는 임야가 식민지기에 분할 · 해체된 것이다.

이는 「삼림령」의 '입회의 관행', '사업'의 '사정기준'이 담고 있는 녹화주의, 그리고 '사업'과 「양여령」의 관계에 대하여 충분히 주의를 기울이지 않은 결과이다. '사업'의 '사정기준' 제9호와 「양여령」의 연고 제3호를 대조하면, 「양여령」은 '입목도 3/10'에 이르지 못하여 '사업'에서 연

누적되었고, 이것이 대동계의 상징이었던 회사정 방화로 나타났다"(정근식 2003:62).

22 特殊地役林이란 타인이 소유한 임야에 대하여 소유자 이외의 제3자가 집단적으로 그 임산물에 대하여 용익의 권리를 갖는 경우를 말한다.

고자로 잔류하게 된 자들의 소유권을 입목도와 관계없이 법인한다는 간단한 취지이며, 위와 같은 추론은 성립할 수 없음을 알 수 있다. 대규모 공유림이 '사업'이나 「양여령」에 의해 인위적으로 분할된 것이 아니라, 임야소유는 본래부터 영세하게 분할된 상태였다. 결국 세 번째 수치 또한 근거가 없다. '촌락공유림의 해체'라는 주장도 '입회관행의 부정'과 마찬가지로 역사적 실존을 증명하기에 앞서 그 소멸부터 주장한 것으로 본말전도라 하겠다.

대규모 공유림이 식민지기에 분할되었다는 주장은 논리적으로도 합당하지 않다. 공유지를 굳이 분할하여 신고할 하등의 이유가 없다.[23] 장기간 공유지로 유지해온 임야를 일거에 분할하려 한다면, 공유자들이 분할의 기준을 합의하는 과정에서 분쟁이 발생할 수 있고 거래비용은 증가한다. 선행연구를 통해 이러한 분쟁이나 공유지를 분할한 사례가 보고된 바는 없다. '눈치 빠른' 자가 개인의 명의로 신고하여 사유화된 경우가 없지 않을 것이다. 하지만 식민지기 소유권정리의 성격을 규정할 만큼 일반적인 현상이라고 생각하기 어렵다. 분할되거나 사유화될 대규모 공유지가 애당초 널리 존재하지 않았다고 보는 것이 합리적이다.

총독부는 촌락공유림이 확인되면 그 존재를 인정하였다. 제4장에서 언급한 '실부인정에 관한 건'의 일부인데, 충청북도 장관은 송계의 소유권 처리와 관련하여 "천연림 중 금양한 것인지 아니면 자연에 방치한 것인지 임황林況으로 감별하기 어려운 경우에, 민간에 의하여 금양하였다는 주장

23 '사업'에서 조사 · 측량 비용은 소유자 · 연고자가 부담하였고, 필지의 수를 기준으로 하여 "4정보까지는 1필에 50錢 이내, 4정보를 초과하는 것은 1정보가 늘어날 때마다 2전씩 加增"하였다(『보고』, p.117). 예를 들어 4정보 이하는 1필에 50전이며, 10명이 공유하는 30정보의 공유지가 있다고 하자. 대표자 1인 또는 몇 사람이 連名하여 1필의 공유지로 신고하면 신고비용은 98전이다. 15정보씩 2명이 분할하여 신고하면 1엔 48전이며, 만약 공유자 10명이 3정보씩 10필로 나누어 신고하면 5엔이다. 어떤 경우든 분할신고를 하면 신고비용은 증가한다.

이 있으면 송계 또는 유사한 규약이 있거나 기타 분명한 증거가 있는 것에 한하여 금양으로 인정" 할 수 있는지 질의하였고, 농상공부장관은 그렇다고 답변한 후, 이를 참고하라는 취지로 각 도에 통첩하였다.

총독부는 송계의 산림을 민유로 간주하였고, '구분조사' 에서 '촌락림 예정지' 를 보류해두는 등, 촌락공유림을 '해체' 하려 하기보다는 '창출' 하고자 시도한 편에 가깝다. 광범하게 존재하는 촌락공유림을 총독부가 '해체' 하려고 '기도' 할 이유가 없으며, 공유재산을 가진 강고한 공동체가 전국적으로 광범하게 존재하는 상황에서 그 공유재산을 일거에 해체한다는 것도 결코 쉽지 않았을 것이다. 촌락공유림이 광범하게 존재하고, 그것을 관리 · 운영하고 있는 공동체가 존재하였다면, 총독부는 그것을 오히려 적극적으로 활용하고자 하였을 것이다. 첫째는 치산녹화가 당면과제인 조선 산림에서 규모의 경제의 효과가 매우 크기 때문이다. 영세하고 분산적인 임야소유는 조림과 산림보호의 측면에서 매우 불리하다. 둘째, 다수 소유자에 의해 소규모로 분할된 소유구조보다는 소수의 소유자(또는 단체)가 대면적을 지배하는 구조가 민유림의 영림활동營林活動을 지도 · 감독하는 데 훨씬 행정적으로 효율적이기 때문이다. 식민지기 말기나 해방 후 전국적인 산림계 조직을 위한 행정정책이 이를 뒷받침한다.

촌락공유림과 같은 산림은 주어진 신고기간에 소유권을 신고하기가 어려웠을 것이라는 추론이 있지만 근거가 박약하다. '사업' 에서 동리의 소유 · 연고에 관계되는 토지의 신고서는 "그 관리인이 제출" 하도록 규정되었다(「조선임야조사령 제3조에 의한 신고 심득」, 1918. 7. 27., 고시 제182호). 따라서 면장은 촌락공유림을 신고하여야 할 의무가 있고, 김해의 예와 같이 소규모 목장지와 공동묘지가 모두 면장에 의하여 신고되었으며, 「임야조사서」의 소유자 · 연고자란에는 해당 리나 면의 명칭이 기재되었다. 행정관리인 면장이 촌락공유림을 신고한다는 규정이 있는 이상, "눈치 빠른 자가 신고"하여 공유림을 사유화하기는 거의 불가능하였을 것이다. 다른 공유자들과 합의하지 않고 개인 명의로 촌락공유림을 신고하여 사취詐取하려는 자가 있다면, 촌락인들은 연명으로 신고하여 스스로 분쟁 당사자가 되기보다 면장에게 그 사실을 알림으로써 그들의 소유권을 쉽게 보호할 수 있었기 때문이다.

면장이 촌락공유림을 신고하게 함으로써 신고가 이루어지지 않아 국유로 편입되는 사고도 방지할 수 있었을 것이다. 제2장에서 소개한 분쟁 58호는 불과 1.1정보의 목장지에 대한 갑 사인私人과 을 우부면右部面의 분쟁이었고, 분102호는 1.5정보의 묘지에 대한 갑 사인과 을 하동면下東面의 분쟁이었다. 규모를 불문하고 촌락공유림이 존재하는 한 면장은 분쟁을 마다 않고 이를 신고하였고, 면장이 신고하지 않을 때 촌락민은 이를 방관하지 않았으리라고 추론하는 것이 현실적이다.

'민유림 수탈=국유림 창출' 론은 식민지기의 일련의 소유권 정리과정의 목적 또는 결과가 민유림을 수탈하여 국유림을 창출하고, 이 국유림을 일본인에게 제공하며, 이렇게 확보된 일본인의 소유권을 보호하는 것이라고 주장한다(지용하 1964; 권영욱 1965; 신용하 1982; 강영심 1983 · 1984; 배재수 1997; 산림청 편 1997; 배재수 외 2001). 수탈의 근거나 강조점은 논자에 따라 다르지만, 대체로 지적신고, 신고주의, 연고자, 입회권 또는 촌락공유림에 있는 것으로 보인다. 하지만 이 중 어느 것도 실증으로써 지지되지 못하였다.

20세기 초 조선의 임야는 오늘날과 마찬가지로 영세한 사유림이 지배적이었고, 그 사용 · 수익은 무주공산=선착순의 원리에 따르는 관행이 광범하였다. 식민지기에 진행된 일련의 소유권 정리과정을 통해 조선후기 이래 발전해온 사적소유권이 법인되고, 과거의 중첩된 사용 · 수익 관계는 일물일권적一物一權的 권리관계로 정리되었으며, 근대적 지적·등기제도가 구비되었다. 근대적 임야소유권제도가 성립한 것이다. 여기에 식민지기 소유권정리의 역사적 의의가 있다.

제6장

식민지기 산림정책의 전개

—인공조림을 중심으로—

조선의 인구는 양란兩亂에 의한 단절을 제외하면 18세기 말까지 증가추세로 일관하였다. 인구증가로 인해 연료, 녹비綠肥, 사료, 목재 등 임산물에 대한 수요가 증가하였고, 증가하는 인구를 부양하기 위하여 경지개발이 확대되어 산림은 더욱 잠식되었다. 조선은 개국과 함께 수도의 풍치를 위하여 한양 주변에 조림을 실시하고, 또 왕가의 능원이나 국가 수용의 목재를 육성하는 특정 산림에는 관리기관을 지정하여 엄히 관리하였다. 그러나 조선왕조의 임정에 의한 것이든 또는 민간의 영리 목적에 의한 것이든, 체계적이고 광역적인 인공조림은 아직 그 사례를 찾아볼 수 없다.[1] 전

1 국가에서 이용하는 목재는 封山 등 특정 산림에서 채취되었고, 이 산림의 보호는 水營이나 郡縣의 책임이었다. 예컨대 1872년 충청도 수영에서 이들 산림에 나무를 심고 그를 보고한 成冊이 있다(배재수 2002b). 하지만 조선후기 국유림 정책이나 전국의 林相에 대한 평가는 전술한 바와 같이 동시대인들 사이에서조차 대단히 부정적이었다.

근대사회에서 흔히 볼 수 있는 조림 없는 약탈적 채취임업의 결과, 세기의 전환기 조선의 산림은 극도로 황폐하였다.

일본이 조선을 합병한 후 한반도의 산야는 어떻게 변화하였을까? 쉽게 찾을 수 있는 답은 일본이 "방대한 산림자원"을 "무참하고도 무자비하게 수탈"하였다는 것이며(지용하 1964:133), 이것은 이제 하나의 '상식'이 되었다(산림청 편 1989; 1997). 하지만 "한때 이곳에 산림이 자라고 있었던가 할 정도"로 조선은 "완전히 벌거숭이"라는 러시아 학자들의 기록은 이와 배치된다(『한국지』). 불모의 산야와 대규모 산림자원 수탈은 양립할 수 없다. 목림木材의 무역수지가 식민지기 전체에 걸쳐 적자를 기록하였다는 사실 또한 '상식'과 양립하기 어렵다. 선학의 단호한 평가는 재고의 여지가 없는 듯 보이지만, 식민지기 산림과 임업의 변화에 대하여 의문을 갖게 되는 것은 이러한 '제삼자'의 증언이 있기 때문이다.

'논쟁의 여지 없는 지지地誌 연구의 대가'로 평가받는 라우텐자흐Hermann Lautensach는 일찍이 현재의 통설과 전혀 다른 견해를 제시하였다. 1933년, 제주도에서 백두산에 이르기까지 총연장 15,000킬로미터를 여행한 그의 서술은 다음과 같다. "총독부가 발간한 여러 보고서에는 동일한 지역이 조림 이전과 이후에 어떻게 달라졌는가를 보여주는 사진이 많이 제시되어 있는데 그 변화는 실제로 깜짝 놀랄 만하다. …… 1937년 말 묘목조림지는 약 210만 헥타르(국토 면적의 9.6퍼센트)이며, 독일 베스트팔렌 주보다 더 넓은 이 면적의 대부분은 식목사업으로 인하여 현 상태에 이르게 되었다"(1945:741).

만약 이것이 사실이라면 식민지 조선은 미증유의 경험을 한 셈이다. 일방적인 소비의 대상이었던 산림이 이제 조림 투자의 대상이 된 것이다. 나무가 말라죽고 썩어가도록 방치되는 원시림이 조선 산림의 대부분이었다면, 임업의 근대화는 자본과 신기술을 동원하여 지속가능한 개발이라는 원칙하에 산림을 벌채·이용하는 일이 될 것이다. 제3장에서 서술하였듯이 20세기 초 조선의 상황은 이에 해당하지 않는다. 산림황폐화를 초래한 무제한적·약탈적 채취임업에서 심고 가꿔 베어 쓰는 육성임업으로의 전환이 식민지 조선의 당면 과제였다. 그러므로 20세기 초 조선 임업의 근대화는 육성임업으로의 전환과 그를 담당하는 경영주체의 형성을 통해 이루어질 것이다. 이러한 의미의 근대화가 식민지 조선에서 진행되었는가, 만약 그렇다면 어떠한 방식으로 전개되었고 그 성과는 어떠하였는가? 산림정책, 특히 인공조림人工造林을 중심으로 이 문제에 접근하고자 한다.

제1절 | 인공조림의 개황

조선총독부의 조림사업은 오늘날의 표현으로 환경정책의 일환이라고 할 수 있다. 조선의 황폐한 산림이 산업의 발전을 저해하고 국토의 보전을 위협한다는 인식이 그 배경에 있었다. 다음은 총독부 초대 산림과장 사이토 오토사쿠齋藤音作의 말이다. 조선의 임정에 대한 당시의 기술이라면 서두가 대개 이러하다고 보아도 좋다.

> (조선의 산림은—필자) 대부분 황폐해져 도처에 붉게 벗겨진 산과 평야는……황량함이 극심하고 용재用材와 땔감의 결핍은 물론, 수원水源은 고갈되어 강수江水는 부족하고, 조금만 청천晴天이 계속되면 곧바로 한해旱害가 초래되고, 한번 강우降雨가 심하게 내리면 즉시 수재水災가 닥치고……나아가 각종 산업이 부진하게 된 것은 참으로 개탄스러운 바이다(『朝鮮林業史』 2001:96).

인공조림은 1910년 이후 급증하고 1920년대 후반부터 1930년대 중반까지 정체하다가 이후 재차 증가하였다(그림 6-1). 식재본수와 조림면적은 빠른 속도로 증가하였다. 1907년부터 1942년까지 약 82억 1,500만 본의 묘목이 임야면적의 14.5퍼센트에 해당하는 236만 2천 정보에 식재되었다. 1910~1912년과 1940~1942년 3개년 평균값을 이용하여 연평균 증가율을 계산하면 식재본수는 11.8퍼센트, 식재면적은 12.8퍼센트이다. 이는 파종을 제외한 묘목의 식재실적이며 전체 조림실적은 이보다 높다. 넓은 의미의 조림은 인공조림뿐만 아니라 자연생 치수穉樹를 보육하고 필요한 곳에 보식補植하는 천연조림을 포함한다. 또 조림은 식재와 파종뿐만 아니라 입목立木과 지피물地皮物의 보호, 불량한 나무를 솎아내는 간벌間伐과 가지치기 등 제반 육림활동을 포함한다. 좁은 의미에서 조림은 식재와 파종을 말하며, 조선 전국에 대하여 1942년까지 전체 시기를

그림 6-1 **조림실적**(1907~1942)

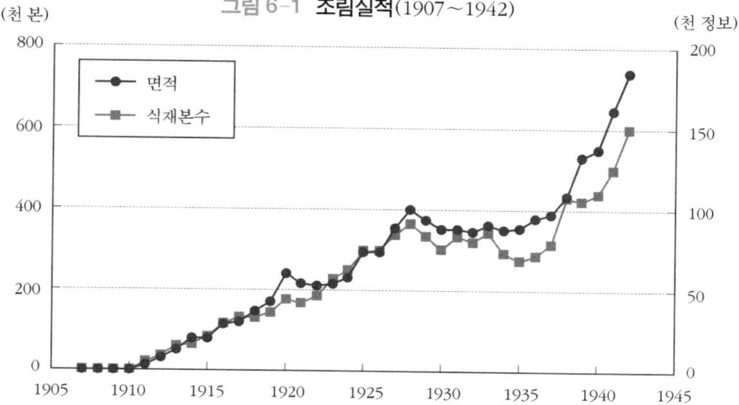

자료 1911~1926년 민유림 실적은 『朝鮮林業史』 2001:55. 그 외는 『朝鮮總督府統計年報』 각 연판(이하 『年報』로 줄임).

포괄하는 수량자료로서 이용할 수 있는 것은 식재실적뿐이다. 이 장에서 조림으로 표현하였지만 그것은 인공조림, 특히 식재만을 가리킨다.

식민지기 조림실적을 해방 이후 한국의 그것과 비교하면 이미지가 뚜렷하다. "세계에서 유례가 드문" "단시일 내에 완성한" 제1, 2차 치산녹화사업(1973~1987)을 통해 48억 2천만 본本의 묘목이 196만 2천 정보에 식재되었다. 이를 포함해 1995년까지 이룬 총 실적은 55억 4천만 본, 224만 3천 정보였다(산림청 1996). 1930~1942년의 식재본수는 치산녹화사업의 그것보다 많은 48억 4천만 본으로 식민지기 전체 실적의 61.5퍼센트를 차지하며, 면적은 145만 정보로 59.0퍼센트에 해당한다. 1930년대 중반의 상대적 정체에도 불구하고, 이 시기의 조림실적이 과반을 점하는 것이다.[2]

지역별 임상에 비추어 조림 또한 남부지방이 중심이 될 것이다. 식민지

2 播植이 곧 산림녹화를 의미하는 것은 아니다. 황폐가 극심한 곳에서는 종묘를 파식해도 풍우로 인하여 소실되고 뿌리를 내리지 못한다. 이때는 砂防工事를 실시하여야 한다. 『年報』에 의하면 1922~1942년 사방공사 면적은 177,307정보이다. 해방 후 제1, 2차 치산녹화사업에서는 8만 정보 이하였다(산림청 편 1989:159, 182). 이후 상세하게 검토하여 비교하여야 할 문제임을 알 수 있다.

그림 6-2 1910년 도별 임상

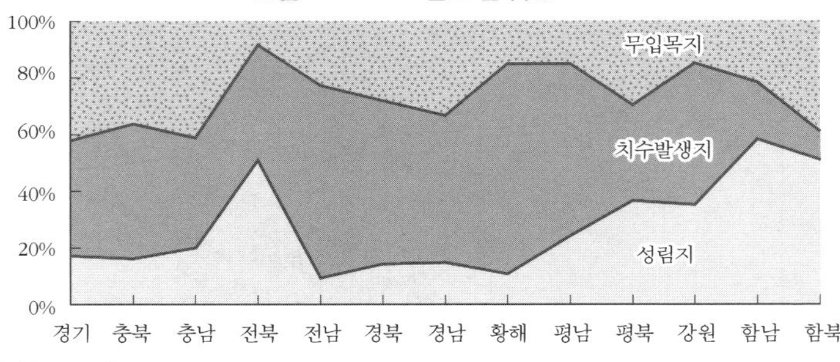

자료『年報』1910년.

기의 매년 조림실적을 도별로 파악할 수 있는 것은 1927~1942년의 민유림뿐이다. 1937년, 민유림은 전체 임야의 64.1퍼센트를 차지하였다. 민유림은 공유림, 사찰림, 사유림으로 구성된다. 공유림은 도, 부군, 면이나 학교가 소유한 임야를 말한다. 전체 민유림에서 사유림이 차지하는 비율은 1927~1942년, 최하 88.5, 최고 90.4, 평균은 89.5퍼센트였다〔1927~1932년 자료는『朝鮮林業史』(2001:12), 1933~1942년 자료는『年報』에서 가져왔다〕. 따라서 민유림의 조림은 대부분 사유림의 실적이라고 할 수 있다.

그림 6-3에서 보는 바와 같이, 조림은 남부를 중심으로 이루어졌고(강원도는 북부에 포함하였다), 북부지방의 비중이 차츰 증가하고 있다. 1926년 이전에 대해서는 도별 실적을 알 수 없지만, 오늘날의 식목일에 해당하는 '기념식수紀念植樹'의 실적을 보면 북부지방의 조림은 늦어도 1920년경부터 증가하기 시작하였다 할 수 있다.

표 6-1은 소유별 임야 면적과 조림 실적을 나타낸 것이다. 민유림의 조림실적이 국유림보다 훨씬 높다. 민유림은 총 식재 본수의 80퍼센트, 식재면적의 84퍼센트를 차지한다. 민유림의 면적은 점차 증가하지만 전체 실적에서 차지하는 비중은 감소하였다. 이는 후술하는 바와 같이 영림서營林署 소관 국유림의 조림이 1930년대에도 꾸준히 증가하였기 때문이다.

그림 6-3 **민유림 조림실적**(1927~1942)

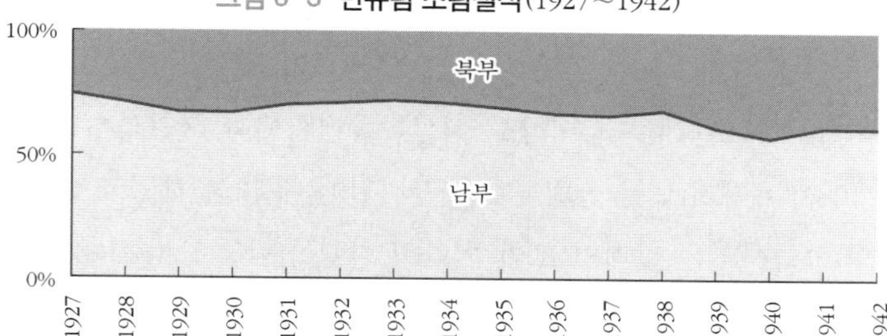

자료 『年報』 각 연판.

표 6-1 **소유별 임야면적과 민유림 조림의 비율**(1924~1942)

(단위: 천 정보, %)

	국유임야 면적					민유임야 면적				총계	민유림비율	
	요존예정	불요존예정			계	공유	사찰유	사유	계		임야면적	조림면적
		제1종	제2종	소계								
1924	6,182		3,376	–	9,560	–	–	–	6,611	16,303	40.5	96.2
1925	5,317	–	–	3,844	9,161	–	–	–	6,606	15,767	41.9	96.2
1926	5,317	–	–	3,844	9,161	–	–	–	6,606	15,767	41.9	95.8
1927	5,277	934	2,961	3,896	9,173	575	165	6,559	7,299	16,472	44.3	94.0
1928	5,150	–	–	3,552	8,701	617	171	6,940	7,727	16,429	47.0	92.6
1929	5,076	983	2,252	3,235	8,311	614	170	7,347	8,132	16,443	49.5	93.8
1930	4,791	1,155	1,895	3,049	7,840	692	174	7,895	8,761	16,601	52.8	91.9
1931	4,764	1,077	1,173	2,250	7,014	760	176	8,538	9,474	16,488	57.5	92.3
1932	4,699	1,035	896	1,931	6,630	817	178	8,884	9,878	16,508	59.8	91.1
1933	4,682	977	552	1,528	6,210	868	179	9,178	10,226	16,436	62.2	89.5
1934	4,655	982	228	1,210	5,865	876	183	9,423	10,481	16,346	64.1	87.3
1935	4,631	907	203	1,110	5,741	902	185	9,506	10,592	16,334	64.9	86.0
1936	4,603	885	169	1,055	5,658	928	185	9,569	10,683	16,340	65.4	82.0
1937	4,528	858	143	1,000	5,529	984	188	9,611	10,783	16,312	66.1	80.2
1938	4,331	1,042	124	1,166	5,497	1,000	187	9,634	10,820	16,318	66.3	81.2
1939	4,261	1,081	115	1,196	5,457	1,011	188	9,658	10,857	16,313	66.6	83.8
1940	4,218	–	–	1,180	5,398	1,053	187	9,635	10,875	16,273	66.8	80.9
1941	4,181	–	–	1,178	5,359	1,067	187	9,665	10,919	16,278	67.1	82.7
1942	4,176	–	–	1,151	5,328	1,066	190	9,691	10,947	16,274	67.3	83.2

자료 1924년은 林籍調査의 결과이며, 1927년과 1939년은 『朝鮮の林業』 각 연판, 1930~1938년은 『林野統計』 각 연판, 그 외는 『年報』.

제2절 | 조림대부제도의 실적

해방 이후 "1970년대부터 시작한 치산녹화계획에서 국민식수를 전개하여 세계에서 유례가 드문 산림녹화를 단시일 내에 완성"하였고, 이 점에서 "한국의 녹화사업은 세계의 모범"이라고 한다(산림청 편 1997:8). 다른 나라에서 유례를 찾기 어렵지만, 식민지기 조선의 조림실적은 그 규모와 속도 면에서 해방 이후 한국의 산림녹화와 유사하다. 식민지기의 이러한 성과는 어떻게 가능하였던 것일까? 결론부터 말하자면, '치산치수치심治山治水治心'이라는 구호 아래 조림을 장려하는 총독부의 산림정책이 있었고, 조선인과 일본인이 적극적으로 참여하였다는 점이 중요하다. 총독부의 임정은 임야소유권의 정리, 조림정책, 그리고 국유림 경영으로 대별할 수 있다. 제4장과 제5장에서 소유권의 정리에 대하여 서술하였다. 이 장에서는 채취임업에서 육성임업으로의 전환을 위한 조림정책과 그 실적을 중심으로 서술하며, 국유림 경영은 이와 관련된 한도 내에서 언급할 것이다.

1. 개요

표 6-2는 임적조사를 통해 파악된 1910년 현재 임야소유별 임상이다. 압록강과 두만강 유역의 220만 정보에 이르는 조선 최대의 원시림과 강원도의 오지림을 제외하면 관리기관이 없는 국유임야의 임상은 대체로 불량하였다. 촌락 인근에 위치한 민유림과 무주공산은 극히 황폐하였고, 이로 인해 무입목지가 약 410만 정보로 전국 임야의 26퍼센트를 차지한다.

임적조사 결과 「삼림령」이 제정되었고, 제7조의 "조림을 위하여 국유삼림의 대부를 받은 자에 대하여 사업에 성공한 때는 그 삼림을 양여할 수 있다"는 규정에 의거하여 국유불요존임야國有不要存林野의 처분방침으로

표 6-2 1910년 소유별 · 임상별 임야면적

(단위: 정보, 괄호 안은 %)

	성림지	치수발생지	무입목지	계
관리기관이 있는 국유임야	626,840 (4.0)	186,909 (1.2)	221,624 (1.4)	1,035,737 (6.5)
관리기관이 없는 국유임야	3,666,561 (23.1)	1,987,851 (12.5)	1,613,589 (10.2)	7,268,001 (45.9)
민유임야	829,284 (5.2)	4,444,713 (28.0)	2,272,248 (14.3)	7,546,245 (47.6)
계	5,122,685 (32.3)	6,619,473 (41.8)	4,107,461 (25.9)	15,849,983 (100.0)

자료 齋藤音作 1933a:53.

서 조림대부제도造林貸付制度가 도입되었다.[3] 「삼림령」을 기초한 사이토 오토사쿠는 제7조를 "삼림령 중 가장 중요한 규정"이라고 하였고(齋藤音作 1933b:212), 조선산림회로부터 『조선임업사朝鮮林業史』의 저술을 위촉받은 오카 에이지岡衛治는 "조선 임업의 중추"라고 하였다. 1934년에 이르러 "점차 조림대부가 철저해졌고, 제1종 불요존임야를 설정한 목적도 어느 정도 달성하는 데 이르렀다"(『朝鮮林業史』 2000:416)고 하듯이, 조림대부의 대상이 된 임야는 불요존국유림 중 연고자가 없고 임상이 가장 불량한 제1종임야가 중심이었다. 제2종임야로서 제4장 3절에서 서술한 「삼림령」과 그 부속 규정에 근거하여 조림에 성공하면 무상으로 양여한다는 조건으로 해당 연고자에게 무료 대부된 면적은 전체 대부지의 14퍼센트에 해당한다(표 6-3).

조림대부지의 경영실태에 대해서는 자세한 정보가 없는데, 1921년 5정보 이상의 조림대부지 6,866개소의 사업개요가 『관보官報』(1922년 12월 9

3 「삼림령」의 조림대부제도에 대해서는 제4장 3절 참고.

표 6-3 조림대부지의 구성

(단위: 정보)

	제1종	제2종	제1종 비율(%)
1919	441,787	66,209	87.0
1921	571,382	68,614	89.3
1923	700,057	73,799	90.5
1927	635,841	206,809	75.5
1929	609,035	100,241	85.9
1930	556,640	76,049	88.0
1931	484,464	80,521	85.7
1932	473,819	102,687	82.2
1933	455,920	93,890	82.9
1934	445,695	101,021	81.5
1935	420,247	90,601	82.3
1936	373,576	68,839	84.4
1937	395,444	50,117	88.8
1938	579,023	41,048	93.4
1939	650,933	33,601	95.1

자료 1929~1937년은 『林野統計』 각 연판. 그 외는 『朝鮮の林業』 각 연판.

일)에 게재되어 있다. 총면적은 550,185정보이며, 주요 식재수종은 적송赤松(33%), 흑송黑松(23%), 낙엽송落葉松(16%), 참나무(14%), 밤나무, 산오리나무 등이다. 특히 산오리나무는 남부 사방조림지砂防造林地에 사용되었다. 산림의 보호방법은 대면적 대부지에서는 현지에 관리인을 두거나, 제2장에서 그 예를 본 바와 같이 보호조합保護組合을 조직하고, 소면적에서는 대부자가 스스로 관리하였다. 묘목의 조달은 대면적의 경영자는 기술원을 고용하여 직접 묘포苗圃를 경영하면서 자급하고, 소면적에서는 조합을 조직하여 묘포를 경영하거나 공동으로 구매하였다. 부군 행정기관은 이들에게 묘목의 공급을 알선하고, 기술원을 파견하여 묘포운영이나 묘목식재를 지도하며, 현지에서 조림성적에 대한 조사를 실시하였다.

대부지에 대한 실지감독實地監督은 「조림사업 성적보고 및 조림성적대장에 관한 건」(1917. 11. 1., 관통첩 195호, 각 도장관 앞 정무총감 통첩)에 따라 1918년부터 개시되었던 것으로 보인다. 5정보 이상의 대부지에서는 매년 사업실행 상황을 부군에 신고하고, 부군에서는 실지조사 후 조림성적대장을 작성하며, 그 결과를 도장관을 거쳐 총독에게 보고하게 하였다. 조림대부자의 신고내용은 신식실적新植實積(면적, 수종, 본수), 고사한 묘목의 수나 비율 및 보식실적補植實積이었고, 대장에는 조림대부자의 신고내용과 부군의 조사결과를 병기하도록 하였다. 1924년에는 조림대부사업은 조선 임업의 "중추로서 그 성적은 임정에 미치는 영향이 극히 중대"한데 아직도 철저하지 못한 바가 있다 하여 재차 엄격히 감독하도록 지시하였다. 부군에서 수시로 실지조사를 시행하여 그 결과를 대장에 기록하고, 사업이 조림대부자의 원래 계획대로 진척되지 못한 경우 원인과 대처방안을 작성하고, 이상을 도장관을 거쳐 총독에게 보고하게 한 것이다(『朝鮮林業史』 2000:415~416; 朝鮮山林會 編 1935:495~498).

조림 성공, 즉 무상양여를 위한 기준은 1913년에 마련되었다.[6] 대부 후 양여에 이르는 기간은 대체로 12년가량이었고, 1942년까지 약 176만 정

그림 6-4 **조림대부와 양여의 누적면적**(1908~1942)

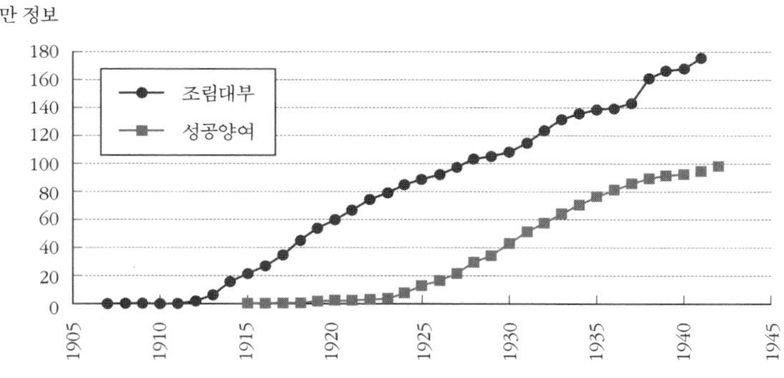

자료 1908~1939년은 『朝鮮林業史』 2000:421; 1940~1941년 조림대부 면적은 하기노 도시오 2001:61; 1940~1942년 성공양여면적은 『年報』 각 연판.

보가 대부되어 그중 98만 정보가 양여되었다(그림 6-4). 조림에 실패하여 반환되거나 측량 착오로 감소된 면적이 1939년까지 17만 정보였으므로, 1939년 현재 대부지의 90퍼센트는 조림에 성공하여 이미 양여되었거나 최소한 반환명령을 받지 않을 정도의 조림실적을 갖고 있었던 것이다. 이러한 성과가 있었기에 1934년에 "조림장려의 취지도 거의 달성"한 것으로 보고 대부를 제한하게 되었으며(『朝鮮林業史』 2000:417), 총독부의 임정에 대하여 비판적이었던 당시의 논자조차 이 제도를 "선견지명"이라고 평가하였던 것이다(黑頭巾 1933:436).[5]

4 "평균 입목도 7/10 이상으로서 다음 각 호의 하나에 해당하여 이미 成林한 것 또는 성림의 가능성이 확실한 것.

1. 인공식재 여부에 관계없이 평균수령 10년 이상인 것.
2. 인공식재(파종 및 挿木을 포함)를 하였을 경우 식재가 끝난 뒤 다음 연한을 경과하고 풀깎기를 할 필요가 없게 된 것.

식재면적이 전 면적의 8할 이상을 점하는 것은 2년.
식재면적이 전 면적의 6할 이상을 점하는 것은 4년.
식재면적이 전 면적의 4할 이상을 점하는 것은 6년.
식재면적이 전 면적의 2할 이상을 점하는 것은 8년"(1913년 10월 26일 관통첩 제108호).

이 기준은 1923년에 개정되었다. 제1호는 천연조림을 한 구역은 평균수령 8년 이상인 것으로, 제2호는 인공조림을 한 구역은 식재 종료 후 2년을 경과한 것으로 바뀌었다(6월 16일 관통첩 60호). 하지만 양여의 기준이 얼마나 완화된 것인지는 분명하지 않다. 같은 해 9월 15일, 위 1, 2호 중 하나에 해당하면 대부지 내에서 해당구역을 따로 떼어 양여할 수 있는가라는 질의에 대하여 식산국장은 "전 구역이 사업에 성공한 경우에 양여"한다고 답하였다(2월 9일, 산제 810호). 따라서 식재 후 2년 만에 바로 소유권을 인정받는 경우는 천연조림 없이 전적으로 인공조림으로써 입목도 7/10을 달성했을 때에만 가능하다. 인공조림을 하였더라도 천연조림 구역이 일부라도 존재하면 그 구역이 평균수령 8년을 채운 후에야 조림에 성공한 것으로 인정될 수 있기 때문이다. 그림 6-4에서 대부와 성공양여의 시차가 1923년 이후 감소하였다고 보기도 어렵다.

5 「삼림령」은 1961년에 폐지되고 대한민국 「산림법」이 대체 입법되었다. 여기에서도 조림대부 제도는 종전대로 존속하였다.

2. 조림실적

선행연구는 조림대부제가 일본 대자본을 유인하기 위한 특혜조치였고 그로 인해 일본인 대산림지주가 출현했다고 주장하였다(산림청 편 1997: 147~151; 강영심 1998:68~79; 배재수 2002a:17). 이러한 평가는 일본인이 대부받은 임야가 매우 우량하였다는 주장과 함께(강영심 1998:71), 그들이 저렴한 대부료로 다액의 조림투자 없이 손쉽게 임야소유권을 획득하였다는 인상을 준다. 그러나 선행연구에서는 조림대부지가 어떠한 임야였으며 대부자들의 조림투자가 어떠하였는지 그 실태를 제시하지 않았다.

조림대부자들의 조림실적을 일반 민유림과 비교해보자. 만약 대부지가 천연 치수가 널리 분포하여 시간이 경과하면 자연히 성림할 수 있는 우량한 임야라면, 천연조림 방식을 취하는 경우가 다른 임야보다 많을 것이다. 그러나 표 6-4는 이와 반대되는 양상을 보여준다. 1929년, 일반 민유림에서는 8할 이상이 천연조림에 의존하였지만 대부지에서는 8할에 가까운 면적에서 인공조림을 실시하였고, 그 결과 대부지의 1정보당 평균 식재본수도 일반 민유림의 4배에 가깝다.

표 6-4 조림대부지와 민유림의 조림방법(1929)

(단위: 정보, 괄호 안은 %)

	조림방법		1정보당 식재본수
	인공조림면적	천연조림면적	
조림대부지	22,971 (78.5)	6,297 (21.5)	2,489
민유림	65,866 (16.5)	333,737 (83.5)	669

자료 『朝鮮總督府調査月報』 1930년 10월호.

대부지의 조림을 민유림과 비교할 수 있는 다른 자료를 아직 찾을 수 없었지만, 1929년이 예외가 아니라는 점은 확인할 수 있다. 1930~1932년, 대부지 중에서 인공조림을 실시한 면적을 알 수 있는데, 각각 77.4, 96.4, 94.8퍼센트였다(『朝鮮總督府調査月報』 1931년 10월호; 1932년 9월호; 1933년 6월호).[6] 이상은 대부지에서 조림이 이루어진 임야와 민유림을 비교한 것이다. 1929년까지 약 105만 정보가 대부되었으며, 그중 33만 정보가 조림에 성공하였다고 판단되어 양여되었고, 나머지 72만 정보는 아직 대부 상태였다(『年報』 1929년판). 그러므로 표 6-4의 2만 9천여 정보의 조림실적은 전체 대부지의 일부이며, 대부지 중에서 임상이 특별히 열악하여 인공조림이 불가피한 예외적인 경우에 해당할 수도 있다. 만약 그렇다면 대부지는 표 6-4와 같은 임야가 아니라, 임상이 양호하여 특별한 비용을 필요로 하지 않는 것이 대종이었던 것일까?

조림이 실시된 전국의 모든 임야와 대부지의 조림방법을 비교한 것이 표 6-5이다. 이는 대부 1건당 5정보 이상인 경우를 대상으로 한 조사이다. 1929년 현재, 대부지의 면적은 총 72만 정보이며 표 6-5의 자료에 따르면 '식재완료면적'이 16만 정보, '이후 식재가 필요한 면적'이 15만 정보, '치수보육穉樹保育과 보식補植으로 성림할 수 있는 면적'이 25만 정보, 끝으로 지목地目이 바뀔 개간예정지 등이 1만 3천 정보로서 합계 58만 정보이다. 1건당 5정보 미만인 14만 정보의 대부지가 이 조사에서 제외된 것이다. 후술하는 바와 같이 일본인 대부지의 평균면적은 조선인보다 훨

6 같은 인공조림이라도 그 실적은 대부지와 다른 임야 사이에 차이가 있을 수 있다. 그 일단을 보여주는 예가 있다. 경상남도의 조사결과로서, 아직 인공조림이 정착하지 못한 탓인지 인공조림면적은 그리 크지 않다. 대부지에서는 3,432정보, 일반 사유림에서는 1,336정보였다. 1정보당 新植 본수도 각각 2,982본, 2,514본으로 대부지가 더 많다. 신식 본수가 많더라도 식재 이후 고사하는 것이 많다면 실적이 양호하다고 할 수 없겠으나, 1정보당 補植 본수는 약 1,570본으로 차이가 거의 없다(『朝鮮山林會報』 1921년 9월호).

표 6-5 전국임야와 조림대부지의 조림방법(1922~1933)

(단위: %)

	인공조림면적	천연조림면적
1922	7.0	93.7
1923	19.0	81.0
1924	20.8	79.2
1925	27.7	72.3
1926	22.4	77.6
	59.9*	40.1*
1927	25.1	74.9
1928	25.2	74.8
1929	20.7	79.3
	55.2*	44.8*
1930	53.7*	46.3*
1931	50.5*	49.5*
1932	49.7*	50.3*
1933	41.6*	58.4*

주 1. * 는 대부지를 표시한 것이며, 그 외는 전국임야.
2. 인공조림은 '식재를 완료한 면적'과 '이후 식재가 필요한 면적'의 합계이며, 천연조림은 '치수보육과 보식으로 성림할 수 있는 면적'임.

자료 1926년 대부지는 『朝鮮經濟雜誌』 143호; 기타는 『朝鮮總督府調査月報』 1930년 10월호, 1931년 10월호 및 1932년 9월호.

씬 넓다. 따라서 표 6-5는 조선인이 대부받은 것보다 일본인이 대부받은 것을 더 많이 포함하고 있을 것이며, 그만큼 일본인 대부지의 실태에 가깝다고 할 수 있다.

전국임야와 대부지의 조림방법을 비교할 수 있는 1926년과 1929년에 대부지는 인공조림이 과반을 차지했지만 전국임야는 3할에 미치지 못하였다. 또 양자의 조림방법은 연도에 따라 크게 달라지지 않았다. 1922~1923년, 전국임야의 조림방법 역시 절대적으로 천연조림에 의존하였다. 1932~1933년, 대부지는 인공조림면적 비율이 여전히 높았다. 대부지의 조림방법을 알 수 있는 최초 1926년 이래 인공조림면적이 감소하는 경향을 보이는데, 현재로서는 원인이나 의미를 판단하기 어렵다.

1926~1933년, 5정보 이상 대부지에서 인공조림면적, 즉 식재완료면적과 식재필요면적의 합계에서 실제 조림성적이라고 할 수 있는 식재완료면적의 비중은 최저 39.3, 최고 52.1, 평균 47.9퍼센트였다. 제1종임야의 임상은 가장 불량하였다. 1정보당 임목축적林木蓄積은 가장 낮았고(표 5-4 참조), 임상구성도 가장 열악하여 입목지立木地의 비중은 최저, 미입목지未立木地의 비중은 최고 수준이었다(표 5-5 참고). 조림대부는 제1종임야가 중심이었으므로 대부지에서 인공조림의 비율이 높은 것은 이미 예견된 바이다. 최악의 임상을 가진 임야에 대규모 투자를 유치하여 인공조림을 실시하게 하였던 것이 조림대부제의 성과라고 할 수 있다.

다음으로 이 제도가 일본 대자본의 조선 진출을 유인하는 수단이었다는 주장에 대하여 살펴보자. 총독부는 실제 일본 대자본의 유치를 위하여 노력하였고,[7] 그 결과 스미토모住友, 동척東拓, 미쓰이三井 등 10여 개 일본 대자본이 1만 정보 이상의 조림대부자로 등장하였다(배재수 1997; 강영심 1998). 이 제도의 시행으로 일본 대자본이 조선에 유입되었음은 사실이다. 하지만 일본 대자본의 조선 진출을 위한 발판을 제공하는 것이 이 제도 본래의 목적이라는 주장은 조림대부제 시행에 따른 결과의 일면을 재론하는 것에 불과하다. 이 제도의 배경은 하기노 도시오萩野敏雄가 서술한 바와 같이 조선의 산림이 전국적으로 헐벗었다는 사실이며, 그 목적은 "사인私人들로 하여금 조림의 이익을 깨달아 신속히 식림을 보급"(齋藤音作 1933b:196~212)하는 데 있었고, 대부된 임야에서 실제로 널리 인공조

7 "1918년 4월 일본 전국 府縣 林務主任會議에서 조선에서의 조림 투자의 유리함을 설명한 조선총독부 산림과장은 다음과 같이 말한다. …… 조선임업의 특전으로 말씀드리는 것은 조림대부제도입니다. 앞에서도 언급한 대로 조림장려의 한 방법으로서 자산과 신용이 확실한 자에 대해서는 매우 저렴한 요금을 받고 상응하는 면적을 대부하여 사업이 성공하였을 때는 무상으로 양여하는 제도이기 때문에……"(하기노 도시오 2001:59~60).

림이 행해졌기 때문이다. 조림대부제도를 말할 때 구 「삼림법」의 부분림部分林 제도가 조선 산림의 녹화에 기여하지 못하였다는 점이 지적되었고, 조림대부제하에서는 조림에 성공하였을 때 무상 양여한다는 사실이 유인誘因으로 강조되었던 것도 이를 입증한다.

일본 대자본의 유입과 함께 고려해야 할 중요한 사실이 있다. 우선 임업이 갖는 규모의 경제라는 특성이다. 일본 자본은 규모의 경제라는 이점을 좇아 조선 산림에 진출하였으며, 자본의 유입은 신기술을 동반하였다. 일본 자본의 진출과 함께 그들의 선진 임학과 임업기술도 조선에 도입되고 전파되었다.

제3장에서 서술한 바 있듯이 서울 청계천의 수원지인 백운동은 1907년 조선에서 처음으로 사방사업砂防事業이 실시된 곳인데, 당시 한국에는 사방사업 기술자가 없어 일본에서 교토부 기사와 숙련공 10여 명을 초빙하여 실시하였다고 한다. 사방사업이란 식묘植苗 · 파종播種해도 뿌리를 내릴 수 없을 정도로 황폐한 임야에서 종자나 묘목이 쓸려 내려가지 않도록 토건 구조물을 설치한 이후에 파식播植하는 산림복구 방법을 말한다. 1922~1942년 동안에 시행된 사방사업의 면적은 약 18만 정보였다. 해방 후 치산녹화사업에 이르기까지 사방사업이 실시된 면적은 8만 정보가량이다.

1958년부터 1968년까지 한 · 일의 젊은 조선사 연구자들은 4회 식민지기 총독부 관계자들과 임야소유권 정리와 임정에 대하여 토론하고 그 내용을 녹음하였다. 그 녹음기록이 최근 발표되었는데, 여기에서 일본인들이 가장 빈번하게 언급하는 주제 중 하나가 사방사업이다. 총독부 관계자는 조선 전역에서 사방사업을 실시한 것을 두고 "총독부의 3대 선정善政의 하나"라고 하였다(宮田節子 監修, 李宇衍 解說 2009). 20세기 초 산림황폐가 광역적이고 심각하였음을 알 수 있다. 일본은 17세기의 목재기근 이

그림 6-5 **사방사업**(서울 백운동 창의문 주변)

사방사업과 식재(1907년 4월 촬영)

식재 8년 후(1915년 10월 촬영)

자료 朝鮮山林會 編(1933a).

후 인공조림이 본격적으로 시행되었으며 사방 등 임업기술과 임학이 발전하여 전국에 보급되었고, 비슷한 시기의 독일을 제외하면 전근대사회에서 고도의 임학과 임업기술을 성취한 예외적인 사례에 속한다(Pomeranz 2000: 59; Totman 1989:116~129; Diamond 2005:294~306).

일본의 기술을 도입하고 조선의 산림복구를 위한 신기술 개발을 담당한 것은 총독부 농림국 산하 임업시험장林業試驗場이었다. 민속학 연구자들에게도 널리 알려져 있는 아사카와 다쿠미淺川巧도 1914년부터 임업시험장 기수技手로 근무하면서 조선의 사방사업에서 혁신적인 신기술을 개발한 인물이다. 이곳에서 개발된 일부 기술은 일본에서도 이용될 정도로 높은 수준이었다. 임업시험장은 현 한국국립산림과학원의 전신으로서 해방 후에 임업의 기술 관료로 활약한 이들 중 다수가 이로부터 배출되었고, 한국의 치산녹화 계획을 기술적으로 지휘하였다.[8] 식민지기에 일본으로부터 유입된 자본과 기술을 통해 황폐한 임야를 녹화하는 데 성공하였다면, 산림의 간접적 편익이 그러하듯이, 임야의 소유권을 얻은 일본인만이 아니라 조선에 거주하는 사람들 모두가 산림의 공익적 기능의 수혜자가 되는, 일종의 외부경제효과가 발생하였다고 평가할 수 있다.

일본인의 대부면적은 1건당 평균 270정보였으나 조선인은 9정보에 불과하였고, 이는 조림대부제에 의해 일본인 대산림지주가 발생하였다는 주장의 근거가 된다(표 6-6). 하지만 대부허가에 있어서 조선인을 의도적

8 한국에서도 번역, 출간된 아사카와의 평전을 쓴 다카사키 소지高崎宗司가 임업시험장을 "총독부나 일본의 산림 자본이 조선의 목재를 보다 많이 수탈할 수 있도록 도와주는 역할을 하는 기관에 지나지 않았다"라고 쓴 것은 이해하기 어렵다(2005:260). 전술한 녹음기록에서도 아사카와에 대한 흥미로운 대화가 진행되었다. 일본인들도 언급하고 있는 현신규 전 서울대학교 교수는 한국의 초대 임업시험장장과 초대 한국임학회 회장을 역임하고 한국의 산림녹화에 큰 도움이 된 리기테다 소나무 등 주요 종자를 생산하는 데 크게 기여하였다. 그는 1936년부터 임업시험장의 기수로 근무하였다. 그가 말하는 임업시험장의 기능, 식민지기 임학과 임업기술의 도입, 적용, 각종 실험과 그 성과에 대한 평가는 다카사키 소지와 상반된다(1981).

표 6-6 조림대부의 민족별 구성(1910~1934)

(면적 단위: 정보)

	일본인			조선인			조선인의 비율(%)	
	건수	면적	건당 면적	건수	면적	건당 면적	건수	면적
1910~1914	571	72,240	126.5	18,070	83,520	4.6	96.9	53.6
1915~1919	833	164,596	197.6	19,497	203,511	10.4	95.9	55.3
1920~1924	623	178,242	286.1	5,922	151,415	25.6	90.5	45.9
1924~1929	257	97,336	378.7	3,137	102,412	32.6	92.4	51.3
1930~1934	91	129,413	1,422.1	33,294	179,123	5.4	99.7	58.1
합계	2,375	641,827	270.2	79,920	719,981	9.0	97.1	52.9

자료 『朝鮮林業史』 2000:422.

으로 차별하였다는 증거가 없는 한, 조림투자의 회임기간이 수십 년에 달한다는 점과 당시의 높은 이자율을 고려하면 표 6-6의 수치는 당연한 결과라고 할 수 있다. 당시 조선인에게는 산림에 대규모 자본을 투자할 만한 여력이 없었기 때문이다. 이 표에서 주목할 만한 사실은 비록 그 규모가 일본인보다 작지만 8만 명의 조선인이 조림대부제에 참가하였다는 사실이다. 조선후기까지 일반 인민이 전국적 범위에서 대규모 인공조림을 시행한 예는 찾아볼 수 없기 때문이다.

조선인은 이미 1910년대부터 총독부 임정에 적극적으로 반응하였다. 연고자가 조림을 목적으로 해당 임야에 대해 대부를 신청하면 무료로 허가하고 조림의 성과가 인정되면 소유권을 인정하는 「삼림령」과 그 부속 규정법령이 발포되자, 160만 건에 이르는 대부 신청이 쇄도하였다. 이는 지속가능한 자연·환경 자원의 관리에서 제도가 갖는 중요성을 확인하여 준다. 조림대부제는 경제적 유인을 갖춘 제도였고, 이에 대하여 일본인이나 조선인이 자신의 이익을 좇아 합리적으로 반응한 것이다. 조선이 근대적 육성임업으로 전환하는 과정에서 발생한 새로운 경영주체는 이와 같이 자신의 이해에 기초하여 새로운 제도에 탄력적으로 반응한 조선인이

라고 할 수 있다.[9]

1정보당 전국 평균 식재본수를 알 수 있는 것은 1927~1942년 민유림의 실적이며, 1정보당 식재수량은 최고 3,777본, 최저 2,979본, 평균 3,257본이다.[10] 1942년 현재 대부 중인 약 70만 정보를 제외하고 이미 조림에 성공하여 양여된 것은 98만 정보였다. 표 6-5에 근거하여 조림에 성공하여 양여된 면적의 절반에 인공조림을 실시하였다고 보고 계산하면 그 면적은 488,060정보이며, 식민지기 인공조림면적의 20.7퍼센트에 해당한다.[11] 이 면적과 민유림의 1정보당 평균 식재본수를 이용하여 계산하면 약 15억 9천만 본, 전체 식재본수의 19.6퍼센트가 되는데, 이는 전술한 이유로 조림대부제의 최소한의 실적이라고 할 수 있다. 1942년 현재 무상양여의 기준을 충족하지 못한 70만 정보에서도 어느 정도 인공조림이 진행되었을 것이므로 실제 조림대부제에 의한 실적은 이 수치보다 훨씬 높을 것이다.

---

9 "국유산림을 임대한 사람이 조림을 성공적으로 수행하면 그 토지의 소유권은 그 사람에게 넘어가게 된다. 1939년에 160만 헥타르, 즉 전체 임야의 1/10이 이러한 목적으로 임대되었다. 삼림령의 실효가 도처에서 나타나고 있다. 엄청난 크기의 황폐한 산림면적을 고려해볼 때, 범국민적인 지지가 없었다면 이렇게 빠른 시일 내에 큰 성공을 거두기는 어려웠을 것이다"(라우텐자흐 1998:738). 1949년 반민족행위처벌법 위반으로 기소된 金化俊은 1907년 대한제국 농상공부 산림국 임업과 기수로 임명된 후 1910년 평안남도 도서기직으로 총독부 관리 생활을 시작하여 1941년에는 중추원 참의에 이르렀다. 해방 직후에는 조선임업회 회장에 취임하였다. 그는 반민특위에 제출한 진술서를 통해 자신이 "내면으론" "민족운동"을 수행했다며 무죄임을 주장하였는데 그 첫째가 "산림녹화와 민족운동"이다. 자신이 삼림법에 따라 지적을 신고하지 않은 조선인들에게 절차를 안내하여 소유권을 인정받게 한 수가 7천여 명이며, 조림대부를 받아 조림하기를 권유하여 조선인이 소유권을 확보한 면적이 10여만 정보라는 요지이다(http://db.history.go.kr/). 조림대부제에 대해 식민지기 조선인들은 오늘날의 연구자들과는 다른 인식을 갖고 있었음을 알 수 있다.

10 "우리나라에서 장기 用材樹는 1헥타르당 3천 그루 정도를 심지만, 연료림 등 短伐期 작업을 목적으로 할 때의 밀도는 1헥타르당 1만~2만 그루도 심는다"(임경빈 외 1998:182).

11 대부 신청은 하지 않았지만 불요존임야를 장기간 보호 육성하면 이 또한 무상으로 양여되었다. 그 면적은 약 5만 7천 정보, 전체 조림면적의 2.4퍼센트이다.

제3절 | 치산녹화정책

1. 조림장려

소유자나 특별한 연고자가 없고 따라서 가장 황폐한 제1종임야는 조림대부제도를 통해 사유화되었다. 조림대부제는 제1종임야를 사유화함으로써 조선후기의 무주공산=자유접근체제의 용익관행用益慣行의 물적 토대를 제거하였다는 점, 즉 산림녹화와 소유권의 정리를 동시에 수행하였다는 점이 특징적이다. 그 외 총독부의 조림장려정책에서 가장 큰 실적을 거둔 것은 조림보조사업造林補助事業이다. 1910년부터 도지방비道地方費에서 보조금을 지급하였지만, 국비보조가 시작된 1925년 이후부터 비로소 그 규모를 알 수 있다.

1925년 현재 민유림 면적은 약 660만 정보였고, 총독부는 그 17.6퍼센트에 해당하는 116만 정보의 사유림은 소유자가 자력으로 조림할 수 없다고 판단하여 이들 빈곤한 산림소유자에 대한 국비보조의 실시를 결정하였다. 국비보조액과 그 5할에 해당하는 지방비를 추가하여 조성한 보조금액을 각 도에서 지급하였고, 보조비율은 조림에서 가장 큰 부담이 되는 묘목비용을 기준으로 하여 그 일정비율을 도별로 정하는 것으로 하였다. 1925~1939년간 보조금 지급 총액은 712만 원이다(『朝鮮林業史』 2001: 81~88).

조림보조사업은 1929년 이후 축소되었지만, 1939년까지 총 74만 건에 대하여 집행되어 15억 본이 67만 정보에 식재되었다(그림 6-6). 이는 계획면적 116만 정보의 57.8퍼센트에 해당한다. 전체 조림실적에서 보면 면적으로는 28.4퍼센트, 식재본수로는 18.3퍼센트를 차지한다. 보조 1건당 평균 조림면적은 해마다 조금씩 다르지만 평균 0.9정보였다. 사업의 목적

그림 6-6 조림보조사업의 실적(1925~1939)

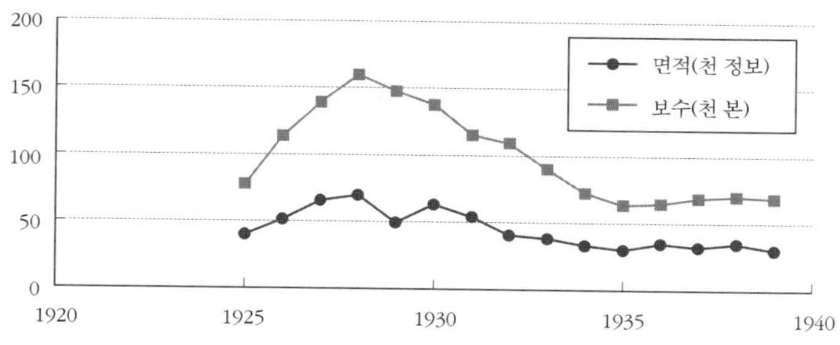

자료 『朝鮮林業史』 2001:93.

에서 알 수 있듯이 빈곤한 조선인의 소면적 임야가 보조대상이었기 때문이다. 임야의 주·부산물을 자가용自家用이나 판매 목적으로 채취해왔을 뿐, 산림에 대하여 노동과 자본을 투입할 만한 능력이 없던 70만 호 이상의 조선인들이 이제 조림투자를 실시하게 된 것이다. 1939년 농가호수는 약 300만 호였다. 전체 농가의 23퍼센트에 해당하는 빈농들이 조림보조와 함께 육성임업으로의 체제전환에 참여하였다.

4월 3일로 지정되어 실시된 '기념식수紀念植樹'는 1911년 『연보年報』의 주註에 의하면, "식수애림植樹愛林 사상을 함양하기 위해 매년 진무천황神武天皇 제일祭日을 기하여 조선 전역에 걸쳐 관민官民의 구별 없이 시행하는 것"이라고 한다. 기념식수 실적은 1910년대에 급증하다 1920년대에 정체하지만 1933년 이후 다시 크게 증가한다. 1911년 기념식수실행계획紀念植樹實行計劃에 따르면 "식수지로는 가능한 한 사람들의 눈에 잘 띄는 장소를 선정하고……당분간 묘목 수에도 한도가 있으므로 상급관리와 그 가족, 군인·헌병 중 상급자, 귀족, 양반, 공직자, 농림업 독지가 등을 참가시켜 윗사람들이 좋아하는 것을 일반 민중에게 보일 것"(朝鮮山林

會 編 1933:222)이라고 하였는데, 기념식수의 전시행정적 성격을 잘 보여준다.[12]

일본인 관료들은 산림과 육림에 대한 조선인의 태도에 불만을 갖고 있었고, 그것이 기념식수와 같은 전시행정의 배경이 되었을 것이다. 조선인들이 "식수를 깔보고 꺼리어 치산治山에 있어 일대장애"이며(齋藤音作 1933b:221), '조선인들은 나무는 단지 자연히 자라는 것이라고 생각하여 심는 것을 괴이하게 여긴다'(『朝鮮林業史』 2000; 『朝鮮經濟雜誌』 1926)는 말에는 과장이 있겠지만, 조선이 인공조림의 경험이 아직 부족하고 육림이라고 해도 소극적인 금벌양송禁伐養松에 만족하던 상황이므로, 당시 일본인 관료들의 불만이나 조선인들의 태도에 이해할 만한 면이 없지 않다.[13] 조선시대에는 정조가 화성 신도시를 건설하면서 조림한 것을 제외하면 국·민유를 막론하고 체계적인 조림사업을 벌인 적이 없다. 정약용은 산림황폐에 대해 걱정하면서도 "한 고을의 수령으로는 어찌할 수가 없는 것"이라고 하였다. 한 총독부 관계자는 "식림……옛날에는 아마도 나무를 심는다는 단어가 없었던 것 아닌가" 하였다(宮田節子 監修, 李宇衍 解說 2009). 필자는 조선왕조의 관찬사료로서 가장 널리 이용되는 『조선왕조실록』, 『비변사등록』 및 『승정원일기』를 검색하였다. '植木'이라는 단어와 달리 '植林', '造林' 및 '育林'은 20세기 초까지 단 한 건도 발견되지

12 "가능한 한 4월 3일로 하되 지방의 기후나 장이 서는 날을 이용하는 등 전후 날짜를 선택하고……관공서나 학교 구내, 학교림, 도로변, 社壇地, 하안, 제방, 부락림, 행정경계, 鄕校地 등 衆人이 바라보기 쉬운 곳을 선택하여 식재할 것"(『朝鮮總督府月報』 1913년 4월호).

13 당시 조선인에게 인공조림은 생소한 일이었을 것이다. 전영우가 지적한 바와 같이, 다산의 한 구절도 이를 짐작하게 한다(1997:191). "소나무를 심고 배양하라는 법의 조문이 비록 있지만 해치지만 않으면 되는데 무엇 때문에 심을 것인가. ……『대전통편』에 규정하였다. '지방에 사는 사람으로 사사로이 소나무 1천 그루를 심어서 재목이 될 만큼 키운 자는 해당 수령이 친히 심사하고 관찰사에 보고하여 상을 준다.' 생각하건대 바람이 불면 솔씨가 떨어져 자연히 송림이 이루어지니 금양만 하면 되는 것인데 무엇 때문에 심을 것인가"(『譯註 牧民心書』 제5권, 179).

않았다.

종묘업種苗業의 도입 · 발전으로 묘목 생산이 증가한 결과 1928년에는 기념식수에 "참가인원을 가능한 한 많게 하고, 1명이 1그루라도 적절히 식재"하게 하였다(『朝鮮林業史』 2001:93~106). 그해 58만여 명이던 참가인원은 이후 꾸준히 증가하여 자료가 있는 마지막 해인 1939년에는 113만 명에 달하였다. 참가하는 조선인 수가 증가함에 따라 기념식수는 전국적 녹화사업의 일환으로 자리 잡게 되었다.

다음 첫 번째 인용문은 1933년 「기념식수실시요령紀念植樹實施要領」 제5호로서 "차세대 국민이 될 아동교양의 이득"을 강조한다는 점에서, 해방 후 치산녹화사업을 떠올리게 한다.[14] 앞서 말한 독일인 지리학자에게도 기념식수는 매우 인상적이었던 모양이다. 두 번째가 그것이다.

> 학교 아동에게 참나무 종자를 두서너 알씩 가지고 돌아가게 하여 자택 부근 또는 통학 도중에 임야에 임의로 직파直播하게 하는 등 간편한 방법으로 보편적으로 실시할 것(『朝鮮林業史』 2001:104).

> 1910년 한일합방이 이루어진 이후, 데라우치寺內正毅 백작이 초대 총독이 되었다. …… 그는 또한 오늘날까지 시행되는 '식목일'의 제정자이기도 하다. 초대 일본 천황의 기일인 매년 4월 3일에 위로는 총독 자신과 모든 관리들부터 아래로는 교사와 어린 학생에 이르기까지 모두 헐벗은 사면에 나무를 심는다. 이를 통해 사람들에게 수목 및 관목의 육림과 식목사업의 중요성을 깨닫게 하려 한다(라우텐자흐 1998:672~673).

14 "국민식수 의식을 생활화 및 토착화하기 위하여 앞으로 국민식수 운동을 전파하는 핵이며 국토녹화 실천자가 될 어린이를 중심으로 국민식수 교육을 전개하는 것이 효과적"(산림청 편 1997:401).

1911~1942년, 기념식수에 의한 식재본수는 6억 6천만 본으로서 식민지기 전체 수량의 8.1퍼센트를 차지한다. 1911~1939년, 기념식수에 참가한 연인원은 1,688만 명이었다(『年報』 각 연판). 해방 이후 제2차 치산녹화사업기(1979~1987)의 식목일 식재본수는 2억 7천만 본이었고, 1934~1942년 기념식수의 식재본수는 2억 8천만 본이었다.[15] 식민지기 기념식수는 조선 최초의 식목일의 성과라고 할 수 있다. 특별히 날짜를 정하여 전국에서 나무를 심는 행사를 연례적으로 개최한 것은 전에 없던 일이다.

기념식수가 "한국 민중의 민심이반을 막는 전시정책"이나 북부지방의 산림수탈을 은폐하려는 "선전정책"(지용하 1964; 산림청 편 1997:135)에 불과하다는 주장은, 만약 그것이 전시행정의 일환이라는 사실을 강조하는 것이라면 동어반복에 불과하다. 오늘날 식목일 행사가 그러하듯이 기념식수는 본래부터 '애림사상愛林思想'을 함양하기 위하여 '모범'을 보이는 동시에 일반 인민의 참여를 장려하는 전시적이며 행정적인 연례행사이기 때문이다. 녹화사업의 전개라는 관점에서 보면, 기념식수는 해방 이후 식목일과 다를 바 없다고 할 수 있다.[16]

식민지기 초기에는 총독부에 의한 묘목과 종자의 무상 공급이 중요한 역할을 하였다. 1910년대, 인공조림이 아직 본격화되기 전에는 민간의 종묘업은 보잘것없는 수준이었고 종자와 묘목이 부족하였다. 종묘의 공급부족을 메운 것은 국비와 지방비로 경영되는 묘포苗圃나 학교와 사찰의 묘포였다. 그림 6-7에서 이를 '국영 및 공영'으로 표시하였다. 이 종묘 중에서 묘목 2억 6천만 본과 종자 1,781석石이 1924년까지 민간인에게 무상으로 제공되었다(『年報』 각 연판).[17] 하지만 "점차 조림사상의 환기에 수반하

15 식목일이 4월 5일로 변경된 것은 미군정기의 일이다.

16 식목일은 1949년부터 2005년까지 법정공휴일이었고, 다음 날 신문에는 대통령이 작업복을 입고 나무를 심는 사진이 게재되는 것이 상례였다.

17 한 총독부 관계자는 농민들이 무상으로 공급받은 묘목을 거꾸로 세워 말린 후 연료로 이용

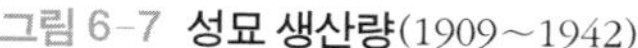
그림 6-7 성묘 생산량(1909~1942)

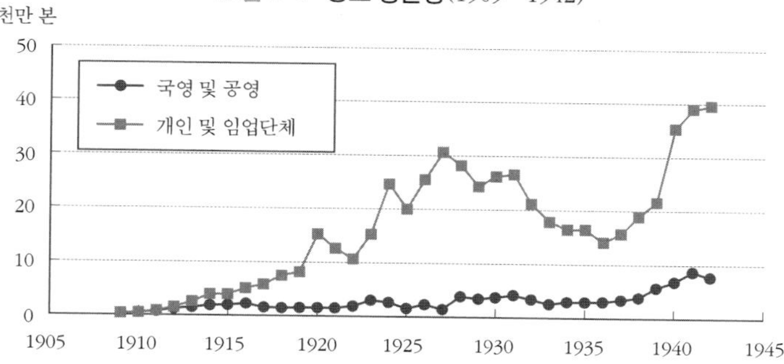

자료 『年報』 각 연판.

여 자발적으로 조림을 시행하는 자가 생기게 되었으므로 차차 무상공급에서 유상공급으로 개정" 하게 되었는데(『朝鮮林業史』 2001:49), 종묘업의 발전을 나타내는 것이라고 하겠다. 지방비 경영 묘포의 종묘 가격을 시장가격에 준하여 인상한 후 민영묘포는 더욱 발전하였다(黑頭巾 1933:443).

그림 6-7에서 '개인 및 임업단체'란 종묘상種苗商, 산림계山林契, 식림조합植林組合 및 자급을 목적으로 묘목을 생산하는 자를 말한다. 1932~1939년에는 종묘상의 생산량을 알 수 있다(『朝鮮の林業』 1939년판). 1930년대 종묘상에 의해 생산된 성묘成苗는 개인 및 임업단체 생산량의 83.5퍼센트에 해당한다. 이들이 종묘의 대부분을 공급할 수 있을 만큼 종묘업이 발전한 것이다. 묘목 생산량의 변동은 인공조림의 추이와 비슷하다. 1910~1928년, 생산량이 증가하고 이후 감소한 후 1936년부터 다시 증가한다. 육성임업으로의 전환을 위한 기반이 성립되고 있었던 것이며, 또 그러한 전환을 반영하는 현상이다.

하기도 했다고 말하는데(宮田節子 監修, 李宇衍 解說 2009), 이런 일은 1950년대에도 빈번하였다.

표 6-7 수종별 묘목생산량(1926~1940)

(단위: %)

	침엽수							활엽수							계
	해송	적송	낙엽송	잣나무	리기다소나무	측백나무	소계	상수리나무	밤나무	산오리나무	물갬나무	아카시아	포플러	소계	
1926	36.3	25.2	4.4	0.3	0.0	0.2	66.4	24.9	4.4	3.8	0.0	0.5	0.1	33.6	100.0
1927	28.4	17.8	19.5	0.7	0.0	0.2	66.6	23.4	4.4	4.8	0.0	0.7	0.1	33.4	100.0
1928	25.1	13.7	26.0	3.1	0.0	0.3	68.2	17.6	3.8	10.2	0.0	0.2	0.1	31.8	100.0
1929	29.4	14.4	23.5	2.1	0.0	0.7	70.1	16.6	5.3	6.5	0.7	0.7	0.2	29.9	100.0
1930	18.0	12.5	20.1	2.9	0.0	0.5	54.0	27.2	7.5	9.3	1.6	0.5	0.0	46.0	100.0
1931	16.1	11.7	19.2	4.2	0.0	0.6	51.8	26.7	8.1	10.6	2.4	0.4	0.1	48.2	100.0
1932	13.3	10.2	17.8	5.7	0.0	0.8	47.7	27.6	8.7	12.1	3.4	0.4	0.1	52.3	100.0
1933	9.0	6.4	20.8	5.8	3.6	0.5	46.1	24.8	9.2	13.2	6.0	0.6	0.1	53.9	100.0
1934	5.9	3.5	19.6	6.1	3.3	0.5	38.9	33.0	7.5	12.8	7.4	0.4	0.1	61.1	100.0
1935	4.3	3.9	30.0	4.9	5.3	0.7	49.0	17.9	8.3	18.3	5.7	0.7	0.1	51.0	100.0
1936	2.3	4.3	23.8	5.8	6.3	0.9	43.5	20.6	10.3	14.5	8.6	2.3	0.2	56.5	100.0
1937	3.5	4.8	21.0	4.8	7.8	0.7	42.6	18.9	6.6	18.9	8.6	4.3	0.1	57.4	100.0
1938	3.9	3.5	22.1	6.2	7.5	0.9	44.1	21.0	6.4	18.6	4.0	5.7	0.1	55.9	100.0
1939	5.0	6.4	25.3	5.3	5.2	0.5	47.8	16.2	2.4	21.4	5.0	7.0	0.2	52.2	100.0
1940	2.5	6.5	21.7	5.5	7.3	0.3	43.8	18.2	2.6	13.1	2.4	19.7	0.2	56.2	100.0

자료 『朝鮮林業史』 2000:81.

인공조림의 확대와 함께 묘목의 종류도 변화하였다. 1926~1940년 주요 묘목 12종의 생산량을 알 수 있다. 침엽수와 활엽수, 각각 6종이다(표 6-7). 12개 수종이 전체 생산에서 차지하는 비율은 1920년대 후반에는 95퍼센트 이상, 1930년대 후반에는 80퍼센트 이상이다. 1926년 이후 3개년 평균을 계산하면 해송海松, 적송赤松 및 낙엽송落葉松을 중심으로 침엽수 묘목이 67.0퍼센트이다. 활엽수는 침엽수의 절반인 33.0퍼센트에 불과하며 주종은 상수리나무, 밤나무, 산오리나무였다.

1932년에는 활엽수 묘목생산량이 처음으로 침엽수 묘목생산량을 초과하였다. 1940년 이전 3개년 평균을 계산하면 침엽수는 45.2퍼센트, 활엽수는 54.8퍼센트를 차지한다. 상수리나무의 생산이 감소하였지만 산오리나무와 물갬나무, 그리고 수입 수종인 아카시아가 크게 증가하였기 때문이다. 인공조림의 확대가 수종의 다양화를 동반하였음을 시사하는 사실이다. 적송 단순림은 침·활엽수 혼효림混淆林에 비하여 병충해에 취약하며, 혼효림은 수원함양水源涵養이나 토양고정 기능 면에서도 단순림보다 월등하다. 이는 인공조림의 확대가 산림구조를 개선하는 방향으로 진행되었다고 추론할 수 있는 근거가 된다.

조선인의 종묘업이 어느 정도 발전하였는지는 아직 알 수 없다. 기술격차로 인하여 일본인이 다수를 차지했겠지만, 조선인 종묘업자의 존재도 확인할 수 있다. 1928년 연간 영업세 5원 이상을 납부하는 사업체에 대한 조사를 보면, 임업을 전문으로 하는 사업체는 매우 적지만 농업을 중심으로 하면서 종묘업·조림업을 겸하는 경우는 많이 발견된다. 이 같은 사업체는 모두 63개였고, 그중에서 조선인이 사장인 곳이 9개, 조선인 중역이 다수인 곳이 3개였다(京城商工會議所 1929).

총독부의 각종 장려정책을 배경으로 조선인의 조림은 꾸준히 증가하였을 것이다. 1918년, 사유림의 인공조림 실적을 집계한 조사를 보면 일본인 1인당 평균 조림면적은 조선인의 13배였다. 불과 1천 명의 일본인이 조림한 면적이 그해 전체 조림면적의 17퍼센트를 차지하였다. 조선인의 1인당 조림면적은 평균 0.5정보였다. 하지만 그 수는 6만 1천여 명에 이른다(『朝鮮彙報』 1919년 2월호). 인공조림은 1910년대 후반에 이미 광역적으로 전개되고 있었다. 이후 인공조림이 확산되면서 조선인의 역할도 더욱 커졌을 것이다.

1926년과 1934년, 총독부는 임업경영에서 모범이 될 만한 조림지를 선정하여 발표하였다. 두 해 각각 76개, 54개 조림지가 선정되었고, 이 중 경영자나 회사의 이름을 통해 경영주체를 민족별로 구분할 수 있는 것은 120개였다. 1926년 창덕궁 4,629정보와 1934년 보현사 9,590정보의 대규모 조선인 조림지는 제외하되, 동척과 스미토모 합자회사와 같은 일본 대자본을 포함하여 계산하였다. 그 결과 조선인은 92건, 일본인은 28건이었고, 조선인 모범지의 면적은 모두 10,561정보, 일본인은 7,170정보였다. 평균면적은 일본인이 256정보, 조선인은 그 절반에 미치지 못하는 115정보였다(『朝鮮林業史』 2001:519~529). 총독부의 모범조림지 선정과 발표 또한 전시행정의 일환이겠지만, 총독부 조림장려정책의 일환임은 더 말이 필요 없다. 식민지기 조선인 독농가篤農家의 존재가 허구가 아니듯이, "자기 소유지 부근 일대의 산야를 매수하여 1914년 이후 상수리나무 15만 5천 본을 식재하고, 작업방법을 정하여 산림을 보호·경영하여 좋은 성적을 거두고, 통치 5년 기념박람회에 그 경영서經營書를 출품하여 금패상을 거둔"(『朝鮮林業史』 2001:521) 울산의 김택천 같은 조선인 독림가篤林家가 존재하였다는 사실 또한 부정할 수 없다.[18]

2. 산림보호

제4장에서 '무주공산의 시초관행', 즉 자원용익의 자유접근체제가 산림의 황폐를 초래하였고, 이 사실을 총독부 또한 인식하고 있었음을 서술하였다. 식민지기 국유임야에 대한 관리와 임야소유의 정리과정을 통해, 「삼림령」으로 제도화된 '국유임야에 대한 입회관행'을 제외하면 최소한 법률적으로는 일물일권적 소유권이 형성되었고, 이로써 산림보호를 위한 각종 정책을 집행함에 있어 권리자와 의무자를 확정할 수 있게 되어 치산녹화정책의 제도적 기반이 마련되었다. 1933년, 한 논자는 상황의 변화에 대하여 다음과 같이 서술하였다.

18 조선인 독림가의 경영활동에 대해서는 『朝鮮林業史』(2001:519~529) 참조.

원래 조선에 도벌이 많은 데에는 숨은 중요한 원인이 있다. 구한국정부 당시에 공산제도公山制度는 자신이 사용하는 연료를 반드시 자신의 산림에서 공급해야 한다고 가르치지 않았다. 지금이야 사유지라고 부르는 견고한 세력권이 생기고, 타인의 산림에 들어가는 것이 일절 금지되지만, 겨우 이삼십 년 전까지는 원하는 대로 아무 곳에서나 연료를 채취하고 부족할 때는 주인 없는 국유지에 가서 채취하는 데 전혀 거리낌이 없었다. 그런데 최근 인구가 증가하여 현저하게 그 수요가 증가했을 뿐만 아니라 애림사상의 보급과 권리관념의 발달로 소유자가 낙엽과 잡초의 채취조차 흔쾌히 여기지 않게 되었고, 게다가 주인 없는 국유지도 자본가의 손에 들어가 일반의 사유임야 이상으로 단속이 엄해졌다. 하지만 이제 산주가 자각하고 정치의 변천이 있었으므로, 일반 수요자도 자각하여 자신에게 필요한 연료는 모두 자신의 산림에서 얻을 각오를 갖게 되었다면 문제가 없을 것이나, 아직 산림소유자는 전 호수의 2, 3할 정도에 지나지 않는다. 나머지 대부분은 타인을 귀찮게 하는 존재가 되어 특별히 돈을 내고 연료를 사든가, 또는 옛날과 마찬가지로 타인의 산림에 들어가다가 경우에 따라 법의 제재조차 감수하지 않으면 안 되는 상황이다(朝鮮山林會 1933a:446).

무주공산의 사실상의 소멸과 '무주공산의 시초관행'의 부정=자유접근의 차단은 임야를 소유하지 못한 다수 농가의 생활에 큰 타격을 입혔다. 상황이 이렇게 변하자 새로운 정책이 입안되었고 임정의 전환을 표방하는 「민유림지도방침대강民有林指導方針大綱」(이하 「대강」으로 줄임)이 제정, 집행되었다. 「대강」에 의하면 과거의 임정은 용재림用材林 중심의 녹화주의綠化主義였던 결과, 치수穉樹, 낙엽, 잡초 등 지피물地被物의 남획을 조장하여 지력을 고갈시키고, 다른 한편 임산연료와 농산원료의 확보를 곤란하게 하여 농민의 생활을 압박하게 되었다.[19] 따라서 민유림에 대한

19 "민유림의 황폐 원인은 다양하지만, 그중 소나무에 편중되어 다른 수종 특히 활엽수를 남벌하는 것, 온돌용 연료 및 녹비 채취가 과다한 것, 임목을 베기 아까워하고 生枝나 地被物을 濫採하는 것 등은 최근의 주요한 폐해이며, 지력이 현저히 감퇴한 임야에서는 곧바로 인공적으로 교목을 양성하여도 효과를 거두기 어려울 뿐 아니라, 각 지방에서 필요한 임산물은 용재보

지도에서 임야생산물의 총체적 육성, 연료림練料林과 농목용지農牧用地의 조성, 대목大木의 벌채와 기타 지피물의 육성을 중심과제로 삼게 되었다 (하기노 도시오 2001:96~97).

영농의 집약화와 복합화를 통해 농가의 자급자족과 경제적 안정을 이룬다는 농촌진흥운동이 이 시기에 전개되었음을 상기하면(박섭 1997:182~183), 「대강」은 「농가경제갱생계획지도요강農家經濟更生計劃指導要綱」을 임업에 연장한 것이라고 할 수 있다.[20] 1930년대 중반 이후 1942년까지 실질임산액이 감소하였는데 이는 임산연료 생산량이 감소하였기 때문이다. 용재와 목탄의 생산량은 대폭 증가하였고, 「대강」의 방침에 부응하듯이 농가 호당 농산원료 생산량도 1934~1942년에 39.5퍼센트 증가하였다. 또한 1934년과 1935년부터 지엽枝葉과 기타 임산연료의 생산량은 감소하였고, 이 두 품목에 대한 신재薪材의 비율은 급속히 증가하였다. 이러한 현상도 큰 나무를 베어 연료로 쓰고 어린 나무와 낙엽이나 잡초를 보호한다는 취지에 부합하는 듯하다. 하지만 1937년 이후 신재 또한 생산량이 감소하기 시작하였고, 1934년과 1942년 사이에 임산연료 생산량은 급감하여 호당 평균 가용량은 무려 46.2퍼센트나 감소하였다

다도 차라리 연료, 녹비 등인 실정이므로, ① 속히 林地를 안정시켜 지력의 회복을 꾀하고 또 조림비를 절약하기 위해 인공조림보다도 천연력에 의한 林叢의 구성에 노력할 것. ② 용재림의 조성에 치우치는 것을 피하고 먼저 연료림 조성에 힘을 쏟고 우량임지를 이용하여 수익의 증진을 꾀하고, 또 農牧用地에 주의하여 농촌 실정에 의거한 임업을 행할 것. ③ 힘써 穉樹 및 지피물을 보호하고 萌芽와 山草의 남채를 제한하여 조림의 속성과 지반의 안정과 수종의 개량을 기하며, 또한 벌채하기 아까워하는 나무의 벌채를 장려하는 등, 삼림의 사용수익에 관한 종래의 폐해를 속히 시정할 것 등을 중점으로 한 지도방침을 1933년 全鮮에서 실시함"(『施政年報』 1934년판, 261~262).

20 다음은 매년 한 차례씩 개최되는 각 도 林務主任官 회의에서 정무총감이 훈시한 내용의 일부이다. "농가갱생계획의 전면적 보급을 꾀하게 되었는데, 전체 면적의 7할 4푼을 점하는 산림의 경영이 갱생계획의 실시와 밀접한 관계를 가지는 것은 두말할 나위도 없기에, 임업의 장려에 대해서는 항상 농산어촌 갱생계획에 기초하여 제반 시설과 긴밀한 관계를 유지하여 유감이 없도록 하여야 한다. 이미 민유임야보호제도를 혁신 · 확충하였고 또 민유림지도방침을 확립하여……"(『朝鮮』 1935년 5월).

(『年報』 각 연판).

1930년대 말 이후, 전시체제하에서 진행된 연료절약운동이나 지피물 보호운동도 임산연료의 채취를 억제하였지만,[21] 산림단속과 처벌은 「대강」의 시행 직후부터 강화되었다. 「삼림령」 제15조는 지방장관이 삼림의 사용과 수익에 대하여 필요한 명령을 내릴 수 있다고 규정하였고, 이에 근거하여 1915년 황해도를 시작으로 사유림에 대한 단속규칙이 도령道令으로 발포되었다. 각 도마다 명칭은 「사유림벌채취체규칙私有林伐採取締規則」, 「사유림보호규칙私有林保護規則」 등 다양하고 내용도 조금씩 다르지만, 임야 소유자가 수목을 벌채하거나 산 나뭇가지를 잘라내는 것은 특별한 경우에만 허용되고, 그 외에는 군수로부터 미리 허가를 받아야 한다는 내용이었다. 산림보호를 위해 사적소유권의 행사를 제한한 것이다.[22]

1933년 3월 경기도는 이 규칙을 개정하였으며, 이후 다른 도에서도 규칙개정이 발표되었다. 경기도의 경우 수목벌채의 출원 기준을 수령樹齡에서 수고樹高로 바꾸고, 조건부로 허용하던 생지 채취는 허용조건을 일체 삭제하고 전에 없던 초근에 대한 금지규정을 추가한 것이 변화의 주된 내용인데, 이는 다른 도에서도 대체로 유사하였다(『官報』 1332호, 1859호).

『연보』의 경찰통계에서 산림범죄와 검거건수를 찾아볼 수 있다. 1925~1933년에는 매년 6천 건가량이던 것이 1934~1938년에는 1만 3천 건 내외로 배가하였다. 이와 함께 처벌도 강화되었다. 「삼림령」 위반으로 검거된 후 정식공판을 거치지 않고 즉결심판으로 처분된 사람의 비율은

21 「燃料節約と銃後の護」, 『朝鮮山林會報』(158), 1938; 「國民精神總動員して落葉採取の禁止を提唱す」, 『朝鮮山林會報』(167), 1939; 『朝鮮に於ける林産燃料對策』, 朝鮮林學會, 1941.

22 이를 두고 한 총독부 관계자는 조선인들이 "잘 참아주었다" 며 "지금으로 말하면 헌법위반과 같은 壓政" 이라고 회고하였다(宮田節子 監修, 李宇衍 解說 2009). 1961년에 공포된 대한민국 「산림법」에 의한 사적소유권의 제한은 「삼림령」보다 훨씬 강도가 높았다. 이에 대해서는 다음 장에서 서술한다.

1925~1933년에 최소 31.5퍼센트, 최고 50.4퍼센트였지만, 1934년에 29.5퍼센트에서 시작하여 1938년에는 6.3퍼센트로 감소하였다.[23]

산림보호를 위한 또 하나의 수단은 각종 조합으로서, 총독부는 조합의 결성을 장려하고 강제하였다. 국유림에서 부산물을 채취하는 촌락민에게 조림을 명령할 수 있고, 국유림의 보호를 명령하고 연대책임을 지울 수 있으며(「삼림령」 제8조, 제9조와 제10조), 촌락민이 이 작업에 "공동으로" 종사하는 데 필요한 명령을 내릴 수 있다는(제16조) 조항에 근거하여 요존국유림을 중심으로 하여 그에 대한 "보호명령"이 발동되고, 동시에 촌락을 최소단위로 하는 "국유림보호조합"이 결성되었다. 1924년까지 만들어진 조합 수는 352개, 보호책임 면적은 약 130만 정보였으며, 1939년까지 총 761건의 보호명령이 내려졌고 해당 면적은 419만 정보로서 요존국유림 총면적의 98퍼센트에 달하였다. 보호명령을 받은 촌락에서는 모든 주민이 의무적으로 조합에 가입하여야 했고, 각 조합은 총독부가 시달한 '준칙'에 따라 조합규약을 제정하고, 그에 따라 조합원의 보호 의무와 임산물의 분배방법이 결정되었다. 조합의 제반 활동은 영림창營林廠(영림서營林署)에서 감독하였다(『朝鮮林業史』 2000:354~369).

민유림 소유자를 조합원으로 하는 삼림조합도 급속도로 확산되었다. 1922년, 군 단위로 조직된 삼림조합의 가입자는 41만 명, 가입면적은 185만 정보였는데, 1932년에는 가입자 169만 명, 가입면적 938만 정보(민유림의 95퍼센트)로 급속히 팽창하였다. 주요 재원은 조합비였고 대부분 민유림 보호업무에 지출되었다. 1927년 이후 총독부의 본격적인 삼림조합

23 산림단속이 엄격해진 것은 1912년 「朝鮮刑事令」과 1924년 府令 「사법경찰관리의 직무를 행하는 자 및 그 직무범위」의 공포 및 수차례에 걸친 변경을 통해 森林主事, 山林技師, 技手 등 사법경찰관리로 근무하는 林務 관계직원이 증원되고 권한이 강화된 사실과 관계가 있을 것으로 보인다(『朝鮮林業史』 2000:371~375). 이는 이후 검토할 만한 과제이다.

지원이 시작되었다. 민유림의 육림을 지도하는 기술원을 삼림조합에 배치하기 위해 급료의 1/2을 국고에서 보조하였고, 민유림의 단속을 전담하는 군삼림주사郡森林主事를 배치하여 사법경찰관의 직무를 맡게 하였다. 총독부의 장려와 지원하에 급속히 성장한 삼림조합은 1932년 11월, 임의단체로 하여금 민유림의 보호와 육림의 지도를 담당하게 할 수 없다는 이유로 해산되었고, 삼림조합의 모든 업무는 도로 이관되었고 조합비 대신 지방세로 임야세를 신설하여 재원을 충당하게 되었다(『朝鮮林業史』 2001: 201~215).[24]

총독부는 조림을 장려하는 적극적인positive 정책을 펼치는 한편, 행정・경찰 조직체계를 전국적으로 갖추면서 이를 통한 산림단속을 강화하였다. 아직 조림의 결실을 거두기 어려운 시기에는 이와 같은 소극적인negative 수단도 단기적으로 큰 효과를 낸다. 산림단속의 강화는 연료대체를 포함한 의식주 생활의 전반적인 변화와 서로 영향을 미치며 지지・발전했을 것이다. 식민지기 조선의 GDP・GDE에 대한 최근의 추계에 의하면 1912~1939년 1인당 실질 GDP의 연평균 증가율은 2.4퍼센트이며, 27년 사이에 1.9배 증가하였다. 조선에서 근대적 경제성장이 시작된 것이다(김낙년 2006). 같은 시기 1인당 실질소비는 1.7배 증가하였고 식료품비는 1.4배 증가하여 엥겔 법칙 또한 확인된다. 의복비는 3.3배나 증가하

24 삼림조합 해산의 배경과 경위에 대해서는 아직 자세히 알 수 없다. 『慶尙北道の林業』에 의하면 경상북도 내에는 요존국유림보호조합과 삼림조합 이외에도 일반국유림 보호조합, 대규모 조림대부지에서 결성되는 조림조합, 지방비로 조성되는 도 모범림의 보호조합, 면유림보호조합, 사방사업 후에 조직되는 사방림보호조합의 수가 1,571개, 조합원 수는 116,106명, 구역면적 133,135정보에 이른다(1932년판, pp.32~33). 다른 도에서도 상황은 비슷하였을 것이다. 이들 조합은 산림보호와 육림에 있어서 현지 촌락 수준에서 성립하는 감시 및 지원체제로서 중요한 기능을 하였을 것으로 보이는데, 조직의 성립・발전 과정이나 구체적인 활동상에 대해서는 아직 밝혀진 바가 없다. 해방 이후 치산녹화사업에서 촌락의 산림계나 이를 지도・감독하는 산림조합이 담당하였던 역할을 상기할 때, 식민지기 임업조직의 발전과 활동의 실태를 구명하는 것은 더욱 중요한 과제가 될 것이다.

였고 주거 및 광열비는 1.2배 증가에 그쳤다(김낙년 2006).

식민지기 임산액林産額의 추계 과정에서 임산연료(장작, 지엽枝葉, 기타 임산연료, 목탄)의 생산액도 추계되었다. 목탄 무역이 없지 않으나, 그 가액價額은 임산연료 생산액에 비할 바가 못 된다. 따라서 임산연료 생산액을 통해 1인당 실질 임산연료 소비액의 근사치를 알 수 있는데, 27년 사이에 35.3퍼센트 감소한 것으로 계산되었다. 후술하는 바와 같이, 도시를 중심으로 석탄을 이용하고 농촌에서는 농업부산물을 이용한 연료대체가 진행되었으므로, 임산연료 소비 감소의 일부는 연료대체의 결과라고 할 수 있다(이우연 · 송경은 2006). 직접적인 연료대체는 아니지만, 식료품과 피복류 소비의 증가는 임산연료를 대체하는 간접적인 효과를 갖는다. 식료품은 신체에 열량을 공급하고 의복은 몸을 따뜻하게 하여 열량이 비생산적으로 외부로 발산되지 않도록 차단하기 때문이다. 식민지기 산림단속이 강화될 수 있었던 것은 이와 같은 조선경제의 근대적 성장이 진행되고 있었기에 가능하였다고 할 수 있다.

제4절 | **임상의 개선**

1. 임야의 임상구성

녹화사업의 성과는 임야의 임상별 구성의 개선과 임목축적의 증가로 나타난다. 먼저 임상별 임야분포를 살펴보자. 1910~1925년 임야분포에 대한 자료로 『연보年報』와 『조선의 임업朝鮮の林業』을 이용하였다. 표 6-8에서 1910~1913년의 수치는 임적조사의 결과이다. 이후 1925년까지 성림지成林地와 치수발생지穉樹發生地는 증가하고 무입목지는 감소하여 임상이 개선되었음을 알 수 있다.[25] 선행 연구에서 이미 지적한 바와 같이 임적조사는 소수 인원에 의해 6개월이라는 단기간에 전국을 대상으로 수행한 일종의 간이조사였지만(강영심 1983:141~142), 임야조사사업 종료까지는 다른 조사가 없었기 때문에 그 결과가 『연보年報』에 게재되었다. 1914~1919년과 1920~1925년의 수치는 어떻게 얻어진 것인지 알 수 없다. 다만 전국적인 조사를 실시하였다는 기록이 없으므로, 임적조사의 결과를 그 후 표본조사를 통해 연장한 것으로 추측된다.

1910~1925년, 조선의 인구는 21퍼센트 증가하였고(石南國 1972) 농가호수도 17퍼센트 증가하였다(『農業統計表』 1940년). 인구증가와 함께 연료의 수요도 증가하였을 것이다. 다른 조건이 일정하다면 당시의 인구증가는 임목축적의 감소나 임상별 임야분포의 악화를 초래하였을 것이다. 그

25 이 시기에는 도별 자료를 찾아볼 수 없다. 당시 지방 관리들도 임적조사의 결과를 갖고 있지 않았으며, 임적조사 이후 20여 년간 임상이 개선되었다고 생각하고 있음을 다음에서 알 수 있다. "본 도의 임야 분포와 임상 상태는 1910년 임적조사에 기초하여 만들어진 조선임야분포도로 겨우 그 개요를 알 수 있지만……하등 조사표가 남아 있지 않고, 게다가 조사 당시로부터 이미 이십몇 년이 지나 그 사이 시세의 추이와 조림사업의 진전에 수반하여 임상의 상태에 현저한 변화를 초래하였다"(慶尙北道 1930).

표 6-8 임야의 임상구성: 임야조사사업 종료 이전

(단위: %)

	성림지	치수발생지	무입목지	계
1910~1913	32.3	41.8	25.9	100.0
1914~1919	34.5	45.4	20.0	100.0
1920~1925	34.5	45.9	19.6	100.0

자료 1925년은 『朝鮮の林業』, 그 외는 『年報』 각 연판.

런데 연료의 공급 측면에서 이 시기에 주목할 만한 변화가 있었다. 대체연료의 이용이 확대되었는데, 첫째로 농작물의 껍질이나 줄기와 같은 농업부산물을 들 수 있다. 1921년 전국 임업담당 관리들의 연례회의에서 전라남도 관계자는, 왕겨와 같이 과거에 내버리던 부산물을 연료로 사용하거나 다량의 연료를 제공하는 육지면陸地綿이 보급되는 등 농사개량의 결과로 남벌이 감소하고 임상이 개선되었다고 보고하였다(『朝鮮』 1921년 3월호). 식민지기를 통해 산림복구를 위한 방안의 하나로 대체연료의 이용이 제안되었고, 이때 왕겨 등 농업부산물은 특히 농촌 연료로서 강조되었다.[26]

석탄의 이용도 확대되었다. 식민지기 석탄소비액은 최근 추계를 이용하여 확인할 수 있다(박기주 2006). 석탄의 단가를 이용하여 소비량을 계산하고, 석탄은 동일 중량의 나무에 비해 열량이 2배라는 통상의 계산방법으로 석탄소비량을 임산연료로 환산할 수 있다. 이를 1911년 전국연료조사의 임산연료 소비량과 비교하면[27] 1911년에는 임산연료의 4퍼센트

26 「燃料로써 雜草 其他의 他使用에 關한 件」, 政務總監 通牒, 『官報』 제954호, 1915년 10월 8일; 「籾殼燃料の普及を望む」, 『朝鮮山林會報』 1920년 9월호; 『朝鮮に於ける林産燃料對策』 1941년, 朝鮮林學會. 전술한 전라남도 관리는 1920년 같은 도에서 연료로 사용되는 왕겨의 양은 아직 400만 관에 불과하고 나머지 4천만 관은 여전히 버려지고 있으므로 왕겨는 "대체연료의 보급과 가장 밀접한 관계를 갖는 것" 이라고 하였다.

표 6-9 임야의 임상구성: 임야조사사업 종료 이후

(단위: 정보, %)

	연도	입목지	산생지	미입목지	기타*	계
남부	1927	3,206,931 (58.2)	1,013,981 (18.4)	793,423 (14.4)	495,713 (9.0)	5,510,048 (100.0)
	1935	4,172,875 (76.3)	591,480 (10.8)	299,764 (5.5)	404,759 (7.4)	5,468,878 (100.0)
	1942	4,140,900 (75.9)	641,600 (11.8)	271,947 (5.0)	400,113 (7.3)	5,454,560 (100.0)
북부	1927	5,970,146 (54.5)	2,671,369 (24.4)	1,419,425 (12.9)	901,414 (8.2)	10,962,354 (100.0)
	1935	7,408,706 (68.2)	1,511,703 (13.9)	878,207 (8.1)	1,066,008 (9.8)	10,864,624 (100.0)
	1942	7,288,928 (67.4)	1,612,770 (14.9)	892,381 (8.2)	1,025,741 (9.5)	10,819,820 (100.0)
전국	1927	9,177,077 (55.7)	3,685,350 (22.4)	2,212,848 (13.4)	1,397,127 (8.5)	16,472,402 (100.0)
	1935	11,581,581 (70.9)	2,103,183 (12.9)	1,177,971 (7.2)	1,470,767 (9.0)	16,333,502 (100.0)
	1942	11,429,828 (70.2)	2,254,370 (13.9)	1,164,328 (7.2)	1,425,854 (8.8)	16,274,380 (100.0)

주 *: 火田, 開墾適地, 放牧適地, 採草適地 및 除地의 합계.
강원도는 북부에 포함하였음.
자료 1927년은 『朝鮮の林業』 동년판; 1935년과 1942년은 『年報』 각 연판.

27 1911년 조사는 1910년대 전국적 조사로는 유일하며 이후의 조사와 대조해도 신뢰도가 높다. "본 조사는 1911년에 각 도로 하여금 조사, 보고하게 한 것이며, 연료의 종류는 薪, 枝葉, 雜草 및 穀稈 네 가지로 구분하여 그 소비의 비율과 호당 평균 수량을 기재하고, 또 아궁이 수를 온돌전용과 취사겸용으로 나누어 기재하고, 동시에 호당 연간소비량을 난방용과 취사용으로 구분하여 보고하게 하였다"(高橋喜七郎 1923:44). 1913년에 전라남도는 산업정책 수립의 기초를 마련한다는 목적으로 약 12개월 동안 330여 명을 임시로 고용하여 통계기본조사를 실시하였고, 이때 28개 조사항목의 하나로 연료수요량이 조사되었다. 이 조사에서 호당 평균 연료수요량은 약 900관이었고, 1911년 조사에서 전라남도 호당 평균 소비량은 948관이었다(『朝鮮』 1921년 3월).

에 불과하던 것이 1925년에 16퍼센트, 1927년에는 27퍼센트로 증가하였다. 석탄을 취사, 난방 및 공업연료로 이용함에 따라 임야에 대한 연료수요의 압력은 그만큼 완화되었을 것이다. 이러한 변화도 1910~1925년의 임상 개선에 기여하였을 것이다.

보다 체계적인 임상조사 결과가 나온 것은 임야조사사업이 사정·공시 단계까지 완료된 후 3년이 지난 1927년의 일이다. 이 해부터 매년 임상구성의 변화를 알 수 있는데, 임야조사사업의 결과를 기본으로 하여 매년 표본조사를 통해 추정한 결과일 것이다. 표 6-9에서 '입목지立木地'는 입목도立木度 3/10 이상, '산생지散生地'는 입목도 1/10 이상 3/10 미만, '미입목지未立木地'는 입목도 1/10 미만인 산림을 가리킨다. 앞서 표 6-8에서 성림지와 치수발생지는 모두 입목도 1/10 이상이지만 수목의 크기에 따라 이를 구분한 것이므로, 표 6-8의 성림지와 치수발생지의 합계를 표 6-9의 입목지와 산생지의 합계와 비교하는 것은 개념상 가능한 일이다. 그런데 1927년 입목도 1/10 이상의 면적은 1910~1913년과 비교하면 4.0퍼센트 높지만 1920~1923년에 비하면 오히려 낮다. 표 6-8과 표 6-9의 작성에 이용된 기본통계가 다르므로 양자를 직접 연결할 수 없고, 표 6-8에서는 단지 1910~1925년간 임상의 추이에 대한 대략의 정보를 얻는 데 만족할 수밖에 없다.[28]

1927년 이후 1942년까지 임야의 임상분포가 개선되었음은 분명하다. 1930~1942년의 식재본수가 1907~1942년 전체 식재량의 61.5퍼센트, 면적으로는 59.0퍼센트임을 상기하면 예상할 수 있는 결과이다. 북부지

28 임야의 총면적도 두 표 사이에 차이가 있다. 표 6-8에서 이용된 자료에 의하면 1914~1925년 임야면적은 15,883,000정보인데, 표 6-9의 1927년 면적은 16,472,402정보이다. 그 차이는 1914~1925년의 3.7퍼센트에 해당한다. 임적조사에서 도서지역이 제외되었기 때문이다. 1927년 이후 1942년까지 총면적은 감소하는 경향을 보인다(표 6-9 참고).

방에서도 입목지가 증가하고 산생지와 미입목지가 현저하게 감소하였다. 선행연구자들은 1937년 이후 시기를 "전시 임산자원 수탈기"로 이해하고 벌채량의 증가로 인하여 두만강·압록강 유역의 원시림이 약탈적으로 남벌되었다고 주장하였다(지용하 1964:276~285; 배재수 1997:186~201), 만약 그것이 사실이라면 북부지방에서 입목지가 감소하고 미입목지는 증가할 것이다. 하지만 실제로 북부지방의 1935년 임상별 임야구성은 1927년보다 오히려 개선되었고, 1935년과 1942년 사이에는 큰 변화가 없다.

1927년 이후 임상별 임야구성의 추이를 통계상의 허구로 보는 시각은 옳지 않다. 1928년부터 1930년대 후반까지 인공조림실적은 이전의 증가 추세와 달리 정체하였지만 그 수준은 이전보다 훨씬 높았고 1930년대 후반부터 재차 급속히 증가하였다. 임상구성의 개선과 북부지역 벌채량의 증가는 어떻게 양립할 수 있을까? 임목축적을 통해 이를 검토해보자.

2. 임목축적의 변화로 본 임상구성

임야조사사업 이후 임상별 임야분포에 대한 최초의 통계가 1927년에 나온 것과 마찬가지로 도별·소유별 임목축적林木蓄積 통계가 처음 나온 시기도 1927년이다. 1927년, 1935년, 1942년의 소유별·지방별 임목축적을 비교해보았다(표 6-10). 1935년 통계를 이용한 것은 1927년 이후 전국 평균 1정보당 임목축적이 이 해에 가장 낮기 때문이다. 1927년 전국의 임목축적은 2억 7,534만 세제곱미터이다. 지용하는 압록강 유역의 축적에 대한 표본조사를 이용하여 1910년의 전국 임목축적을 최소 7억 2천만 세제곱미터, "실질적인 축적량은 8억 세제곱미터 이상으로 단정"하였다(1964:122~137). 배재수·윤여창은 불과 17년 사이에 축적이 4억 세제곱미터 이상 감소하는 것은 불가능한 일이라고 보고 1910년 축적에 대하여 새로운 추정을 시도하였다. 결과는 5억 2천만 세제곱미터였지만, 이 또한 17년 만에 1910년 축적의 46퍼센트에 해당하는 2억 2천만 세제곱미터가 사라졌음을 의미하며, 그들도 인정하듯이 납득하기 어려운 결과이다(1994:15~23). 예를 들어 1910~1927년, 조선 전체의 목재 생산량은 압록강 · 두만강 유역에 집중된 영림창의 생산량을 포함하여 총 2천만 세제곱미터였으며, 이는 배재수 · 윤여창이 계산한 축적감소 추정량의 1할에도 미치지 못한다(『年報』 각 연판).

1910년 임목축적에 대한 배재수 · 윤여창의 추정이 과다하거나 1927년 이후 총독부의 자료가 과소한 수치일 것이다. 배재수 · 윤여창은 1927년 이후의 통계를 신뢰하기 어렵다고 보았다. 총독부가 상품가치가 높은 북부지방 산림을 수탈하기 위하여 축적을 축소하여 발표하였다는 것이다(1994:21). 그렇다면 1927년 이후 북부지방의 삼림경영에 대한 통계, 예컨대 북부 영림서營林署 사업에 대한 통계나 조선의 목재 생산량 등 이 시기 임업에 대한 제반 통계를 모두 신뢰할 수 없게 된다. 『연보年報』, 『조선의 임업朝鮮の林業』, 『임야통계林野統計』 등 모든 자료의 수량과 가액이 거의 일치하기 때문이다. 1927년 이후 임상별 임야구성이나 임목축적에 대한 통계는 도별 및 소유별로 제시되었는데, 이는 임야조사사업에서 실지조사가 1924년에 완료되었기 때문이다. 따라서 통계의 신뢰성으로 보면 1927년 이후의 자료가 1910년대의 자료보다 사실에 가깝다고 할 수 있다.

선행연구에서 1927년 이후 통계를 신뢰할 수 없다고 보는 두 번째 이유는 1937년 중일전쟁 이후, 특히 1941년 「목재통제령木材統制令」 이후 산림수탈이 강화되었음에도 불구하고 1935년보다 1942년의 임목축적이 더 크다는 점이다. 표 6-10에서 보는 바와 같이 1935년부터 1942년까지 전국의 총 축적은 3.85퍼센트 증가하고 1정보당 축적도 증가하였다. 그러

표 6-10 1927, 1935, 1942년 지역별 · 소유별 임목축적의 변화

(단위: 정보, m^3)

			면적	축적	1정보당 축적
남부	국유림	1927	1,509,000	13,865,821	9.2
		1935	440,064	5,017,194	11.4
		1942	307,381	5,335,346	17.4
	민유림	1927	3,999,000	47,035,653	11.8
		1935	5,028,814	55,979,252	11.1
		1942	5,147,179	64,200,111	12.5
	계	1927	5,508,000	60,901,474	11.1
		1935	5,468,878	60,996,446	11.2
		1942	5,454,560	69,535,457	12.7
북부	국유림	1927	7,661,000	182,388,249	23.8
		1935	5,300,986	109,493,558	20.7
		1942	5,020,255	104,982,810	20.9
	민유림	1927	3,301,000	32,051,599	9.7
		1935	5,563,638	45,229,990	8.1
		1942	5,799,565	49,499,613	8.5
	계	1927	10,962,000	214,439,848	19.6
		1935	10,864,624	154,723,547	14.2
		1942	10,819,820	154,482,423	14.3
전국		1927	16,470,000	275,341,322	16.7
		1935	16,333,502	215,719,993	13.2
		1942	16,274,380	224,017,880	13.8

자료 표 6-9와 같음.

나 1935년은 1927년 이후 축적이 감소하여 최저수준에 이른 해이며, 이후 1939년까지 개선된 후 다시 감소하였다. 표 6-10에서 제기되는 문제는 인공조림의 확대에도 불구하고 1927~1935년간 임야면적은 크게 감소하지 않았는데 임목축적이 감소함으로써 1정보당 축적이 감소했다는 사실이다. 이를 어떻게 설명할 수 있을까?

표 6-10에서 1927년과 1935년 사이에 국유림의 면적은 감소하고 민유

림은 증가하였다. 이를 감안하여 1927년과 1942년, 축적의 변화를 보면 북부지방 국유림의 감소가 가장 현저하다. 축적감소량은 7,741만 세제곱미터이며, 북부지방 축적은 15년간 28.0퍼센트가 감소하였다. 특히 북부지방 국유림의 축적 감소는 전국 총 감소량 5,132만 세제곱미터보다 2,609만 세제곱미터나 크다. 1정보당 축적은 북부지방에서는 감소하였지만 남부지방에서는 반대로 증가하였다. 만약 남부지방의 축적 증가가 없었다면 1942년 전국의 1정보당 축적은 13.8세제곱미터가 아니라 12.2세제곱미터 수준으로 하락하였을 것이다. 총 축적과 1정보당 축적의 감소는 1927년과 1935년 사이에 발생하였다. 1935년과 1942년 사이에는 두 수치 모두 증가하였다. 1927년과 1935년, 남부지방에서는 미세한 축적 증가가 있었지만 북부지방의 축적이 크게 감소하였고 이는 대부분 국유림에서 발생하였다. 1927~1935년, 임공조림의 실시에도 불구하고 전국 총 축적과 1정보당 축적이 감소하게 된 것은 벌채 증가의 중심이 북부지방 국유림에 있었고 인공조림의 중심이 남부지방 민유림이었기 때문이다.

1927년과 1942년간 1정보당 축적은 감소하였지만 전술한 바와 같이 두 해 사이에 임상별 임야구성은 크게 개선되었다. 첫째, 전국 총 축적의 감소는 북부지방 양 강 유역 국유림의 벌채증가 때문이며, 전국적으로 벌채가 늘어난 것은 아니기 때문이다. 다음으로 임상별 임야구성의 변화를 도별로 비교하면, 임목축적의 감소에도 불구하고 임상별 구성은 전국에서 대체로 개선되었고, 특히 경기, 경북, 전남 3개도를 중심으로 남부지방에서 크게 개선되었음을 확인할 수 있다(『年報』 각 연판). 국유림에서 벌채가 증가하였지만 임야의 임상별 구성은 북부지방에서도 역시 개선되었다. 이는 국유림의 벌채 증가가 곧바로 입목지의 감소와 무입목지의 증가를 초래하지는 않았음을 의미한다. 이에 대하여 다음 절에서 재론할 것이다. 1927년 이후 1930년대 중반까지 인공조림은 이전 시기에 비해 작은 규모가 아니었으며, 이 기간은 지금까지 실시한 조림의 성과가 가시화된 시기였다고 할 수 있다. 북부지방 국유림의 임목축적은 감소하였지만, 한편 북부지방을 포함한 전국에서 입목지는 증가하고 황폐한 미입목지는 감소하는 임상구성의 개선이 진행되었던 것이다.

1927년 이후 임상별 임야분포의 변화를 국유림과 민유림으로 나누어 살펴볼 수 있는 자료는 아직 찾아볼 수 없다. 만약 양 강 유역의 국유림에서 벌채량이 급증한 결과 국유림에서 임상별 임야분포가 악화되었다면, 북부지방 민유림의 임상구성은 그를 상쇄하고 남을 만큼 대폭 개선되어야 할 것이다. 1927년 이후 북부지방의 임상구성은 북부 전체에서 개선되었기 때문이다. 하지만 국유림과 민유림 모두에서 임상구성이 개선된 남부지방과 달리, 북부지방에서는 국유림의 임상구성이 크게 악화되고 민유림의 임상구성이 대폭 개선되었음을 나타내는 증거는 발견되지 않고 있다. 게다가 1927년에 비해 임상구성이 현저하게 개선된 1935년에 남부지방의 민유림 면적은 92.0퍼센트였지만 북부지방에서는 51.3퍼센트였다. 따라서 북부지방에서 국유림의 임상구성이 악화되었다면, 북부지방에서 민유림의 개선으로 국유림의 악화를 상쇄하여 전체 임상구성을 개선하는 결과를 얻기는 남부지방에 비해 훨씬 곤란하였을 것이다. 결국 북부지방 국유림의 임상구성도 전국의 임상구성과 마찬가지로 개선되었다고 추론하는 것이 합리적이다.

1928~1935년 민유림의 인공조림은 크게 감소하였지만 국유림은 5천만 본 수준을 유지하였다(그림 6-8). 국유림의 조림이 민유림과 다른 양상을 보인 것은 국유림의 벌채량이 본래 계획하였던 것보다 크게 증가하였기 때문이다. 원래의 계획이란 1927년 「조선임정계획서朝鮮林政計劃書」를 말한다(이하 「계획서」로 줄임). 「계획서」에 의하면 국유림에는 벌채 이후 조림비의 절약을 위하여 가능한 한 천연갱신 방법을 취하도록 하였지만, 목재수요의 증가와 함께 벌채량이 증가함에 따라 "천연하종天然下種에만 의지하기 어려운 부분에 대해서는 인공파식人工播植을 가하여 갱신을 신속히 완성"하고자 하였다(『朝鮮總督府調査月報』 1932년 3월호). 벌채지를 포함하여 국유림의 조림은 여전히 천연갱신을 중심으로 하였지만, 증벌增伐을 고려하여 "보속성保續性을 기하고자 1935년, 1938년, 1940년에 걸쳐 국유림 조림계획을 확대·수정"하였고, 그 결과 인공조림이 증가하였다(『朝鮮林業史』 2001:42~43). 국유림의 인공조림 면적은 1935년 4,980정보에서 1939년 79,478정보로 확대되었으며(『朝鮮の林業』 1939년판), 양 강 유역의 국유림에서도 조림이 확대되었다. 그림 6-8에서 북부영림서란 양강 유역을 관할하는 영림서를 가리키며, 국유림의 조림이 이곳에 집중되었음을 알 수 있다.

북부지방의 벌채 증가로 인한 축적 감소에도 불구하고 입목지가 증가하고 산생지나 미입목지가 감소하게 된 것은 이러한 조림활동 때문이다. 미입목지같이 천연조림이 불가능한 곳에는 인공조림을 실시하고, 벌채를 할 때는 이후 자연히 씨가 떨어져 성림成林할 수 있도록 모수母樹를 잔존시키고, 산생지에서는 풀베기나 간벌 등 각종 육림활동을 실시하였다(『朝鮮總督府調査月報』 1934년 3월호). 1935~1939년에 국유림의 천연조림을

그림 6-8 **임야소유별 식재실적**(1909~1942)

(단위: 천만 본)

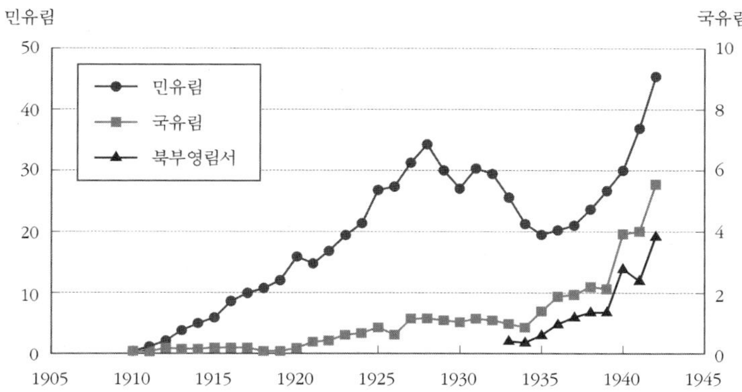

주 경기도와 강원도를 관할하는 경성영림서와 강릉영림서는 북부영림서의 실적에서 제외하였음.
자료 그림 6-1과 같음.

보완하기 위하여 수행한 보식補植의 면적은 5,507정보에서 11,734정보로 증가하였고, 조림을 촉진하는 기타 육림활동을 시행한 면적도 19,155정보에서 27,581정보로 증가하였다(『朝鮮の林業』 1939년판). 양 강 유역 원시림 경영에 대한 선행 연구(지용하 1964; 배재수 1997; 산림청 편 1997; 강영심 1998; 최인화 1998)에 대하여 동의할 수 없는 것은 이와 같은 조림실적 때문이다.[29]

29 식민지기에 산림자원을 수탈하였다는 주장은 제5장에서 서술한 민유림 수탈론에 비하면 최근에 새로이 나온 주장이다. 전술한 조선총독부 관계자와 젊은 역사학자들이 벌인 토론에서 가장 적극적으로 참여하면서 민유림 수탈을 입증하기 위하여 총독부 관계자들을 집요하게 추궁한 이는 식민지기 임야소유권 정리에 대한 선구적인 연구를 발표하였다고 제5장에서 소개한 바 있는 권영욱이다. 그런데 이 녹음기록 어디에도 북부지방의 원시림이 남벌되었음을 시사하는 대목은 없다. 총독부 관계자들은 누차 조선의 산림황폐와 산림복구를 위한 자신들의 '치적'을 강조하였지만, 권영욱을 포함하여 이 녹음기록에 참여한 어떤 연구자도 이에 대해서 반론을 제기하지 않았다. 차라리 반응이 없었다고 볼 수 있다. 이러한 무관심은 조선후기의 산림황폐와 식민지기의 산림녹화를 부인할 수 없었기 때문일 것이다(宮田節子 監修, 李宇衍 解說 2009).

'북부원시림수탈론'이라고 할 수 있는 이들 연구에 의하면, 양 강 유역 원시림은 남벌 후에는 산림의 재생을 위한 후속조치 없이 방치되었다. 임정의 기본방향을 담고 있는 1927년 「계획서」의 국유림 조림정책이 "천연갱신"을 위주로 하였다는 사실은 '북부원시림수탈론'의 중요한 근거가 된다(배재수 1997:142). 이는 사실관계에서만이 아니라 임업기술이나 총독부 재정 면에서도 재고할 필요가 있다. 우선 천연갱신은 조림비용을 절약하는 이점뿐만 아니라, 임목의 입지적 특성을 유지할 수 있고, 불량한 품종을 도태시켜 우량품종을 발육할 수 있으며, 임지林地 및 임목의 보호에 유효하다는 장점 또한 갖고 있다(강건우 외 1994:116~117). 단, 이러한 장점을 살리기 위해서는 각종 육림활동이 필요한데, 전술한 바와 같이 영림서가 양 강 유역 국유림 경영에서 이를 외면하였다고 단정할 수 없다.

한편, 양 강 유역 원시림에서 벌채 후 천연조림이 아니라 인공조림으로 벌채지를 갱신하고자 하였다면 국유림 경영의 수익은 그만큼 감소하였을 것이다. 이는 '산림황폐가 국토보전과 산업발전에 대한 장애물로 작용'하고 있는 남부지방의 조림을 위한 투자재원을 감소시킬 것이다. 후술하는 것처럼, 민유림의 조림은 국유림의 경영수익에 의존하기 때문이다. 영림서 관할면적, 특히 양 강 유역 국유림뿐만 아니라 조선 전체의 산림녹화라는 관점에서 볼 때, 이 지역 국유림의 개발과 천연갱신 중심의 조림정책은 자원이 제한된 조건에서 경영의 합리성을 구현하였다고 할 수 있다.

'수탈론'의 또 다른 주장은 「계획서」의 예정량을 초과하는 "보속적保續的 산림경영원칙"을 무시한 남벌로 인하여 양 강 유역 산림이 심각하게 황폐해졌다는 것이다(배재수 1997:210~212). 산림은 어떤 일정한 수준의 축적growing stock에 도달하면 유량流量, 즉 'flow' 개념에 해당하는 연간 자연생장량은 최고에 이르고 그 후에는 축적이 증가함에 따라 감소한다.[30] 양 강 유역 산림은 인간의 손이 아직 미치지 않은 원시림으로서 노령 · 과숙 · 과밀하여 베어 쓰지 않으면 고사 · 부패하여 헛되이 소멸되는 상태였다. 따라서 이 산림은 자연생장량이 최고수준이 되는 축적을 가진 산림이 아니라 자연생장량이 0이 되는 과잉축적을 가진 산림에 더 가까운 상태라고 할 수 있다. 이때는 증벌을 통해 과다한 축적을 감소시킴으로써 직접적인 수입을 얻을 수 있을 뿐만 아니라 자연생장량을 증가시킬 수 있다. 따라서 자연생장량 이상의 벌채를 일정기간 지속한 후 축적이 감소하여 자연생장량이 최고가 되는 시점이 오면 보속성의 원칙에 따라 벌채량과 자연생장량을 일치시켜야 할 것이며, 이때 원시림은 목재 농장timber plantation으로 전환될 것이다. 요컨대 식민지기 양 강 유역 산림에서는 보속성을 당연한 '경영원칙'이라고 할 수 없으며, 이는 원시림을 원시림으로 유지하는 것에 불과하다.

「계획서」의 1926~1937년간 벌채계획량은 2,009만 세제곱미터였으며, 실행량은 2,396만 세제곱미터였다. 따라서 초과 벌채량은 387만 세제곱미터로서 총 계획량의 19.3퍼센트가 된다. 북부 천연원시림의 임상에 비추어 볼 때, 이 19.3퍼센트의 증벌이나 1938년 이후의 증벌이 생태학적 위기를 동반하는 산림황폐화를 초래할 만한 대규모 남벌이었다고 할 수 있는지 의문이다. 또 실제 그러한 상황이 발생하였다는 증거를 제시한 선행연구도 없다. 장기간 대규모 수익을 보장하는 조선 최대, 최우량 산림에 대하여, 적어도 장기적 계획에 입각한 식민지 경영을 포기할 수 있는 종전 직전의 시기를 제외하면, 총독부가 그처럼 근시안적이며 약탈적인 경영방식을 취했다고 추론하는 것은 비합리적이다. 선행연구에서 강조된

30 산림축적과 시간의 관계는 일정 시점까지는 일반적 생산함수의 형태와 동일하다. 이 일정시점을 통과하면 산림축적은 정체하여 수평을 이룬다는 점이 일반적 생산함수와 다른 점이다. 이 일정한 시점 이후의 자연생장량은 0이다.

바와 같이, 북부지방 국유림이 총독부 재정에서 갖는 중요성을 상기하면 더욱 '북부원시림수탈론'에 동의하기 어렵다.

1927~1942년 총독부가 추구한 정책목표와 그에 따른 조선 산림의 변화를 요약하면, 임목축적의 감소를 수반하는 북부지방 국유림의 증벌, 그 수익을 이용한 남부지방 중심의 조림사업 추진, 그로 인한 전국적인 임상의 개선이라고 할 수 있다. 이러한 변화는 1927년 「계획서」에 표현된 청사진을 실현함에 다름 아니다. 다음은 「계획서」 '제1항 계획의 개요'이다.

> 국유요존임야의 관리경영과 민유임야의 개선에 대하여, 재정상의 관계를 고려하여 이의 경영시설에 필요한 경비는 삼림에서 얻는 수입으로 지불하는 것으로 정한다. 즉 국유요존임야의 경영에서 얻은 수익금으로 민유임야의 장려시설에 드는 경비를 충당하기로 하고 다음 각항의 계획을 수립하였다.

1927년 이후의 임상 변화는 이 '개요'에 조응한다. 국유림의 경영수지에서 이를 확인해보자.

국유림 경영의 흑자액은 『연보』의 관업사업수지官業事業收支 중 삼림수지森林收支를 이용하여 산출하였다. 산림관계 결산에서 지출내역을 세부적으로 알 수 있는 것은 1934~1939년이다(『朝鮮林業史』 2001:541). 『조선의 임업』 1939년판에 게재된 1940년도 예산서도 아울러 이용하였다. 지출내역에서 민유림 관계 지출액과 지방 사방사업비砂防事業費 보조액을 합산하고, 국유림 경영 흑자액에서의 비중을 나타낸 것이 그림 6-9의 A2이다. 1939~1940년을 제외하면 국유림 경영에서 얻은 흑자액의 과반이 민유림 관계와 지방 사방사업비의 보조에 사용되었다.

1933년 이전 시기에 대해서는 국유림 경영의 흑자액은 알 수 있지만 지출내역을 알 수 없다. 그런데 민유림 관계 지출의 일부에 해당하는 조림보조비와 사방사업보조비를 오카 에이지岡衛治(『朝鮮林業史』 2001:577)가

그림 6-9 국유림 경영의 수익과 민유림 관계 주요지출(1927~1940)

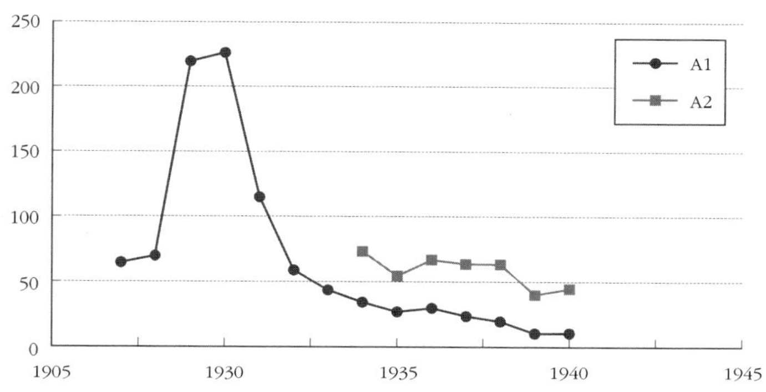

자료 본문 참고.

정리한 자료로부터 얻을 수 있고, 이를 통해 국유림 경영 흑자액과 민유림 관계 지출의 추이를 살펴볼 수 있다. 그림 6-9의 A1이 그것이다. 1933년 이전에도 국유림 경영 흑자액의 많은 부분이 이 두 보조비 항목으로 지출되었다. 1929~1931년, 국유림 경영의 흑자액은 이 두 항목조차 감당할 수 없을 정도로 적었지만, 늦어도 1934년 이후에는 조림보조비와 사방사업보조비만큼은 충당할 수 있게 된 것이다.

「계획서」의 임정은 이미 과숙한 노령의 원시림을 개발함으로써 얻은 수익을 민유림의 개선에 보조한다는 본래의 취지에 부합하는 성과를 거두었고, 그만큼 산림녹화에 기여하였다. 1927~1942년간 북부지방 임목축적은 크게 감소하였고, 또 해방 직전에는 연료부족으로 인해 남벌이 심각하였다고 생각되는데 이에 대해서는 다음 장에서 서술한다. 해방 이후에도 사회적 혼란과 전쟁을 거치면서 산림피해가 심각하였을 것이다.[31]

31 식민지기 산림의 綠化와 해방 전후의 남벌에 의한 '赤化'라는 대조적 양상을 1949년에 발표된 다음 글에서 확인할 수 있다. "산이라는 산마다 모두가 새빨갛다. 봄이 되면 그래도 잔디가

하지만 해방 직전의 시기를 제외하면, 최초로 전국적이고 체계적인 인공조림을 시작하여 과거의 일방적 채취임업에서 육성임업으로 전환하였다는 점이 식민지기 임업변화의 주된 내용이라고 할 수 있다.

> 이 나라의 많은 곳은 현재 완전히 벌거숭이이며……한편에서는 삼림을 제멋대로 벌목하고 또 다른 한편에서는 희귀하고 값진 상품上品의 삼림품종을 상품商品으로 만들지 못하여 무익하게 밀림 속에서 나무들이 썩어갔다. 이 나라의 자연자원을 고갈시키는 삼림자원의 남벌은 현재에도 계속되고 있다. 이 나라의 북부에는 아직도 대량의 산림이 간직되어 있다. …… 이 산림자원을 올바르게 개발하고 경영하였다면 장기간에 걸쳐 기업가와 정부에 확실한 수익을 보장해주었을 것이다(『한국지』 1984:471~471).

위의 인용문은 『한국지韓國誌』에 실린 조선 임업에 대한 러시아 학자의 서술이다. 조선후기까지 자본과 기술의 부족으로 인해 이용할 수 없었던 오지 원시림을 개발하여 얻은 이익에서 전국적 녹화사업을 위한 재원을 마련하였다는 점에서, 「계획서」의 합리성은 양 강 유역 원시림 개발의 주체가 누구였는가라는 문제와는 관계가 없다고 할 수 있다. 조선토지조사사업의 '수탈성'이 그렇듯이, 오늘날 일부 연구자들이 주장하는 북부원시림수탈론 또한 해방 이후에 만들어진 신화에 다름 아니다.

돋아나서 그야말로 억지로나마 푸르르나 해가 갈수록 산이라는 산은 점점 새빨개간다. 적 치하 40년에 기껏 그들의 선정이라 할 것은 강제적이나마 녹화계획이라 할 만하여 그동안 산림은 어지간히 무성하기도 하였었다. 그러나 이것은 왜구의 대륙침략전쟁을 위한 장구한 준비에 불과하였다. 그들은 전쟁 중에 40년 자란 나무만 베어간 것이 아니라 수백 년 묵은 나무까지도 모조리 베어갔다" (오기영 2002).

제7장

해방 이후 산림황폐와 산림녹화

20세기 후반 한국 산림의 역사는 17세기 이후 20세기 전반까지 전개된 250여 년 역사의 축소판이라고 할 수 있다. 다른 점이 있다면, 조선후기의 장기적 산림황폐와 식민지기의 단기적 산림복구와 달리, 해방을 전후한 시기부터 1950년대까지 15년 내외의 짧은 기간에 산림황폐가 급격히 진행되고, 이후 30여 년간 처음에는 완만하게 산림복구가 진행되고 나중에는 급속하게 전국적인 산림녹화사업이 전개되었다는 사실이다. 마치 한국의 경제성장이 오직 20세기 후반의 일인 것처럼 인식되고 식민지기에 일인당 GDP의 연평균 증가율이 2.4퍼센트에 달하여 20세기 전반에 이미 근대적 경제성장이 시작되었다는 사실이 간과되고 있듯이(김낙년 편 2006:300), 한국의 산림녹화 또한 단지 20세기 후반의 성과, 그것도 1973년에 시작되어 1987년에 완료된 제1·2차 치산녹화사업(이하 '1·2차 사업'으로 줄임)의 성과만이 알려져 있을 뿐이다.[1]

이 장에서는 이상과 같은 성과를 간략히 개관하고, 그간 주목받지 못한 중요한 성공 요인들에 대하여 살펴볼 것이다. 제1절에서는 해방 전후와 1950년대의 산림황폐에 대해 서술하며, 통계자료의 상황에 대해서도 언급할 것이다. 제2절에서는 제1·2차 치산녹화계획(이하 '제1·2차 계획'으로 줄임) 이전부터 1960년대에 산림복구를 위한 노력이 지속적으로 전개되었고, 그 성과 또한 '제1·2차 사업'에 못지않았음을 보일 것이다. 제3절에서는 '제1·2차 사업'을 개관하고 '분수계약分收契約', 즉 '수익분배계약收益分配契約'과 '대집행代執行'이라는 독특한 제도에 주목하여 그 내용과 실적을 중심으로 서술할 것이다. 1960년대의 산림복구사업에서는 사방사업砂防事業과 연료림練料林 조성이 중요하였는데, 그 주체는 농촌 촌락단위의 산림계山林契였고, '제1·2차 사업'에서 "국민식수"를 강조하였지 여기에서도 역시 산림계가 중추적인 역할을 수행하였고, '분수계약'의 당사자도 산림계였다. 제4절에서는 이 산림계의 역사적 기원과 조직의 성격을 살펴봄으로써 20세기 한국의 산림복구를 관통하는 제도적 특성에 대해 하나의 가설을 제시할 것이다.

1 연평균 8~9퍼센트의 경제성장률을 경험한 한국인들에게 연 2.4퍼센트라는 수치는 그다지 깊은 인상을 주지 못할 수 있다. 하지만 1913~1950년의 세계 전체의 일인당소득 증가율은 0.9퍼센트에 불과했고, 같은 시기 일본을 제외한 아시아의 일인당소득은 연 0.02퍼센트의 속도로 하락했다. 따라서 "세계 대공황이 휩쓸고 지나간 20세기 전반에 식민지 조선은 평균을 훨씬 뛰어넘는 고도성장"을 이루었다고 보아야 한다(차명수 2006:316). 20세기 후반 한국의 산림녹화는 FAO(세계식량기구)가 인정하는 "2차 대전 후 조림에 성공한 유일한" 사례로 평가되고 있다(임경빈 외 2002:63). 특히 '제1·2차 사업'이 "세계적으로 유례가 드문" "단시일 내에 완성"된 성공적인 사례가 된다는 평가는 정부기관에 그치지 않는 학계의 통설이며 국민적 상식이라고 할 수 있다(산림청 편 1997:8; 김광임 1996:111; 허경태 2000:34). FAO 또한 한국의 제1·2차 치산녹화계획의 성과를 "신속하고 집중적인이며 광범위한 전 국민적인 프로젝트의 가장 놀라운 예의 하나"라고 하였다(1987:525).

제1절 | 해방 전후와 1950년대의 산림황폐

해방 이후 한국의 산림은 급속히 황폐해졌다. 해방 이후 250만 명 이상이 귀환하였고 6·25전쟁 후 36만 명이 월남하여 인구가 급증하였지만, 북부 지방의 석탄 공급이 끊기면서 연료가 부족하게 되었고 사회적 무질서로 인해 도벌과 남벌이 전국에 만연하였다. 농림부에서 발간한 『농림통계연보農林統計年報』와 『한국임정50년사韓國林政五十年史』와 같이 산림청에서 대략 10년 간격으로 발간해온 산림녹화사山林綠化史에 따르면, 6·25전쟁으로 인해 한국의 산림은 또다시 큰 피해를 입었고, 그 후 1950년대 후반까지 황폐한 면적은 계속 증가하였다. 도시와 농촌을 가릴 것 없이 사람의 손이 닿는 곳이라면 모두 '벌거숭이 붉은 산'이 되었고, 가뭄과 홍수가 '연례행사'처럼 찾아들었다. 이들 정부간행물에 따르면, 1950년대에 산림녹화를 위한 정부의 노력이 전혀 없었던 것은 아니지만, 사회의 안정과 산업발전을 위해 기본 여건을 마련한다는 국가적 사업의 위상을 갖지 못한 채 단기적 계획하에 산발적으로 시행되는 데 머물러 있었다. 이들 대부분이 박정희 정권 이후에 발간된 것이므로 1960년대 이후에 대한 내용은 상대적으로 자세하지만, 1950년대의 육림실적과 황폐화의 추이에 대해서는 아직 정리된 바가 없어 명확하지 못한 실정이다.

식민지기 산림녹화가 어느 정도의 성과를 거두었는지 아직 분명하지 않다고 제6장에서 서술하였는데, 우선 극심하게 황폐한 상황에서 벗어나 전국적인 녹화에 성공하기에는 식민지기 35년은 충분한 시간이 아니기 때문이다. 두 번째로 태평양전쟁 말기인 1944년부터 이듬해 8월까지 전시상황에서 벌어진 대량 벌채, 6·25전쟁, 그리고 전쟁 전후의 정치적·사회적 혼란 속에서 '부활'한 무주공산의 전통으로 인한 도벌·남벌의 피해, 이들 중에서 무엇이 산림황폐의 가장 중요한 원인인지 파악할 수 있는 수량자료가 아예 없거나 있더라도 신뢰하기 어려운 경우가 많기 때문이다.

그림 7-1에서는 1953년 이후 1960년대 초까지 임목축적이 꾸준히 증가하는 것으로 나타나지만, 이는 실제 상황과 거리가 멀다. 1953년에 매우 간략한 방법으로 전국의 임목축적을 추정한 후, 일정한 생장률을 적용하고 벌채허가량을 이용하여 연년 가감한 결과이며, 여기에는 도벌과 해충 피해 등이 반영되지 않았고, 입목축적은 오히려 감소하고 있었다고 한다. 또 1962년과 1963년은 12.14세제곱미터로 불변이며, 1964년에는 9.0세제곱미터로 급락하는데, 이것은 1960~1964년에 전국 임야에 대한 실지實地 조사를 통해 얻은 결과라는 것이다(한국임정연구회 1975:146~148). 1974년과 1980년에 격단으로 증가하는 것도 두 차례에 걸쳐 실측조사가 실시되었고 그 뒤로는 이에 기초하여 일정한 증가율을 적용하여 추정하였기 때문이다.

그림 7-1 **1정보당 임목축적**(1953~1987)

(단위: m^3)

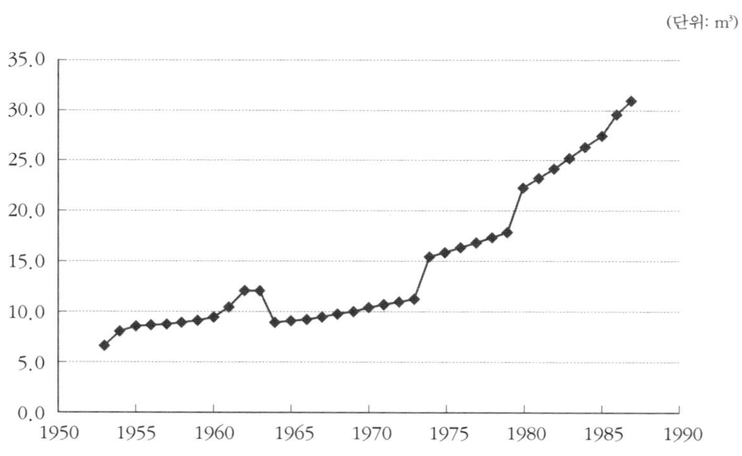

자료 1953~1967년은 『농림통계연보』 각 연도, 1968~1987년은 『임업통계연보』 각 연도.

한국경제사 연구자들은 해방 전후 시기부터 1960년 전후 시기까지를 종종 '통계의 공백기'라고 일컫는다. 체계적인 조사가 없었거나 조사결과가 유실되었으며, 조사 주체가 바뀌면서 조사 방법도 바뀌어 이 시기를 전후로 하는 시기의 일관성 있는 통계를 작성하기가 대단히 어렵기 때문이다. 예컨대 대한민국 정부수립 후 통계조사기관으로서 중심 역할을 하였던 공보처 통계국의 『1952 대한민국통계연감』과 한국은행 조사부의 『1955 경제연감』에 실린 동일연도 동일항목의 수치가 서로 다르고, 해방 이후 남한에서 1941~1961년의 임산물 수량과 가액價額의 누년표를 최초로 정비한 결과인 농림부 산림국의 『1961 임산액표』의 수치는 위의 두 통계와 일치하는 것도 있고 그렇지 않은 것도 있다. 더구나 이것은 중앙정부에서 임업과 관련 통계 작성을 담당하는 농림부 산림국에서 간행된 자료이지만, 동일한 항목의 수치에 서로 다른 단위가 혼재된 경우조차 발견된다.

자료의 상황이 이렇기에 이들 정부간행물은 산림황폐에 대해 전술한 세 가지 원인을 들고 있다. "일정 말기의 남벌에 뒤이어 해방 직후의 혼란기에 산림피해는 격심한 바 있었고 특히 6·25 동란으로 인하여 임상은 상당히 황폐화되었다. 즉 해방 직후와 정부 수립의 공간空間 중 주로 도벌, 무허가 채벌採伐, 오채벌誤採伐……."(『1955 경제연감』 I-90)로 인해 산림황폐가 극심하다는 것이다. 해방 전후 시기부터 1960년대 초에 이르는 시기의 산림황폐에 대한 서술은 대체로 이와 같다(한국임정연구회 1975: 75~77). 제5장에서 인용한 1948년에 오기영이 쓴 글도 마찬가지다. 일본의 선정善政으로 산림녹화가 유일한데, 전쟁을 치르면서 대규모 벌채가

2 "봄이 되면 그래도 잔디가 돋아나서 그야말로 억지로나마 푸르르나 해가 갈수록 산이라는 산은 점점 새빨개간다. 적 치하 40년에 기껏 그들의 선정이라 할 것은 강제적이나마 녹화계획이라 할 만하여 그동안 산림은 어지간히 무성하기도 하였었다. 그러나 …… 그들은 전쟁 중에 40

이루어졌고, 해방 이후 산은 해마다 새빨개져서 "산이라는 산마다 모두가 새빨갛다"는 것이다.[2]

이와 달리 해방 이전 전시체제하에서 산림자원이 급격히 감소하였다는 주장도 있다. 강영심(1998)은 1932년 이후 일본에 의한 남벌이 시작되고 1937년 이후에는 "삼림자원의 완전한 고갈과 대한발을 초래할 만큼 극단적인 수탈"이 진행되고, "전쟁이 확대되고 장기화할수록 일제의 수탈은 임산자원을 고갈시킬 정도로 발악적인 수준으로 치달았다"며 해방 이전의 피해가 더 심각하였음을 시사하고 있다. 이와 반대의 시각도 없지 않다. 1952년 UNKRA(UN한국재건단)의 임업 담당자로 내한한 영국인 하워드H. Howard는 1956년에 낸 보고서에서 "한국의 해방은 많은 사람들에게 벌목 허가증을 발부해준 결과를 낳았다. 아침부터 저녁까지 수많은 사람들이 장사진을 이루어 톱과 도끼를 들고 거리낌 없이 산의 나무를 족쳤다"(이경준 2006:127)고 기록하였다.

보고서 제출에 앞서, 식민지기에 임업시험장林業試驗場(현 산림과학원)에서 일하고 한국인 최초로 임학 박사학위를 받고 이후 한국임학회韓國林學會 초대회장을 역임한 현신규玄信圭에게 하워드는 '산에 나무가 없는 이유는 사람 때문이라고 흥분하여 말하면서 산에 사람이 들어가지 못하게 하고 나무를 손대지 못하게 하면 숲이 곧 우거질 것'이라고 말했고, 현신규도 그에 동의했다고 한다. 이후 하워드의 보고서를 받아본 현신규는 '생계를 위한 벌채행위를 두고서 한국의 독립을 비하'한 것에 울분하였지만 모든 것이 한국전쟁의 탓이니 그를 원망할 일도 아니라고 생각하고 그

년 자란 나무만 베어간 것이 아니라 수백 년 묵은 나무까지도 모조리 베어갔다. 이것을 다시 그만큼 녹화를 하자 하면 수십 년의 노력이 필요하게 되었다. 그런데 이 노력은커녕 해방 후 점점 더 새빨개간다. 모조리 베어 먹는 판이다. 저마다 제 성미에 맞지 않으면 빨갱이라고 몰아붙이지만 이건 정말 적화가 아닌 한 대수롭지 않으나 이렇게 산마다 빨갱이가 되는 청산의 적화야말로 조국 재건에 근본적인 중대 문제다"(오기영 2002:48).

그림 7-2 해방 이후 임상구성

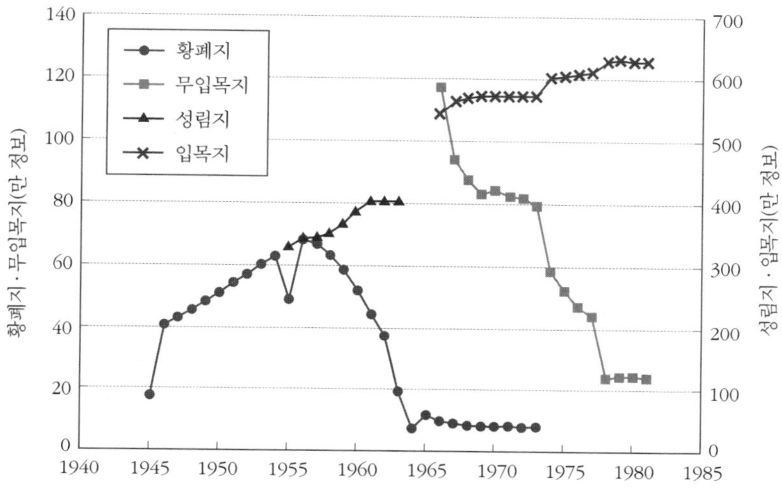

자료 본문 참고.

모욕을 되씹으며 산림황폐의 원인과 산림복구의 시급함을 절규했다고 한다(이경준 2006:126~129). 1930년에 수원고등농림학교에 진학한 이후 임학과 임업에서 손을 놓아본 적이 없는 현신규의 생각이 이러하였다면, 해방 직전에 산림피해가 비록 있었을지라도 해방 이후의 혼란과 전쟁의 직·간접적인 영향이 더 중요했으리라고 짐작할 수 있다.[3]

전술한 통계상의 한계에도 불구하고, 해방 이후 1950년대까지 산림황폐가 급속히 진행되었음은 명백한 사실로 보인다. 그림 7-2는 해방 이후

3 1913년 한국에서 태어나 미국에서 아시아 지리학을 전공한 매큔S. McCune은 1935~1960년에 한국 지리에 관한 19편의 논문을 발표했다. 그가 강조하는 것은 해방 직후 식민지기에 조림한 지역이 급격히 황폐해졌다는 사실이다(1980:67, 139). 조선총독부의 한 고위관료는 북한산에 수차례 사상공사를 실시해서 그 성과가 볼 만했는데 1952년에 한 신문을 실린 사진을 보니 다시 황폐해졌다며 인구가 급증한 탓이라고 하였다. 권영욱 등 연구자들은 이에 대해 특별한 반응을 보이지 않았다(宮田節子 監修·李宇衍 解說 2009).

의 산림황폐와 1960년대 이후의 복구과정을 개략적으로 보여준다. 1945년의 황폐지荒廢地는 조선은행朝鮮銀行(현 한국은행) 조사부의 『1948 조선경제연감朝鮮經濟年鑑』에서, 그 뒤 1971년까지는 산림청의 『한국임정50년사』에서 가져온 것이다.[4] 무입목지無立木地, 성림지成林地, 그리고 입목지立木地 면적은 『농림통계연보』(1968년 이후는 『임업통계요람』)의 수치이다.[5] 1945년과 1946년의 수치 차이가 해방 직후 사실상의 행정공백기에 황폐지가 급격하게 증가했기 때문인지, 혹은 정부기관 간에 조사방법이 달랐기 때문인지 아직 알 수 없다. 황폐지가 1956년까지 일정한 속도로 증가하고 있는데, 이는 실지조사實地調査가 아니라 일정한 방법으로 추계한 결과임을 알 수 있다. 1955년의 돌출적인 급감은 이해할 수 없지만 1953~1954년의 증가율을 적용하면 역시 직선 모양이 된다. 당시 산림국 관계자들이 산림황폐가 확대되고 있다고 인식하고 있었음을 뜻한다.

1957년 이후 황폐지나 무입목지가 감소하고 성림지나 입목지가 증가하고 있는데, 전술한 신뢰성의 문제로 인해 이 통계로부터 산림황폐에서 산림복구로의 전환점이 1960년대 이전에 있다고 평가할 수 있는지는 의문이다. 하지만 1950년대 후반부터 산림복구를 위한 정부의 노력이 시작되었다는 사실을 다음 절에서 확인할 수 있다. 다만 그 성과여하에 대한 판단을 유보할 수밖에 없기 때문이다. 각종 기술자료記述資料를 이용하면서 해방 전후부터 1960년대 초에 이르는 시기의 관련 통계를 정비하고 임정林政의 추이와 임상林相의 변화를 파악하는 일은 아직 과제로 남아 있다.

---

4 이들 자료에는 황폐지가 무엇인지 따로 정의되어 있지 않지만, 『임업대백과사전에 따르면 황폐지란 "산의 붕괴에 의해 산의 일부가 무너져 떨어진" 崩壞地, "(산―필자)沙汰에 의해 특정한 지역에서 산의 일부가 완만하게 이동하는" 沙汰(地―필자), "地表에 식물이 없고 산의 알몸을 넓게 노출한" 민둥산, "현재는 황폐지의 상태가 아니지만 방치하면 가까운 장래에 민둥산 또는 붕괴지가 될 위험이 있는 조악한 林地"인 황폐이행지 등을 뜻한다(이승윤 · 이종락 편 1974:273~274).

5 무입목지와 성림지의 개념에 대해서는 이 책 제4장 2절, 입목지에 대해서는 제6장 4절 참고.

제2절 | 제1·2차 치산녹화사업 이전의 산림복구

정부가 산림복구에 대한 정책적 의지를 갖고 장기적이고 전국적인 사업을 추진하게 되는 것은 박정희 정부 성립 이후의 일로 알려져 있다. 우선 산림복구를 비롯하여 임정을 추진하는 데 필요한 법령의 제정에 착수하여 1960년대 이후 임정의 모법母法이라고 할 수 있는 「산림법山林法」을 1961년에 제정, 공포하고 조선총독부가 1911년에 제정하여 당시까지 시행되던 「삼림령」을 폐지하였다. 「산림법」은 동리민洞里民들로 하여금 산림계山林契를 구성할 의무를 부과하였고, 전국에서 조직된 산림계는 이후 산림복구 과정에서 조림과 산림보호를 담당하는 현장조직이었다. 이에 앞서 군사정부는 5·16 직후 도벌을 5대 사회악의 하나로 지목하여 산림보호에 대한 엄격한 단속을 예고하였다. 그해 6월에 「임산물 단속에 관한 법률」이 제정되었고, 식민지기와 마찬가지로 산림단속은 인공조림과 함께 산림녹화를 위한 중요한 정책수단이 되었다.

1960년대 이후 각종 산림통계가 체계적으로 조사, 간행되었다. 『농림통계연보』가 1953년부터 발행되었지만, 산림 관련 내용은 매우 소략하며 전국적인 조사 없이 단순한 방법으로 추계한 결과가 적지 않았다. 최초의 체계적인 산림통계는 전술한 『1961 임산액표林山額表』(1962년 발행)이며, 1968년판에 『임업통계연보』가 『농림통계연보』에서 분리되어 별도로 발간되기 시작하였다. 1960년대의 녹화사업으로는 사방사업砂防事業과 연료림練料林 조성이 중요하였다. 1950년대까지 나무뿌리까지 뽑아내는 남벌과 지피물地被物을 모조리 긁어내는 남채濫採로 인해 일반적인 식재나 파종으로는 복구할 수 없을 정도로 심각하게 황폐해진 전국의 산림에서 토목공사와 인공조림이 실시되었다.[6]

6 사방사업은 식민지기에도 지속적으로 진행되었다. 사업주체에 따라 '國費 砂防事業', '道費

1960년대에 수행한 사방사업의 면적은 1945~1959년까지 15년간의 실적에 비해 4배, 식재된 묘목 수는 무려 17억 본으로 5배에 달한다(표 7-1). 1정보당 식재본수 또한 2,600본에서 3,400본으로 증가하였다. 새로이 실시된 이 같은 실적 외에, 1950년대와 다른 또 하나의 특징은 1960년대에는 거의 매년 보수작업을 실시하였다는 점이다. 사방사업은 그 성격상 추가적인 보수작업이 필요한 경우가 매우 많은데, 1960년대 이전에는 6·25 종전 이후 5개년에만 보수가 이루어졌다. 이런 면에서 보면 1960년대부터 비로소 산림복구가 시작되었다고 할 수 있다. 특히 1963~1964년간 약 30만 정보의 대대적인 사방사업이 실시되었는데, 이는 1963년 2월 1일부로 시행된 「국토녹화촉진에 관한 임시조치법」의 결과였다. 이 법률은 사방사업과 조림사업을 위해(제2조) 산림계 계원, 군 미필자, 공무원, 학생 등에게 부역을 명령할 수 있다는 내용(제4조)인데, 대부분 후술하는 산림계의 계원에 의해 수행되었다.

1960년대까지 산림복구를 가로막는 가장 큰 장애물은 농민의 임산연료 채취였다. 1958년 9월, 전국 20개 대도시에 대한 임산연료 반입을 금지하였고, 이후 무연탄 공급이 크게 증가하면서 도시민들이 임산연료를 사용하는 일은 점차 사라지게 되었다. 하지만 농촌에서는 여전히 땔감이 가장 중요하였고, 정부는 연차 계획을 수립하여 연료림 조성을 추진하였다.[7] 촌락 근처의 임야를 선정하고 정부는 묘목을 지원하고 기술을 지도하였다. 연료림 조성 또한 산림계의 몫이었다. 계원들이 공동으로 조림·

砂防事業', '民營 砂防事業', 또 목적에 따라 '時局應急施設 砂防事業', '災害林地復舊 砂防事業', '窮民救濟 砂防事業', '旱水害罹災民救濟 砂防事業' 등 다양한 형식을 취하면서 꾸준히 확대되었다. 이에 대해서는 『朝鮮林業史』 2001:275~293 참고.

7 식민지기 농촌 연료림 조성은 1934년 '農用林地設定事業'과 1937년 '速成練料林造成事業'을 통해 추진되었으나 실적 여하는 아직 알 수 없다. 다만 이들 사업에서 촌락별로 조성구역을 설정하고, 愛林契, 農用林地契 등 촌락민의 공동사업으로 진행되었다는 점이 주목된다(『朝鮮林業史』 2001:141~151).

표 7-1 사방사업(1945~1972)

(단위: 정보, 1천 본)

	신규			보수		
	면적	본수	1정보당 본수	면적	본수	1정보당 본수
1945	2,881	12,836	4.5			
1946	6,313	18,480	2.9			
1947	5,716	22,124	3.9			
1948	4,071	13,863	3.4			
1949	5,210	22,810	4.4			
1950	1,367	7,933	5.8			
1951	4,573	15,113	3.3			
1952	984	3,397	3.5			
1953	5,836	23,344	4.0	34,735	53,301	1.5
1954	3,176	11,998	3.8	42,214	92,450	2.2
1955	973	4,206	4.3	7,852	24,804	3.2
1956	7,300	21,000	2.9	347	3,336	9.6
1957	3,546	13,307	3.8			
1958	24,000	31,286	1.3			
1959	43,265	89,526	2.1	1,194	2,761	2.3
소계	119,211	311,223	2.6	86,342	176,652	2.0
1960	71,746	107,742	1.5	6,672	15,430	2.3
1961	48,730	96,126	2.0	2,500	5,000	2.0
1962	23,794	35,407	1.5	250	675	2.7
1963	181,844	609,764	3.4			
1964	113,459	552,454	4.9	1,431	3,507	2.5
1965	27,276	136,538	5.0	49,995	97,351	1.9
1966	6,573	32,514	4.9	79,615	135,607	1.7
1967	15,232	75,860	5.0	17,864	48,414	2.7
1968	5,532	27,838	5.0	6,133	18,245	3.0
1969	4,741	26,452	5.6	6,970	19,697	2.8
소계	498,927	1,700,695	3.4	171,430	343,926	2.0
1970	4,778	23,503	4.9	6,518	18,256	2.8
1971	3,196	15,109	4.7	6,486	19,336	3.0
1972	3,782	13,474	3.6	3,481	10,175	2.9
소계	11,756	52,086	4.4	16,485	47,767	2.9

자료 한국임정연구회 1975:608~611.

보호하였고, 연료채취 또한 공동작업이었다.

6 · 25전쟁 직후에도 연료림조성 사업이 있었으나 볼 만한 실적을 올린 것은 1957년 이후이며, 이용할 수 있는 통계자료도 이 해부터 시작된다. 1959년에는 '연료림조성 5개년계획'이 수립 · 추진되었고, 몇 차례의 계획 수정과 새로운 계획수립을 거듭하면서 연료림은 확대되었다. 1960년부터 1972년까지 83만 정보의 임야에 아카시아나무, 산오리나무 등 연료용 묘목이 식재되었고, 이는 총 조림면적의 45퍼센트에 해당한다(표 7-2). 특히 1967년에는 당년 총 조림면적의 8할을 차지하는 36만 정보의 막대한 규모로 연료림이 조성되었는데, 이는 1965년에 대한발과 대수해가 발생하여 정부가 대규모의 '연료림속성조림계획'을 수립, 집행한 결과였다. 정부는 묘목, 비료 등을 보조하고, 산림계 계원을 출역하게 하고 일당으로 식량을 지급하였다(대한산림조합연합회 1978:92~93).

'제1차 사업' 직전인 1972년, 산림계의 상급조직인 시군 산림조합은 정부지원하에 '연료림실태조사'를 실시하였다. 대상지역은 1959~1972년 조림한 78만 4천 정보였다. 그중 43만 6천 정보가 연료림으로 존속하고 있으며, 나머지 34만 9천 정보는 연료림 조성에 실패한 것으로 조사되었다. 같은 기간에 15만 정보를 보식補植했지만, 조림실패지가 16만 7천 정보였으며, 나머지는 용재림用材林이나 유실수有實樹 등 기타 용도로 재조림되거나 전답, 목초지 등으로 전환되었기 때문이다(산림조합중앙회 2002:169~170, 186). 이후 '제1차 사업'에 의거하여 20만 5천 정보를 추가 조성하고 1972년 이전에 조림한 20만 4천 정보에서 보식을 실시한다는 계획을 세웠으나, 농촌에 무연탄이 공급되면서 20만 760정보에서만 조림이 이루어졌다. 1981년에는 '제1차 사업'의 성공과 농촌의 연료소비 구조가 변화한 상황에서 새로운 연료림 관리 · 이용 방안을 마련한다는 목적에서 '제2차 연료림실태조사'가 실시되었다. 그 결과 1972년 말 잔존면적과

표 7-2 사총조림면적과 연료림조림면적(1945~1972)

(단위: 정보, %)

	총면적	연료림	연료림 비중
1946	38,293	-	-
1947	28,913	-	-
1948	38,476	-	-
1949	55,903	-	-
1950	93,587	-	-
1951	85,439	-	-
1952	44,083	-	-
1953	43,163	-	-
1954	55,460	-	-
1955	86,424	-	-
1956	96,655	-	-
1957	100,014	44,725	44.7
1958	136,263	72,247	53.0
1959	134,139	68,346	51.0
소계	1,036,812	185,318	17.9
1960	128,991	75,877	58.8
1961	70,775	3,840	5.4
1962	124,955	84,540	67.7
1963	87,252	51	0.1
1964	164,069	55,590	33.9
1965	141,184	47,558	33.7
1966	138,520	50,172	36.2
1967	454,779	363,766	80.0
1968	115,636	54,553	47.2
1969	112,501	50,331	44.7
1970	125,438	20,083	16.0
1971	109,069	14,800	13.6
1972	89,168	10,700	12.0
소계	1,862,337	831,861	44.7
1973	112,316	10,037	8.9
1974	134,862	30,095	22.3
1975	173,650	40,618	23.4
1976	203,900	50,000	24.5
1977	225,837	77,000	34.1
1978	229,208	10,200	4.5
1979	189,394	5,115	2.7
소계	1,269,167	223,065	17.6
총계	4,168,316	1,240,243	29.8

자료 총 조림면적은 산림청 편 1989:326, 1957~1958년의 연료림면적은 산림청 편 1997:235, 1959~1979년은 산림조합중앙회 2002:944.

1973년 이후 조림면적, 합계 643,305정보 중에서 552,468정보가 연료림으로 남아 있고, 나머지 9만 8천여 정보는 전답, 용재림 등 다른 용도로 전환된 것으로 조사되었다. 이에 근거하여 50만 6천 정보는 연료림으로 계속 운영하고 나머지 4만 8천여 정보는 용재림으로 전환하기로 하였다(산림조합중앙회 2002:363~364).

연료림으로 심은 묘목들이 아직 수확에 이를 만큼 성장하지 못한 1970년대부터 농촌에도 무연탄과 가스 등 대체연료가 도입되기 시작하였다(배재수·이기봉 2006:20~24). 결과적으로 연료림은 애초 목적한 땔감의 공급보다 농촌 촌락 주변에 있는 황폐지를 복구하는 데 기여하게 되었다. 짧은 기간에 이만한 실적을 거둘 수 있었던 것은 각급 정부기관의 지원이 있었고, 더욱 중요하게는 촌락 내 산림소유자와 거주자들이 산림계로 조직되어 활동하였기 때문이었는데, 촌락민들의 활동에 기초하여 대규모 조림사업을 실시하는 것은 당시에는 세계적으로 매우 드문 일이었다(FAO 1997:7). 산림계에 의한 연료림 조성 경험은 이후 FAO에서 저개발국의 농촌 임업을 계획하는 데 큰 영향을 미쳤다(Arnold 1992).

박정희 군사정부 이전과 이후에 대한 서술이 그러하듯이, 1960년대 이후 산림녹화사 연구의 초점은 '제1·2차 사업'에 놓여 있다. 산림청은 1997년에 『한국임정 50년사』를 발간한 뒤 10년이 지난 2007년에 『대한민국 산' 세계는 기적이라 부른다』라는 인상적인 제목의 책을 펴내 '한국임정 60년사'를 대신하였다. 여기에서도 "기적"의 중심은 1967년 산림청 개청 이후, 특히 1973년에 시작된 '제1·2차 사업'이다. 1960년대에 대해서는 연료림 조성, 산림복구운동, 우량종자의 개발과 도입을 중시하는 산림조합연합회(1978)의 『연료림조성사練料林造成史』, 전술한 이경준의 저서, 그리고 일부 연구가 없지 않으나(Gregersen 1988; Kim and Zsuffa 1994)도 '제1·2차 사업'에 비하면 견줄 바가 못 된다.[8] 이 시기에 가장 중요한 역할을 한 것은 전국적으로 조직된 산림계山林契였고, 1970년대 이후 '제1 · 2차 사업' 에서도 이는 마찬가지이다. 특히 '제1차 사업' 에서 산림계에 의해 수행된 조림은 임산물 사용자들의 집단행동의 결과로서 가장 성공적인 사례로 평가되고 있다(Arnold 1998:20).

8 Gregersen은 "제1차 치산녹화계획보다 훨씬 앞서 1964년부터" 연료림 조성을 위한 산림계의 협동임업cooperative forestry이 시작되었음을 강조하고 있다(1988:226).

제3절 | 제1·2차 치산녹화사업과 '분수계약'

1973~1987년간 시행된 치산녹화사업을 통해 '국토녹화' 또는 '국민식수'라는 말에 부합하는 전국적이며 전 국민적인 산림녹화운동이 전개되고 그에 따라 단기간에 최대의 성과를 올린 것임은 널리 알려진 바이다. '제1차 사업' 수립 당시에는 1960년대에도 조림사업이 진행되었지만 아직도 전국 임야의 1/3 이상에 해당하는 250만 정보가 조림이 필요한 것으로 파악되었다. '제1차 사업'은 1982년까지 10년간 100만 정보에 조림을 실시한다는 목표하에 범정부적 사업으로 모든 국민이 참여하는 식수운동을 전개한다는 내용이었다. 담당관청인 산림청은 1967년에 농림부 내 1개 국을 농림부의 외청外廳으로 승격한 기관이다. '국토녹화'를 새마을운동의 일환으로서 국민적 사업으로 추진한다는 계획하에 '제1차 사업'에 착수하면서 산림청은 당시 새마을운동의 주무관청인 내무부 산하로 이관되었다. 농촌에서는 산림계가 주도하여 각 동리의 관내 임야에 식수하였고, 전국의 직장, 가정과 단체, 기관과 학교에서 나무심기운동이 진행되었다.

그림 7-3에서 1976~1977년의 조림실적이 최고 수준임을 볼 수 있는데, 이러한 실적에 힘입어 '제1차 사업'은 4년을 앞당긴 1978년에 목표를 달성하였다. 곧이어 1979년부터 '제2차 사업'이 시작되었다. 1981년과 1983년에는 계획 규모를 축소 수정하였는데, 직접적인 원인은 농촌의 인력부족과 조림대상지가 감소한 것이었지만(산림청 편 1997:541), 1980년에 임목축적이 계단모양으로 증가하는 모습에 대해 앞서 설명하였듯이, 이러한 계획축소가 가능했던 것은 실지조사 결과 임상이 예상보다 좋은 것으로 나타났기 때문이다. 조림면적이나 식재본수는 1977년을 정점으로 하여, 특히 1980년대에 들어서면서 완만하게 감소하였지만 '제2차 사

그림 7-3 제1·2차 치산녹화사업의 식수(1973~1987)

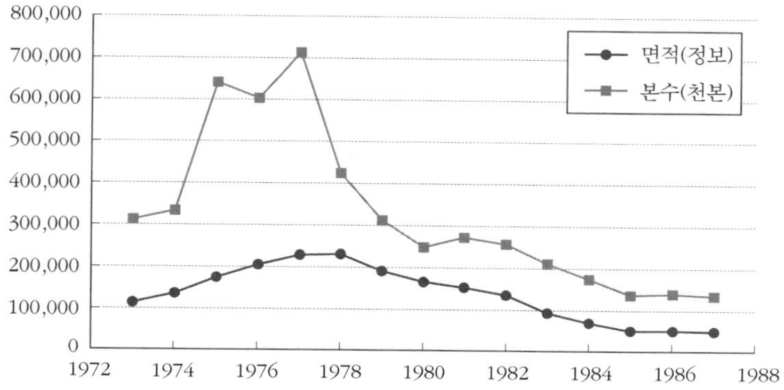

자료 산림청 『임업통계연보』 각 연판.

업' 도 1987년에 조기 완료되었다. 이로써 한반도 남부의 산림복구와 국토녹화가 완성되었고, 그 뒤 20여 년이 지난 오늘날 우리 눈앞에 푸른 산림이 펼쳐지게 된 것이다.

해방 이후 녹화사업에서 '제1·2차 사업' 을 1950년대 말 이후로 지속적으로 진행된 산림복구사업과 분리하여 "기적" 으로 내세우는 것은 옳지 않다. 1960년대 이후 13년간의 산림복구 실적은 '제1·2차 사업' 기간 15년의 성과에 못지않으며(표 7-3), 만약 '제1·2차 사업' 이 이러한 전사前史 없이 돌출적으로 제기되었다면 성공을 기대하기 어려웠을 것이다. 산림소유 구조를 반영하는 것이지만 조림실적의 9할 이상이 민유림이며, 이 민유림에서 조림에 성공한 것이 해방 이후 산림녹화를 가능하게 하였다는, 식민지기 녹화사업의 경험 또한 간과할 수 없는 역사적 배경이라고 할 수 있다.

'제1·2차 사업' 이 "범정부적" 사업이자 "국민운동" 으로서 진행되었다고 하지만, 중추 역할을 한 것은 1960년대와 마찬가지로 전국 농촌의 산림

표 7-3 **해방 이후 조림실적**(1946~1987)

(단위: 정보, 천 본, %)

	면적			본수		
	국유	민유	계	국유	민유	계
1946~1959	36,712 0.7	1,000,100 20.2	1,036,812 21.0	81,811 0.6	2,778,050 21.3	2,859,861 22.0
1960~1972	121,054 2.4	1,741,283 35.2	1,862,337 37.7	333,672 2.6	4,918,769 37.8	5,252,441 40.4
1973~1987	79,750 1.6	1,965,714 39.8	2,045,464 41.4	383,884 2.9	4,519,468 34.7	4,903,352 37.7
계	237,516 4.8	4,707,097 95.2	4,944,613 100.0	799,367 6.1	12,216,287 93.9	13,015,654 100.0

자료 산림청 『임업통계연보』 각 연판.

계였다. 산림계가 이러한 역할을 하게 된 것은 1951년 「산림보호임시조치법」(이하 「임시법」으로 줄임)으로부터 시작하여 1961년 「산림법」을 거쳐 1973년 제1차 치산녹화사업의 실시와 함께 공포된 「산림개발법」에 이르기까지 존속한 수익분배계약, 즉 '분수계약分收契約'과 그에 따른 '대집행代執行'이라는 '초헌법적' 규정 때문이다. 「임시법」 제4조는 "농림부장관은 임정상 필요하다고 인정할 때에는 그 지방주민과 산림소유자에게 산림계의 조직 또는 해산과 감독상 필요한 명령을 발할 수 있다"고 하였고, 제6조에서는 "농림부장관은 산림의 소유자 또는 점유자가 조림과 산림보호의 업무를 수행할 수 없다고 인정할 때에는" 이들 업무를 산림계 등 "제4조의 규정에 의하여 조직된 단체에 위탁할 것을 명령"할 수 있고 이때 산림계에 대하여 "비용의 보상 또는 수익의 분수分收를 실행한다"고 하였다.

1963년, 앞서 소개한 권영욱 등 젊은 연구자들이 주도한 인터뷰에서 총독부 고위관료를 역임한 한 일본인은 식민지기 「삼림령」에 근거한 민유림 용익에 대한 규제를 가리켜 사유재산권을 제한하는 "지금으로 말하면 헌법위반과 같은 압정"이라고 하였다(宮田節子 監修 · 李宇衍 解說 2009). 그 자리에서 권영욱은 한국의 「산림법」이 식민지기 「삼림령」과 대단히 비슷한데, 이 법에 근거하여 한국정부는 산림범죄를 엄격히 단속하고 있다고 당시 한국의 소식을 전하였다. 1961년, 군사쿠데타 직후 「산림법」이 공포되었다. 그 제2장 '영림의 조성과 감독' 제9조 벌채의 허가 등은 산림소유자가 수목을 벌채할 때는 "도지사의 허가를 받아야 한다"라고 규정하였다. 권영욱의 이야기를 이해할 만하다.

산림계는 「삼림령」에는 없던 조항이며, 「산림법」 총 7개 장 중 제6장 '산림계, 산림조합, 산림조합연합회'에 관계 규정이 들어 있다. '산림조합'은 '산림계'를 조합원으로 하여 시군별로 조직된다. '분수계약'과 '대집행' 또한 「삼림령」에 없던 신설 조항이다. 산림조합은 "조합구역 내의 사유림을 종합하여 영림계획을 작성"하여야 하며 이 구역 내에 속한 "산림소유자는 그 계획의 정한 벌채, 조림 기타 시업施業 요건에 의거하여 시업을 하여야" 한다(제8조 영림계획). 만약 이를 시행하지 않으면 "산림계 또는 산림조합으로 하여금 이를 대집행하게 하고 그 비용을 산림소유자에게 부담하게 할 수" 있고, 만약 산림소유자가 사업에 앞서 그 비용을 우선 변상하지 않으면 산림소유자는 산림계와 "수익분배계약을 체결한 것으로 간주"한다는 것이다(제12조 사업의 대집행 등).

산림조합에서 조림계획을 세우면 임야소유자는 이에 따라 사업을 집행해야 하고, 그렇지 않으면 소유자의 의사와 관계없이 산림계가 대신하여 먼저 조림하고, 이때 소유자는 자신의 의사를 밝히거나 조림을 실시한 사실을 알지 못했더라도 산림계와 조림에 따른 수익을 분배하는 계약을 이미 체결한 것으로 "간주"한다는 것이다. 이것이 '대집행'의 내용이다. 수익의 분배비율은 산림계가 8할, 소유자가 2할이었다. 1973년에 '제1차 사업'이 시작되면서 같은 해에 공포된 「산림개발법」에서는 대집행에 관한 내용이 더욱 체계화되었다. 산림계는 산림소유자의 의사에 관계없이 자신이 조림한 임산물에 대한 지상권地上權을 설정한 것으로 간주되며(제18조), 따라서 산림계는 그를 담보로 삼을 수 있게 되었고, 수익의 분배율은 산림계가 9할, 소유자가 1할을 갖는 것으로 변경되었다(제17조).[9]

표 7-4에서 1973~1974년은 자료가 없지만, 전후 상황을 보건대 분수계약은 증가하는 추세였을 것이다. 1980년을 정점으로 하여 분수계약이 감소하고 있는데 같은 해에 「산림법」이 전면 개정되었으니 그 영향으로 보인다. 1980년까지 1개 산림계가 체결하는 계약건수가 4개에서 15개로 증가하고 면적도 3정보에서 15정보로 증가하였는데, 이농離農이 본격화되면서 부재산주不在山主가 증가한 결과일 것이다. 건당 평균면적이 3.1정보에서 2.4정보로 꾸준히 감소하는 까닭은 아직 알 수 없다. 다만 후술하는 바와 같이 사유림 소유의 영세분산적 성격에 비추어 그를 크게 벗어나는 수치는 아니라는 점만 지적해두겠다.[10]

대집행이 사적소유권을 침해하는 것임은 분명하다. 이와 함께 산주를 주체로 하는 용재림 중심의 정책이 아니었다는 점을 근거로 대집행에 대해 부정적으로 평가하는 경우도 없지 않다(배재수·이기봉·오기노 지히로 2007:9~13) 하지만 임야소유가 불균등한 상황에서는 임산물에 대한 새로운 소유권체제를 도입함으로써 긍정적인 결과를 얻을 수 있다는 사실이 중요하다(Fortmann and Bruce 1988:6; Gregersen 1988:231). 임야소유의 불균등은 조선의 무주공산체제에 대한 제도적 수요를 조성하였다. 그런데 이는 인구증가와 남벌로 인해 산림황폐화를 초래하였다. 이와 마찬가지

9 FAO도 사유림 소유자에 대한 조림명령, 촌락민에 대한 조림명령, 조림하지 않은 자에 대해 수익분배 명령의 강제적 성격을 지적하고 이는 사적소유권을 침해하는 것이라고 하였다(1987:272).

10 1987년 현재 산림계 분수림 계약건수는 약 22만 9천 건, 총면적은 약 53만 3천 정보이며, 건당 평균면적은 2.4정보이다(산림청 편 1997:644),

표 7-4 산림계 분수계약(1967~1982)

(단위: 정보)

	건수	면적	산림계	계당 건수	계당 면적	1건당 면적
1967	86,267	266,000	21,735	4.0	12.2	3.1
1968	110,129	336,000	21,604	5.1	15.6	3.1
1969	123,520	377,000	21,546	5.7	17.5	3.1
1970	130,827	400,000	21,511	6.1	18.6	3.1
1971	136,843	421,000	21,493	6.4	19.6	3.1
1972	141,633	456,000	20,490	6.9	22.3	3.2
1973	-	-	21,424	-	-	-
1974	-	-	21,295	-	-	-
1975	211,284	566,956	21,109	10.0	26.9	2.7
1976	230,501	608,017	21,109	10.9	28.8	2.6
1977	259,182	671,070	20,930	12.4	32.1	2.6
1978	265,002	675,232	20,846	12.7	32.4	2.5
1979	260,232	665,724	20,453	12.7	32.5	2.6
1980	310,537	808,542	20,475	15.2	39.5	2.6
1981	233,686	560,359	20,433	11.4	27.4	2.4
1982	248,747	598,267	20,392	12.2	29.3	2.4

자료 1967~1972년 건수와 면적은 산림청 편 1997;377, 1975~1982년은 임용준 1985:282, 산림계 수는 산림조합중앙회 2002:936.

로, 농민의 과반이 임야를 소유하지 못한 상태에서 해방 이후 극심한 사회적·정치적 혼란이 발생하면서 무주공산의 관행이 되살아났고 급속하게 산림이 황폐해졌다. 즉 임야소유가 불균등한 상황에서 지반地盤의 소유권체제와 임산물의 소유권체제가 상이할 때, 임산물에 대한 자유접근체제는 부정적 결과를 초래하며, 대집행·연료림 등 계획에 의해 의식적으로 공동체적 규범과 조직을 형성하는 형태로 임산물에 대한 공유재산체제가 도입되면 사적소유권체제를 보완하는 순기능을 하게 되는 것이다.

분수계약 중에서 합의에 의한 계약과 대집행의 비중을 알 수 있는 시기는 지금으로서는 1982년뿐이다(표 7-5). 분수계약은 건수로 보나 면적으로 보나 3분의 2가 연료림 조성을 위해 이루어졌다. 대집행 건수는 연료

표 7-5 산림계 분수계약의 내역(1982년 말 현재)

(단위: 정보, %)

	건수			면적		
	합의계약	대집행	계	합의계약	대집행	계
연료림	67,680 35.1	125,163 64.9	192,843 100.0	162,306 35.8	290,502 64.2	452,808 100.0
기타(장기수·유실수)	18,211 32.6	37,693 67.4	55,904 100.0	73,570 50.6	71,889 49.4	145,459 100.0
계	85,926 34.5	162,921 65.5	248,847 100.0	235,912 39.4	362,455 60.6	598,367 100.0

자료 임영준 1985:282.

림과 기타(장기수·유실수) 임야에서 65퍼센트 내외이지만, 면적으로 보면 연료림에서 64.2퍼센트, 기타 임야에서는 49.4퍼센트가 된다. 연료림에 비해 가치가 높은 장기수림, 유실수림에서는 산주가 자발적으로 계약한 면적이 연료림에 비해 더 큼을 알 수 있다. 이농이 증가하고 부재산주가 늘면서 그에 따라 대집행의 비중이 높아졌을 것이므로, 1960~1970년대에는 1980년대에 비해서는 대집행의 비중이 낮았을 것으로 추측된다. 하지만 1960년대 이후 대집행에 의해 산주의 의사와 관계없이 자신도 모르는 사이에 산림계에 의해 조림이나 임산물 채취가 이루어지는 일이 매우 많았다는 사실은 분명하다.

벌채에 대한 제한이든, 대집행에 대한 규정이든, 사적소유권을 침해하는 '헌법위반'이라고 하면, 「삼림령」보다 「산림법」이 중대하였던 것이다. 아이러니하게도 박정희 정권은 조선총독부보다 훨씬 높은 강도로 임야소유자의 사적소유권을 침해하면서 산림녹화를 추진하였다. 산림녹화에서 박정희 정권과 비교할 때 드러나는 조선총독부의 이와 같은 '한계'는 그것이 조선인들로부터 정통성을 인정받지 못하는 외래 식민지권력이었음에 기인하는 것이 아닌가 생각한다.

제4절 | 산림계: 해방 이전과 이후

사방사업과 연료림 조성을 위해 노동을 제공하고 그 수익을 분수分收하고 '제1·2차 사업'에서 중심적인 역할을 수행한 산림계의 기원은 어디에 있는가. 식민지기의 각종 조합과 애림계愛林契가 그 전신이라는 것이 하나의 가설이나마 필자의 결론이다. 첫째로 제6장 3절에서 언급한 바 있는 「삼림령」에 의한 '국유림보호조합'이다. 이는 요존국유림의 산림보호와 농민의 부산물 채취를 위해 인근 촌락민이 의무적으로 조직·가입하여야 하는 조합이다. 1916년, 요존국유림의 경영기관인 영림창營林廠이 통첩한 영업 제309호 '보호를 명령할 국유삼림조사상 주의사항'에 의하면, 보호명령을 내리고 조합을 조직하게 하는 이유는 "임의로 입산하는 자에 대하여 보호명령을 내려 의무를 주는 동시에 권리를 주고자 하는 데" 있다고 하였고, 여기에서 조합규정의 표준으로서 제시한 「국유림보호조합준칙」은 다음과 같다(『朝鮮林業史』 2001:354~357).

> 제1조 본 조합은 삼림령 제10조에 의하여 보호를 명령받은 국유림을 보호육성하고 그 보수報酬로서 필요한 산물産物의 양여를 받는 것을 목적으로 한다.
> 제2조 본 조합은 O산, O곡, O동(리)의 보호조합이라고 칭한다.
> 제3조 본 조합은 O도, O군, O면, O동(리) 주민으로서 조직한다.
> ……
> 제6조 본 조합에서 시행하는 업무는 다음과 같다.
> 1. 산림의 보호에 관한 사항
> 2. 양여받을 산물 채취의 감독 및 이에 대한 처분에 관한 사항
> 3. 애림사상의 고취에 관한 사항
> 4. 전 각호 이외 특히 관官으로부터 지시된 사항
> 제7조 조합장은 실지에 관해 평의원과 협의하여 조합원의 수요 수량을 참작하고 정해진 채취구역 및 기간을 작은 규모로 구분하여 각 조합원으로 하여금

성실하고 공평하게 산물을 채취하게 한다.

제8조 조합원은 협심하고 힘을 모아 서로 돕고 서로 이끌어 본 규약의 수행에 노력할 의무가 있음은 물론이고 조합에서는 감시인을 두고 보호구역을 순시하게 하고 피해를 미연에 방지하도록 노력할 것.

조합원의 산림보호의 의무와 산물양여의 권리를 동시에 규정하고, 촌락을 단위로 조직하며, "채취구역 및 기간을 작은 규모로" 분정한다는 점에서 제6장에서 서술한 조림대부지, 즉 제1종 불요존임야를 대상으로 대부자와 촌락민이 맺은 계약과 유사하며, 제1장에서 서술한 일본의 입회제도를 이식한 것으로 보인다. 식민지기를 통해 요존국유림을 대상으로 하는 이들 조합이 꾸준히 증가하였으며, 기타 국유림과 지방의 도·부·읍·면에서 관할하는 공유림에서도 국유림보호조합과 유사한 조합들이 널리 조직되었지만(『朝鮮林業史』 2001:112~133; 김수완 1982:40~46), 그 운영실태는 상세히 알려져 있지 않다. 이후 연구의 과제로 삼고자 한다. 한편, 1910년대 전반부터 임야소유자를 구성원으로 하는 면 단위의 삼림조합이 전국적으로 조직되었고, 1920년대에는 각 도에서 이들 조합을 군 단위로 재편하였다. 1927년부터는 군 조합에 1명씩 산림주사山林主事를 두고 사법경찰관의 직위를 부여하여 민유림 보호 업무를 수행하게 하고, 조합에 국고보조금을 지급하였다. 이후 임의단체라는 조직의 성격이나 임야소유자의 조합비 부담과 같은 운영상의 문제로 인해 1932년에 산림조합은 해산되고 그 업무는 도로 이관되었다. 동시에 임야세가 지방세로 신설되어 그 재원으로 사유림 보호 업무가 수행되었다.

제1장에서 서술한 바와 같이 국유림이나 사유림도 그 소유자가 타인의 접근을 배제하고 소유권을 행사할 만한 인적·물적 자원을 갖추지 못할 때 그 산림은 사실상 자유접근체제하에 놓이게 된다. 또한 제5장에서 보았듯이 한국에서는 독특한 성격의 소유권이 발전하였고, 그 결과 이미 20

세기 초에 산림은 극히 영세한 규모로 분할되어 있었고, 대규모 소유자일지라도 그들의 임야는 여기저기에 산재하였다. 조선총독부가 1934년에 '농용임지설정사업'을 계획할 때 임야가 전혀 없는 농가는 전체 농가의 56퍼센트였다.

식민지기 소유권정리의 최종단계로서 특별연고삼림양여사업이 1934년에 완료되었으므로 표 7-6의 1935년 상황은 19세기 말이나 20세기 초의 상황과 그리 큰 차이가 없을 것이다. 이 표에서 1971년까지 임야소유가 더욱 영세화되었음을 한눈에 알 수 있다. 산주 수나 임야면적 모두 1정보 미만의 계층은 증가하고 1정보 이상의 계층은 감소하였다. 인구증가가 가장 중요한 원인이었다. 1934년 당시에 조선총독부는 농가 1호에서 연료, 사료, 녹비, 퇴비원료 등을 얻기 위해 필요한 면적을 평균 1정보로 산정하였다. 그런데 1정보 미만의 산주가 전체 산주의 40.7퍼센트를 차지하고 있었다. 결국 전체 농가의 74퍼센트가 임야를 소유하지 못하거나 1정보 미만의 임야를 소유한 실정이었다. 약 35년 동안 인구가 크게 증가하여 1971년, 1정보 미만의 산주는 전체 산주의 55.9퍼센트로 증가하였다. 비록 1977년의 수치이지만, 모든 농가의 세대주가 의무적으로 가입해

표 7-6 소유규모별 산림면적과 소유자 수

(단위: 정보, 명, %)

소유규모	1935				1971			
	산주 현황		면적 현황		산주 현황		면적 현황	
	산주 수	비율	면적	비율	산주 수	비율	면적	비율
0.5정보 미만	311,301	27.9	59,366	1.2	704,566	40.0	158,754	3.4
0.5~1정보	142,679	12.8	104,171	2.2	280,574	15.9	228,570	4.9
1~5정보	392,098	35.1	985,388	20.7	569,738	32.4	1,394,542	30.2
5정보 이상	191,744	17.2	3,438,822	72.3	205,617	12	2,839,757	62
계	1,116,254	100.0	4,754,458	100.0	1,760,495	100.0	4,621,623	100.0

자료 1935년은 『朝鮮總督府調査月報』 1936년 7월호, 1971년은 대한산림조합연합회 1977:432.
주 1935년은 경기도, 충청도, 경상도, 전라도(제주도 포함)의 합계임.

야 했던 산림계의 계원 수는 약 212만 명이고 그중에서 비산주가 54.7퍼센트인 1,167,378명이었다. 이로부터 개산概算하면 전체 농가의 81퍼센트가 임야를 전혀 갖지 못했거나 1정보 미만을 소유하고 있었음을 알 수 있다. 물론 1935년의 74퍼센트와 1971년의 81퍼센트를 단순 비교할 수는 없다. 그간 연료와 농산원료의 대체가 없지 않았기 때문에 농가 1호당 1정보가 필요하다고 할 수 없기 때문이다.

하지만 임산물에 대한 농가의 수요와 공급의 격차가 감소하였다고 보기 어려운 요소들도 고려해야 한다. 첫째, 0.5정보 미만의 임야소유자도 28퍼센트에서 40퍼센트로 증가하였다. 둘째, 조선총독부농림국(1940) 『농업통계표農業統計表』를 기초로 현 남한지역의 농가호수를 추정하면 약 204만 호인데(이영훈·박섭 2008), 해방 후 남한의 농가호수는 1967년까지 꾸준히 증가하고 이후 감소하였지만 1971년에도 약 250만 호의 수준으로 1935년에 비해 23퍼센트가량 많다. 셋째, 농가호수는 증가하였지만 이농으로 부재산주의 임야가 증가하였을 것인데, 이러한 변화는 표 7-6에 반영되어 있지 않다. 요컨대 1970년대 초, 임야소유의 불균등성과 영세성은 식민지기에 비해 완화되지 않았고, 그러므로 임야가 없거나 과소한 규모를 소유한 농가가 임산물을 얻는 데 겪는 곤란은 적어도 식민지기와 크게 다르지 않았을 것이다.

임업은 자원육성과 보호에서 '규모의 경제'가 매우 큰 산업이다. 소유 또는 경영면적이 클수록 평균비용은 감소하고 수익은 증가한다. 산림소유의 영세성은 이와 반대의 결과를 초래한다. 소규모 소유자에게 육림투자에 따르는 수익은 비용이 더 낮고, 감시=보호 비용은 수익보다 더 크게 된다. 그 결과 소규모 소유자에게는 투자나 보호활동을 수행할 유인誘因이 없는 것이다. 따라서 산림조합의 결성은 집단적 경영을 통해 이러한 문제를 해결할 수 있는 유효한 대안의 하나가 될 수 있다.

식민지기 산림조합이 실패한 원인은 조선의 사적소유권의 특질에서 찾을 수 있다. 근대적 형태의 일물일권적一物一權的 소유권이 아니라 무주공산無主空山과 사첩私占의 중첩, 즉 자유접근체제와 사적소유권체제가 중첩된 상황이었고, 이러한 특수한 내용의 사적소유권이 20세기 초까지 존속하게 된 배경을 고려하여야 한다. 과반수의 농민이 임야를 소유하지 못하였고, 그들이 연료와 녹비, 퇴비원료, 사료와 같은 농산원료를 얻을 수 있는 방법은 아직 무주공산으로 남아 있는 산으로 들어가지 않는 한 다른 소유자의 임야에서 채취하는 것이 불가피하였다. 제2장에서 서술한 바와 같이 이러한 행위는 널리 용인되는 관행, 심지어는 권리로 인식되기도 하였다. 다시 말해 무주공산의 관행을 일거에 제거할 수 없는 제도적 수요가 존속하고 있었던 것이다. '조선임야조사사업'을 통해 근대적 일물일권적 소유권이 도입되었지만, 총독부는 이러한 배타적 소유권의 실현을 보장할 만한 충분한 자원을 보유하지 못했다. 설령 그러한 시도가 있었을지라도 1934년 현재 임야를 소유하지 못한 56퍼센트의 농민을 포함하여 조선인은 장기지속적 전통에 힘입어 격렬히 저항하였을 것이다. 상황이 이러하였기에 총독부가 (충분한 규모의) 임야를 소유하지 못한 농민을 위하여 1934년에 '농용임지설정사업', 1937년에는 '속성연료림조성사업'에 착수하였던 것이다.

제2장에서 산하 촌락민의 협조를 얻지 못하여 조림의 성과를 거두지 못한 일본인 대부자가 "종래의 방법을 개량하여 현지민과 협정을" 하겠다고 진술한 사례를 소개한 바 있다. 이 또한 같은 배경에서 이해할 수 있다. 산림조합 해체 후 새로운 형태의 '국가주도적 의사공동체'라고 할 만한 조직이 형성되기 시작하였다.[11] 민유림을 공동으로 보호·조림하고 그

11 國家主導的 擬似共同體란 Aoki의 government-led quasi-community를 우리말로 옮긴 것이다. 그는 戰時經濟期에 일본정부가 노동력 동원을 위해 각 기업에 産業保國會를 조직하게

수확물을 공동 분배하는 애림계가 동리 단위로 조직된 것이다. 지역에 따라 식림계植林契, 순산계巡山契 등의 명칭도 사용되었지만, 이 새로운 조직의 공통점은 "임야소유자는 물론 임야를 소유하지 않은 자도 구성원"으로 한다는 점이다(朝鮮山林會, 『朝鮮山林會報』 1933년 102호; 1935년 126호). 1933년 충청북도에서는 도내 총 1,504개 동리 중 592개 동리에 애림계가 조직되어 있었으며, 1935년 전라남도의 경우, 애림계 수는 1,075개, 가입자 수 87,817명, 가입임야면적 250,106정보였다(동년에 전라남도 민유림 면적은 803,215정보였다). 제6장에서 서술한 1933년의 「민유림지도방침대강」은 행정 일반이 전시체제로 전환하면서 1938년에 개정되었다. 이 개정안은 조림장려 외 4개 항으로 구성되어 있는데, 전에 없던 새로운 내용은 제3항의 '산림보호 무육撫育에 관한 사항' 중 "임야의 공동보호와 조성에 노력"한다는 것이며, 그 설명 자료에서는 "임야보호는 현지민의 협력에 의하지 않고서는 충분한 효과를 거두기 어려우므로 부락을 단위로 하는 애림계 또는 순산계 등의 활동을 촉진"한다고 하였다(『朝鮮林業史』 2001:16~24). 따라서 1930년대 이후 해방 직전까지 애림계 조직은 지속적으로 확대되었을 것이다.

식민지기에 요존국유림, 조림대부림, 사유림, 그리고 도·부·읍·면유림, 즉 사람의 손길이 미치는 임야 대부분에서 조직된 각종 조합, 특히 애림계는 해방 이후 정치적, 사회적 혼란 속에서 활동이 정지되고 조직은 유명무실해졌다. 국가 주도로 형성된 의사공동체가 더 이상 국가에 의해 추동되지 않는 상황에서 마치 물거품처럼 소멸하는 모습이라고 할 수 있다.

하고 그를 통해 노동자를 통제하였고, 그 통제의 성격이 자율적인 공동체에 의한 통제autonomous community control와 다르다는 점에서 이 개념을 제안하였다(2001:121~124). 식민지기 愛林契나 해방 이후 山林契가 국가주도로 새로이 조직되고 국가 행정조직에 의해 통제되었다는 점에서 이 개념을 적용할 수 있다고 생각한다.

해방 이후 급속한 산림황폐화를 배경으로 1951년 9월, 전쟁 중에 전술한 「삼림보호임시조치법」이 공포되었다. 동법 제4조는 "농림부장관은 임정상 필요하다고 인정할 때에는 그 지방주민과 산림소유자에게 산림계의 조직 또는 해산과 감독상 필요한 명령을 발할 수 있다"고 규정하였다. 이 법이 공포된 후 불과 2년이 지난 1953년에 산림계는 전국에 21,570개였다(김수완 1982). 이후 산림계의 수를 알 수 있는 것은 1962년 21,716개이다(산림조합중앙회 2002:936). 비록 그 내실을 알 수 없지만, 전국 모든 농촌 촌락에 산림계가 조직된 것이다. 1953년은 종전 이듬해이니 산림계 활동으로서 볼 만한 것이 없었을 것으로 짐작되지만, 이와 같이 빠른 속도로 전국적으로 조직되었다는 것은 산림계가 한국임업사 최초로 출현한 것이 아니라 그 전사前史가 있음을, 즉 식민지기 애림계의 후신後身임을 말해준다.

조직단위와 구성원의 자격도 식민지기 애림계와 동일하다. 1961년에 「삼림령」을 대체하는 법률로 공포된 「산림법」은 이와 같은 산림계 조직의 단위와 구성원의 자격을 재확인하였다. 조직단위는 동리洞里이며, 해당 구역 내에 존재하는 산림을 소유한 자와 구역 내에 거주하는 자로 구성되고, 산림을 소유하지 않은 자라도 해당 구역 산림계에 의무적으로 가입하여야 했다. 다음이 「산림법」의 해당 규정이다.

> 제57조 (목적과 지역) ① 계는 산림소유자와 현지주민이 협조하여 조림사업의 적확한 성과를 기함을 목적으로 한다. ……
> ② 계의 구역은 리동의 구역으로 한다. ……
> 제60조 (계원) ① 계는 그 구역 내에 소재하는 산림의 소유자와 그 구역 내에 거주하는 가구주를 계원으로 하여 구성한다.

전술한 바와 같이 산림계에서 임야를 소유하지 못한 비산주非山主의 비중이 산주의 비중보다 높았다.[12] 식민지기의 애림계가 행정적 장려와 지원에 의한 것이라면, 이제 산림계는 법률에 의해 조직구성이 의무화되었다는 점에 차이가 있다. 1953년에 산림계는 2만 개 이상이며, 1959년과 비교해도 큰 차이가 없다. 이렇게 급속히 조직이 복원될 수 있었던 것은 식민지기 말기까지 애림계의 조직이 존속하고 그 활동이 지속되었음을 추론케 한다.

조선총독부와 한국정부는 공유재산체제와 유사한 조직과 규범을 이식·복구하여 자유접근체제를 제거하였다. 조선총독부 임정의 최우선 과제는 황폐산림의 복구였다. 이를 위해 전근대적인 산림소유권을 근대적 소유권으로 정리하였다. 국유림, 공유림 및 사유림에서 총독부는 인근 촌락민들에게 산림보호를 위해 각종 조합과 계를 조직하게 하였다. 그 구성원들은 산림을 보호할 책임을 지는 한편, 그에 대한 보상으로 연료, 사료, 녹비, 퇴비원료 등 부산물을 합법적으로 채취할 권리를 얻게 되었다. 이는 새로운 질서의 도입으로서, 산림자원의 용익에 있어서 주체와 대상, 방법과 목적을 규정한 것이다. 식민지기 산림녹화의 성과는 이러한 제도적 변화에 기초한 것이었다.

산림소유권의 근대적 전환은 식민지기에 대체로 완료되었다. 그러나 무주공산의 전통은 해방 후 정치적, 사회적 혼란 속에서 부활하였다. 무분별하고 불법적인 산림의 약탈이 극심하여 산림황폐가 다시 국가적 문제가 되었다. 이에 정부는 산림계의 조직을 법률로 강제하였다. 86퍼센트의 임야가 사유림이었기에 정부는 사유림에 새로운 규칙을 부과한 것이다. 농촌지역의 모든 주민들은 산림계에 가입해야 했다. 그들은 조림사업에 참여해야 했고, 그와 함께 연료 등 임산물을 공동으로 채취·분배하였

12 1978~1986년간 비산주의 비중은 51~54퍼센트가량이다(박경석 1989).

다. 약 200만 호를 회원으로 하는 2만 개 이상의 산림계가 조직되었고, 정부는 산림계를 재정적·기술적으로 지원하고, 행정적으로 '지도'하였다. 삼림계는 1960년대의 사방사업과 연료림 조성사업, 그리고 1973~1987년 제1·2차 치산녹화사업의 최일선에서 조림과 산림보호의 업무를 담당하였다. 하지만 식민지기에 조직된 촌락별 단체와의 연관은 물론이고, 해방 이후 산림계 활동의 실태에 대해서도 아직 상세하게 밝혀진 바 없다. 이후의 연구과제로 삼고자 한다.

조선총독부와 한국정부는 공동체적 규범을 이식·도입하여 근대적 산림소유권제도를 보완하였다. 과반수의 농민이 산림을 소유하지 못하고 있었고, 산림소유자의 대부분은 5헥타르 미만의 소규모 영세 소유자였다. 따라서 산림자원 감시에 대한 보상은 매우 낮았으며, 이는 사적소유자들로 하여금 자신의 산림을 보호하는 감시활동을 포기하게 하였다. 정부 또한 국유림을 효율적으로 보호할 수 있는 충분한 자원을 갖지 못한 실정이었다. 이는 민유림과 국유림 모두 자유접근체제 아래 놓여 산림황폐화를 초래할 수 있었음을 말한다. 촌락에 공동체적 규범을 부과하려는 정부의 노력은 이러한 문제를 효율적으로 해결하는 데 기여하였다. 이로써 특정한 집단이 특정한 지역을 보호하기 위하여 협력하게 되었으며 감시활동에 대한 보상을 증대시켰다. 20세기에 걸쳐 국가주도적 의사공동체와 그 공동체적 규범에 의해 근대적 소유권이 보완되었으며, 공유재산체제 형태의 산림자원 관리체제로써 자유접근체제를 해소한 것이 식민지기와 해방 이후 산림녹화에 공통되게 기여하였다.

결론

산림의 사용·수익에 대하여 조선왕조가 취한 기본입장은 '사점금지私占禁止'로 요약된다. 이는 15세기 『경국대전經國大典』에서 "시장사점자장팔십柴場私占者杖八十"의 법적 규정을 얻은 이래 19세기 마지막 법전인 『대전회통大典會通』까지 변함없이 유지되었다. 고려 말기의 경지와 산림의 사령화私領化의 폐단을 일거에 척결한 과전법 개혁=국전제 실현의 일환으로서 산림사점이 금지된 것이다. 사점금지의 이념적 지주는 우선 토지국유제=왕토사상王土思想이다. 다른 하나는 "산림천택여민공지山林川澤與民共之"라는 왕토사상을 전제로 한 인정仁政의 통치이념이다. 모든 토지, 산림천택은 국가=왕의 것이지만, 왕조차 그 이익을 인민과 함께 나눈다는 뜻이다. 하물며 왕이 이러한데, 어느 개인이 산림의 이익을 독차지할 수 있느냐는 것이다. '왕토사상'과 '여민공지'는 고려 말부터 개혁적 치국이념으로 등장하여 조선후기까지 지속적으로 기능하였다는 사실을 연대기 등 각종 관찬사료나 산송山訟에 대한 판결례들 속에서 확인하였다. 산림의 양도나 매매에 대한 법규가 없었고, 산림소유에 대한 어떤 종류의 조사도 없었기에 그에 의한 공적 증명제도나 조세수취도 없었는데, 당시 현실이 이러했던 이념적 기초는 사점금지에 있었던 것이다.

사점금지 이외 하등 규제가 없는 이 상황은 산림이라는 재생 가능한 renewable 공용자원이 자유접근체제open-access regime에 놓여 있음을 의미한다. 공용자원common-pool resources의 소유권체제 중 하나인 자유접근체제는 국유재산체제national property regime나 사유재산체제 private property regime와 다름은 물론이며, 또 하나의 대안적 체제인 공유재산체제common property regime와도 전혀 다른 것이다. 자유접근체제란 권리의 주체와 객체 및 용익의 방법이 특정되어 있지 않고, 선착순 first-come first-served 이외에는 어떠한 종류의 명시적인 규율이나 암묵적인 규범도 없는 공용자원 용익체제를 말한다. 조선의 '무주공산無主空山'이 이에 해당한다. 자유접근체제하에서 공용자원에 대한 과대소비와 과소투자는 피할 수 없게 되어 자원은 고갈된다. 이는 하딘G. Hardin이 1968년에 '공유지의 비극the Tragedy of Commons'이라는 모형으로 체계화한 뒤 오늘에 이르기까지 축적된 이론적·실증적 연구로 증명된 바이다.

자유접근체제하에서 조선의 산림자원은 인구증가와 함께 감소하기 시작하였고, 17세기에 이르자 자원고갈의 징후가 나타났다. 이에 조선 국가와 인민은 자신의 배타적 용익영역을 확보하기 위하여 경쟁하였다. 조선 국가는 금산禁山·봉산封山 등 '특수국유림'을 구획하고 그 영역을 확대하였으며, 인민의 접근을 차단하기 위하여 규제와 처벌을 강화하였다. 조선전기와 조선후기, 18세기와 19세기를 비교하면 그 영역이 지리적으로 확대되었음을 확인할 수 있다. 조선 개국 이래 삼금三禁의 하나로 불린 송금松禁 정책도 고려시대의 일반적 환경정책 또는 자연자원 관리정책으로부터 점차 이들 특수국유림을 보호하기 위한 보조수단으로 변질되었다. 『경국대전』에서 『대전회통』에 이르는 법전을 비교하고, 조선후기 특수국유림의 관리에 대한 여러 사목事目을 대조하면, 산림자원의 고갈에 대처하는 소극적 체제negative regimen로서 제반 금제禁制가 세밀해지고 처벌의 강도가 높아짐을 알 수 있다. 하지만 국가가 자신의 산림을 관리할 능력과 자원을 갖고 있지 못할 때 이러한 금제는 효과를 갖지 못하며, 산림은 사실상 자유접근체제하에 놓이게 되고 자원은 고갈된다.

『경국대전』 이래 사점을 금지하였지만, 사점은 조선후기를 통해 점차 확대되고 이와 함께 산림의 사적소유가 사실상의 소유로서 발전하기 시작하였다. 이는 산림자원에 대한 인구압력의 증가에 따른 인민의 반응이었다. 인구증가와 함께 사적소유권이 발전하였던 또 다른 계기는 조선개국 이래 분묘의 설치와 그를 중심으로 한 일정범위의 영역에 대한 묘주의 배타적 권리를 법적으로 인정하였다는 사실이다. 분묘설치와 함께 사점이 확산되고 그에 따라 사실상의 소유로서 사적소유가 발전함에 따라 조선 국가도 법률과 별개로 현실에서는 사적소유를 묵인하는 것이 불가피하게 되었다. 사적소유가 발전하였다고는 하지만, 토지국유제＝사점금지의 기본구조에서 완전히 벗어나는 것은 아니었다. 사실상의 소유에 대한 갖가지 제약은 조선의 관찬사료, 산림의 소유권을 둘러싸고 18～19세기에 폭발적으로 증가한 산송 관계자료, 그리고 20세기 초 일본인들의 각종 조사에서 널리 확인되는 바이다.

국가와 민의 관계에서 사적소유권에 대한 제약은 조선왕조가 사적소유를 끝내 법적으로 인정하지 않았다는 사실, 특수국유림을 보호하기 위해 사실상의 사유림에 대한 권리의 행사를 억제하였다는 사실, 그리고 산림자원이 고갈될 때 일반적으로 나타나는 산림소유권을 둘러싼 법적분쟁,

즉 산송의 처결이 문란하여 배타적인 권리행사를 저해하였다는 사실에서 나타난다. 민과 민의 관계에서는 사점금지와 그를 지지하는 왕토사상과 '여민공지'의 이념이 평등주의를 조장하였고, 이는 일물일권적一物一權的 권리의 성립 · 발전을 저해하였다. 그 결과 주산물인 수목에 대한 권리와 시초 등 부산물에 대한 권리가 상이해지는, 즉 하나의 산림에 복수의 권리가 중층적으로 성립하게 되었다. 사점금지=무주공산의 전통에 깊이 침윤된 사적소유는 장기지속적 무주공산=자유접근체제의 전통을 벗어날 수 없었던 것인데, 이 또한 산림자원의 고갈을 촉진하였다.

「분쟁지조서紛爭地調書」 등 '조선임야조사사업' 과정에서 작성된 자료에 따르면, 조선의 산림에는 20세기 초까지도 무주공산이 의연히 존속하였으며, 그 용익의 규율은 선착순=무주물선점의 원칙이었다. 다른 한편에서는 사적소유가 발전한 결과, 오늘날과 마찬가지로 영세분산적인 사유림이 지배적이었다. 하지만 사유림에서도 최소한 부산물의 사용 · 수익은 '무주공산=선착순'의 원리에 따르는 관행이 여전하였다. 이는 조선후기 사적소유권이 발전하였지만, 사점금지라는 법제와 그 기초인 왕토사상과 '여민공지'의 이념, 이들 법률과 이념의 객관적 표현인 무주공산 및 무주공산형 용익관행이라는 제약 아래에서 그것이 발전하였음을 말한다. 사유림에서도 무주공산에서와 같은 형태의 자유접근체제의 용익관행이 관철되었다는 사실은 조선후기에 발전한 산림의 사적소유권이 무주공산이라는 장기지속적 전통에 침윤되어 있음을 나타낸다. 이와 달리 송계처럼 명시적인 용익의 규율을 가진 경우는 물론하고 묵시적이나마 규율을 갖추고 있는 촌락공유림, 즉 공유재산체제로 경영되는 산림은 매우 희소하여 가히 점존하였다고밖에 할 수 없는 상황이었다.

20세기 초, 산림의 소유권은 송수松樹와 같은 주산물은 산주의 것이지만, 시초 등 부산물은 산주의 자유의사에 의해서든 관리능력의 결여 때문이든, 특정할 수 없는 인근 농민들에게 개방되었다는 것이 특징이다. 사유림의 영세분산성과 함께 산림에 대한 이와 같은 중층적 권리의 존재는 임산물 소비에서는 외부불경제外部不經濟를, 육림투자에서는 외부경제를 발생시켜 과대소비와 과소투자를 초래한다. 사적소유권이 무주공산의 전통에 젖어 있으므로, 무주공산과 같은 자유참입체제에서 전형적으로 나타나는 과대소비와 과소투자의 현상이 사유림에서도 그대로 재현되었던 것이다. 제도의 공급 측면에서는 사점금지의 법률과 그를 지지하는 왕토사상과 '여민공지'의 이념이 있었기 때문이며, 제도의 수요 측면에서는 산림을 소유하지 못한 다수의 빈농들이 있었기 때문에 이와 같은 독특한 형태의 소유권제도가 성립·존속하였던 것이다. 조선의 이러한 산림소유제도는 20세기 초에 나타난 현상이 아니라, 조선 초에 성립한 무주공산이라는 전통과 그를 배경으로 하여 조선후기에 성립·발전한 사적소유가 결합한 결과를 보여주는 장기지속적 제도라고 할 수 있다. 이로부터 조선후기에 산림이 황폐해진 중요한 원인 중 하나를 찾아볼 수 있다.

조선에서 장기적으로 인구가 증가함에 따라 연료와 목재에 대한 수요가 증가하였다. 또 식량수요도 증가하여 화전개간을 통한 산림개발이 확대되었다. 『조선왕조실록』 등 관찬사료에 의하면 조선후기는 식수와 육림 없는 남벌과 난개발의 시대였다. 가히 약탈적이라고 할 만한 산림자원 남용으로 인해 특수국유림, 사유림을 막론하고 산림은 황폐해졌다. 산림의 황폐화는 이미 17세기부터 시작되었지만, 문제가 급격히 심화되고 당대 지식인들이 이를 심각하게 생각하게 된 것은 18세기 이후의 일이다. 조선의 18세기는 인구가 증가하고 도시와 상업이 발전한 조선후기 최성기로 알려져 있다. 이러한 번영의 다른 한편에서는 후세대가 그 대가를 치러야 할 산림황폐화가 진행되고 있었으며, 특히 인구밀도가 높은 남부지방에서 그러하였다.

오늘날 식량위기에 처한 북한, 그리고 동남아시아와 아프리카 제3세계 여러 나라에서 나타나는 '생태학적 기아현상'을 볼 때, 산림황폐화가 어떻게 농업생산에 영향을 미치는지 잘 알 수 있다. 조선에서는 산림이 황폐해짐에 따라 수리체계가 훼손되었고 그 결과 19세기 농업생산성은 하락하였다. 조선에서 인구증가가 '채취임업'에서 '육성임업'으로 전환하는 계기가 되지 못하고 산림황폐화로 귀결된 것은 조선왕조가 산림소유제도와 임정의 제도적 혁신에 실패하였기 때문이다. 1570년부터 100여 년 동안 일본의 인구는 급속히 증가하였다. 그 결과 전국적으로 벌목이 증가하고 개간이 최고 수준에 도달하면서 산림은 황폐해졌다. 산림자원의 용익을 둘러싼 분쟁이 전국적으로 발생하였다. 이때 일본에서는 13세기 이래 발전해온 입회入會가 매우 정교한 형태의 제도로서 전국적으로 확립되었다. 이는 자유접근체제가 아니라 공유재산체제하에서 산림을 경영하는 것이다. 입회제도, 산림에 대한 영주의 적극적인 태도와 장기적인 시각에서 추진된 관리체제, 각종 영리적 임업경영과 새로운 계약형태의 출현과 함께 일본의 산림용익은 일방적으로 베어 쓰는 '채취임업'에서 식수·육림하면서 임산물을 사용하는 '육성임업'으로 전환하였다.

인구증가와 함께 임야나 임산물의 수요가 증가하여 산림에 대한 인구압이 증가하는 것은 불가피한 일이다. 그러나 그 귀결이 산림황폐화인가, 아니면 육성임업으로의 체제전환인가 하는 문제는 생태학이 아니라 그 사회의 고유한 제도에 달려 있음을 조선과 일본의 대조적인 사례를 통해 확인할 수 있다. 인구와 자연자원의 생태학적 관계를 제도, 특히 소유제도가 매개하며, 그 제도의 여하에 따라 상이한 경제적 성취를 이루게 되는 것이다. 공용자원의 용익을 규율·지배하는 소유권체제에 있어서 조선과 일본은 상이하였다. 조선에서는 '공유지의 비극'이 불가피한 자유접근체제가 유지되는 동시에 사적소유권이 형성되고 영세분산적인 형태로 발전하였고, 일본에서는 자유접근체제에서 탈피하여 공유재산체제를 확립함으로써 공용자원의 지속가능한 개발을 위한 가장 중요한 조건을 확보하였다. 17~19세기 양국에서 산림자원의 운명이 극단적으로 상반된 방향으로 펼쳐진 것은 이러한 이유 때문이다. 그렇다면 조선후기, 즉 일본의 근세에 소유권제도가 이렇듯 상이하게 발전한 원인은 무엇인가? 우선 개별 촌락과 최고 통치자 사이에서 지역수준의 환경문제에 이해관계를 가진 자의 존부存否, 두 나라 촌락의 상이한 성격과 같은 답이 떠오르지만, 이 질문에 대한 대답은 이후 과제로 삼고 싶다.

20세기 초까지 존속한 무주공산, 그리고 사유림에도 적용되는 무주공산형 자원용익=자유접근체제는 식민지기 일련의 소유권 정리과정에서 해소되었다. 소유권 정리의 기본방침은 녹화주의綠化主義로서, 과거처럼 먼저 채취하는 자가 소유자가 되는 관행을 부정하고 조림·녹화한 자에게 소유권을 부여하고 법인하였다. 전국 임야면적의 1할을 초과하는 무주공산은 국유 제1종임야로 분류되어 이를 임대하여 조림에 성공하면 소유권을 부여하는 '조림대부제도'를 통해 해소되었다. 사유림 소유권의 법인은 1908년 '삼림법'을 시작으로 하여 1917년에 착수된 '임야조사사업'과 1934년에 완료된 '특별연고림양여사업'을 통해 기본적으로 종료되었다. 사유림에 대한 사적소유권의 법인에서도 조림활동과 그 실적이 중요하였다. 조선총독부가 사적소유권을 형성·법인하는 과정에서 녹화주의를 고집한 것은 20세기 초 조선의 산림이 극도로 황폐하여 치산녹화가 임정의 최우선과제였기 때문이다.

선행 연구들은 식민지기에 실시된 일련의 소유권정리 사업을 통해 근대적 산림소유권이 성립하였다는 사실을 부정하지 않지만, 근대성의 내용을 지적·등기 제도에서 찾고, 이렇게 소유권을 정리한 목적이나 결과는 국유림 창출, 즉 민유림 수탈이며, 여기에 역사적 성격과 의의가 있다고 주장하였다. 1942년, 국유림 533만 정보 중에서 강원도, 평안남도, 함경남도 및 함경북도 4개 도의 국유림이 약 461만 정보(87%)를 차지하였다. 그 절반 이상은 압록강·두만강 유역을 포함하여 자본과 기술의 제약으로 20세기 초까지 조선인이 이용할 수 없었던 오지원시림이었다. 같은 해 남부지방(강원도 제외)의 국유림은 31만 정보로 남부 임야면적의 5.6퍼센트에 불과하였다. 이러한 사실들은 국유림 창출＝민유림 수탈이라는 주장과 전혀 부합하지 않는다.

선행 연구에서는 '입회권'이 부정되었다고 주장하지만, 근세 일본에서 발전한 입회제도가 조선에서 광범하게 존재하였다는 증거는 발견되지 않고, 그 존재가 확인될 때 총독부는 그것을 법인하였을 뿐만 아니라 「삼림령」에 근거해 오히려 입회관행을 '창출'하고자 하였다. '촌락공유림이 해체되었다'는 주장 또한 촌락공유림이 조선후기에 광범하게 존재하였다는 전제에 기초한 것인데, 이 또한 실증된 바 없다. 식민지기 일련의 소유권 정리과정, 특히 '조선임야조사사업' 당시의 사례를 검토한 결과, 대규모 촌락공유림이 광범하게 존재하였다는 증거를 찾아보기 어렵고, 촌락공유림은 소규모 공동묘지나 방목지에 불과하였다. 또한 입회권이 부정되었다는 주장의 배경에는 자유접근체제와 공유재산체제를 동일시하거나 양자를 구분하지 못하는 이론적 혼란이 있다. 전근대 무주공산에 대하여 주체와 객체의 범위나 자원용익의 방법에 대한 검토를 생략하고, 그저 과거에 산림은 공동체의 재산으로서 지속가능한 방식으로 관리되었다고 보는, '신전통주의'라고 할 만한 오류를 범한 것이다.

식민지기 산림소유권의 정리과정은 선행 연구에서 주장하는 바와 같이 대규모 국유림을 폭력적인 법률로써 강제로 창출한 것이 아니라, 이와 반대로 무주공산에서 사적소유권을 형성하고 입회관행과 촌락공유림을 창출하고자 한 것이며, 또한 민유림을 수탈한 것이 아니라 그를 법인하여 근대적 형식을 부여한 것이다. 총독부가 산림녹화를 목적으로 행정편의주의적인 태도를 취한 것은 확인할 수 있지만, 법률로써 광대한 면적의 민유림을 수탈하여 국유화했다는 선행 연구의 '민유림 수탈=국유림 창출론'은 실증적 근거가 없다. 무주공산에 소유권을 형성하고, 민유림에 대해서는 산림자원의 사용·수익에 대한 권리를 일물일권적 소유권으로 정리하고, 지적·등기제도를 마련함으로써 산림에 대한 근대적 소유권제도를 확립하였다는 데 역사적 의의가 있으며, 녹화주의를 기본방침으로 채택하였다는 데 식민지 조선의 비교사적 특질이 있는 것이다.

1910년 이후 1942년까지 약 82억 본의 묘목이 한반도 산림의 14.5퍼센트에 해당하는 면적에 심어졌다. 1930~1942년간에 심어진 것이 48억 4천만 본인데, 이는 세계적인 성공사례로서 유례 없는 일로 일컬어지는 해방 이후 치산녹화사업의 실적을 초과하는 규모이다. 인구가 조밀하고 임야면적이 상대적으로 적어서 산림황폐화가 심각하였던 남부지방이 인공조림의 중심이었고, 조림면적의 8할 이상은 민유림이었다. 총독부는 조선의 황폐한 산림이 수해와 한해旱害를 초래하여 농업 등 산업발전을 저해하고 국토의 안전을 위협한다는 인식하에 조선의 산림복구를 목적으로 조림대부제도라는 독특한 정책을 시행하였다. 이로 인해 약 98만 정보의 무주공산에서 소유권이 성립하였다. 최소한 그 절반에 해당하는 면적에서 인공조림이 실시되었고, 그 외는 자연조림과 치수와 지피물 등 산림보호로써 성림하였다. 이 정책을 통해 대규모 일본자본이 유입되었으며, 조선인의 참여 또한 대단히 적극적이었다.

총독부는 조림보조제도, 기념식수, 종묘 무상제공 등을 통해 조림을 장려하고, 국유림과 사유림의 산림보호를 위하여 임산물 채취에 대한 단속을 강화하고, 이를 위해 조선인을 각종 조합으로 조직하였다. 식민지기를 통해 압록강·두만강 유역에서 국유림의 벌채가 증가하여 전국의 임목축적은 감소하였지만, 황폐한 미입목지의 비중은 감소하였고 입목지가 크게 증가하였다. 북부지방의 국유원시림을 개발하여 그 수입으로 조선의 산림을 복구한다는 총독부의 임정계획은 기본 목표를 달성하였다고 평가할 수 있다.

하지만 '숫자로 하여금 말하게 하는' 데는 한계가 있다. 필자는 누가, 언제, 어디서, 무엇을, 어떻게 심고, 가꾸고, 보호하였는지 그 실정에 대해서 더 이상 아는 바가 없다. 이를 이후의 두 번째 과제로 삼고자 한다. 이러한 과제가 남지만, 19세기까지 조선의 산림은 조림투자 없는 일방적인 소비의 대상이었고 그 결과 산림은 극도로 황폐하였다는 점에서 보면, 식민지기의 전국적인 인공조림과 산림녹화는 하나의 성공적인 체제전환으로 평가할 수 있다. 자원약탈적인 채취임업에서 심고 가꾸면서 베어 쓰는 육성임업으로 전환하였기 때문이다. 체제전환의 과실이 이미 식민지기에 거두어졌는지, 또 산림녹화에 이미 성공하였다고 평가할 수 있는지, 이에 대해서는 아직 답하기 어렵다. 하지만 연료와 농산원료의 대부분을 산림에 의존해온 조선인이 소비와 함께 투자의 주체로 나서게 되었으며, 이는 새로운 임업 경영주체가 형성되었음을 뜻한다. 이와 같은 체제전환을 '산림자원 관리의 근대화'로 요약할 수 있을 것이다. 임업경영 단위의 창출과 육성임업으로의 전환을 위한 제도적 기초는 근대적 산림소유제도의 형성이었으며, 1908년부터 식민지기 말기까지 장기간 진행된 이 과정이 산림관리의 체제전환을 위한 제도적 기초를 제공하였다.

해방 이후 1960년대 초까지 한국의 산림은 다시 황폐해졌다. 해방 직전 전시총동원체제하의 과벌過伐, 6·25전쟁으로 인한 직접적 피해, 해방 이후 6·25전쟁을 전후한 시기의 정치적·사회적 혼란 속에서 되살아난 무주공산의 전통과 그에 따른 도벌과 남벌·남채의 폐해로 인해 산림은 급격히 황폐해졌다. 이러한 원인 중 무엇이 가장 심각한 원인이었는지 그

무게를 재어볼 필요가 있다. 하지만 수량적 자료가 불비하여 아직 확답하기 어렵다. 1950년대 후반부터 산림복구를 위한 정부의 노력이 없지 않았지만, 도·남벌과 남채의 피해를 막지 못하여 볼 만한 성과를 거두지 못하였다.

1960년부터 집중적이며 체계적인 산림복구가 시작되었다. 이 시기의 대표적인 성과는 사방사업과 연료림 조성이었으며, 그 실적은 1973~1987년간 전개된 '제1·2차 치산녹화사업'에 비견할 만한 것이었다. 1960년대와 1970년대 초의 산림녹화에서는 촌락을 단위로 산림소유자와 촌락내 거주자로 조직된 산림계가 중추적인 역할을 수행하였다. 이는 '국민운동'으로 추진된 치산녹화사업에서도 마찬가지였다. 1960년대부터 제2차 치산녹화사업이 종료된 1987년까지 진행된 산림녹화에서 특징적인 것은 '분수계약分收契約'과 '대집행代執行'이라는 독특한 제도였다. 산주의 의사에 관계없이 산림계가 조림하고 산림계 계원들이 그 산물의 8~9할을 합법적으로 취득할 수 있게 한 이 제도로 인해 농촌 촌락 인근의 황폐한 임야가 복구되었다. 산림계는 식민지기에 총독부 주도로 조직된 각종 조합과 계의 후신으로 보이며, 해방 이후 산림계도 법률에 의해 조직되었고 촌락민은 의무적으로 가입하여야 했다. 이 점에서 식민지기의 각종 조합이나 계와 마찬가지로 일종의 국가주도적 의사공동체라고 할 수 있다. 이들 식민지기 조합과 계, 그리고 산림계 활동의 실태는 아직 자세히 알려져 있지 않다. 이후 연구과제로 삼고자 한다.

부록

【부록 1】

김해군 분쟁 제239호의 「사실취조서」 전문

事実取調書

一、土地所在

慶尚南道金海郡生林面金谷里

山六七一二番(仮一九番)林野

二、実地状況

東ハ国有林野 西ハ民有林 北ハ生鉄里

ニ界シ傾斜約三十五度ヲ以テ南面シ所

所岩石露出スト雖モ地味良好ニシ

テ造林ニ適ス

林相平均十一年生ノ天然松樹十分

ノ八立木ニシ林内ニハ甲ノ墳墓二座ア

リ

三、証拠書類ノ当否

甲第一号証東ハ以祈浦里信地南

ハ盧汝明山西ハ盧漢容山トアルヲ以テ

実地ニ就キ調査スルニ東ハ標ニ新里ト

ハ現生鉄ノ所属洞ナルヲ以テ符合

スルモノトスルモ其ノ他ハ実地符合スルモノ

ナク尚ホ形状ヨリ見ルモ洽似セル点ナク

確カ本係争林ニ該当スルヤ否ヤ

判断シ難シ

四、其ノ他ニ就キ

本係争林野ハ冠帽山国有ノ一

部ニシテ且最高地生鉄里界ニ位置

林野調査

13

シ林相ハ第二項ニ記述スル如ク比較的好成

績ヲ見ルニ至リタルハ大正六年区分調査

以後貸付処分ト当時受貸付者

ニ於テ乙第一号証ノ如ク地元部落

民中有力者ト貸付林野保護契

約ヲ結ヒ爾来養護ニ努力シタル

結果ニ依リ今日ノ林相ヲ見ルニ至リ

タルモノニシテ元来本係争林附近

一帯ハ隣近部落中最高山ナル

ヲ以テ地元部落民及密陽一部

ノ人民ニ於テ随時入山シ柴草ヲ

採取シ来リタルアルハ甲ニ於テモ是

認シタル所ニシテ此等実地状況

及其他地元部落民ノ口述ニ依

ルモ元来入山慣行林タルコトヲ窺

知セラル

大正十一年十月廿八日

林野調査員 金 致憲

林野調査

No. 0151[1]

事實取調書

1. 土地所在: 경상남도 김해군 生林面 金谷里 山67-2番(假190番) 임야
2. 實地狀況: 동은 국유임야, 서는 민유림, 북은 生鐵里에 경계하고, 경사 약 35도로 남향이며 곳곳에 암석이 노출되어 있으나 地味가 양호하여 造林에 적합하다. 林相은 평균 11년생의 천연 소나무가 8/10 정도 立木하며, 임야 내에는 甲의 분묘 2座가 있다.
3. 증거서류의 當否: 甲 第1號證[2]은 동은 新浦里 新地, 남은 盧汝明의 산, 서는 盧漢容의 산이라고 하여 實地에 대하여 조사한 바, 東標 신포라는 것은 현재 생철리에 소속된 동으로서 부합하지만, 기타는 실지와 부합하는 것이 없고 또 형상으로 보아도 흡사한 점이 없어 확실하게 본 紛爭關係林에 해당하는지 아닌지 판단하기 어렵다.
4. 其他에 대하여: 본 분쟁관계임야는 冠帽山 국유의 일부로서 最高地이며 생철리와의 경계에 위치

No. 0152

하며 임상이 제2항에 기술한 것과 같이 약간 좋은 성적을 보게 된 것은 대정 6년 구분조사 이후 대부 처분과, 당시 受貸付者에 의해 乙 第2號證[3]과 같이 현지 촌락민 중 유력자와 대부임야 보호계약을 체결한 이래 禁護에 노력한 결과 금일의 임상을 보기에 이른 것으로서, 원래 본 분쟁관계임야 부근 일대는 인근 촌락 중 가장 높은 산이므로 현지 촌락민 및 密陽郡의 일부 인민이 隨時入山하여 柴草를 채취해온 것은 甲도 시인하는 바로서 이들 실지상황 및 기타 현지 촌락민의 구술로써도 원래 入山慣行林이라는 것을 窺知할 수 있다.

大正 10年 10月 28日

林野調査員 金致憲 (捺印)

1 정부기록보존소에서 마이크로필름으로 촬영할 때 부여한 번호이다.

2 갑 당사자가 1910년 소유권보존증명을 신청하면서 제출한 民有山略圖를 말한다.

3 대부지의 산림보호를 위하여 금곡리 주민과 맺은 수목보호와 시초채취를 내용으로 하는 계약서를 말한다.

【부록 2】

김해군 분쟁 제180호의 「분쟁지조서」 전문

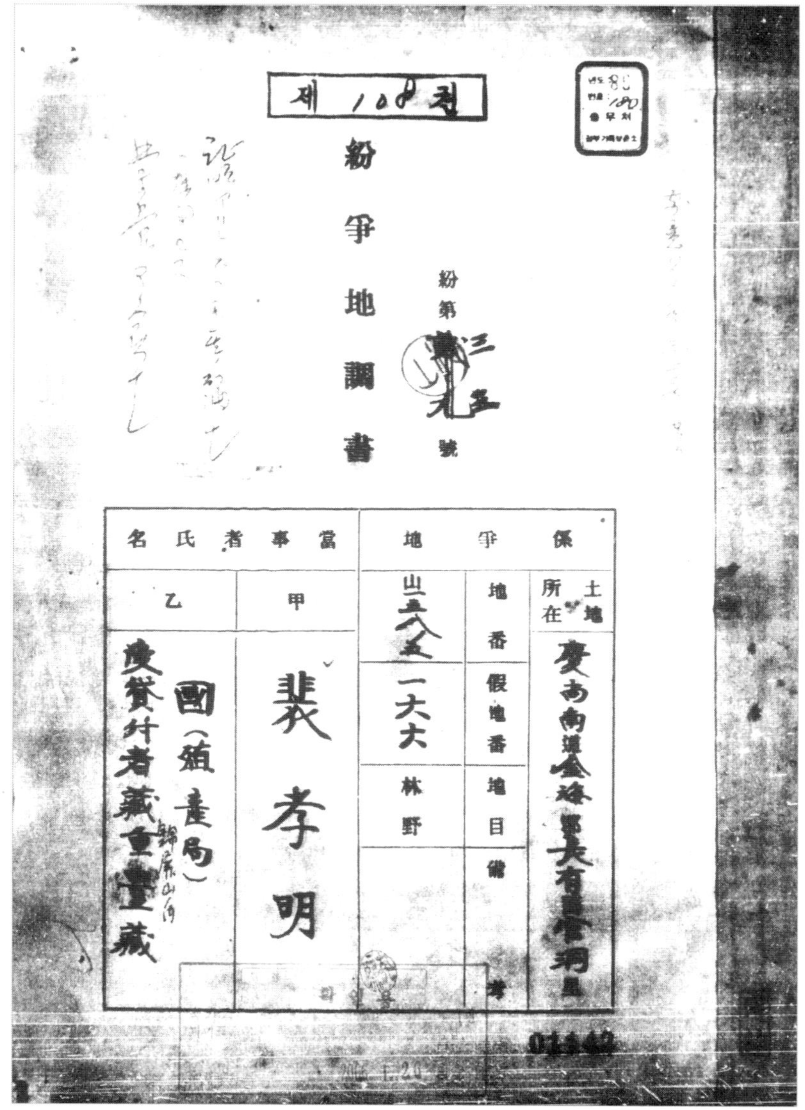

No. 01142

紛爭地調書

紛第33號

係爭地: 土地所在 慶尙南道 金海郡 長有面 官洞里

地番 山158-5

假地番 166

地目 林野

備考

당사자 성명: 甲 裵孝明

乙 國(殖産局) 受貸付者 藏重豊藏 錦屛山 內

제108권 총무처 정부기록보존소 연도 86 번호 180

書類目録

号数	書類番号 名	作成年月日	摘要	提出者氏名
一	紛争三三号 紛争地調書	大正十年十一月二十八日	原本	池山監督員
二	林野々帳	全年全月全日調査	写本	
三	林野原図	全	全	
七	申告書	大正八年十一月二十日	原本	甲當事者
一〇	陳述書	大正十年十一月二十日	全	全
二	聴取書	大正十年九月三日	全	全
	全	大正十年十月二十三日	写本	全
四	申告書	大正八年三月十二日	写本	乙當事者
一三	陳述書	大正十年十一月二十三日	全	全
	契約書	大正七年四月二日	写本	全
	聴取書	大正十年十二月二日	全	参考人（李承大外二人）
一六	聴取書	大正十年十一月二十六日	写本	参考人（李承大外二人）

林野調査

紛争三三号

紛争地調書

慶尚南道金海郡長有面官洞里一八八番地
甲當事者 裵孝明
乙當事者 國
山口縣厚狭郡船木町二四七番地
右貸付者 藏重豊藏
慶尚南道金海郡大渚面出斗里五五七番地
右代理人 藤井正太郎
慶尚南道金海郡長有面官洞里五五番地
参考人 李承駿
慶尚南道金海郡長有面官洞里五四番地
参考人 李承大
慶尚南道金海郡長有面官洞里一二番地
参考人 李鳳鉉
慶尚南道金海郡長有面官洞里番地未詳
参考人 金三龍

一 件名
所有權ノ紛争

二 土地所在 地番及地目
慶尚南道金海郡長有面官洞里
山一五八八番（山一五八八番ノ一大大番）林野

三 當事者及参考人ノ陳述要旨
甲當事者陳述要旨

No. 01143
書類目錄
紛第33號 紛爭地調書 大正 10年 10月 28日 原本 池山 監督員[4]
林野野帳 大正 年 月 日 調査 寫本
林野原圖 同 同
1. 신고서 대정 8년 10월 20일 원본 갑 당사자[5]
2. 진술서 대정 8년 11월 4일 원본 갑 당사자
3. 청취서 대정10년 9월 10일 원본 갑 당사자
7. 청취서 대정 10년 10월 19일 사본 갑 당사자
10. 신고서 대정 10년 3월 25일 원본 을 당사자
11. 진술서 대정 10년 3월 25일 원본 을 당사자
13. 을 第1號證 계약서 대정 7년 4월 1일 사본 을 당사자
14. 청취서 대정 10년 7월 사본 참고인 李承驥 외 1인
18. 청취서 대정 10년 10월 18일 사본 참고인 李鳳鉉 외 1인

No. 01144
紛第33號
紛爭地調書
갑 당사자: 경상남도 김해군 장유면 관동리 188번지 배효명
을 당사자: 國
受貸付者: 山口縣 厚狹郡 船木町 247番地 藏重豊藏
右代理人: 경상남도 김해군 대저면 출두리 557번지 藤井正太郎
참고인: 경상남도 김해군 장유면 관동리 555번지 이승기
참고인: 경상남도 김해군 장유면 관동리 554번지 李承大
참고인: 경상남도 김해군 장유면 관동리 12번지 이봉현
참고인: 경상남도 김해군 장유면 관동리 번지 미상 金三龍

1. 件名: 소유권의 분쟁
2. 土地所在 地番 및 地目: 경상남도 김해군 장유면 관동리, 면적 7.88정보, 산158-5번(假 166번), 임야
3. 당사자 및 참고인의 진술요지
갑 당사자 진술요지:

4 서류목록의 양식에는 증거번호, 명칭, 작성 연월일, 적요 및 제출자 성명의 순서로 기록하게 되어 있다.
5 아라비아 숫자는 면수.

本係争林野ハ元来公山ニシテ十五年前ニ於テ竹林里(現官洞里)ノ里有トシテ里長カ占有シ争外人李錫鉉ニ依頼シ証明ヲ受ケタルモノ一部ニシテ数間里長ニ現金参拾五貫ヲ貸与シ其ノ全額ノ代ニ本係争地及除外地山一皿ノ当林野ヲ口頭契約ニテ甲カ譲受ケ右証明名義人ヨリ証書ヲ受ケタルモ閲失シタリト陳述シ

次ニ甲ノ実子裵鳳儀ハ本係争林野及附近一帯ノ林野ヲ国有林野ト自認シ要貸付者ノ指定ニ依リ樹木ヲ養護シ一方其ノ代償トシテ柴草ヲ無償採取スル模都洞民ヲ代表トシテ乙等ト誓約ヲ締結シタリト陳述セリ

乙当事者陳述要旨

大正四年一月二十七日附山第一九五号ヲ以テ貸付ヲ受ケ監視人ヲ置キ地元面長其他大有力者ヨリ契約書ヲ得テ柴草ヲ地元民ニ無料採取セシメ代ニ植樹権樹ヲ互ニ保育シ来リタリト陳述セリ

参考人李承驥・李承大陳述要旨

本係争林野ハ甲カ証明名義人李錫鉉ヨリ買受ケタル一部ニシテ旧韓国時代ハ長有面部落民ノ全体カ本官洞里ノ国有林野ヨリ随外ノ山ニ柴草及樹木ヲ採伐シ来リタルモ国有地ニ編入セラレ更貸付者カ貸付ヲ受ケ禁養スルニ至リテ稍樹太伐採ハ禁止シ来リタ而シテ其後甲ハ何等許有権利ヲ取上ケラレタルニ付不得已民有ト主張返還スルヲ希望シ今日ニ及ヘリト陳述セリ

参考人李鳳鉉・金三龍陳述要旨

本係争林野ハ元来都落民ノ山慣行地ニシテ甲ノ占有事実ハ不詳ナルモ本係争地及附近一帯ノ国有林野ハ貸付処分後随外ノ山ニ柴草採取スル能ハス為メニ困難ナルヲ以テ之カ採取ヲナサン為メニ要貸付者ノ指定ニ依リ樹木養護スル一方其ノ代償トシテ柴草ヲ無償採取スル様私等ハ部落民ヲ代表シ契約シタリト陳述セリ

No. 01145

본 분쟁관계임야는 원래 公山으로서 15년 전에 竹林里(현 관동리)의 소유로 里民이 점유하고 爭外人[6] 李錫鉉에게 의뢰하여 증명[7]을 받은 것의 일부로서, 수차례 이민에게 현금 35원을 대여하고 그 금액 대신 본 분쟁관계지 및 除外地[8] 산141번 임야를 구두계약에 의하여 갑이 讓受하여 상기 증명 명의인으로부터 증서를 받았지만 분실하였다고 진술한다.

다음으로 갑의 아들인 裵鳳俊은 본 분쟁관계임야 및 부근 일대의 임야가 국유임야임을 인정하고, 受貸付者와의 협정에 따라 수목을 養護하는 한편 그 대가로 시초를 무상 채취하는 것으로 촌락민을 대표하여 乙 第1號證을 체결하였다고 진술하였다.

을 당사자 진술요지: 대정 4년 1월 27일 山第195號로써 대부를 받아 감시인을 두고 현지 면장 기타 유력자와 계약서를 작성하여 시초를 현지민에게 무상으로 채취하게 하고 植樹, 稺樹를 모두 保育해왔다고 진술하였다.

No. 01146

참고인 이승기, 이승대 진술요지: 본 분쟁관계임야는 甲이 증명 명의인 이석현으로부터 매수한 것의 일부로서 구한국 시대에는 장유면 촌락민 전체가 본 관동리의 국유임야 내에서 수시입산하여 시초와 수목을 채취, 벌목해왔지만, 국유지에 편입되어[9] 수대부자가 대부받아 禁養함에 이르러 稍樹木의 벌채를 금지해왔다. 하지만 그 후에도 갑은 모든 소유권리를 박탈당함에 따라 부득이 민유로 반환됨을 희망하여 오늘에 이르렀다고 진술하였다.

참고인 이봉현, 김삼룡 진술요지[10]: 본 분쟁관계임야는 원래 촌락민의 入山慣行地로서 갑의 소유 사실은 잘 모르지만, 본 분쟁관계임야 및 부근 일대의 국유임야는 대부처분 후 수시입산하여 시초를 채취할 수 없어 곤란하였기에 시초 채취를 하기 위하여 수대부자와 협정을 맺어 수목을 양호하는 대가로 시초를 무상 채취하기로 하여 참고인 등은 촌락민을 대표하여 계약한 것이라고 진술하였다.

---

6 분쟁의 갑, 을 당사자 이외의 인물을 말한다.
7 소유권보존증명을 말한다.
8 갑 당사자의 소유지로서 분쟁 대상이 아닌 임야를 말한다.
9 국유림구분조사의 결과 제1종국유림에 편입되었음을 말한다.
10 을 당사자가 말한 면장 및 유력자와의 계약에서 관동리의 座上과 頭民 자격으로 계약서에 날인한 자들이다.

四

五

意見

受貸付者藏重豊藏ノ縁故者トスル國有林野ト認ム

理由

本係争林野ニ付テ甲ハ争外人李鍚鉉名義ニテ隆熙四年一月二十九日附保第一三九號ヲ以テ所有權保存ノ証明ヲ受ケタルモ同人ハ遠地ニ移居シ不在ニ付提出シ難シト陳述シ為メニ証明ノ有無ハ不詳ナリ且ツ甲ハ同人ヨリ大正二年三月三日附ヲ以テ讓受ケタリト陳述スルモ其記載ナク且ツ参考人李鳳鉉及金三龍ハ其事實ヲ知ラスト陳述スルヲ以テ甲ノ買得セリトノ陳述ハ採用スヘキニ非ス而シテ本係争林野ハ元来地元部落民ガ随時ノ山ニ於テ柴草採取シ来リタルノ山續キ地ナリシコトハ甲及参考人等ノ一致シテ是ヲ認ムル所ニシテ斯ル山續キ林ニ対シ争外人李鍚鉉ガ假リニ部落ヲ代表シ若クハ一個人ニテ所有權保存証明ヲ申請シタルニモセヨ証明ヲ與ヘタルハ基本調査ノ粗漏ヨリ来タシタル誤証明タルヤ必セリ尚且ツ同人ガ部落ヲ代表シ柴草採取權ヲ確保スル為ノ証明ヲ受ケタリトスルモ同人ガ一個人ニテ之ガ賣買讓渡スヘカラサルハ亦異論ナキ所トスルヲ以テ採リテ論スル價値ナシ次ニ甲ノ實子襄鳳儀ハ本係争地及附近一帯ノ部落民ノ慣行林野ガ國有地ニ編入セラレ柴草採取スル能ハサル為メニ之ガ採取ヲ計リテ受貸付者ノ造林ヲ保護シ一方其代償トシテ柴草ヲ無償採取スル様乙第壱號証ヲ締結シタルニ付甲等ノ既得權ハ遅ク調査ノ當時ヨリ喪失セラレタルモノト認ム

依リテ甲ノ主張全部ハ排斥シ本係争林野ハ藏重豊藏ヲ朝鮮林野調査令施行規則第壱條第参號ニ該當スル國有林野ト認ム

大正十年十月二十八日

慶尚南道林野調査監督員 辺山健助

No. 01147

4. 의견: 受貸付者 藏重豊藏을 연고자로 하는 국유임야로 인정한다.

5. 이유: 본 분쟁관계임야에 대하여 갑은 쟁외인 이석현 명의로 隆熙 4년 1월 29일부로 保第139號로 소유권보존증명을 받았지만, 그 사람은 먼 곳으로 이사하여 부재함에 따라 그것을 제출하기 어렵다고 진술하므로, 증명의 유무는 잘 알 수 없다. 또 갑은 그 사람으로부터 대정 2년 3월 3일부로 讓受하였다고 진술하지만 그 증거가 없고, 또 참고인 이봉현 및 김삼룡은 그 사실을 모른다고 증언함으로써 갑이 買得하였다고 하는 진술은 採用할 만하지 않다.

그리고 본 분쟁관계임야는 원래 현지 촌락민이 수시입산하여 시초를 채취해온 입산관행지라는 것은 갑 및 참고인들이 인정하는 바로서, 이러한 관행림에 대하여 쟁외인 이석현이 설사 촌락을 대표해서든지, 아니면 한 개인으로서 소유권보존증명을 신청했던 것이든지, 증명을 부여한 것은

No. 00148

기본적인 조사가 조잡하고 부족함에 따라 발생한 잘못된 증명임이 분명하다. 게다가 그 사람이 촌락을 대표하여 柴草採取權을 확보하기 위하여 증명을 받았다고 하더라도 그 사람이 한 개인으로서 그것을 매매양도할 수 없음은 달리 논할 바가 없는 문제로, 채택하여 논할 만한 가치가 없다.

다음으로 갑의 아들인 배봉준은 본 분쟁관계지 및 부근 일대의 촌락민의 관행임야가 국유지에 편입되어 시초를 채취할 수 없었기 때문에 그 채취를 위하여 수대부자의 조림을 보호하는 한편 그 대가로 시초를 무상채취하도록 乙第1號證을 체결함으로써 갑의 기득권은 구분조사 당시부터 상실된 것으로 인정한다.

따라서 갑의 주장 전부를 배척하고, 본 분쟁관계임야는 藏重豊藏을 조선임야조사령 시행규칙 제1조 제3호에 해당하는 (연고자로 하는—필자) 국유임야로 인정한다.[11]

大正 10年 10月 28日

慶尙南道 林野調査監督員 池山健助

11 「조선임야조사령시행규칙」 제1조 3호란 조림 등의 목적으로 국유임야를 대부받은 자를 가리킨다.

面　里洞　No.

地番	假地番	地目	等級	林相 立木度 十分ノ	林相 平均樹齡	登記又ハ證明ノ種類番號年月日	民有又ハ緣故ノ理由	國有民有區分	申告有無	所有又ハ緣故者 住所	所有又ハ緣故者 氏名	備考
一六五	166	林	中	4	5年	保第一三九號 [illegible] 一月二十九日			有	道 郡 面 里洞		[illegible] 藏 [illegible] 第三十三號
					年					道 郡 面 里洞		
					年					道 郡 面 里洞		
					年					道 郡 面 里洞		
					年					道 郡 面 里洞		

備考欄不足ノ場合ハ裏面ニ記シ若シ裏ヲ要
シ得サル場合ハ別ニ調書ヲ作製シ置クヘシ

No. 01149[12]

長有面 官洞里

지번	가지번	지목	등급	임상		등기 또는 증명의 종류 번호 년월일	민유 또는 연고의 이유	국유 민유 구분	신고 유무	소유자 또는 연고자		비고
				입목도	평균 수령					주소	성명	
158-5	166	林	中	4	5年	保第139號 隆熙 4年 1月 29日			有			國 裵孝明 紛爭 紛第29號[13]
												藏重豊藏 貸付地 紛第33號

12 實地調査의 결과를 기록한 野帳이다.

13 삭제하고 날인하였다. 그 밑의 내용으로 수정한 것이다.

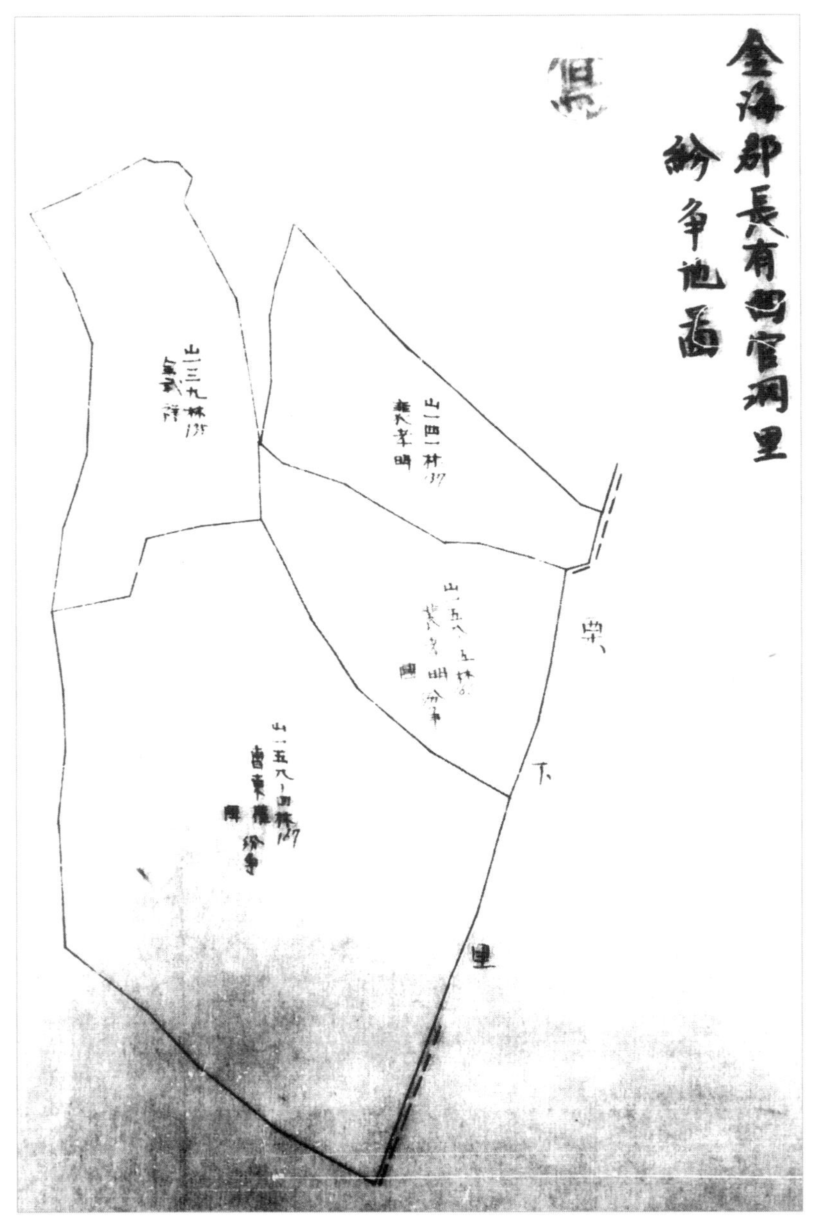
金海郡長有面官洞里
紛爭地圖
山一三九林
山一四一林
山一五八一四林
下
里

No. 01150

金海郡 長有面 官洞里 紛爭地圖

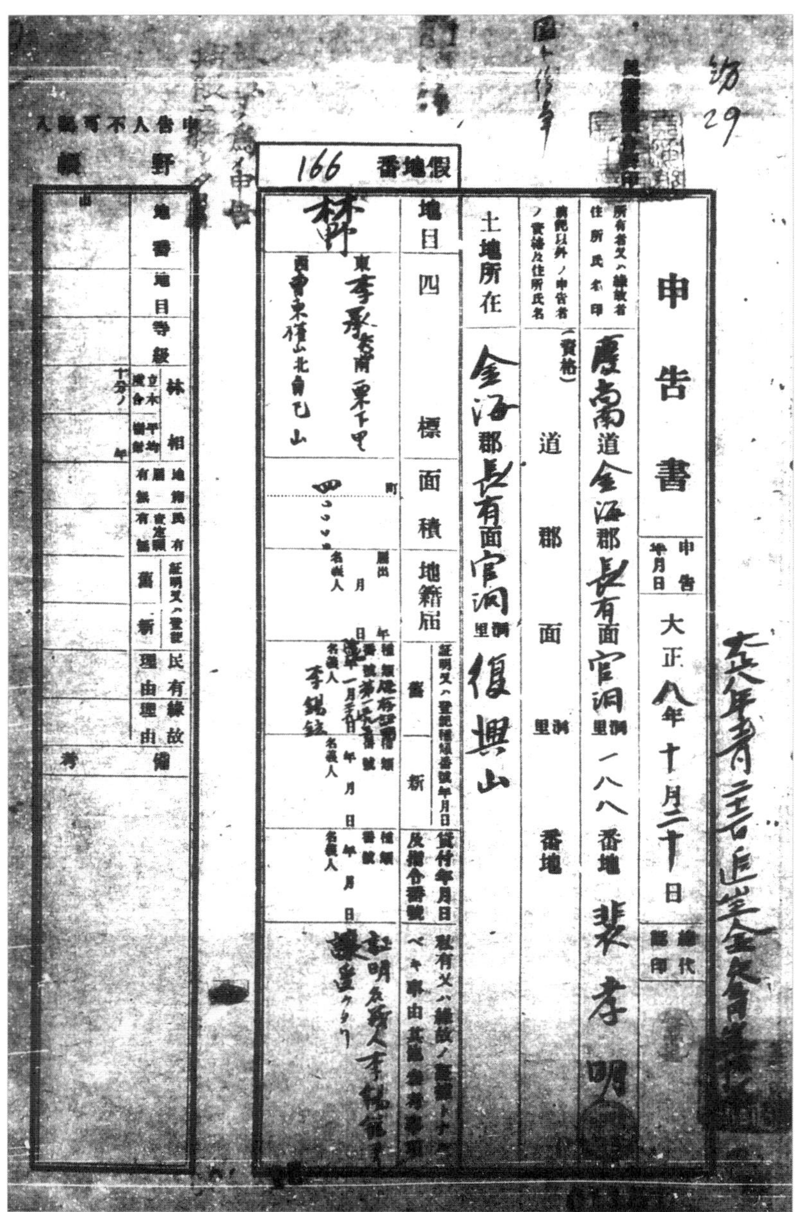

申告書

No. 01151

申告書

申告 年月日: 大正 8年 10月 20日

總代捺印: (捺印)

所有者 또는 緣故者 住所 氏名 印: 경상남도 김해군 장유면 관동리 188번지 배효명 (捺印)

前記 以外의 申告者의 資格 및 住所 氏名:

土地所在: 김해군 장유면 관동리 復興山

假地番: 166

地目: 林野

四標: 東 李承太 山, 南 栗下里, 西 曺東權 山, 北 自己 山.

面積: 4町步

地籍屆:

舊 證明 또는 登記 種類 番號 年月日: 保存證明 제139호, 名義人 이석현.

新 證明 또는 登記 種類 番號 年月日:

貸付年月日 및 指令番號:

私有 또는 緣故의 증거가 될 만한 事由 其他 參考事項: 證明 名義人 이석현으로부터 讓受하였다.[14]

No. 01152[15]

14 서류란 외의 기록은 다음과 같다. "大正 8年 12月 21日 追徵金 3円 徵收畢(捺印)", "國과 분쟁 때문에 신고는 기한 후에 하였다."

15 소유나 연고의 신고서를 제출할 때 주의할 사항이 인쇄된 신고서의 이면이다. 생략한다.

陳述書

金海郡長有面官洞里一八八番地

陳述人 裵孝明

相手 方國

蔵中里蔵國有林野貸付地四甲告ᄒᆞᆫ金海郡長有面官洞里後山四町ᄂᆞᆫ陳述人의所有로査定ᄒᆞ여주심ᄋᆞᆯ請ᄒᆞᆷ

事實

右林野ᄂᆞᆫ隆熙四年壹月拾九日李錫鉉의名義로金海郡保第一三九號保存記明이有ᄒᆞᆫ確實ᄒᆞᆫ民有로셔大正二年五月三日記明名義人李錫鉉으로부터譲渡ᄅᆞᆯ以來着實的植林手入ᄒᆞᆫ爲ᄒᆞᆫ結果又人工的林相이顯著ᄒᆞᆷ은昔已且前記林野의地上物에 ... ᄒᆞᆫ事實은衆人이公認ᄒᆞᄂᆞᆫ바이라大正二年度에意外蔵中里蔵이라ᄒᆞᄂᆞᆫ者가右林野ᄂᆞᆫ國有地에編入되야貸付指令을受ᄒᆞ였다ᄒᆞ고强壓的으로表를見ᄒᆞᆫ今日ᄭᆞ지의抑寃ᄒᆞᆫ懷ᄒᆞᆫ中茲에至ᄒᆞ야事實을陳述ᄒᆞ오니御認識ᄒᆞ시와陳述人의所有로査定ᄒᆞ여주심ᄋᆞᆯ伏望ᄒᆞᆷ

大正八年拾壹月四日

右陳述人 裵孝明

17 16 01153

聽取書

一 住所氏名年齢如何

答 金海郡長有面官洞里一八八番地

裵孝明 当年五十三

一 今回郡長有面官洞里山一三八ノ五番地長有事件ニ関シ占有ノ事實如何

答 元來八公山ニシテ十五年前(年代未詳)ニ於テ竹林里(即チ官洞里)ノ里有林トシテ里長ガ占有シ四ケ年経テ本人之ヲ買受ケ代金ヲ給與シタルモノナリ

一 御境界ハ如何

答 證先境界ナシ

一 地籍面ハ如何

答 地籍面ハ八十廿四年保存証明ヲ受ケタルヤ

ハ李錫鉉名義ニ登記ヲ受ケタルモノナリ

一 李錫鉉ハ何處ニ居住スルヤ

答 德庠里(即チ官洞里)ニ居住セシノナリヤ

林野調査

19 18 01154

No. 01153

陳述書

진술인: 김해군 장유면 관동리 188번지 배효명

상대방: 國

藏重豊藏 국유임야 대부지 내, 신고한 김해군 장유면 관동리 부홍산 4정보는 진술인의 소유로 查定해주시기를 바람.

事實: 상기 임야는 융희 4년 1월 29일, 이석현의 명의로 김해군 保第139號 보존증명이 있는 확실한 民有로서, 대정 2년 3월 3일 증명 명의인 이석현으로부터 讓受한 이래 착실히 植林하고 돌본 결과 인공적 임상이 현저하며, 또 앞의 임야 지점까지 禁養한 사실은 衆人이 公認하여 알 수 있는 바이다. 대정 2년에 갑자기 藏重豊藏이라는 자가 상기 임야가 국유지에 편입되었다고 하고 貸付指令을 받은 것이라며 강압적으로 빼앗아가 지금까지 억울하고 원통해하던 중, 이에 이르러 사실을 진술하니 부디 사실을 두루 밝힌 후 진술인의 소유로 查定해주기를 바란다.

大正 8年 11月 4日

上記 진술인 배효명

No. 01154

聽取書

문: 주소, 성명, 연령은?

답: 김해군 장유면 관동리 188번지 배효명, 올해 53세이다.

문: 김해군 장유면 관동리 158-5번 國 · 民 분쟁사건에 대하여 그 점유 사실은 어떠한가?

답: 원래는 公山으로서 15년 전(연대미상)에 竹林里(즉 관동리)의 里有林으로 되어 里民이 점유하고 4년이 지나 본인이 그것을 매수하고 대금 35원을 지급하였다.

문: 당신의 분묘가 있는가?

답: 내 조상의 분묘는 없다.

문: 地籍을 신고하거나 舊 證明을 받았는가?

답: 지적 신고는 하지 않았어도 보존증명은 이석현의 명의로 받았다.

문: 이석현은 어디에 거주하는 자인가?

답: 德亭里(즉 관동리)에 거주하였다.

林野調査

21 20 01155

林野調査

23 22 01156

No. 01155

문: 원래 죽림의 리유림이었다면, (왜—필자) 덕정리에 거주하는 이석현의 명의로 구 증명을 받았는가?

답: 본인이 매수한 후 증명을 받을 당시 절차 및 수수료 관계로 이석현의 임야와 합병하여 증명을 받을 것을 의뢰하였다.

문: 그렇다면 당신의 매득 연월일이 증명을 받은 연월일과 다른 것은 어째서인가?

답: 전술한 내용은 잘못되었다. 그 사람의 명의로 증명을 받은 것을 매수한 것으로서, 본 죽림리에서 이석현 쪽에 증명을 받도록 의뢰한 것이라고 생각한다.

문: 증명을 받았다면 증명신청서와 그에 첨부한 도면은 왜 (진술서에—필자) 첨부하지 않았는가?

답: 진술서를 제출할 당시 이석현에게 청구하였으나 그 사람은 시간이 오래 지났기 때문에 도면을 분실하거나 어디 있는지 잘 모르겠다고 하였다.

문: 그렇다면 첨부할 수 없는가?

답: 그렇다.

문: 매수한 면적지 모두 (1913년 구분조사에서—필자) 국유에 편입되었는가?

No. 01156

답: 본 분쟁지의 동부 전체 면적의 3분의 2가량은 민유지로 제외되었다.

문: 동일한 매수지인데 왜 3분의 1만 국유에 편입되었는가?

답: 국유지에 편입된 부분은 본인 거주지에서 보이지 않는 먼 곳이어서 감시가 불충분하여 타인이 전부 벌채하였고 임상이 불량하여 국유에 편입되었다.

문: 그렇다면 본 분쟁지는 촌락민의 관행지인가?

답: 그렇지 않다. 이 땅의 서부는 원래부터 公山이기 때문에 본 분쟁지로 경계를 넘어 시초를 채취하였지만, 조선의 관습상 임야에 대한 관념이 부족하였기 때문에 엄중히 금양하지 않은 것이다.

一 問 竹林ヲ買受ケタル証書アリヤ
答 敎田里民ニ右代金ヲ貸與シタル
發運服スル金銭十年後ヘ里民
ト協議ノ上本係争地ヲ口頭
契約ニテ本人ニ渡シタルカ如キ人
ハ単ニ証明者李錫鉉ヲ
ヨリ契約書ヲ受ケタル所ノ契
約書ヲ已ニ紛失シタルモノナリ
右ハ金海郡長有面官洞里所在
ナル面民所有ナル竹林ニ甲第
者裵孝明ノ陳述ヲ聴取記録ス

ナルモノナリ
大正十年九月十日
於長有面官洞里
林野調査委員会出張
右全部読聞カセタルニ相違ナキ旨
申立ナルニ署名捺印セしむ
右申述人 裵孝明 (印)

林野調査

25 24 01157

聴取書

一 住所氏名如何
答 金海郡長有面官洞里一八八番地
裵鳳儀
当年五十九才
一 官洞里山五八八番係争地ノ所有者如何
答 裵孝明ナル所有者如何
問 私有ナルヤ
答 山五八八番ハ林野調査ニ際シ係争地ニ対スル地
籍面ヲ提出セシ
答 係存証明ハ所有者李錫鉉カ
携帯シ居リ所在ニ付提出セシ
難シ
山一五八八番係争地ニ対スル[illegible]
関ハ提出セシ[illegible]
提出シタルモノナリ
問 地籍ハ面出セサリシヤ
答 山一五八八番ハ地籍面ヲ提出セシ[illegible]
山一五八八番林ニ対スル地籍面ハ
未提出ナリシ
答 無シ未届ナリ

林野調査

p. 01157

문: 죽림리로부터 매수한 증서가 있는가?

답: 몇몇 면리 주민들에게 전술한 대금을 빌려줬는데 반환할 돈이 없어 里民이 협의한 후 이 땅을 구두계약으로 본인에게 넘겼기 때문에 본인은 단지 증명 명의자 이석현으로부터 계약서를 받았지만 분실하였다.

이상은 김해군 장유면 관동리에 있는 國·民 분쟁사건에 관하여 갑 당사자 배효명의 구술을 청취, 기록한 것이다.

大正 10年 9月 10日

장유면 관동리에서

임야조사원 金海壽

이상을 전부 읽고 듣게 하여 사실과 다름이 없다는 뜻으로 진술하여 함께 서명날인하게 한다.

상기 구술인 배효명

p. 01158

聽取書

문: 주소와 성명은?

답: 김해군 장유면 관동리 188번지 배봉준, 올해 29세이다.

문: 관동리 산158-5번 분쟁당사자 배효명과 당신은 어떤 관계인가?

답: 나의 아버지이다.

문: 산158-5번 임야에 대한 보존증명 및 산158-3번 분쟁지에 대한 지적 신고(사실에 대하여 진술—필자)를 하시오.[16]

답: 보존증명은 전 소유자 이석현이 휴대하고 먼 지방으로 출타하여 부재하므로 제출하기 어렵다. 산158-3번 분쟁지에 대한 지적에 관해서는 제출 후 바로 분실하여 제출하기가 어렵다.

문: 산158-5번 임야의 지적은 신고하였는가?

답: 신고하지 않았다.

문: 산158-3번 임야에 대한 지적은 이 도면인가?

답: 그렇다. 이 도면이다.

---

16 산158-3은 배봉준과 國(受貸付者 藏重豊藏)의 분쟁지이므로 질문한 것이다.

問 汝ハ大正五年中ニ官有山野所在並有林野借受人及其ノ量並汝外ニ人ト部落民ヲ代表シ契約シタルモノナルヤ

答 然リ有リマシ

問 汝ハ山野ハ二箇所及山一箇所ハ五箇所ニ分タレ年貢林野ニ対シ柴草採取ヲ為サシメ所契約ナル締結シタルモノナリヤ

答 然ラズ其係争地ハ官有山野所在並ニ有林野全部ニ対シ部落民ノ代表トシテ所契約締結ノ運

林野調査

実行シ委任者ノ造林ヲ為シ渡スル一方所代償トシテ柴草ヲ毎年賃採取スル旨契約シタリ

問 今迄所契約締結ハ遺背セルモノナキヤ

答 然リ遺背セルモノナシ

問 汝ノ二件係争地ニ付キ提出スル所契約ハ不確認スルニアラスヤ

答 其係争地ニ限リテハ遺背セルモノ無シト又其契約ハ其係争地以外全體ノ国有林野ニ対スル契約ナルカ故ニ其全部ノ国

有林野ニ対シテハ遺背セルモノナトアラス

問 所契約締結以来前高所ハ本件係争地ヲ国有ト認メ所契約締結シタルモノニアラスヤ

答 当初有地ト認メ契約シタルモノニトモ

問 契約シタルハ何故ナリヤ

答 東鳳道ハ右ノ内容ナキモ以テ現在ハ官ニ対シ所約ナ実行スル次第ナシ

林野調査

右ハ係争地甲乙事件右東鳳道ノ口述ナ録記シタルモノナリ

大正年十月十九日

臨時土地調査局

調査員

右読聞カセタル処相違ナキ旨申立署名捺印セシム

右陳述人 東鳳俊 印

No. 01159

문: 대정 2년에 관동리 소재 국유임야 借受人 藏重豊藏과 당신 외 2인이 촌락민을 대표하여 계약을 한 일이 있는가?

답: 그렇다. 있다.

문: 당신은 산158-3번 및 산158-5번, 당신의 분쟁임야에 대하여 시초채취를 하지 못하였으므로 이 계약을 체결한 것 아닌가?

답: 그렇지 않다. 본 분쟁관계지 및 관동리 소재 국유임야 전부에 대하여 촌락민의 대표로서, 이 계약조건대로 실행하고 수대부자의 조림을 양호하는 한편 그 대가로 시초를 무상 채취한다는 뜻으로 계약하였다.

문: 지금까지는 그 계약조건을 위배하지 않았는가?

답: 그렇다. 위반한 적 없다.

문: 당신의 2건 분쟁사건을 제출한 것은 계약을 따르지 않겠다는 뜻 아닌가?

답: 이 2건 분쟁관계지에 한해서는 위배하였다. 그렇지만 그 계약은 본 분쟁관계지 이외 전체 국유임야에 대한 계약이므로

No. 01160

전체 국유임야에 대해서는 위배한 것이 아니다.

문: 계약을 체결할 당시에는 이 2건 분쟁지를 국유로 인정하여 계약서를 쓴 것 아닌가?

답: 국유지에 이미 편입된 바 있으므로 국유임을 당연히 인정하였다.

문: 계약 당시 裵鳳道의 명의로 계약한 것은 무슨 이유인가?

답: 배봉도는 나의 初名으로서 현재도 관청에서는 그 초명으로 실행하고 있다.

이상은 분쟁 갑 당사자 배봉도(현재 봉준)의 구술을 청취, 기록한 것이다.
大正 10年 10月 19日
김해군 林野調査班
감독원 池山健助 印
조사원 김해수 印
이상을 전부 읽고 듣게 하여 사실과 다름이 없다는 뜻으로 진술하여 함께 서명날인하게 한다.
상기 진술인 배봉준 印

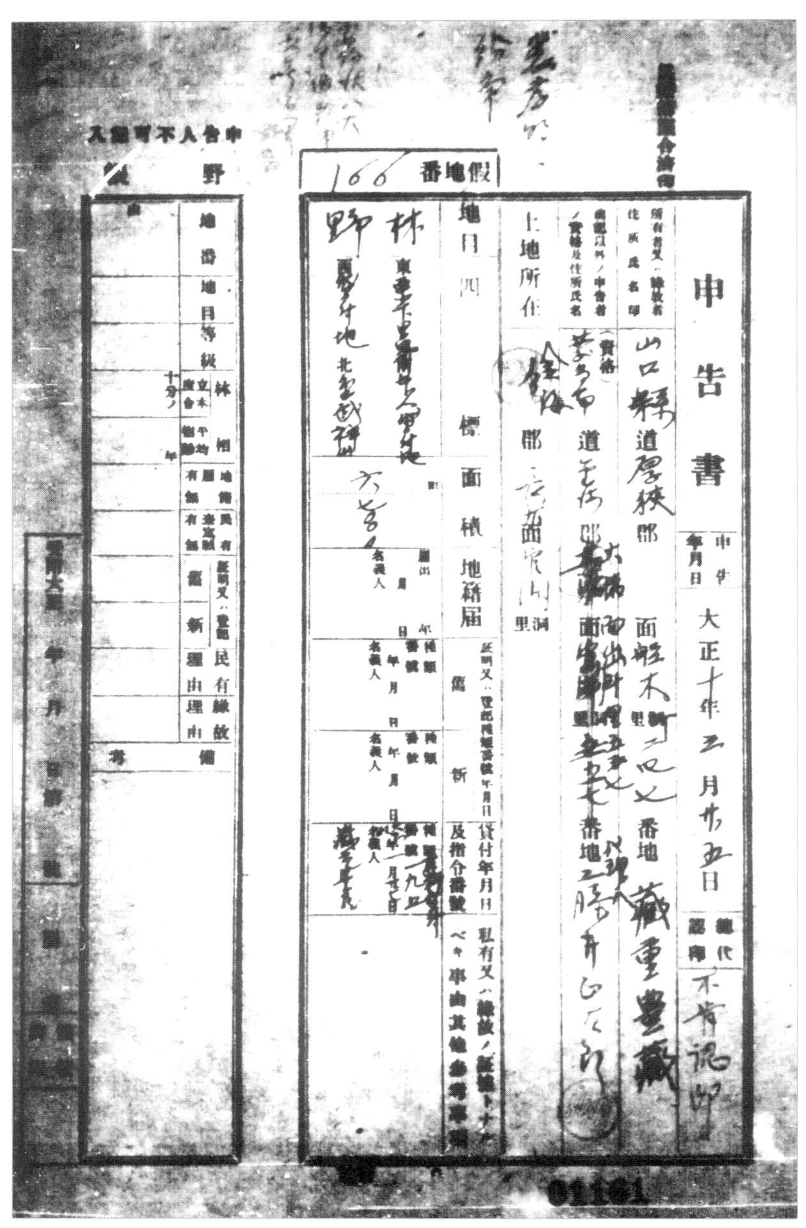

申告書

申告年月日 大正 年 月 日

所有者又ハ緣故者住所氏名

土地所在 郡 面 里洞

假地番 166

地目

標

面積

地籍届

證明又ハ登記番號年月日

貸付年月日及指令番號

私有又ハ緣故ノ證據トナルベキ事由其他参考事項

申告人不可記入

林野

地番

地目等級

備考

No. 01161
申告書
申告 年月日: 大正 10年 3月 25日
總代捺印: 不肯認印[17]
所有者 또는 緣故者 住所 姓名 印: 山口縣 厚狹郡 船木町 247番地 藏重豊藏
前記 以外의 申告者의 資格 및 住所 氏名: 경상도 김해군 大渚面 出斗里 557番地 代理人 藤井正太郎 (捺印)
土地所在: 김해군 장유면 관동리
假地番: 166
地目: 林野
四標: 東 栗下里, 南 본인 대부지, 西 대부지, 北 金武祥 山.
面積: 6.7町步
地籍屆:
舊 證明 또는 登記 種類 番號 年月日:
新 證明 또는 登記 種類 番號 年月日:
貸付年月日 및 指令番號: 有料貸付 제195호 大正 4년 1월 27일 명의인 藏重豊藏
私有 또는 緣故의 증거가 될 만한 事由·其他 參考事項:[18]

No. 01162[19]

17 지주총대가 날인을 거부한 것이다.
18 서류란 외의 기록은 "배효명과 분쟁", 그 좌측은 알 수 없다.
19 신고서의 주의사항이 기재된 이면이다. 생략한다.

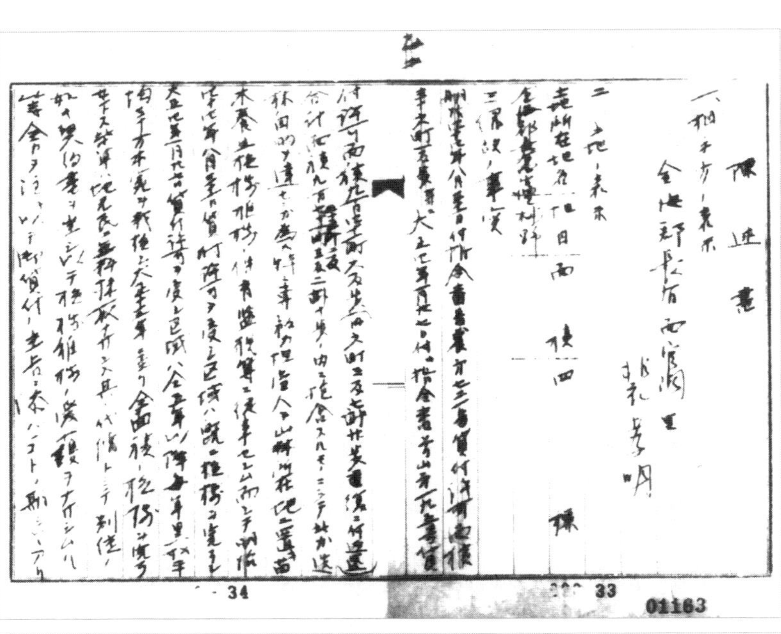

陳述書

一、相手方ノ表示
全北郡長[illegible]
二、土地ノ表示
所在地名 [illegible]
三、係争ノ事実
明治四十五年八月[illegible]日付指令書[illegible]
大正七年[illegible]日付指令書[illegible]
[illegible]

34　33

01163

四　紛争ノ由来
所貸付ヲ受ケシ以来境界其他ノ件ニ付キ未ダ
曽テ他ヨリ抗議ヲ受ケシコトナク従テ紛争ノ
起ルベキ理由ナシ別紙写ノ通リ各地元住民
ヨリ出テタル[illegible]林取契約書外関係地
面長区長其ノ他有力者ノ連署ニヨル事
実ニ照スルモ貸付区域内ニ民有地若クハ縁故
地ノ介在スベキ理由ナキコト明ラカナリ
然ルニ造林経営者カ多年刻苦積功
ノ効果ニヨリ荒廃價値ナキ林相一変シ
タル為メ他ヨリ羨望ノ境界トナリ好機会ア
ル野心家ガ一応ノ申出書陳情書等ニヨリ
所有権ヲ侵害セント欲スル所為メナラント認
メラル

右ノ通リ相違無之候間宜シク御詮議
被下成度奉願上候也

大正拾年参月廿五日
全北郡大場面出張所
貸付人 [illegible] 代理人
藤井寛太郎 (印)

36

No. 01163

陳述書

1. 상대방의 표시: 김해군 장유면 관동리 배효명

2. 토지의 표시

토지 소재지명: 김해군 장유면 관동리

지목: 임야

면적:

四標:

3. 연고의 사실: ("明治 44년…1反步"는 삭제한 후 날인하였다—필자) 대정 4년 1월 27일 附, 指令 번호 山第195號 대부허가 면적 941.6정보(그중 6.377정보는 중복되어 반환), 합계면적 935.223정보 내에 포함되는 것으로서, 조림 목적을 달성하기 위하여 특별히 사무담당자를 산림 소재지에 두고 묘목 양생, 식수와 치수의 보육 · 감시 등에 종사하게 하여 명치 44년 8월 31일 대부허가를 받은 구역은 이미 식수가 끝났다. 대정 4년 1월 27일에 대부허가를 받은 구역은 대정 5년 이래 매년 黑松 평균 30만 본씩을 식재하여 대정 13년에 이르러 전체 면적의 식수를 완료하고자 한다. 시초는 현지민에게 무료로 채취하게 하고, 그 대가로 별지와 같은 계약서를 받음으로써 식수와 치수를 受護하게 하는 등, 전력을 경주하여 대부의 主旨에 조력하기를 기약하고 있다.

No. 01164

4. 분쟁의 유래: 대부를 받은 이래 境界 기타의 건에 대하여 아직 일찍이 다른 사람으로부터 항의를 받은 일이 없고, 따라서 분쟁이 일어날 이유가 없으며, 별지 사본대로 현지민과 시초채취 계약서를 각 관계지의 面長, 區長, 기타 유력자가 連書로 작성하였음에 비추어 보아도 대부지역 내에 연고자나 소유자가 있을 수 없는 것을 알 수 있다. 필경 조림 경영자가 다년간 무척 애쓰고 정성을 들여 황폐하고 가치 없는 임상을 일변시켰기에 타인의 부러움과 시기의 불씨가 되어, 기회가 있을 때마다 야심가가 한 장의 신고서, 진정서를 내 요행으로 소유권을 얻고자 하기 때문이라고 생각한다.

이상과 같이 틀림없으니 마땅히 사정을 두루 밝혀주시기를 바람.

大正 10年 3月 25日

김해군 대저면 출두리

貸付者 藏重豊藏 대리인

藤井正太郎 (捺印)

契約書

右契約은 無一毁하고 預付山野에 對하야 州里別로
境界를 分定하야 保護와 方法을 左記와 如히
하야 遵守하기 爲하야 誓約함
一、無斷히 他地元住民이 燃料採取함
二、牛馬의 亂離放牧을 禁止
三、種苗及天然稚樹를 侵害치 아니할 事
四、地上草의 直根은 斧鉤等을 一切禁함
五、不意의 火災及大災가 有할 時는 何州里에
互共力救急할 事
六、何州 苗木을 刈取할 時는 每一株에 對하야 百
株의 代金을 賠償함
七、何州里間에 自州區域外 他州區域을
越하야 無斷히 偷伐할 時는 該州에 合意
리 他里區에 編入할 事
右各項을 遵守키 爲하야 記約함
大正七年八月一日
金海郡長有面 [illegible] 里
頭民 金三龍 (印) 区長 裵鳳道 (印)
座上 李鳳鉉 (印) 立會 長有面長 [illegible]

聽取書

一、住所氏名年齡 如左
金海郡長有面官洞里 [illegible] 番地
李承[illegible]
當年五十七才
同里 [illegible] 番地
李承大
當年五十[illegible]才
一、金海郡長有面官洞里山一五八ノ二番、山一五八ノ三番、山一五八ノ四番、山一五八ノ五番林野係爭事件ニ關シ左
當事者ノ合有事實ヲ左ニ聽取ス

一林野調査

問答

[illegible]

No. 01165

契約書

본 계약은 貸付山野에 대하여 동리별로 경계를 分定하여 보호의 방법을 다음 조항과 같이 준수하기 위하여 이에 서약함.

1. 柴草는 현지주민이 무료로 채취함.
2. 牛馬의 난잡한 방목을 금지함.
3. 種苗 및 天然穉樹를 침해하지 않음.
4. 樵輩의 도구로 도끼, 갈고리 등을 절대 금지함.
5. 불의의 재변과 화재가 있을 때는 모든 동리가 함께 힘써 救急할 것.
6. 何等 苗木을 刈取할 때는 매 1株에 대하여 100株의 대금을 배상함.
7. 어떤 동리라도 자기 동 구역 외 타 洞區를 違越 또는 偸伐할 때는 그 동의 구역을 바로 타 리에 편입함.

이상 조항을 連書 証約함.

大正 7年 4月 1日

김해군 장유면 관동리

頭民 金三龍 (印) 區長 裵鳳道 (印)

座上 李鳳鉉 (印) 立會 長有面長 裵相璡 (印)

藏重豊藏 殿

No. 01166

聽取書

문: 주소와 성명, 연령은?

답: 김해군 장유면 관동리 555번지 李承驥 37세, 관동리 554번지 李承大 36세이다.

문: 김해군 장유면 관동리 산130-2번, 산158-3번, 산158-4번, 산158-5번 임야의 분쟁사건에 관하여 각 당사자의 점유 사실을 아는가?

답: 안다.

문: 각 당사자의 점유 사실은 어떠한가?

답: 산130-2번은 분쟁 당사자 趙鏞圭가 약 15년 전에 전 소유자 裵和局으로부터 매수한 임야의 2/3가량이 국유지에 편입된 것이다. 산158-2번은 갑 당사자 이승기의 친조부가 조림 목적으로 김해군수로부터 立案을 받은 후 이승기가 금양한 것이다.

問 答 問 答 問 答 問 答

山一五八ノ三番裵鳳俊ハ地籍面ナ有
スル旨所有者林桂鳳ヨリ買得
シタルモノナリ
山一五八ノ四番曺東権ハ大正元年林
ニ於テ黒松ヲ植栽シ占有シタルモノナラ
山一五八ノ五番裵孝鎮ハ所有者
李弘鉉ニ於テ保存活動ヲナシ居タル
モノヲ買受ケタル全面積ノ約半分ヲ
占有地ニ編入セラレタリ
右各御申地ハ何年頃占有地ニ
編入セラレタルモノナルヤ何時頃見ラレタルヤ

林野調査

大正五年頃区分調査ノ當事者本
人（即李鐘大）ノ実父区長ナルカ故ナ
三ケ月実施ニ命セラレタルモ種因意
識ノ為メ将来ノ事ヲ全然知ラザリシ為
占有地ニ編入セラレタルコトヲ云ヘリ
爾後ハ如何ナル手続ヲ為シタリヤ
何等ノ手続ヲ為サズ為シ得ヘカラサリシ
以前ヨリ区有地ナリトセハ何故未定
区域内ノ占有地全部カ同一状況ナリヤ
當局調査時代ハ区有面民全體
カ在官旧里山方ニ随ヒ大山ニ帯草

答 答 問 答 問 答 問 答

ヲ採取シタル当時ハ松木ナ伺残ラシ
モノナルモ占有地ニ編入セラレタル後ハ従前地
人カ貸付ナ受ケタル後ハ貸付者
カ禁伐ノ結果松木伐採ハ禁
ジ来リタル次第ナリ
各當事者中植栽シタルモノアリヤ
山一五八ノ四番曺東権ハ大
正二年頃ニ於テ黒松ヲ補植シタルモノナリ
祖先墳墓ナ有スルモノアリヤ
山一五八ノ二番李孫鉉ハ親祖母ノ
墳墓ナ設ケタリ

林野調査

各當事者ニ於テ植栽
スル當時甲當事者ノ中ニハ人夫ト
シテ使役セラレタルモノアリヤ
本官旧里区域内ハ従来植栽モ
セス他里ニ植樹セルモ本部落民ニ
於テハ傭人ニナリタルモノナカリシ
右各甲當事者中ハ何故植樹モセズ
禁伐モセザリシヤ
占有地ニ編入セラレタ以後ハ執カナ
敢ヘテセラレタルモノニシテ降ニ付承
當局ハ手続セサリシ茲ニ至ルモ有トシテ

No. 01167

산158-3번은 배봉준이 地籍을 제출한 전 소유자 林桂園으로부터 매득한 것이다. 산158-4번은 曺東權이 대정 원년에 黑松을 식재하고 점유한 것이다. 산158-5번은 배효명이 전 소유자 이석현이 보존증명을 받은 것을 매수한 전 면적의 약 절반이 국유지에 편입된 것이다.

문: 상기 각 분쟁관계지가 몇 년도에 국유지에 편입되었다는 것을 언제쯤 발견하였는가?

답: 대정 2년경 구분조사 당시 본인(즉 이승대)의 아버지가 區長이었기 때문에 3일간 實地 立會했지만 융통성이 없고 무식하여 장래의 일을 전혀 알지 못했다.

문: 국유지에 편입된 것을 안 후에는 어떠한 절차를 취하였는가?

답: 아무런 절차를 취하지 않았다.

문: 이전부터 민유지였다면 왜 본 리 구역 내의 국유지 전체가 동일한 상황인가?

답: 구한국 시대에는 장유면 면민 전체가 관동리 산골짜기에 수시입산하여 시초를

No. 01168

채취하거나 소나무를 間伐하였지만, 국유지에 편입된 후 內地人이 대부를 받고 나서는 受貸付者가 금양한 결과 어린 소나무의 벌채는 금지해왔던 것이다.

문: 각 당사자 중 植林한 자가 있는가?

답: 산 158-4번 당사자 조동권은 대정 2년에 흑송을 補植한 일이 있다.

문: 조상의 분묘가 있는 자가 있는가?

답: 산158-2번 이승기는 조부의 묘를 썼다.

문: 수대부자 藏重豊藏이 식림할 당시 갑 당사자 중 인부로 일하여 임금을 받은 자가 있는가?

답: 본 관동리 구역 내는 종래 식재도 하지 않고, 다른 리에서 식수해도 본 촌락민 중 傭人이 되었던 자가 없다.

문: 상기 각 갑 당사자들은 하등 식수도 하지 않고 금양도 하지 않았는가?

답: 국유지로 편입된 후에는 세력을 박탈당하여 부득이 전혀 착수하지 않았지만 다행히 민유로

返還セル場合ニハ熱心ニ造林セン
目的ナリ
右ハ金海郡右有里官有里西良
紛争事件ニ関シ立會人ノ為當
事者ノ陳述ヲ聴取記録シタルモノナリ
大正十年七月八日
於金海郡右有里
林野調査員 [illegible] 印
右金郡[illegible]ニテ立會シタルモ不在ニ付
申立書ニ署名捺印セシム
右陳述人 李承[illegible] 印
本[illegible] 李承大 印
仝

林野調査

聴取書

一 住所氏名年齢 如左
金海郡右有里官有里[illegible]番地
李承[illegible]
當年[illegible]才
甲[illegible]番地
李承大
當年[illegible]才
仝
一 金海郡右有里官有里山一番ノ二番山一五八ノ二番山一五八ノ三番山一五八ノ四番山一五八ノ五番林野紛争事件ニ関シ左ノ當事者ノ所有事実ヲ述ルヤ

答問答

問 [illegible]
答 當事者ノ所有事実如何
(山一二ノ二番)紛争當事者趙[illegible]主ハ約十五年前ニ該地ヲ所有者[illegible]三分
[illegible]ヨリ買受ケタルモノナリ
[illegible]山一五八ノ二番甲當事者李承[illegible]
八親祖父ニ[illegible]造林ノ目的ヲ以テ金
海郡守[illegible]立案ヲ得テ[illegible]
[illegible]ナリ

林野調査

No. 01169

반환된다면 열심히 조림할 것이다.

이상은 김해군 장유면 관동리 國·民 분쟁사건에 관하여 참고인 및 당사자의 구술을 청취, 기록한 것이다.

大正 10年 7月 8日

김해군 장유면 관동리에서

임야조사원 김해수 (印)

이상을 전부 읽고 듣게 하여 사실과 다름이 없다는 뜻으로 진술하여 함께 서명날인하게 한다.

상기 진술인 이승기 (印)

同 이승대 (印)

No. 01170

聽取書

문: 주소와 성명은?

답: 김해군 장유면 관동리 12번지 관동리 座上 李鳳鉉 당년 58세, 같은 리 번지 미상 관동리 頭民 金三龍 당년 39세이다.

문: 관동리 소재 국유임야로서 藏重豊藏이 대부받은 임야에 대하여 이 계약(No. 01165의 계약—필자)을 체결하였는가?

답: 계약하였다.

문: 당시 사실을 상세히 진술하라.

답: 대부처분 후 수시입산하여 시초를 채취할 수 없었기 때문에 곤란하여 이장, 면장 등의 중재로 수대부자의 지휘에 따라 수목을 養護하는 한편, 그 대가로 시초를 무상으로 채취하기로 계약하였다.

문: 당시 면장 또는 촌락민 전부 實地에 입회하였는가?

答 契約ニ當リ現在ノ事實當事者等ト相談ノ上洞部落ニ於テ年人等ヲ代表者トシテ契約ヲ締結シ來事ヲ認識シ居ルモ

問 然ラハ其ノ契約ノ内容ヲ全部落民等モ承認シ居ルモノナリヤ

答 知リ居ラス

問 部落民中異議ヲ唱フル者ナカリシヤ

答 否自然草ヲ採取スルモノナルカ故異議スル筈ナキナリ

問 然ラハ今後本地全部カ元來地元民ノ秣草採取ノ場ナリヤ

答 然リ全部秣草刈地ナリ

問 元來民有地ハ無キヤ

答 現在ノ事中舊來権八十餘年前ヨリ植林シ林ヤ存シ來リシモ實ニ出テ便會ナクシ部落民ニ採取セラレタルニ付現在ハ林不良ナルモ其外ハ不詳ナリ

問 今人ハ何故部落民ニ採取セシメシヤ

答 實ニ出テ便會ナキニヨリシノ三十ラス五

林野調査

No. 01171

답: 계약에 당면하여 현재 분쟁 당사자들과 상담한 후 해당 촌락에서 본인 등을 대표자로 하여 계약서를 체결하고 시초구역을 정하였다.

문: 그렇다면 그 계약의 내용을 전 촌락민들도 들어 알고 있었던 것 아닌가?

답: 알고 있었다.

문: 촌락민 중 이의를 제기한 자가 있었는가?

답: 각자 시초를 채취하기 때문에 이의를 제기할 리 없다.

문: 대부 처분지 전부가 원래 현지민의 시초채취장인가?

답: 그렇다. 전부 관행지이다.

문: 원래 민유지는 없는가?

답: 현재 분쟁 중인 조동권은 10여 년 전부터 식림하고 금양해왔지만 해충에 침식되어 촌락민에게 채취하게 함에 따라 현재 임상이 불량해도 그 외는 잘 모른다.

문: 그 사람은 왜 촌락민에게 채벌하게 하였는가?

답: 해충에 침식되었을 뿐 아니라

有地ニ編入セラレタルニ付禁養スル様
[illegible]
問　曾テ某々外ハ何等事実書詳ナ
ト云ヘハ本陳述書ハ如何ナルモノヲ提
出シタルヤ
答　私共ハ無学ノ為メ陳述ハ何等事
実ハ不詳ナルモ買収セラレタト
噂ヲ聞キタルコトナシ其陳述書
提出シタルハ如何ナル意思ナル
ヤ不詳ナリ
右ハ官側ニテ[illegible]農民ノ如キ
本事件ニ関シ正ニ参考人李鍾鳳
金三龍ノ陳述ヲ聴取シ記録ス
大正十年十月十八日
於有[illegible]
臨検[illegible]池小儘助　印
調査員[illegible]　印
全部読聞カセタルニ相違ナキ旨申
立ツモ署名スル能ハス拇印セシム
右陳述人
李鍾鳳　印
仝　金三龍　印

52　51　01172

No. 01172

국유지에 편입되어 금양할 권능이 없었기 때문에 금양하지 않았다.

문: 조동권 이외에는 점유사실을 잘 모른다면 이 진술서는 어떻게 해서 제출한 것인가?

답: 우리들은 無學이기 때문에 저들의 점유사실은 잘 모른다. 매득했다는 소문도 들은 적 없다. 진술서를 제출한 의도는 잘 모른다.[20]

이상은 관동리에 소재하는 國·民 분쟁사건에 관하여 참고인 李鉉鳳(李鳳鉉의 오기이다—필자), 김상룡의 구술을 청취, 기록한 것이다.

大正 10年 10月 18日

장유면사무소

감독원 池山健助

이상을 전부 읽고 듣게 하여 사실과 다름이 없다는 뜻으로 진술하여 함께 서명날인하게 한다.

상기 구술인 이봉현 (印)

同 김삼룡 (印)

---

20 상기 관동리 산158-2번의 갑 당사자는 이승기이며, 그는 임야조사원이 말한 "조동권 이외"의 당사자에 해당한다. 산158-2번 임야의 분쟁지조서(분181)에 있는 이승기의 진술서를 보면, 이승기는 해당 임야가 자신의 소유임을 주장한 후 '첨부 증거서류'로서 '認證書'를 제출한다 하였다. 첨부된 '인증서'에는 이 임야가 자신의 것임을 증명하여 달라는 이승기의 "認證願"이 있고, 그 뒤에 '認證者'들의 성명과 날인이 있다. 관동리 區長과 '隣接地主' 2인의 성명과 날인에 뒤이어 '里民' 31인의 성명과 날인이 있는데, 이 31인 중에 지금 참고인으로 진술하고 있는 이봉현이 포함되어 있다. 조사원이 말하는 진술서란 이를 말하는 것이다. 참고인들이 "無學"이라고 한 바와 인증서에 날인한 34명의 필체가 동일한 점을 보건대 날인한 자들이 직접 기입한 것이 아니라 한 사람이 쓴 것임을 알 수 있다(분181, 0079-0087). 진술서는 원본이다.

참고문헌

Ⅰ. 자료

1. 연대기류

『各司謄錄』

『高麗史』

『國譯 備邊司謄錄』

『國譯 朝鮮王朝實錄』

『受教輯錄』

『承政院日記』

2. 법전

『經國大典』

『大典通編』

『大典會通』

『續大典』

『新補受教輯錄』

3. 연속간행물

慶尙北道, 『慶尙北道の林業』 1931년판.

京城商工會議所, 『朝鮮經濟雜誌』.

公報處 統計局, 『1952 大韓民國統計年鑑』.

농림부, 『농림통계연보』 각 연판.

農林部 山林局, 『1961 林山額表』.

山林廳, 『林業統計年報』 각 연판.

朝鮮山林會, 『朝鮮山林會報』 각 월호.

朝鮮銀行 調査部, 『1948 朝鮮經濟年感』.

―――――――, 『1955 經濟年鑑』.
朝鮮總督府, 『官報』.
―――――, 『施政年報』 각 연판.
―――――, 『林野統計』 각 연판.
―――――, 『朝鮮』 각 월호.
―――――, 『朝鮮總督府月報』 각 월호.
朝鮮總督府, 『朝鮮總督府調査月報』 각 월호.
―――――, 『朝鮮總督府統計年報』 각 연판.
―――――, 『朝鮮彙報』 각 호.
朝鮮總督府農林局, 『朝鮮の林業』 각 연판.

4. 조선임야조사사업 관계자료

京畿道 振威郡, 『林野調査簿』.
慶尙南道 金海郡, 『紛争地調書』.
―――――――, 『林野申告書』.
―――――――, 『林野調査書』.
―――――――, 『林野調査野帳』.
慶尙南道 昌原郡, 『林野臺帳』.
慶尙北道 醴泉郡, 『林野臺帳』.
朝鮮總督府農林局, 『朝鮮林野調査事業報告』, 1938.
朝鮮總督府林野調査委員會 編, 『朝鮮總督府林野調査委員會例規』, 1923.
―――――――――――――, 『林野調査委員會例規』, 1923.
朝鮮總督府林野調査委員會, 『朝鮮總督府林野調査委員會事務報告』, 1936.

5. 조사보고서

慶尙北道, 『慶尙北道林野基本調査終末報告書』, 1930.
內藤吉之助 編, 『朝鮮民政資料』, 1942.
法典調査局, 『不動産法調査報告要錄』, 1907.
法制硏究所, 『國譯 慣習調査報告書』, 1992.
不動産法調査會, 『韓國不動産に關する慣例 黃海道中十二郡』, 1907a.
――――――――, 『韓國に於ける土地に關する權利一班』, 1907b.
日本農商務省, 『韓國森林調査書』, 1905.
日本農商務省山林局, 『韓國森林視察復命書』, 1903a.

―――――――――, 『淸韓兩國森林視察復命書』, 1903b.
―――――――――, 『朝鮮森林視察復命書』, 1913.
朝鮮林學會, 『朝鮮に於ける林産燃料對策』, 1941.
度支部 編, 『土地調査參考書』, 1909a.

6. 기타

京城商工會議所, 『朝鮮商工大鑑』, 1929.
金正喜, 「與舍仲命喜」, 민족문화추진회 편, 『國譯 阮堂全集』 1, 솔, 1998.
김인걸 · 한상권 편, 『朝鮮時代社會史硏究史料叢書』 II, 보경문화사, 1986.
徐有榘, 『華營日錄』, 경기도박물관 편저, 경기도박물관, 2004.
李重煥, 『擇里志』, 이익성 옮김, 을유문화사, 2002.
丁若鏞, 『經世遺表』 1 · 2 · 3, 이익성 옮김, 한길사, 1997.
丁若鏞, 『(譯註) 牧民心書』, 다산연구회 역주, 창작과비평사, 1978.
丁若銓, 「松政私議」, 『문헌과 해석』 20, 2002년 가을.
朝鮮山林會 編, 朝鮮總督府農林局 校閱, 『朝鮮林務提要』, 1935.
朝鮮總督府 編, 『朝鮮森林山野所有權に關する指針』, 1913.
朝鮮總督府, 『朝鮮林政計劃書』, 1927.
朝鮮總督府農林局, 『農業統計表』, 1940.
朝鮮總督府臨時土地調査局 編, 『朝鮮土地調査事業報告書』, 1918.
崔漢綺, 『人政』 5, 민족문화추진회 옮김, 민족문화추진회, 1982.
度支部 編, 『土地調査綱要』, 1909b.
後藤積 編, 『朝鮮林務提要』, 谷岡商店出版部, 1923.
『國譯 萬機要覽』 2권 군정편, 민족문화추진회 편집, 민족문화추진회, 1971.
『孟子集註』, 성백효 역주, 전통문화연구회, 1991.

Ⅱ. 저서 · 논문

강건우 외, 『林政學』, 탐구당, 1994.
강만길, 『朝鮮時代商工業史硏究』, 한길사, 1984.
강영심, 「일제하 朝鮮林野調査事業에 관한 연구 (상) · (하)」, 『韓國史學』 33 · 34, 1983 · 1984.
―――, 「일제의 한국삼림수탈과 한국인의 저항」, 이화여대 사학과 박사학위논문

(1998년 2월).
───,「일제시기 국유림 대부제도의 식민지적 특성과 대부반대투쟁」,『梨花史學研究』 29, 2002, pp.101～130.
권병탁,「광주 分院 경영의 실태」,『민족문화논총』 5, 1983, pp.41～70.
권태원,「朝鮮王朝時代의 宗山形成에 關한 考察」,『人文科學研究所論文集』 第2卷 第5號(墓制研究 · 東洋學 特輯), 충남대학교, 1975, pp.1081～1107.
권태환 · 신용하,「朝鮮王朝時代 人口推定에 關한 一時論」,『東亞文化』 14, 1977, pp.289～330.
金泰永,「科田法의 成立과 그 性格」,『韓國史研究』 37, 1982, pp.41～107.
金鴻植,「朝鮮土地調查事業의 歷史的 意義」, 김홍식 외,『조선토지조사사업의 연구』, 민음사, 1997.
김경수,「영산호 주변 간석지 개간과정과 경관변화」,『우리 국토에 새겨진 문화와 역사』, 논형, 2003.
김경숙,「조선후기 山訟과 사회갈등 연구」, 서울대학교 국사학과 박사학위논문(2002년 8월).
김광임,『한국의 환경 50년사』, 한국환경기술개발원, 1996.
김기운,『草堂育林日記』, 초당산업, 1990.
김기혁,「한국 농업지대의 변화에 대한 연구」, 서울대학교 지리학과 박사학위논문(1991년).
김낙년 편,『한국의 경제성장: 1910-1945』, 서울대학교출판부, 2006.
김동욱,「조선후기 건축공사에 있어서의 목재공급 체제」,『대한건축학회보』 28(2), 1984, pp.45～51.
김동진,「朝鮮前期 捕虎政策 研究」, 한국교원대학교 대학원, 역사교육전공 박사학위청구논문(2006년 8월).
김동철,「18, 19세기 외도고공계의 성립과 그 조직」,『한국사연구』 55, 1986, pp.47～82.
김선경,「조선후기 山訟과 山林 所有權의 실태」,『東方學誌』, 1993, pp.497～535.
───,「조선후기 山林川澤 私占에 관한 연구」, 경희대학교 사학과 박사학위청구논문(1999년 8월).
───,「17～18세기 양반층의 산림천택 사점과 운영」,『歷史研究』 7, 2000a, pp.9～74.
───,「17～18세기 산림천택 절수에 관한 정책의 추이와 성격」,『朝鮮時代史學報』 15, 2000b, pp.83～114.

———, 「조선후기 산림정책사」, 임업연구회 편, 『조선후기 산림정책사』, 임업연구원, 2002.
김수완, 『山林契運動史』, 대한산림조합연합회, 1982.
김연옥, 「한국의 小氷期 기후—역사 기후학적 접근의 一試論」, 『地理學과 地理教育』 14, 1984, pp.1～16.
金榮鎭, 『農林水産古文獻備要』, 韓國農村經濟硏究院, 1982.
김재근, 『우리 배의 역사』, 서울대학교출판부, 1989.
김재호, 「한국 전통사회의 기근과 그 대응: 1392～1910」, 『經濟史學』 30, 2001, pp.47～85.
김호종, 「조선후기 염업경영실태」, 『역사교육논집』 12, 1998, pp.101～139.
———, 「조선후기의 산림보호 정책」, 『인문과학연구』 2, 안동대학교 인문과학연구소, 1999, pp.101～128.
김홍식 외, 『문화환경보전과 건축』, 도서출판 발언, 1993.
———, 『조선토지조사사업의 연구』, 민음사, 1997.
다카사키 소지, 『아사카와 다쿠미 평전』, 김순희 옮김, 효형출판, 2005.
대한산림조합연합회, 『山聯十五年史』, 대한산림조합연합회, 1977.
———, 『練料林造成史』, 대한산림조합연합회, 1978.
라우텐자흐, 헤르만, 『코레아: 답사와 문헌에 기초한 1930년대의 한국 지리, 지지, 지형』 1·2, 김종규·강경원·손명철 옮김, 민음사, 1998.
문중양, 『조선후기 水利學과 水利담론』, 집문당, 2000.
미야타 세쓰코 해설·감수, 『식민통치의 허상과 실상』, 정재정 옮김, 혜안, 2002.
미첼, 토니, 「조선시대의 인구변동과 경제사」, 김혜정 옮김, 『부산사학』 17, 1989.
박경석, 「韓國 山林組合의 性格糾明과 改善方向에 關한 硏究—歷史的 展開科程과 事業分析을 中心으로—」, 동국대학교대학원 박사학위청구논문, 1989.
박기주, 「19～20세기 초 재촌양반 지주경영의 동향」, 안병직·이영훈 편저, 『맛질의 농민들』, 일조각, 2001.
———, 「재화가격의 추이, 1660～1910」, 이영훈 편, 『수량경제사로 다시 본 조선후기』, 서울대학교출판부, 2004.
———, 「광공업」, 김낙년 편, 『한국의 경제성장: 1910-1945』, 서울대학교출판부, 2006.
박기주·이우연, 「農村의 財貨價格과 物價의 推移: 1834～1937」, 안병직·이영훈 편저, 『맛질의 농민들』, 일조각, 2001.
박병일·석호태·김광우, 「溫突의 時代的 變遷과 現況」, 『空氣調和冷凍工學』 24(6),

1995, pp.613～627.
박섭, 『한국근대의 농업변동』, 일조각, 1997.
박원규, 「꽃가루와 고목재로 해석한 우리 옛 숲 모습」, 이도원 엮음, 『한국의 전통생태학』, 사이언스북스, 2004.
박이택, 「村落內部契約에 있어 支拂標準과 支拂手段(1667～2000)」, 『민족문화연구』 38, 2003, pp.315～352.
———, 「서울의 熟練 및 非熟練 勞動者의 賃金: 1600～1909—儀軌資料를 中心으로—」, 이영훈 편, 『수량경제사로 다시 본 조선후기』, 서울대학교출판부, 2004.
박종채, 「朝鮮後期 禁松契山 硏究」, 중앙대학교 사학과 박사학위논문(2000년 8월).
배재수, 「조선후기 封山의 위치 및 기능에 관한 연구」, 『山林經濟硏究』 3(1), 1995, pp.29～44.
———, 「일제의 조선 산림정책에 대한 연구」, 서울대학교 산림자원학과 박사학위논문(1997년 8월).
———, 「일제하 慣習的인 山林利用權의 해체과정」, 『韓國林學會誌』 87(3), 1998, pp.372～382.
———, 「임적조사사업(1910)에 관한 연구」, 『한국임학회지』 89(2), 2000, pp.260～274.
———, 「삼림법(1908)의 지적신고제도가 일제의 식민지 임지정책에 미친 영향에 관한 연구」, 『한국임학회지』 90(3), 2001, pp.398～412.
———, 「造林貸付制度의 전개과정에 대한 史的 고찰」, 『한국임학회지』 91(1), 2002a, pp.111～127.
———, 「朝鮮後期 松政의 體系와 變遷過程」, 『山林經濟硏究』 10(2), 2002b, pp.22～50.
———, 「조선후기 송정 변천사」, 임업연구원 편, 『조선후기 산림정책사』, 임업연구원, 2002c, pp.43～86.
———, 「식민지기 조선의 목재수급 추이 및 특성」, 『경제사학』 38, 2005, pp.93～118.
배재수 외, 『한국의 근·현대 산림소유권 변천사』, 임업연구원, 2001.
배재수·윤여창, 「日帝强占期 朝鮮에서의 植民地 山林政策과 日本資本의 浸透過程」, 『山林經濟硏究』 2(1), 1994, pp.1～37.
배재수·이기봉, 『우리나라의 산림녹화 성공 요인—가정용 연료재의 대체와 대규모 조림—』, 연구보고 06-17, 국립산림과학원, 2006.
배재수·이기봉·오기노 지히로, 『1970년대 산림녹화정책—1차 치산녹화 10년 계획

수립 및 화전정리사업—』, 연구보고 07-11, 국립산림과학원, 2007.
변우일, 「그림으로 보는 생태 도시 한양과 일본의 에도」, 이도원 엮음, 『한국의 전통생태학』, 사이언스북스, 2004.
분쉬, 리하르트, 『고종의 독일인 의사 분쉬』, 김종대 옮김, 학고재, 1999.
비숍, 이사벨라 버드, 『조선과 그 이웃나라들』, 신복룡 옮김, 집문당, 2000.
산림조합중앙회, 『山林組合四十年史』, 산림조합중앙회, 2002.
산림청 편, 『山林行政 20年 발자취』, 산림청, 1989.
———, 『韓國林政50年史』, 산림청, 1997.
새비지 랜도어, A. H., 『고요한 아침의 나라 조선』, 신복룡 · 장우영 역주, 집문당, 1999.
샌즈 W. F., 『조선비망록』, 신복룡 역주, 집문당, 1999.
송찬섭, 「17, 18세기 新田開墾의 확대와 經營形態」, 『韓國史論』 12, 1985, pp.231～304.
신용하, 『朝鮮土地調査事業硏究』, 지식산업사, 1982.
———, 「'식민지근대화론' 재정립 시도에 대한 비판」, 『창작과 비평』 1997년 겨울호, pp.8～38.
신호철, 「朝鮮後期 火田의 확대에 대하여」, 『歷史學報』 91, 1981, pp.57～108.
심희기, 「契(공동체)재산의 소유이용관계와 總有—洞契(촌락공동체)를 중심으로—」, 『社會科學硏究』 11(1), 영남대학교 사회과학연구소, 1991a, pp.59～89.
———, 「朝鮮時代의 土地法과 土地所有關係」, 『韓國法史學論叢』, 朴秉濠敎授 還甲紀念論叢 發刊委員會 編, 박영사, 1991b, pp.181～199.
———, 「조선후기 토지소유에 관한 연구—국가지주설과 공동체소유설 비판—」, 서울대학교 법학과 박사학위논문(1991c년 2월).
———, 『한국법제사 강의』, 삼영사, 1997.
安東燮, 「韓國入會權에 關한 小考」, 서울대학교 법학과 석사학위논문(1960년).
안병직 · 이영훈 편저, 『맛질의 농민들』, 일조각, 2001.
안수한, 『한국의 하천』, 민음사, 1995.
오기영, 『진짜 무궁화—해방경성의 풍자와 기개』, 성균관대학교 출판부, 2002.
오스트럼, 일리노, 『집합행동과 자치제도』, 윤홍근 옮김, 자유기업센터, 1999.
오영석 · 최병옥, 「朝鮮時代 自然資源管理體系」, 『한국행정학보』 34(1), 2000, pp.327～345.
오인택, 「朝鮮後期 新田開墾의 성격」, 『釜大史學』 18, 1994, pp.435～462.
우에다 마코토, 『호랑이가 말하는 중국사』, 김경호 옮김, 성균관대학교 출판부, 2008.

유장근, 「중국 근대에 있어서 생태환경사 연구」, 『中國現代史研究』 3, 1997, pp.137~151.

윤순진, 「옛날에 공유지를 어떻게 이용했을까」, 이도원 엮음, 『한국의 전통생태학』, 사이언스북스, 2004.

윤정숙, 「溫突에 대한 역사적 고찰」, 『대한가정학회지』 17(2), 1979, pp.49~56.

李景植, 「高麗時期의 兩班口分田과 柴地」, 『歷史教育』 44, 1988, pp.241~270.

———, 「朝鮮後期의 火田農業과 收稅問題」, 『韓國文化』 10, 1989, pp.159~210.

———, 「朝鮮後期 王室營衙門의 柴場私占과 火田經營」, 『東方學誌』, 1993, pp.449~495.

———, 「山地共有의 傳統과 그 倒壞」, 『社會科學教育』 (3), 1999, pp.1~23.

이경준, 『山에 미래를 심다』, 서울대학교출판부, 2006.

李光麟, 『李朝水利史研究』, 韓國研究圖書館, 1961.

이기봉, 「조선후기 封山의 등장 배경과 그 분포」, 『문화역사지리』 14(3), 2002, pp.1~18.

이마무라 도모, 「山蔘採取人의 風習」, 배병일 옮김, 『영남법학』 1(1), 1994, pp.157~169.

李萬雨, 「山林契貸付國有林에 對한 考察」, 『충북대학교 논문집』 2(별책), 1968, pp.97~104.

———, 「山林契의 運營實態 分析」, 『충북대학교 논문집』 7(별책), 1973, pp.19~34.

———, 「李朝時代의 林地制度에 관한 연구」, 『韓國林學會誌』 22, 1974, pp.19~48.

이숭녕, 「李朝松政考」, 『大韓民國 學術院論文集』 20, 1981, pp.225~275.

李榮薰, 「韓國史에 있어서 土地制度의 展開過程」, 『古文書研究』 15, 1999, pp.1~22.

———, 「18·19세기 大渚里의 身分構成과 自治秩序」, 안병직·이영훈 편저, 『맛질의 농민들』, 일조각, 2001.

———, 「조선후기 소농사회의 전개와 의의」, 『역사와 현실』 45, 2002, pp.3~38.

———, 「19세기 서울 재화시장의 동향」, 中村哲·박섭 편, 『동아시아 근대경제의 형성과 발전』, 신서원, 2005.

이승윤·이종락 편, 『林業大百科事典』, 오성출판사, 1974.

이영훈·박섭, 「농업」, 『한국의 역사통계』, 낙성대경제연구소 워킹페이퍼, 2008.

이영훈·박이택, 「農村 米穀市場과 全國的 市場統合: 1713~1937」, 『朝鮮時代史學報』 16, pp.149~212, 2001.

———————, 「18·19세기 朝鮮에 있어서 米價의 短期變動과 安定化 機構」, 『경제학연구』 50(2), 2002, pp.287~313.

이영훈 · 전성호, 「米價史 資料의 現況과 解說」, 『古文書硏究』 18, 2000, pp.125~157.

이우연, 「농업임금의 추이: 1853~1910」, 안병직 · 이영훈 편저, 『맛질의 농민들』, 일조각, 2001.

———, 「丁若銓의 『松政私議』 解題」, 『韓國實學硏究』 4, 2002, pp.269~276.

이우연 · 송경은, 「임업 · 수산업」, 김낙년 편, 『한국의 경제성장: 1910-1945』, 서울대학교출판부, 2006.

이준선, 「영동지역 석호(潟湖)의 축소와 경지화 과정－경포호를 중심으로－」, 한국문화역사지리학회, 『우리 국토에 새겨진 문화와 역사』, 논형, 2003.

李泰鎭, 「小氷期(1500~1750년)의 천체 현상적 원인: 『조선왕조실록』의 관련 기록 분석」, 『國史館論叢』 72, 1996, pp.89~126.

이호철 · 박근필, 「19세기초 조선의 기후변동과 농업위기」, 『朝鮮時代史學報』 2, 1997, pp.123~191.

印貞植, 『朝鮮農業經濟論』, 博文出版社, 1949.

임경빈, 『林業辭典』, 농림신문사, 1966.

임경빈 외, 『林學槪論』, 향문사, 2002.

임업연구회 편, 『조선후기 산림정책사』, 임업연구원, 2002.

임영준, 「韓國의 分收林業發展에 關한 硏究」, 『상지대 논문집』 6, 1985, pp.261~291.

장시원 · 이영훈, 『한국경제사』, 한국방송통신대학교출판부, 2002.

全炅穆, 「朝鮮後期 山訟 硏究」, 전북대학교 사학과 박사학위논문(1996년 8월).

———, 「山訟을 통해 본 조선후기 司法制度 운용실태와 그 특징」, 『法史學硏究』 18, 1997, pp.5~31.

———, 「조선후기 山訟의 한 事例 (I)－전라도 영광군 立石里 世居 '독배기신씨' 松訟을 중심으로－」, 『古文書硏究』 14, 1998, pp.69~98.

전근우, 「북한산림의 실정－방북실상－」, 『1999년 한국임학회 학술연구발표회』, 1999, pp.38~40.

전성호, 「18~19세기 조선의 기후, 작황, 가격의 변동에 관한 연구」, 『농촌경제』 25(2), 2002, pp.91~110.

전영우, 『山林文化論』, 국민대학교 출판부, 1997.

———, 『소나무와 우리 문화』, 수문출판사, 1999.

정근식, 「구림권의 장기조사의 구상」, 정근식 외, 『구림연구』, 경인문화사, 2003, pp.13~76.

정재정, 「식민지 수탈구조의 구축」, 『한국사 47: 일제의 무단통치와 3 · 1운동』, 국사편찬위원회, 2001.
정철웅, 『역사와 환경—중국 명청 시대의 경우』, 책세상, 2002.
정치영, 「山地 농민의 자연적응 전략—지리산지의 山地農法을 중심으로」, 『민족문화연구』 36, 2002, pp.279~313.
정태헌, 「수탈론의 속류화 속에 사라진 식민지」, 『창작과 비평』 1997년 가을호, pp.344~357.
조석곤, 『한국 근대 토지제도의 형성』, 해남, 2003.
『朝鮮林業史』 상 · 하권, 임경빈 외 옮김, 산림청, 2000 · 2001. 〔岡衛治, 『朝鮮林業史』, 朝鮮山林會, 1945〕
조윤선, 『조선후기 訴訟 연구』, 국학자료원, 2002.
趙應赫, 「李朝時代의 林野制度에 關한 史的考察」, 서울대학교 석사학위논문(1966년).
주익종, 「식민지기 조선인의 생활수준」, 李大根 외, 『새로운 한국경제발전사』, 나남출판사, 2005.
池鏞夏, 『韓國林政史』, 明秀社, 1964.
차명수, 「경제성장 · 소득분배 · 구조변화」, 김낙년 편, 『한국의 경제성장: 1910-1945』, 서울대학교출판부, 2006.
최덕수 · 박경석 · 이욱, 「朝鮮後期 封山制 成立에 대한 硏究」, 『산림경제연구』 5(1), 1997, pp.49~63.
최원규, 「朝鮮後期 水利器具와 經營問題」, 『國史館論叢』 38, 1992, pp.211~263.
최인화, 「일제하 국유림 벌출수단의 전개과정에 관한 연구」, 『산림경제연구』 6(2), 1998, pp.74~90.
최주섭 외, 『환경과학개론』, 도서출판 동화기술, 1991.
하기노 도시오, 『韓國近代林政史』, 배재수 편역, 한국목재신문사, 2001.
한국농촌경제연구원 편, 『산지 소유와 묘지제도 연구』, 한국농촌경제연구원, 1990.
한국임업신문사 편, 『'대한민국 山' 세계는 기적이라 부른다』, 산림청, 2007.
韓國林政硏究會, 『治山綠化 30年史』, 韓國林政硏究會, 1975.
『韓國誌』, 최반선 · 김병린 옮김, 한국정신문화연구원, 1984.
한상권, 「朝鮮後期 山訟의 實態와 性格」, 『省谷論叢』 27(4), 1996, pp.775~830.
허경태, 「산림관리를 통한 수해방지대책」, 『국토』 225, 국토연구원, 2000, pp.34~39.
현신규, 「韓國林業技術史」, 고려대학교 민족문화연구소 편, 『韓國現代文化史大系 3

科學・技術史』, 고대 민족문화연구소 출판부, 1978.
호을영, 「國有林成立의 史的背景에 關한 考察」, 『한국임학회지』 31, 1976, pp.21~29.
洪順權, 「高麗時代의 柴地에 관한 고찰」, 『震檀學報』 64, 1987, pp.113~132.
황미숙, 「朝鮮後期 木材需要의 增大와 國用木材의 調達」, 『典農史論』 2, 1996, pp.239~276.

岡崎哲郎, 「植林事業の趨勢」, 『朝鮮山林會報』 第4號, 1921, pp.3~7.
高橋喜七郎, 『溫突の築き方と燃料』, 朝鮮總督府, 1923.
宮嶋博史, 「李朝後期の農業水利」, 『東洋史研究』 41, 1983, pp.645~695.
────, 『朝鮮土地調査事業史の研究』, 東京大學東洋文化研究所, 1991.
────, 「東アジア小農社會の形成」, 溝口雄三 外 編, 『長期社會變動』, 東京大學出版會, pp.67~98, 1994.
宮田節子 監修, 李宇衍 解說, 「未公開資料 朝鮮總督府關係者 錄音紀錄 (10) 朝鮮の山林政策」, 『東洋文化研究』 22, 學習院大學東洋文化研究所, 2009, pp.233~453.
權寧旭, 「朝鮮における日本帝國主義の植民地的山林政策」, 『歷史學研究』 297, 1965, pp.1~17.
鬼頭宏, 「第70回全國大會共通論題, 環境經濟史への挑戰―森林・開發・市場―」, 『社會經濟史學』 68(3), 2003, pp.3~11.
大川一司 外 編, 『長期經濟統計 9 農林業』, 東洋經濟新報社, 1966.
道家充之, 「韓國時代の林業に關する思ひ出話朝」, 朝鮮山林會 編, 『朝鮮林業逸誌』, 1933.
朴文圭, 「農村社會分化の起點としての土地調査事業に就いて」, 京城帝大法文學會, 『朝鮮社會經濟史研究』, 1933.
社會經濟史學會 編, 『社會經濟史學の課題と展望』, 有斐閣, 2002.
山本榮, 「燃料問題に就て」, 『朝鮮』 1921年 3月號, 朝鮮總督府, pp.63~73.
杉原弘恭, 「日本のコモンズ「入會」」, 宇擇弘文・茂木愛一郎 編 『社會的共通資本―コモンズと都市―』, 1994.
上田信, 「生態環境の歷史―中國研究からの提言―」, 社會經濟史學會 編, 『社會經濟史學の課題と展望』, 2002.
石南國, 『韓國の人口增加の分析』, 勁草書房, 1972.
宇擇弘文・茂木愛一郎 編, 『社會的共通資本―コモンズと都市―』, 東京大學出版會, 1994.

日本統計協會 編,『日本長期統計總覽 第1權』, 日本統計協會, 1987.

齋藤音作,「韓國政府時代の林籍調查事業」, 朝鮮山林會 編,『朝鮮林業逸誌』, 1933a.

――――,「朝鮮森林令及附屬法令制定の事情」, 朝鮮山林會 編,『朝鮮林業逸誌』, 1933b.

田北廣道,「18～19世紀ドイツにおけるエネルギ轉換」,『社會經濟史學』68(3), 2003, pp.41～54.

朝鮮山林會 編,『朝鮮林業逸誌』, 1933a.

――――――,『朝鮮總督府校閱 森林保護講演集 第一輯』, 1933b.

淺子和美・國則守生,「コモンズの經濟理論」, 宇擇弘文・茂木愛一郎 編,『社會的共通資本―コモンズと都市―』, 1994.

脇村孝平,「グローバル・ヒストリーと「環境」」, 社會經濟史學會 編,『社會經濟史學の課題と展望』, 有斐閣, 2002.

黑頭巾,「施政後に於ける林政問題の批判」, 朝鮮山林會 編,『朝鮮林業逸誌』, 1933.

Aoki, Masahiko, "Community Norms and Embeddedness: A Game-Theoretic Approach", Masahiko and Yujiro Hayami eds., *Communities and Markets in Economic Development*, Oxford: Oxford University Press, 2001.

Arnold, J. E. M., "Devolution of Control of Common Pool Resources to Local Communities: Experiences in Forestry," *In* de Janvry, A., Gustavo Gordillo, J. P. Platteau, and E. Sadoulet, eds., *Access to Land, Rural Poverty, and Public Action*, Oxford: Oxford University Press, 2001.

――――――, "Managing forests as common property", FAO Forestry Paper 136, 1998.

――――――, *Coummunity Forestry: Ten Years in Review*, FAO, Rome, 1992. http://www.fao.org

Banana, A. Y. and W. S. Gombya-Ssembajjwe, "Successful Forest Management: Importance of Security of Tenure and Rule Enforcement in Ugandan Forests", *In* Gibson, C. C. and M. A. Mckean, and E. Ostrom, eds., *People and Forests, Communities, Institutions, and Governance*, Cambridge, Massachusetts: The MIT Press, 2000.

Brander, J. A. and M. S. Taylor, "The Simple Economics of Easter Island: a Ricardo-Malthus Model of Renewable Resource Use", *The American Econom-*

ic Review 88(1), 1998, pp.119~138.

Brokensha, D. and B. Riley, "Forest, Foraging, Fences and Fuel in a Marginal Area of Kenya", *In* Fortmann, L. and J. Bruce, eds., *Whose Trees? Proprietary Dimensions of Forestry*, Boulder and London: Westview Press, 1988, pp.102~106.

Bromley, D.W., "Property Rights as Authority Systems: The Role of Rules in Resource Management", *Journal of Business Administration* 1991;20(1):453-470.

―――――――, "The Commons, Property, and Common-Property Regimes", *In* Bromley, D. W., ed., *Making the Commons Work: Theory, Practice, and Policy*, San Francisco: ICS Press, 1992.

―――――――, "Property Regime for Sustainable Resource Management", *In* Richards, J. F., ed., *Land, Property, and the Environment*, San Francisco: ICS Press, 2002.

Bruce, J. and L. Fortmann, "Why Land Tenure and Tree Tenure Matter: Some Fuel for Thought", *In* Fortmann, L. and J. Bruce, eds., *Whose Trees? Proprietary Dimensions of Forestry*, Boulder and London: Westview Press, 1988, pp.1~10.

Bruggemeier. F. J., "New Developments in Environmental History: Summary", *World Historical Congress* (Oslo, Aug. 2000).

Chao, Kang, *Man and Land in Chinese History*, Stanford: Stanford University Press, 1986.

de Janvry, A., Gustavo Gordillo, J. P. Platteau, and E. Sadoulet, eds., *Access to Land, Rural Poverty, and Public Action*, Oxford: Oxford University Press, 2001.

Diamond, J., *Collapse: How Societies Choose to Fail or Succeed*, New York: Viking, 2005.

Dolšak, N. and E. Ostrom, eds., *The Commons in the New Millenium*, Cambridge, Massachusetts, London, England: The MIT Press, 2003.

Elvin, M. and Liu Ts' ui-jung eds., *Sediments of Time: Environment and Society in Chinese History*, Cambridge University Press, 1998.

FAO, *Incentives for Community Involvement in Conservation Programmes, FAO Conservation Guide 12*, 1987.

——, *In-Depth Country Study—Republic of Korea Status, Trends and Prospects to 2010*, Asia-Pacific Forestry Sector Outlook Study Working Paper Series No: APFSOS/WP/06, by Byoung Il Yoo, Forestry Policy and Planning Division, Rome, 1997.

Fortmann, L. and J. Bruce, eds., *Whose Trees? Proprietary Dimensions of Forestry*, Boulder and London: Westview Press, 1988.

Fortmann, L., "The Tree Tenure Factor in Agroforestry with Particular Reference to Africa", *In* Fortmann and J. Bruce, eds. *Whose Trees? Proprietary Dimensions of Forestry*, Boulder and London: Westview Press, 1988, pp.11~15.

Gibson, C. C. and M. A. Mckean, and E. Ostrom, eds., *People and Forests, Communities, Institutions, and Governance*, Cambridge, Massachusetts: The MIT Press, 2000.

Gregersen, H. M., Village Forestry Development in the Republic of Kores: A Case Study, Fortmann, Louise and Johh Bruce, eds., *Whose Trees? Proprietary Dimensions of Forestry*. Boulder: Westview Press, 1988, pp.225~233.

Hardin, G., "The Tragedy of the Commons", *Science*, Dec. 13, 1968, pp.1243~1248.

Kim, K. H. and L. Zsuffa, "Reforestation of South Korea: The History and Analysis of a Unique Case in Forest Tree Improvement and Forestry, *The Forestry Chronicle*, 70(1), 1994, pp.58~64.

Li, Lillian, *Fighting Famine in North China*, Stanford: Stanford University Press, 2007.

Marks, R. B., *Tigers, Rice, Silk, and Silt*, Cambridge: Cambridge University Press, 1998.

McCune, Shanon, *Views of the Geography of Korea 1935-1960*, The Korean Research Center, Korea, 1980.

McKean, M. A., "Management of Traditional Common Lands (Iriaichi) in Japan," *In* Bromley, D. W., ed., *Making the Commons Work: Theory, Practice, and Policy*, San Francisco: ICS Press, 1992.

————, "Common Property: What Is It, What Is It Good for, and What Makes It Work?" *In* Gibson, C. C. and M. A. Mckean, and E. Ostrom, eds., *People and Forests, Communities, Institutions, and Governance*, Cambridge,

Massachusetts: The MIT Press, 2000.

McNeill, J. R., "Theses on Radkau", *GHI Bulletin* 33(Fall 2003), pp.45~52, German Historical Institute, Washington, 2003.

Menzies, N., "A Survey of Customary Law and Control Over Trees and Wildlands in China", *In* Fortmann, L. and J. Bruce, eds., *Whose Trees? Proprietary Dimensions of Forestry*, Boulder and London: Westview Press, 1988, pp.11~15.

———, *Forest and Land Management in Imperial China*, New York: St. Martin' s Press, 1994.

Needham, J., C. Daniels, N. Menzies, *Science and Civilisation in China, Vol 6 Biology and Biological Technology, Part 3, Agro-Industries and Forestry*, Cambridge: Cambridge University Press, 1996, pp.541~740.

Osborne, A., "Highlands and Lowlands: Economic and Ecological Interactions in the Lower Yangzi Region under the Qing", *In* Elvin, M. and Liu Ts' ui-jung eds., *Sediments of Time: Environment and Society in Chinese History*, Cambridge: Cambridge University Press, 1998.

———, "The Puzzle of Counterproductive Property Rights Reforms: A Conceptual Analysis", *In* de Janvry, A., Gustavo Gordillo, J. P. Platteau, and E. Sadoulet, eds., *Access to Land, Rural Poverty, and Public Action*, Oxford: Oxford University Press, 2001.

Ostrom, E., "The Puzzle of Counterproductive Property Rights Reforms: A Conceptual Analysis", *Access to Land, Rural Poverty, and Public Action*, Oxford: Oxford University Press, 2001, pp.129~150.

Perdue, P. C., "Property Rights on Imperial China' s Frontiers", *In* Richards, J. F., ed., *Land, Property, and the Environment*, San Francisco: ICS Press, 2002.

Pomeranz, K., *The Great Divergence*, Princeton: Princeton University Press, 2000.

———, *The Making of a Hinterland*, Berkely: University of California Press, 2003.

Radkau J., "Exceptionalism in European Environmental History", *GHI Bulletin* 33(Fall 2003), pp.23~44, German Historical Institute, Washington, 2003.

Richards, J. F., ed., *Land, Property, and the Environment*, San Francisco: ICS Press, 2002.

Seabright, P., "Managing Local Commons: Theoretical Issues in Incentive Design", *The Journal of Economic Perspectives*, Vol. 7, Issue 4(Autumn), 1993, pp.113~134.

Totman, C., *The Green Archipelago*, Berkley and Los Angeles: University of California Press, 1989.

──────, *Pre-Industrial Korea and Japan in Environmental Perspective*, Leiden · Boston: Brill, 2004.

Vermeer, E., "Population and Ecology along the Frontier in Qing China", *In* Elvin, M. and Liu Ts' ui-jung eds., *Sediments of Time: Environment and Society in Chinese History*, Cambridge: Cambridge University Press, 1998.

찾아보기

ㄱ

ㅅ

ㅇ

ㅈ

ㅊ

ㅌ

ㅍ

ㅎ

이우연

성균관대학교 교육학과를 졸업하고 동 대학교 대학원 경제학과에서 석·박사학위를 취득하였다. 박사과정을 수료한 후 미국 하버드대학교에서 연수하였다. 현재 성균관대학교 등에서 강의하며 낙성대경제연구소 연구위원으로 재직하고 있다.
발표한 논문으로 「解說: 未公開資料 朝鮮總督府關係者 錄音記錄(10) 朝鮮の山林政策」(『東洋文化硏究』 11, 學習院大學 東洋文化硏究所, 2009), 「임업」(『한국의 경제성장: 1910~1945』, 서울대학교출판부, 2006), 「18~19세기 산림황폐화와 농업생산성」(『수량경제사로 다시 본 조선후기』, 서울대학교출판부, 2004), 「農業賃金의 推移: 1853~1910」(『맛질의 農民들』, 일조각, 2001) 등이 있다.

한국의 산림 소유제도와
정책의 역사, 1600~1987

1판 1쇄 펴낸날 2010년 6월 10일

지은이 이우연
펴낸이 김시연

펴낸곳 (주)일조각
등록 1953년 9월 3일 제300-1953-1호(구 : 제1-298호)
주소 110-062 서울시 종로구 신문로 2가 1-335
전화 734-3545 / 733-8811(편집부)
733-5430 / 733-5431(영업부)
팩스 735-9994(편집부) / 738-5857(영업부)
이메일 ilchokak@hanmail.net
홈페이지 www.ilchokak.co.kr
ISBN 978-89-337-0590-2 93320
값 30,000원

* 이 도서의 국립중앙도서관 출판시도서목록(CIP)은 e-CIP 홈페이지
(http://www.nl.go.kr/ecip)에서 이용하실 수 있습니다.
(CIP제어번호 : CIP2010001888)